欧米に学ぶ 健康快適都市

新時代を生きる市民による都市像とは

原田敬美

都政新報社

はじめに

本書は、筆者が過去50年にわたりアメリカ、ヨーロッパで見た建築、都市、そして訪問した自治体での体験をもとに書いたものである。建築、都市計画、地方自治、大学教育などに関心を持つ方に気楽に読んでいただきたいとエピソードや画像を多く含め書いた。


50年前も現在も、アメリカは学問、研究の、世界の中心的存在である。

１９６７年、早稲田大学入学後、アメリカで建築の勉強をしようと目標を立てた。１９６９年、早稲田大学交換留学生としてアメリカ、オハイオ州のウースター大学に留学した。１９７１年、カール・クリスティアンソン設計事務所に技術研修留学した。カール・クリスティアンソン氏は、スウェーデンの代表的インテリア・デザイナーである。デザインのみでなく理論研究の指導者で、60年代、京都大学で日本建築の研究をした人である。

１９７４年には、念願叶いフルブライト奨学金をいただき、ヒューストンにあるライス大学建築大学院に留学した。

帰国後、日本の指導的立場の建築家、菊竹清訓先生の下で実務を学んだ。その後、多くの国際会議に招聘され、それぞれの地で建築、都市を見て回った。2000年から2004年、港区長を務め、日本の地方自治を体験した。

一言でいうと、日本の建築、都市、自治体、大学などは、アメリカ、ヨーロッパと比較し（と言っても紹介事例は限られているが）、似て非なるものである。本書で50年前、40年前、30年前に見た建築、都市開発を紹介するが、古臭いと言うなかれ。日本ではまだ実現していない事例が多くあり、今なお日本にとり学ぶべき教科書である。

フランス大蔵省庁舎は道路上にまたがり、セーヌ川に一部せり出して建っている。パリ、モンパルナス駅の上は蓋掛けされ、公園になっている。オランダの住宅環境省庁舎内に保育園がある。ニューヨーク市では、文化芸術振興のため劇場地区を指定し、超高層オフィスの足下に劇場設置を義務づけた。文化芸術分野の人材の給料は高い。

ニューヨーク市の中心的繁華街のタイムズスクウェア周辺の交通を遮断し、歩行者専用道とし、ベンチ、テーブルを置いた。オフィス街に住宅が多くある。一等地の住宅開発で、低家賃の住宅供給を一定割合で義務づけた。街づくりの発意は一般市民で、世界的な街づくりの成功例がいくつもある。東京の築地市場跡地開発に注目が集まっているが、ニューヨークのフルトン市場、パリのラヴィレット市場、ロンドンのコヴェントガーデン市場の跡地開発は参考になる。建築、都市開発の発注方式は、世界に開かれたコンペ方式が多い。欧米の自治体の公務員は、英語のパブリック・サーバントのとおり「公のシモベ」となって市民サービスに徹している。市議会議員が法律を作る。役所に資料請求すると、部門のトップの名前で資料が送られてくる。市警察の最高司令官は市長である。市単位で法律が異なる、などなど枚挙にいとまがない。

できるだけ画像や当時、収集した書類も挿入した。最後に、パンデミック後の都市のあるべき姿について急遽書き足した。

目次

はじめに――3

第1章 都市の立体・複合化

1節 一体利用（建築と道路、建築と鉄道、建築と運河）――14
2節 複合都市開発、パリ、デファンス新都心――43
3節 まとめ 都市の立体化・複合化で海外事例を参考に東京への教訓――47

第2章 都心型コミュニティ

1節 都心居住――50
2節 路地裏活用――72
3節 まとめ 東京への教訓――79

第3章 ウォーターフロント開発
1節 川を利用した都市開発――82
2節 市民のための港湾空間整備――94
3節 まとめ 東京への教訓――118

第4章 用途転換（コンバージョン）
1節 市場跡地開発（都市スケールのコンバージョン）――120
2節 使用済み建築のコンバージョン（建築スケールのコンバージョン）――131
3節 日本の事例――142
4節 東京への教訓――149

第5章 文化芸術のための空間づくり
1節 芸術的空間創出――152
2節 ニューヨーク市の文化芸術施設――167

3節　工事現場の美化――173
4節　景観規制――178
5節　文化芸術政策の仕組み――183
6節　東京への教訓――190

第6章　快適性を求めた建築・都市空間
1節　道路――192
2節　建築　快適空間――202
3節　駅――210
4節　東京への教訓――217

第7章　自治体制度
1節　アメリカの自治制度――220
2節　市役所の組織――228
3節　都市計画制度――233

4節　市民参加の制度――237
5節　東京への教訓――241

第8章　欧米の自治体のおもてなし度（生活体験、取材経験から）
1節　素早い反応、しかもトップから――246
2節　手続きでの親切な対応――250
3節　訪問での親切――253
4節　東京での事例――258
5節　東京への教訓――261

第9章　最近の地球規模の重要政策　環境
1節　国際レベルの環境政策――264
2節　アメリカの環境政策――269
3節　東京への教訓――278

第10章 アメリカの地方都市の魅力ある小規模大学

1節 大学と地方都市——280
2節 アメリカ、小規模な都市に立地する有力大学——284
3節 小規模自治体に立地する名門大学——290
4節 コミュニティカレッジ——291
5節 地方都市への提案——294

第11章 公共事業発注方式

1節 フランス大使館設計コンペ——306
2節 本書で紹介した設計者コンペ方式——311
3節 パリ市のグランプロジェ（大公共事業）方式——313
4節 欧米の建築設計発注方式の実例——315
5節 まとめ——319
6節 筆者の体験——320
7節 東京への教訓——323

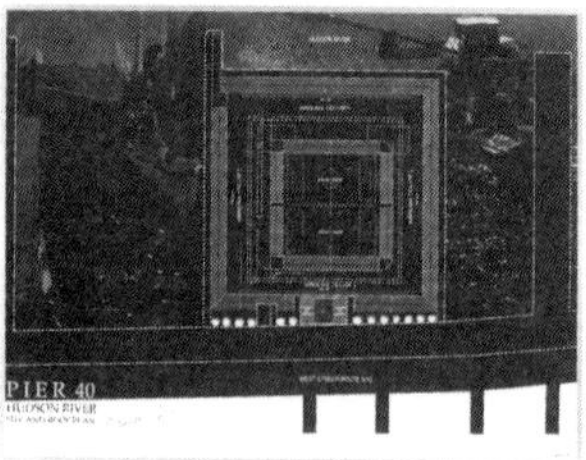

Student Architects 'Dream Up' Ideas To Improve City's Downtown Areas

第12章 パンデミック後の都市

1節 疫病の歴史――326
2節 インフルエンザ予防対策マニュアル（特別養護老人ホーム等における）――331
1998年　東京都高齢者施策推進室
3節 遠隔診療　情報技術の活用――334
4節 危機管理――338
5節 公衆衛生を反映した建築・都市・環境――345
6節 パンデミック（世界的拡大）の時代の建築・都市・環境――349
7節 東京への教訓――353

あとがき――356

第1章

都市の立体・複合化

1節

一体利用（建築と道路、建築と鉄道、建築と運河）

高速道路上の中央郵便局、シカゴ

1969年9月2日（火）〔日記による〕

日本の両親に絵葉書を送ろうと滞在先のYMCAホテル（学生や求職者など低所得者が気軽に泊まれるホテル）から近くにあるシカゴ中央郵便局に徒歩で向かった。羽田を8月27日出発し、サンフランシスコ経由でシカゴに到着し、無事であることを両親に報告したいと思った。郵便局内にポストが置いてあり、記憶では青色の郵便ポストだった。今になれば笑い話だが、ここに投函して本当に日本に絵葉書が届くのかと恐る恐る投函した。交換留学でオハイオ州ウースター大学に向かう途中でシカゴに立ち寄った。

郵便局庁舎1階は大理石の床、天井高さが高く、壮大さに驚いた。さらに驚いたことは、建築と高速道路の一体開発である。周辺を散策すると、シカゴ中央郵便局の足下には10車線程度の高速道路が縦方向に走っている。さらにレンタカー会社でもらった地図で調べると、中央郵便局の下に南北

図1　高速道路上のシカゴ中央郵便局　撮影：筆者

方向に並行して鉄道の線路があり、郵便局の敷地の北側には隣接してシカゴ・ユニオン駅がある。つまり、中央郵便局は高速道路と鉄道の線路上にまたがっている。20歳の建築学科学生にとり、シカゴ市の建築計画、都市計画は大いなる衝撃であった。[図1、図2]

シカゴは帝国ホテルの設計者として有名なフランク・ロイド・ライトが設計した作品が多くあり、また、イリノイ工科大学は世界三大建築家の一人ミース・ファン・デル・ローエが設計した建築物が多くある建築の聖地の一つである。

シカゴ中央郵便局

シカゴ中央郵便局はシカゴの中心街のやや西側に位置し、東西に走る高速道路290号線（通称アイゼンハワー高速道路）の上に建っている。東側にはシカゴ川（シカゴ川沿いのアーバンデザインについて第3章で述べる）が流れている。庁舎は南北に約200メートル、東西に100メートルと巨大建築である（参考に虎ノ門にある日本最初の超高層ビルの三井霞が関ビルの大きさは80メートル×40メートルである）。

郵便局庁舎は1921年建設され、1931年増築された。設計はグラハム・アンダーソン・プロブスト・ホワイト。デザインはアール・デコ調、9階建て、延床面積は23万平方メートルである。シカゴ中央郵便局の面積は世界最大である。

当時、通信販売の大手モントゴメリー・ウォードとシアーズはシカゴ郵便局をカタログの発送拠点にしたため郵便量が急増し、郵便局は増築しなければならなかった。アメリカは国土が広いので多くの国民が衣料品から日用品など通信販売で購入した。

当初、幹線道路をふさぐ形で建築が計画されたので、妥協として、地下部分に道路用の空間を設置した。実際、高速道路が建設されたのは郵便局建設の20年後である。

建設当時は鉄道による郵便が主で、その後はトラックによる輸送が主となったが、郵便局がトラックの出入りに十分対応できていなかった。

1997年、近接の敷地に新中央郵便局が建設された。

役目を終えた既存の建築は2001年歴史建造物のリストに掲載された。2009年オークションにかけられ、2016年イギリスの不動産会社に40億円で売られた。建築物のデザイン、雰囲気から映画ロケの舞台ともなった。

参考情報

2020年1月4日『読売新聞』「洋画ロケ地方潤す、政府、誘致効果数値化へ」政府が外国映画を日本国内で撮影してもらうための調査に乗り出す、という記事がある。アメリカの自治体の

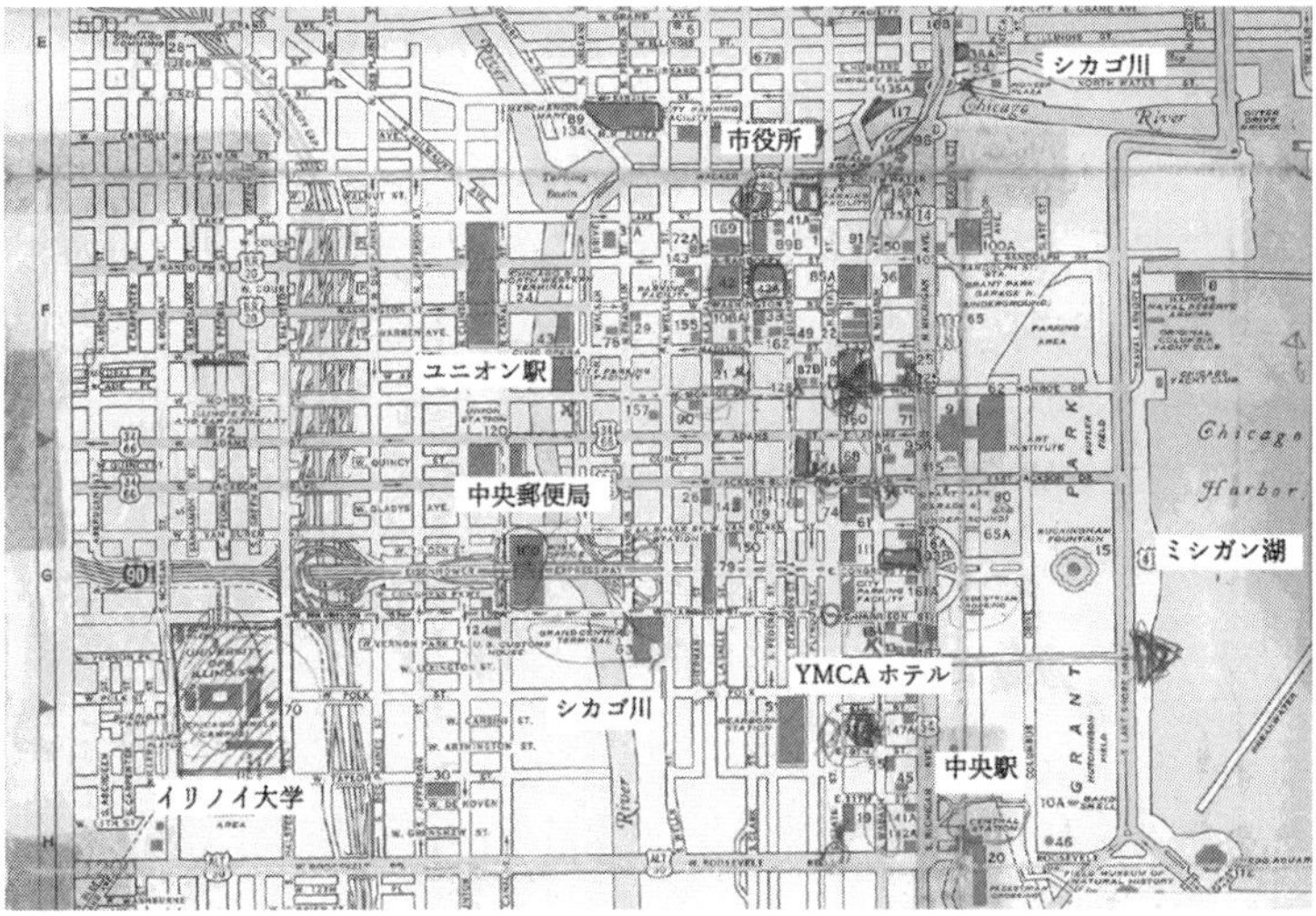

図2　シカゴ中心部の地図　出典：1969年シカゴのレンタカー会社で入手した地図を加工

ロケに対する全面的な支援からすると4周遅れである。日本の官庁の枝葉末節な規制が多すぎ、外国の映画監督は撮影場所として日本を相手にしないと思う。

東京への教訓

1）都心部の土地の有効活用を図るため建築と道路の一体開発を推進すべきである。建築は建築、道路は道路、鉄道は鉄道といった部門間の狭い考え方を捨て、異なる部門が積極的に協力し合うべきである。

2）映画のロケの依頼があったら積極的に対応する。施設や地元自治体のPRとなる。細かい規制は例外とする。

●参考資料

1）Chicago Post Office
2）Wikipedia, Old Chicago Main Post Office

3）Chicago Architecture Info, Former United States Post Office Central Office（Chicago）

4）Aj Latrace; The Old Main Post Office: Before and After

5）当時の物価（日記に基づく）の参考例
航空運賃：サンフランシスコからシカゴ、55・65ドル（学生半額料金2万34円）、ホテル代：YMCA一泊5ドル（1800円）、地下鉄50セント（180円）、バス50セント（180円）、コーラ10セント（36円）、1971年8月まで交換レート1ドル＝360円、当時の都バス20円、大学生協カレーライス50円

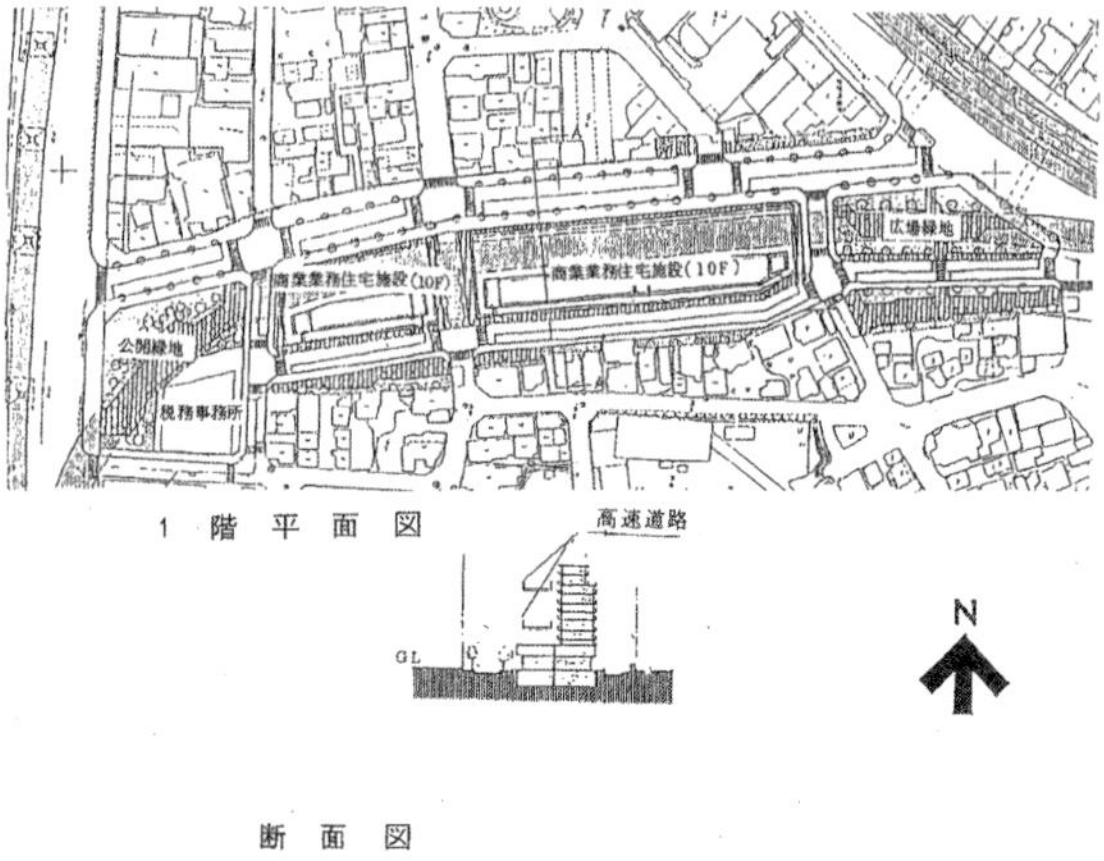

図3　首都高速道路と再開発事業の事例研究。高速道路を建設するため再開発をし、建築と一体に道路を建設する手法。
出典：首都高速道路建設と市街地再開発事業に関する研究委員会報告書　昭和58年3月　編集：原田敬美

日本でも法規上は40年前整備され、道路上の建築は可能であるが、異なる部局の調整に手間を要し現実には進まない。40年前以前にも高速道路上の建築は特例的に事例がある。東京、銀座の高速道路はショッピングセンターの屋上にある。また池袋のサンシャインビル内に一部首都高速道路が

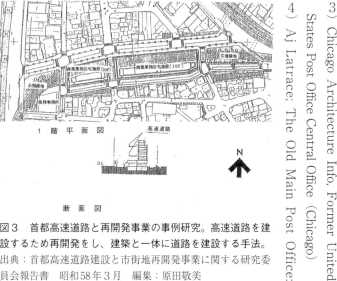

入っている。大阪市の朝日新聞社ビル内の一部に阪神高速道路が入っている。これは朝日新聞社が大阪市役所から市有地を購入する際の条件としてビル内に高速道路を通すことで成立した道路と建築の一体の例である。

1982年首都高速道路公団の委託で首都高速道路建設と再開発の研究の事務局を務めた。高速道路を建設するため再開発事業を活用する方法で、建築と道路の一体開発の研究をした。図は板橋区役所近く首都高5号線と中央環状線のインターチェンジ付近のケーススタディである。[図3]

運河上の公共住宅（Entrepot West）オランダ、アムステルダム

1994年から友人（アメリカ、ニューヨーク・ニュージャージ港湾庁開発本部長マイケル・クリーガー）の紹介で、アメリカ・ウォーターフロント・センター共同代表者（ブリーン+リグビー）から、世界中のウォーターフロント開発の優秀作品の選考審査員を依頼された。審査会場はニュージャージ州ケープ・メイ、大西洋に面したリゾート地である。ニューヨーク市マンハッタン42丁目にあるニューヨーク・ニュージャージ港湾庁バスターミナルから4時間程度、長距離バスに乗りたどり着いた。

審査会場で缶詰となり、A4サイズのファイルに入った資料と提出されたスライドを映写しながら審査委員7名（うち外国人3名）で様々な観点から議論した。その中で、運河上の公共住宅は目を引く内容で、しかも、運河の国オランダの作品ということで審査員一同、高い評価をした。私も運河と建築の一体開発のプロトタイプとして、かつそのデザインの良質さと公共住宅であることな

図4　ウォーターフロントセンターの審査委員の記念写真

どから今後の都市開発、公共住宅設計の参考事例になると評価した。［図4］

1997年オランダを訪問、友人のオランダ人若手建築家マーク・ヴィッサーが現場に案内してくれた。運河上の利用と素晴らしい建築デザイン、ディテールに圧倒された。日本にない発想で、また、日本の住宅設計にないデザインである（第3章で詳述）。

エントレポット・ウェスト住宅

当該地区はアムステルダム市の港湾地区の再開発が行われている東側地区にある。地区全体は港湾、ウォーターフロント再生の良き事例である。設計は設計競技で選定されたアトリエPROが担当し、竣工は1993年。524戸の住宅。事業費は650万オランダ・フラン。

港湾都市であるアムステルダムは、船舶の大型化、コンテナー化などから従来の埠頭は役割が果

図5　運河上の公共住宅の全体　出典：Ann Breen, Dick Rigby, The New Waterfront, 1996　アメリカ・ウォーターフロント・センター提供

たせなくなり、新たな港湾機能が外洋に近い地区に移転し、従前の広大な土地が開発用地として生まれた。こうした傾向は世界中の港湾都市で生じている。アムステルダム市役所は広大な敷地内にトンネルや道路、公共交通を整備し、従前の倉庫を保全、再利用し、旧ドックの土地を公共住宅に転用する計画を作成した。当初の計画では運河の水を排水しようとしたが、オランダ名物の水辺を保全することとした。

市議会からの提案で橋のイメージを抱く住宅計画とし、従前の港湾地区と既存の住宅地区の架け橋となるアーバンデザインとした。従前、分離されていた両地区は、運河の水により計画地区の各ブロックをつなげることになった。

建築事務所アトリエPROは公共住宅群の中で、運河に架かる住宅という中核となるデザインを提案した。デザインのイメージは運河上の建築とい

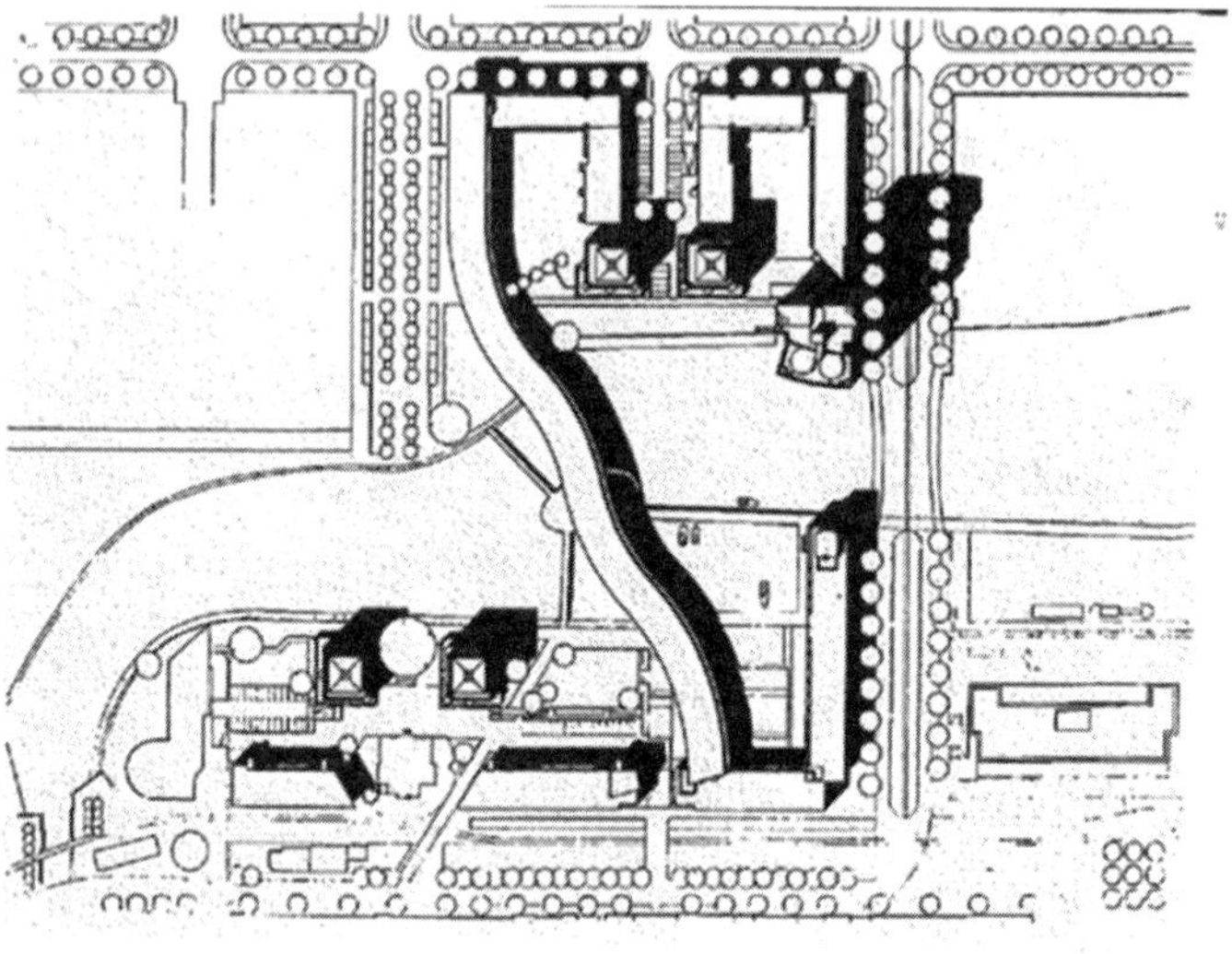

図6　運河上の公共住宅の配置図　出典：図5と同じ

うことで、鉄橋を渡る車両を考えた。運河をまたがり、湾曲した平面で、6階建てとした。その理由は6階の高さは一般的な客船の高さであることである。1階は運河を眺望できる空間である。また、運河上の住戸からの眺めは最高である。住宅戸数は524戸のうち77％は家賃補助の住戸である。各戸の平面は異なり、住宅の多様性を創り出した。それが建築全体の表情を楽しく変化させている。駐車場は地下に配置し景観を保全した。開発地域全体を歩行者優先とした。［図5、図6］

近くのレンガ造りの旧税関は保育園に用途転用した。また、一部に旧税関の煉瓦の外観を活用し水辺のレストラン街とした。

この住宅はアムステルダムで有名な建築となり、現在観光客が訪れるまでになった。

橋の建築事例の参考事例

川の上の建築は昔も今もいくつか事例がある。

図7　ポンテヴェッキオ橋スケッチ：筆者

①イタリア、フィレンツェ、ポンテヴェッキオ橋

橋上建築で世界で最も有名な事例である。イタリア、フィレンツェのアルノ川にかかるポンテヴェッキオ橋（古い橋の意味）は、1345年に建てられた。橋の上には宝飾店など商店が立地している。フィレンツェの有名な観光スポットである。

[図7]

②セルビア、ノヴィ・サド（橋の建築、最近の事例）

《AIA（アメリカ建築家協会）月刊誌2019年8月20日号より抄録》

建築家はARCVS、設計コンペにより選定された。内戦が終わったセルビア（旧ユーゴスラビア）でダニューブ川に架かっていた橋が内戦で破壊された。その再建と分断された地域同士の再結合が目的である。橋を多機能とした。長さ200

図８　セルビア、ダニューブ川の橋上建築　提供：ARCVS設計事務所

メートル、鉄骨構造、スパン80メートル、幅12メートル、高さ10メートル、洪水対策のため水面からの高さ8メートル。施設面積4千平方メートル、ホテル、オフィス、自転車道・歩行者用道路幅員6メートル、美しいダニューブ川の景色を見ながらのオフィス仕事、ホテルでの滞在はさぞ快適であろう。［図8］

③ジショウ美術館（中国吉首市）

アメリカ建築家協会で２０２０年の優秀賞を獲得した美術館建築（建築家ＦＣＪＺ）。市内を流れる川をまたぐ構造である。

東京への教訓

1）運河上（水辺上）の建築という夢のある計画を創る。

2）デザインにストーリーを持たせる。（一例、鉄橋を渡る車両のイメージデザインとし、高さは客船の高さにそろえる）

3）住宅政策として、住宅開発の際、一定量の家賃補助住宅を供給する。
4）従前の建築構造体を活用し、コンバージョン（用途転換）する。
5）設計者選定はコンペティション（競技）か、プロポーザル方式（提案）が好ましい。金額の多寡では設計の質を判断はできない。

●参考資料
1）Ann Breen and Dick Rigby, The New Waterfront, 1996
2）Architecture in the Netherlands Year Book 1992-1993

道路上の博物館　アムステルダム

1997年建築家菊竹清訓の推薦でセルビア、ベオグラード建築トリエンナールに参加した。途中、アムステルダムに立ち寄り、気になる建築を見て歩いた。

アムステルダムの港湾地区で高速道路上の科学博物館は、その一つである。設計はイタリア人建築家レンゾ・ピアノ。関西空港のデザイナーとして日本でもその名が知られている。港に面している立地条件を活用し、船が港から出航するようなイメージである。

アムステルダム科学博物館

アムステルダムの中心部（中央駅）近くで、かつアムステルダム港の埠頭に面した敷地に立地している。下は高速道路である。1997年竣工。

科学博物館は建築・展示内容ともにアムステルダムでユニーク、かつ充実した内容の施設である。大型客船のようなフォルムで外壁は緑色の銅板葺で、見る者に強烈な印象を与える。レンゾ・ピア

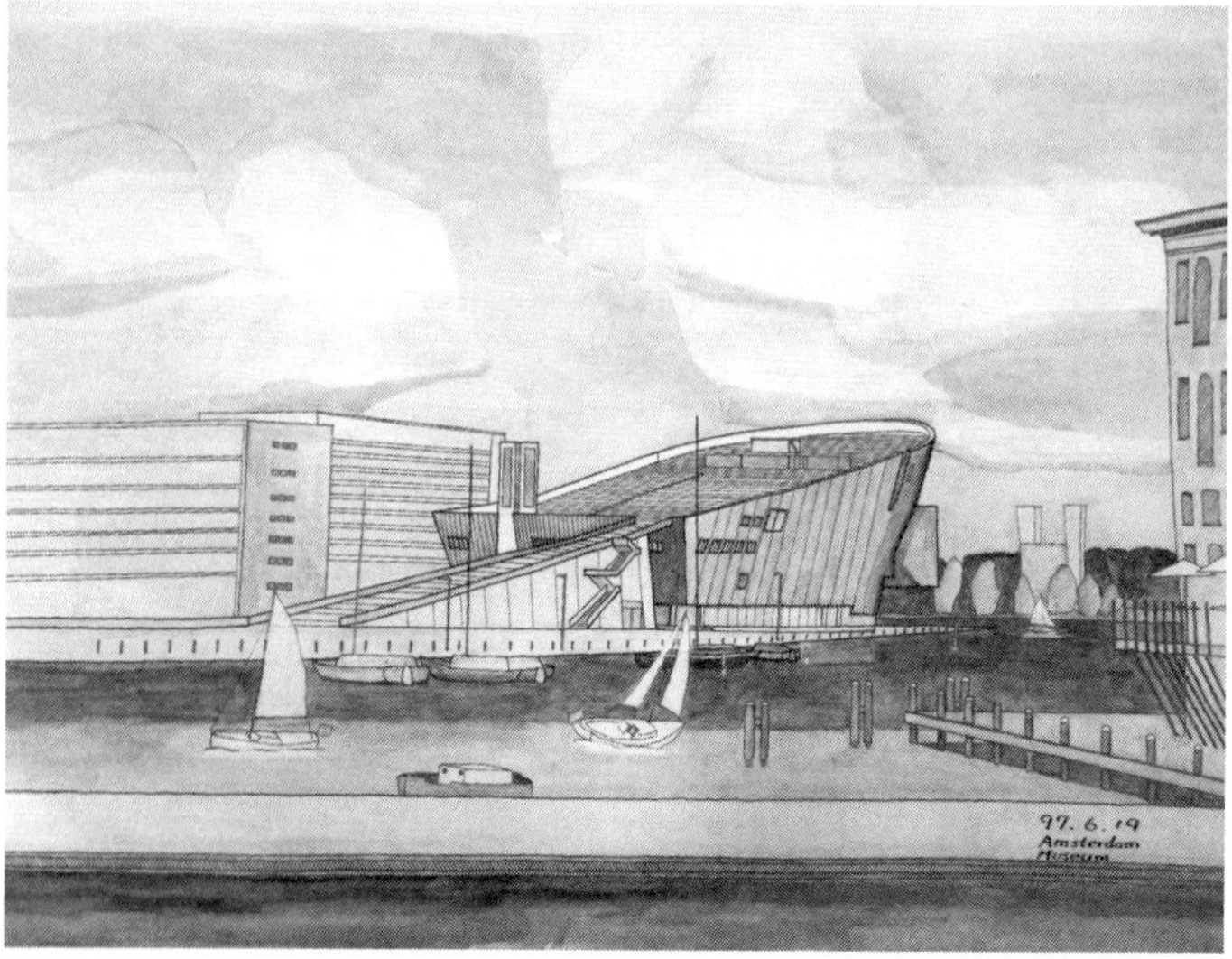

図9　科学博物館スケッチ：筆者

ノの傑作の一つである。

レンゾ・ピアノはアムステルダムの都市の特徴として、「イタリアの都市のように広場から都市を眺めるというタイプの広場に欠けている」と分析し、建物の屋上にアムステルダムを一望する広場を創出する計画とした。屋上のうち、千平方メートルを緑化し、様々な種類の植物が植えられた。屋上緑化により、アムステルダムの環境改善に多少なりとも貢献し、かつ建築の省エネルギーに貢献した。今ではミツバチ（人間を襲わない習性の蜂）が棲みついている。内部は5層の展示空間である。［図9］

東京への教訓

1）高速道路上の空間を活用し、建築（公共施設など）を供給する。

図10　スタジアム正面　撮影：筆者

●参照資料

1）科学博物館のホームページ、パンフレット

高速道路上の
サッカースタジアム　オランダ

1997年オランダを訪問した際、オランダ人若手建築家マーク・ヴィッサーに案内された。氏の運転する車で、アムステルダムから20～30分くらいの所で、直線の高速道路から正面に大規模なスタジアムが見えた。高速道路からそのまま直接スタジアムの駐車場に入った。交通動線が見事な計画である。聞くと、鉄道も直接スタジアム傍に乗り入れている。

アムステルダム・スタジアム

サッカー場を中核に、文化、レジャー活動など複数の機能を持つスポーツパークである。

図11　スタジアム1階の駐車場、高速道路から直結　撮影：筆者

５万人の観客席で、地上2層は高速道路から直結の駐車場である。自動車に加え、アクセスとして近郊鉄道と地下鉄がスタジアム近くに乗り入れている。［図10、図11］

試合終了後の大量の観客の動線をさばくため、スタジアムから駅まで長さ６００メートル、幅70メートルの歩行者専用道を設置し、その沿道に商業施設を配置した。多くの来訪者は試合の余韻を楽しむため、レストランやバーに立ち寄る。

日本のスタジアムの計画にこうしたアーバンデザインの配慮が欠けている。スタジアムの施設建設だけでなく、動線のさばき方、経済効果を狙った商業施設との一体化といったアーバンデザインが必要である。

私が訪ねた際、ちょうど施設見学のツアーがあり、スタジアム内部を見学した。施設のＰＲと案内人の業務という雇用創出にもなる。

東京への教訓

1）スポーツ施設の大量の動線を処理するため道路、鉄道と一体になった計画を創る。大量の人間をさばくため、滞留人口をさばくための広場空間、商業施設との一体化というアーバンデザインを創る。

2）公共施設見学ツアーを実施し、施設のPRに努める。

●参考資料

1）Architecture in Netherlands Year Book 1996-1997

鉄道軌道上の庁舎建築　オランダ

設計者はオランダを代表する建築家ヤン・ホーホスタッド。1997年オランダを訪問した際、氏の案内で庁舎の見学をした。庁舎自体、建築デザインとして素晴らしい内容であるが、電車の軌道上に庁舎が立地していることに驚いた。

1993年私が事務局長として建築家菊竹清訓が主催する建築家の国際会議で講師の一人としてホーホスタッド氏をお迎えした。それ以来、交流をさせていただいた。私がご紹介し、早稲田大学で講演いただいた。また当時の労働省が主宰した快適職場の研究会（筆者は委員を務めた）で講演していただいた。

オランダ住宅環境省庁舎

戦後、省庁再編でいくつか分散していた組織をまとめ、庁舎を一体化することとなった。

敷地はハーグ中央駅前で、首都のど真ん中である。駅前であることから自動車による通勤を削減し、建築材料には再生コンクリートなど環境に優しい建材を活用し、省エネ建築とし、建築計画も

図12　オランダ住宅環境省庁舎　市電の軌道敷に上に庁舎がある。出典：Minisrie van VROM, Jan Hoogstad,　ホーホスタッド提供

環境に優しい工夫をした。竣工は1992年。

　庁舎は市電の軌道をまたぐように配置、計画された。平面の大きさは140メートル×75メートルである。[図12]

　職員数は3100人、延床面積は4万4千平方メートル、うちオフィス部分は3万平方メートル、延容積は53万5千平方メートル、うち吹き抜け空間は22万5千平方メートルである。総工費は345億ギルダーである。

　建築計画を検討するに際し、ホーホスタッドはアメリカの建築家ライトが設計したラーキン・ビル（ニューヨーク州バッファロー市）、ペンシルベニア・ホテル（ニューヨーク市）、ナショナル生命保険ビルなどを研究した。また、オランダのオフィスとしてヴァン・アイクやヘルマン・ヘルツベルハーが設計したオフィスビルの研究をした。

　都心部で交通量が多いことから騒音があり（平

均72デシベル）、また、冬は気温が低いことと風が強いことから窓を開けられない状況だった。そこで、オフィス部分に吹抜けを配置、吹抜け空間に対し、窓を開け（吹抜けで騒音値51デシベル）、空気を取り入れ、また、吹抜けの眺望を職員が楽しめる空間とした。

　1階には保育園が設置された。

図13　庁舎内の保育園　出典は図12と同じ

日本の庁舎にない考え方である。少子化対策、女性の社会進出に対応した。職員の健康増進に配慮し、フィットネスセンターを配置した。また、今日では当たり前のＩＴのインフラが整備された。［図13］

最近の類似例

カナダ、アルバータ州カルガリー市でライトレールの上に図書館（２万２２９６平方メートル）が建つ。２０１８年竣工。１９９４年アメリカ、ニューオルリンズを訪問した際、鉄道敷上の建築を見た。［図14］

東京への教訓

1）鉄道敷地を有効利用し、一体の建築を計画する。実態として大宮駅上に大型の商業施設がある。

2）庁舎（公共）建築を計画する際、敷地に合わせて単なる箱の庁舎を設計するのでなく、庁舎

図14　アメリカ、ニューオルリンズの鉄道敷上の建築　撮影：筆者

空間の歴史、空間構成、環境、女性への配慮など十分研究した上で新たな計画をすべきである。

3）延容積の概念を活用すべきである。日本では使わない指標であるが、部屋の快適性、冷暖房の負荷など検討する際、天井高さ（容積）は重要な要素である。

4）1992年竣工の庁舎建築で、ITインフラを整備し、保育園、職員の健康増進のためフィットネスセンターを設置したことを考えると、日本の庁舎建築は4周遅れである。今後の庁舎建築で20年から30年見すえた検討が必要である。

5）環境対策の一環として、再生コンクリートなど環境製品を積極的に使う。

＊＊　＊＊　＊＊

1985年竣工の港区役所庁舎で、コンピューターの配線がされていなかった。発注者、設計事務所のミスである。2000年港区長室に入った際、コンピューターの配線がないことに驚いた。1880年初頭、OA（オフィスオートメーション）が既に喧伝されていた。

＊＊　＊＊　＊＊

新幹線品川駅（港区）上にJR東海の社宅が建っている。港区の定住促進要綱に基づき、品川駅東口（港南口）にJR東海の事務所を建設する際、住宅供給の義務が生じた。住宅の適地がなく、JR東海品川駅の新幹線鉄道敷きの上部空間を活用し住宅（社宅）を建設した。駅と直結なので乗務員には便利と評判のようである。後年、JR東海のT社長と面会する機会に聞いた話、「最初、港区の付置住宅制度に反発したが、結果として駅と直結した便利な社宅で社員に評判がよい」とのことであった。

●参考資料

1）Ministrie VROM
2）Jan Hoogstad Monograf
3）オランダ住宅環境省庁舎　建築士95年10月号
　　原田敬美

高速道路上の市営住宅　ニューヨーク市

1982年首都高速道路公団が首都高速道路と建築との一体開発を研究することとなり、事務局員を頼まれた。原田なら海外の事情を知っているだろうとの理由である。その時、事例調査し真っ先に挙がったのがジョージ・ワシントン・ブリッジの公共住宅である。その後、道路と建築の一体開発の事例紹介の際、常に使う事例である。

計画内容

ニューヨーク市のジョージ・ワシントン・ブリ

ッジ（マンハッタンとニュージャージ州を結ぶハドソン川を渡る橋）の12レーンの高速道路のランプ上に建設された市営住宅である。

橋の建設はニューヨーク・ニュージャージ港湾庁(注)が所管、市営住宅はニューヨーク市役所が所管である。ニューヨーク市役所が低所得者向けの市営住宅を建設するため、ニューヨーク・ニュージャージ港湾庁と協議、公開入札で道路上の空間を民間企業に売却した。本敷地は高速道路のランプ、バスターミナル、地下鉄駅に隣接し、大変便利な立地条件である。

計画

1960年ニューヨーク・ニュージャージ港湾庁はジョージ・ワシントン橋近くに1・21ヘクタールの空中権をニューヨーク市役所に移転し、ニューヨーク市役所は競売し、クラッター社が百万ドルで購入し、中堅所得層のための公的住宅を建設する新しい奇抜な方法である（百万ドルは当時の交換レートで3億6千万円、日本の大卒初任給が1万3100円、2012年大卒初任給20万1800円、15・4倍である。単純に掛けると現在価値55億4400万円となる）。

大都市中堅所得層向け住宅研究委員会は、ニューヨーク州政府に空中権を活用した公共住宅建設を提案した。これは空中権を活用した開発で最も

(注)　ニューヨーク・ニュージャージ港湾庁は
ニューヨーク市周辺の陸海空のインフラ整備を広域行政の観点から具体化するためニューヨーク州、ニューヨーク市とニュージャージ州が共同出資し設立した組織である（New York, New Jersey Port Authority）。港湾整備、鉄道駅、バスターミナル、橋、トンネル、空港（ケネディ空港、ラガーディア空港、ニューアーク空港）などの建設と維持管理を行っている。

図15　ジョージ・ワシントン・ブリッジの市営住宅全景　出典：https://www.uptowncollective.com/2011/05/04/uptown-artist-jay-franco/

大胆な計画だった。研究委員会は中堅所得層のための住宅供給に、未活用、低未利用の土地の活用を提案、25万戸（百万人）の住宅供給の計画である。高速道路の上、鉄道軌道の上、桟橋、学校、トンネル広場、駐車場など200か所以上の適地を提案した。

当該敷地での具体的な計画は1961年着工、1962年竣工である。4つのコンクリート製の人工地盤が高速道路にまたがるように人工地盤が建設された。その上に32階建ての市営住宅が4棟、ドミノ状に建設された。合計960戸ある。住宅の外壁は世界初のアルミのカーテンウォールである。

本敷地は12車線の高速道路上に約44フィート（13メートル）の4スパンから構成される約1.2ヘクタールの人工地盤を建設、その上に市営住宅を建設した。1.2ヘクタールの人工地盤の現在想定価格55億円と考えると安価な事業といえる。

港区内なら1ヘクタールで二百億円はする。計画上も経営上も最も成功したと評価された。3年後、中堅所得者向け住宅として評価を得た。[図15]

政策手法はニューヨーク州政府のミッチェル・ラマ法（注1）の下で供給された。

当時、32階建て240戸は「ニューヨーク市で最も素晴らしい大家族の住まい」と取り上げられた。3寝室の住戸で、家賃は一か月設備費込みで179ドル（6万4400円）。共有の洗濯室や集会室は2階に配置された。

現在の居住者は労働者階級、入居者の15％が連邦住宅法8節（注2）の住宅補助を受けている。最も安い住戸で700ドル（約7万円）、最も高い3寝室の住戸は1600ドル（約16万円）である。ニューヨーク市の平均的家賃を比較すると安い（最近のニューヨーク市内のアパートの賃料は2000ドル〈約20万円〉から3000ドル〈約30万円〉）。入居者のコミュニティ意識は高いと言われている。問題点としては、敷地が高速道路のランプの結節点で、排気ガス、自動車などの騒音が住戸まで届く。

最初の空中権活用は、ニューヨーク市の中央駅（グランドセントラル駅）である。1913年竣工。鉄道敷きの上に蓋架けし、両側に超高層ビル

（注1）　ミッチェル・ラマ法はマンハッタン区選出のミッチェル・ニューヨーク州上院議員とブルックリン区選出のラマ・ニューヨーク州下院議員の両名が提案し、1955年に法律となった。主に、低所得層、中堅所得層向けの住宅供給制度である。民活で公共住宅を建設した企業は、免税を受けられるという内容である。

（注2）　8節：アメリカ連邦政府（住宅都市開発省）の住宅法（1937年制定）の8節に規程された公共住宅の家賃補助の内容。

図16　ベルリン市内の道路と一体の建築。散策中見つけた事例　撮影：筆者

を建設し、鉄道敷きの上部が現在のパークアヴェニューとなった。アーバンデザインの政策手法の走りであった。

欧米の都市を訪問すると道路と建築が一体になった例をよく見かける。写真はベルリンで見かけた事例。［図16］

東京への教訓

1）道路上の空間を公開入札で民間に容積を与え、市営住宅を建設する方法は、費用負担の削減、道路上の空間の有効利用となる。柔軟な企画、発想が求められる。

2）新たな開発スキームを積極的に出し、実行する必要がある。

3）アメリカでは連邦議会、州議会、市議会で議員が立法する。それを行政が実行する。議員は政策実現のための法案を作り、提案すべきである。

4）未活用、低未利用の土地のリストを作成する必要がある。高速道路上、鉄道軌道上、駐車場などである。

●参考資料

1）ニューヨークタイムズ　2004年6月18日
2）Information Report No.186, Air Rights, American Society of Planning Officials, May 1964
3）首都高速道路建設と市街地再開発事業に関する研究委員会報告書　昭和58年3月

立体利用　駅上公園と保育園等公共施設、ホーム下駐車場　パリ、モンパルナス駅

1980年代後半から2000年代前半の間、2～3年おきにパリを訪問し、建築、都市開発を視察した。視察先で感激したり驚いたりした。その中で、モンパルナス駅の立体構成に驚いた。ホームの上が人工地盤で巨大な公園（芝生広場）である。都市の緑化、環境に優しい駅である。東京にこうした事例は皆無である。

モンパルナス駅の立体開発

パリの長距離鉄道（新幹線ＴＧＶ）の駅は、東京の東京駅の一極集中でなく方面別に東西南北といったように複数ある。サンラザール駅、北駅、東駅、リヨン駅、ベルシー駅、オステルリッツ駅、そしてモンパルナス駅である。

モンパルナス駅はパリ市の南側（15区）に位置し、フランス西部、南西部方面に向かう列車の始発駅である。ホームは1番線から28番線まであり、東京駅とおよそ同じ規模である。

東京駅との大きな違いは、ホーム上は人工地盤

図17　モンパルナス駅鳥瞰。ホーム蓋掛けの前の状態。出典：Paris Projects フランス政府発行資料:提供ベルモン

図18　モンパルナス駅ホーム上芝生広場　撮影：筆者

図19　モンパルナス駅ホーム　撮影：筆者

で蓋架けされ、その上に巨大な芝生広場があることである。アトランティック（大西洋）庭園と称する。広場の大きさは、地図を参考に測ると130メートル×170メートル、サッカー場より一回り大きい。

さらに、庭園内には保育園、アスレチック、アートモニュメントなどがある。現地を2度訪問した。2度とも気候のよい季節で、かつ晴天の日中であったが、庭園にはほとんど人がいなかった。理由は不明。

また、広場の四周は10数階建の建築で囲まれている。中に小規模オフィスやアパートがある。駅舎やオフィスビルと隣接した都心居住である。ホームの地下は公共駐車場である。【図20】

駅に直結し、モンパルナスタワーがある。中層建築で統一された街並みが美しいパリであるが、モンパルナス駅だけは特別で、駅と一体になった

図20　モンパルナス駅地下駐車場　撮影：筆者

図21　モンパルナス駅ホーム上芝生広場の遊具　撮影：筆者

超高層ビルがある。

モンパルナス駅の開発は1960年代に事業化され、1972年パリで最も高い59階建てのモンパルナスタワーが完成した。その高さゆえ、パリ市民の間で物議をかもした。

1991年ホームを取り囲むようにオフィスビルが建設された。1995年ホーム上の人工地盤が建設され、アトランティック庭園が完成した。

［図21］

東京への教訓

1）駅舎ホーム上を蓋かけし、公園化すれば、緑化面積が増加し、環境に優しい開発となる。

2）駅と一体に保育園を配置し、周辺にオフィスや共同住宅を配置する一体開発は利便性の高い開発である。駅にも保育園を配置するなど公共施設との複合開発が必要である。

3）ホーム下に公共駐車場、バス駐車場を設置するとさらに利便性が高まる。

●参考資料

1）Paris Projects

2節

複合都市開発、パリ、デファンス新都心

パリの新都心のデファンスを何度か訪問した。オフィス、集合住宅、文化施設、公共施設などが立地している。建築家菊竹清訓から西新宿の副都心との比較論で「双方とも100ヘクタールと同規模だが、新宿副都心の計画はオフィスのみで、デファンスのような複合開発すべきだった」とコメントを聞かされた。

デファンス開発公団の元総裁はベルモン（元大統領府建築長：専門職で日本の国土交通大臣のような権限を持つ。東京のフランス大使館の旧施設はベルモンが若い時の設計）。

複合都市開発

凱旋門から約4キロメートル離れた所シャンゼリゼ通りの軸線上に新凱旋門が1989年建設され、デファンス副都心が開発された。周囲は高速道路で囲まれている。

デファンス副都心建設の目的は、ヨーロッパのビジネス拠点建設である。その理由は、パリ市の中心地区は中層の歴史的建築で埋め尽くされており、再開発ができず、高層化ができないという理

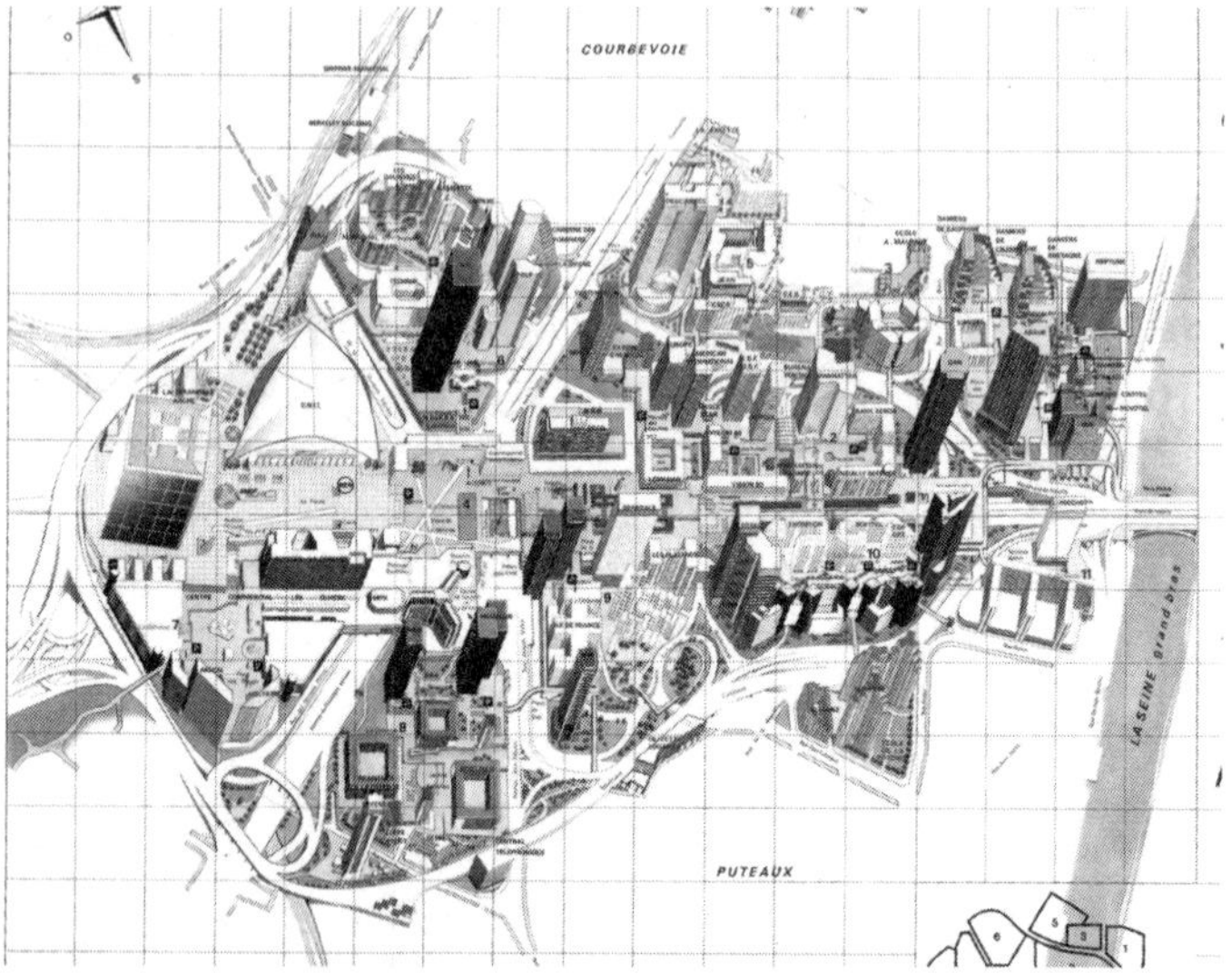

図22　デファンスの配置図　出典：パンフレットより

由で副都心を建設し、高層建築を許可することである。

敷地全体規模はメインの地区は１００ヘクタール。デファンスの隣接の街区を含めると１７０ヘクタールある。

人工地盤は１万平方メートルある。フランスはじめヨーロッパの主要企業の本社が立地した。１５００社、15万人が働いている。９０００戸の住宅、２００軒のレストラン、２０００室のホテル、２５０軒の店舗が立地している。[図22]

デファンスのアーバンデザインは１９５６年作成された。担当はローマ賞受賞者の３人の建築家、ロベール・キャメロ、ジャン・ドゥ・メイユ、ベルナール・ゼルフュである。基本コンセプトは、すべての建築は軸線に隣接して建て、軸性を形成することと、人工地盤を作り歩行者と車の動線を分離することである。敷地の60%はオープンスペ

図23　デファンスに隣接した地区のユニークな公共住宅　撮影：筆者

ースとした。さらに、土地利用をオフィス、住宅、商業など複合を計画した。工期は約30年である。

計画策定当時、就業人口は4万人、居住人口は2万人。地上には鉄道、道路があり、その上に人工地盤が建設され、人工地盤にオフィス、集合住宅、展示場、映画館、商業施設、公共施設などの施設が配置された。人工地盤の上は歩行者専用の空間である。

新凱旋門の設計はパリの大事業の一つに位置付けられ、国際コンペでデンマーク人スケッペルセンが入選し、設計を担当した。１９８９年新凱旋門が建設された。高さ１１０メートルの立方体で中が中空である。

隣接地区にユニークなクローバー状の湾曲したデザインの集合住宅が立地している。[図23]

新宿副都心計画の問題

新宿副都心はデファンス副都心が計画された時

期と同じであるが、人工地盤を歩行者空間にするという計画内容ではなかった。また、主たる土地利用は大半がオフィスで、ホテルは一棟である。集合住宅はなく居住人口はゼロである。文化施設、公共施設もなく、複合開発、住宅供給という発想がなかった。

また、デファンスは人工地盤で、歩行者専用空間であるが、新宿副都心は立体交差は一部にあるが、人工地盤ではない。

複合都市開発の参考事例

有名な複合都市開発の事例は多くあるが、一例としてニューヨーク市バッテリーシティ、クイーンズウェスト（第3章で詳述）などがある。

複合機能開発の定義と特徴

3つ以上の機能が存在していること。24時間、人がいる街を創る。昼間は主にオフィスが電力を使い、夜間は住宅やホテルが電力を使う。全体として電力はバランスがよい。

東京への教訓

1）都市開発をする際、単一機能でなく、複合機能とし、業務、住宅、商業、文化芸術、公共施設等の複合開発とし、快適性に配慮すべきである。

●参考資料

1）Paris Projects
2）デファンスのパンフレット

3節 まとめ

都市の立体・複合化で海外事例を参考に東京への教訓

1）道路、鉄道、運河（河川）と一体開発を推進すべきである。土地の有効活用、都市空間の立体活用である。

2）スタジアムのような大型開発の際、一時に大量に発生する動線処理のため、広場、商業施設を配置する。

3）大型開発に際し、オフィスの単一用途でなく、住宅、公共施設、文化施設など配置する。

4）駅のプラットホームを蓋掛けし、緑化する。駅舎・プラットホームの上下に駐車場、保育園など公共施設を配置し立体利用する。

5）デザインにストーリーを持たせる。

6）庁舎、事務所など施設設計の際、ＩＴインフラ、少子化対策、子育て対策のための保育園、勤労者の健康のためフィットネスセンターを配置する。

7）建設に際し環境製品（再生コンクリートなど）を活用する。

8）映画ロケの依頼がある際は特例とし、細かい規制規則は例外とする。地域のＰＲ、活性化となる。

9）不要となった施設はオークションで処分するなど財産管理を弾力的にする。また、構造体を活用した用途転換（コンバージョン）する。

10）住宅開発に際し、一定量を家賃補助住宅とする。

11）設計者選定は、設計競技（コンペティッションン）か、企画提案（プロポーザル）とする。

12）施設の見学会を実施し、施設のＰＲに努める。

13）時代に合う開発制度を創出する。

第2章

都心型コミュニティ

1節

都心居住

サウスブロンクスの住宅改善運動
——犯罪の街から良好な都心居住の街へ
NGOによるまちづくり

ニューヨーク市で、あるいは全米で最も有名なスラム、サウスブロンクスをニューヨーク市行政研究所主任研究員のデイヴィッド・マメンの案内で視察した。1994年7月28日であった。現在は相当改善されている。サウスブロンクスで住民による住宅改善運動をしているNGOバナナ・ケリーを訪問、メンバーにインタビューし住宅改善活動について尋ねた。

デイヴィッド・マメンは『世界都市東京』（1988年刊、総合研究開発機構〈日本政府のシンクタンク〉）の著者である。視察の際、都市問題研究の第一人者である東京経済大学教授柴田徳衛（元・東京都立大学教授、元・東京都企画調整局長）の紹介で一緒させていただいた。[図1]

サウスブロンクスのスラムのすさまじさは、1981年上映された「サウスブロンクス・アパッチ砦」で紹介された。毎日3、4人が殺されたという地域である。

ニューヨーク市マンハッタンの人口は、1998年150万人。一方、面積がほぼ同じ東京の都心3区の当時の人口は26万人であった。欧米の大都市は、都心部に住宅が多い。行政にとり住民が増え、特に高額所得者が増えれば市税収が増える。歳入の多くは固定資産税と市消費税である。また、市民にとり都心地域に住むことで利便性の高い生活を享受し、音楽、美術など文化を楽しむことができる。

図1　世界都市東京の表紙　撮影：筆者

さらに、女性の社会参加の観点、少子化対策の観点から都心居住は好ましい。都心の職場と郊外の住宅を90分もの時間をかけ通勤するのは時間浪費で、体力的に厳しい。都心で生活できれば、子育て夫婦にとり子育てしやすい。また、社交の観点から、都心であれば自宅でホームパーティなど開催できる。欧米の社交はホームパーティが多い。都心のビジネス地区に、様々なタイプの住宅を供給することは重要な政策課題である。

サウスブロンクスの概況

サウスブロンクスは、開発初期はマンハッタンに通勤便利（都心居住）ということで、裕福な白人層の住宅街として開発が進んだ地域である。当時、開発された立派なデザインの一戸建て住宅や集合住宅が現在も多く残っている。

1960年代に南部から黒人やプエルトリコからの移民などが雇用機会を求め、ニューヨーク市に移住した。そして、都心に近いことからサウスブロンクスに移住した。それまでの住民であった白人層が郊外に転出した。アメリカの典型的な人種構成の変化の事例である。

ニューヨーク市都市計画委員長だったロバート・モーゼスは、高速道路建設と再開発を推進した。特にサウスブロンクス地区での高速道路建設は地区を分断させ、サウスブロンクスの衰退を招く一因となった。また再開発は結果的に貧困地区に画一的な公共住宅を建設し、かえってコミュニティを崩壊させることになった。再開発を英語でUrban Renewalと言うが、貧困層の黒人を追い立て、別の地区に移住させただけという意味でBlack Removalと冗談で称された。

1980年代には、以前サウスブロンクス内のマンションに移住した黒人が家賃を滞納し、生活環境の荒廃でマンションの管理状態が悪化した。マンションオーナーは不動産経営の継続が困難と判断し、犯罪が露見しないよう細工し、意図的に自らの建物に放火して保険会社から火災保険金を受け取り、建物を放棄する事件が急増した。その結果、地区内に構造だけ残った荒廃した空家が増加した。

サウスブロンクスは全国的に見て貧しい地区であった。サウスブロンクスの住民の平均年収は5379ドルだった（1ドル100円換算で53万7900円）。サウスブロンクスでは麻薬売買や売春が通常の仕事と言われた（『ニューヨークタイムズ』1993年6月23日記事）。1970年代初期、地元を管轄する第41分署で毎年、殺人

図2　バナナ・ケリーの代表者（中央）、左は地元で働く若手建築家、右はマメン氏。　撮影：筆者

事件が１２０件から１３０件あったという「犯罪の街」であった。

住民自らの住環境改善活動：ＮＧＯによるまちづくり

１９９０年代後半、サウスブロンクスの治安環境がだいぶ改善された。その要因の一つは住民による住宅改善運動の成果である。マンハッタンに近いという地の利で都心居住の地域となっている。

特に著名な活動団体は「バナナ・ケリー」というＮＧＯ組織である（現在は解散されたようである）。住宅改善運動の拠点があるケリー通りはバナナの形態をしており、バナナの形状しているケリー通りということがバナナ・ケリーの命名の由来である。街づくりの合言葉は「Don't Move, Improve」で、「街から転出せず、定住し、街を改善しよう」ということである。

バナナ・ケリー（街づくり公社）は、１９７８

年ニューヨーク州政府の公認で設立された。その目的は住民参加で破壊、廃棄された空家などをリフォームし、アフォーダブル（低廉、手頃な価格）な住宅を供給し、維持管理し、住環境を改善し、住民に活力を与えることである。

バナナ・ケリーは、不登校のティーンエイジャーに対し教育や職業訓練の機会を提供し、雇用を創出し、適切な住環境の創出、街の経済発展の動きにつなげることである。

バナナ・ケリーは数人の指導的な立場のスタッフで運営している。代表は黒人女性、そこで働く建築家は白人男性（スタンフォード出身）である。

[図2]

日本だと、建築学科を卒業すると多くの学生は大手ゼネコンやディヴェロッパー、大手設計事務所等に就職しようという意識を持つが、アメリカでは建築学科を卒業し、NGOなどに就職してスラムの改善運動に参加する方が結構多い。日米職業観の違いであるが、欧米には社会貢献する職業選択肢がある。また、大学教育にそうした関連科目がある。

行政が直接入りにくい地区、事業の場合、地元の住民が非営利の組織を作り活動する。アメリカの典型的な民主的な自治組織である。こうした組織の作り方、組織運営は日本でも学ぶ価値がある。

地域特性

サウスブロンクスは、マンハッタンから地下鉄2号線か5号線でタイムズスクウェアから30分程度の至近距離で、もともと裕福な白人層の都心に近接した住宅地として開発が進んだ地域である。

人口動態で見ると、1970年人口統計で住民数は9万3900人、1980年は3万2000人で、治安悪化で多くの住民（裕福な白人、担税能力ある層）が転出した。1970年時点の人口

図３　バナナ・ケリー地区内のリフォーム中のロングウッドビル（右側）と廃屋状態のビル　撮影：筆者

の３分の２が10年後の１９８０年時点で他の地域へ逃げたことになる。

残った地域住民の多くは黒人やプエルトリコ人で、これではまずいと一部の住民が立上り、地域再生のため組織を作り、破壊された建築の再建、コミュニティの再建に取り組んだ。

活動内容

１９９４年自ら調査した時点で、バナナ・ケリーは47件の建物を入手、２千戸を修復し、うち千戸の住宅を所有・管理している。地元で７５０人の若者に教育と同時に職業訓練（大工、内装業、設備業など）を行い、また、10代後半のホームレスのために寮を建設、さらに診療所を開設した。失業中の10代の若者に声掛けし職業訓練を施し技能を取得させ、修復事業に従事させるというセルフビルドの街づくりである。

街づくり公社の指導者は地区内に住み、そのほ

図4　バナナ・ケリーの公共住宅、町会長、右はマメン。　撮影：筆者

とんどは黒人、カリブ系、ヒスパニック系である。

地区には、かつて裕福な白人の住宅やその関連の建築物多くあったことから、歴史的建造物に指定されている古い建築物や街並みが残っている。うまく修復することでスラムが生き生きした住環境に生まれ変わりつつある。

特に、ロングウッド通り沿いには1897年から1900年にかけてウォーレン・ディッカーソンが設計したネオ・ルネッサンス、ロマネスク・リバイバルのタウンハウスが多い。写真のロングウッド850番の建物は、廃屋になり、麻薬売買の場所だったが、街づくり公社が市から低利融資を受けて買い取り、修復し、公的住宅として活用するところである。［図3］

まちづくりの資金

調査した時点（1994年）で1億ドル（1ドル100円として100億円）の投資がされた。

図5　バナナ・ケリーの公共住宅のインテリア。広さ、天井高さに留意。
撮影：筆者

その資金は連邦政府、州政府、市政府、民間団体からの寄付である。当時の東京銀行ニューヨーク支店はスポンサーの一人であった。

公共住宅の質

視察中、バナナ・ケリーのスタッフの馴染みの女性町会長と遭遇し、事情を話したら、ぜひ我が家に立ち寄りお茶でもとお誘いを受け、集合住宅の一角を拝見させていただいた。修復後であり外観は立派な高級住宅である。防犯上の理由で建物全体を囲うように縦て格子状のフェンスが張り巡らされていた。[図4]

内部はその広さ、天井高さなど東京の公共住宅以上のグレードの仕様であった。バックヤードにはバスケットコートがあった。[図5]

私の港区長時代、マメンを港区に招聘し、ニューヨーク市の都市計画、コミュニティ政策、世界都市を目指すまちづくりなどについて講演いただいた。

東京への教訓

1）街づくり推進のためのNGO、NPOを育て支援する。アメリカにはコミュニティをベースにした非営利の住宅・まちづくり組織が多くある。行政が直接関与するのが難しく、かつ、きめ細かなまちづくりをする必要のあるところでは連邦政府、州政府、市政府、民間企業から補助金、寄付を受け活動している。

2）東京都内に木密地区など防災上の問題を抱えた地区が多くあり、アメリカ型の街づくり組織は参考となる。東京都が支援し、街づくりの組織を作り、若手の建築家を支援し、そうした地区に送り込む仕組みが考えられる。日本では建築学科を卒業すると多くが大手の建設会社、デイヴェロッパー、大手の設計事務所に就職する傾向がある。欧米では、こうしたNGO組織に就職して社会貢献を兼ね、建築街づくりの仕事の従事する若手を多く見かける。行政の支援で若手建築家がこうした分野で活躍できる体制作りが必要である。

●参考資料

1）サウスブロンクスの住宅改善運動　建築士95年5月　原田敬美

オランダ、ユニレバー本社と隣接のマンション、駅前本社ビルと幹部用集合住宅（危機管理と社交目的）の一体開発

1990年代オランダを訪問するたびにオランダを代表する建築家ヤン・ホーホスタッドに面会し、氏がデザインした建築を案内いただいた。その中でオランダを代表する企業のユニレバー本社

ビルと同一敷地に、本社ビルに隣接した幹部用集合住宅を案内いただいた。本社ビルと幹部用集合住宅を一体に建設し、企業のトップが本社ビルの隣に住むという方法は、都心居住と危機管理、社交の観点から興味深い。

ユニレバー社

ユニレバー社は食品、洗剤など家庭用品のメーカーで世界のトップ企業の一つである。

ユニレバー社の旧オランダ本社ビルは老朽化し、最新の事務業務の技術に対応できない状態であった。新社屋建設のためロッテルダム市内の駅前近くの大きな土地を入手した。

計画検討の依頼を受けた建築家ホーホスタッドは、敷地の北側の街区への日陰など迷惑が及ばないように配慮し、また、周辺に多く存在する板状の超高層でなく60メートル

図6 ユニレバー本社と幹部用住宅 出典：Jan Hoogstad, ホーホスタッド提供

×60メートル×40メートル（高さ）の立方体の空間をイメージした。その立方体の枠の中で十字形の平面計画とした。そうしたことで、駅前の敷地をオフィスビルの壁一面が占めるような建築にしないように配慮し、十分な公共空間を確保した。道路側に直接面しているオフィスのファサード（正面）は13メートル程度である。本社棟は敷地南側に寄せ配置し、10階建てとし、その北側には近隣対策で3階建ての低層事務棟を配置した。

周辺に配慮し、敷地の北西角に集合集宅を配置した。およそ20メートル四方の平面で34階建てである。細長い立面である。各階に4戸の住戸がある。二方向に眺望が得られるように開口部を配置した。周囲に威圧感を与えないよう、ファサードは細い縦長のストライプ模様である。［図6］

企業トップの都心居住

本社と最高幹部が隣接し住む集合住宅は、危機管理と社交の二つの理由がある。

初めに、危機管理について。ユニレバー社のような国際企業となると、欠陥商品でトラブルが生じたり、世界的企業であるがゆえにテロの対象となったり、株価が乱高下したりする。深夜、早朝であれ、危機管理のため社長はじめ最高幹部は即、本社に集まり対応しなければならない。ちなみに警視庁幹部は緊急時徒歩15分程度で本庁舎に参集できる地域に住んでいると聞く。

次に、社交について。欧米では社交は自宅へ取引先の家族を招き、ホームパーティ形式で接待する方法である。来客のために応接間や食堂のインテリアに配慮し、絵画などを飾る。したがってインテリアデザイナーの活躍の場が多い。家族同士親しくし、信頼できる相手と判断し取引が始まる。日本では社交というと、代表例として銀座のナイトクラブや料亭に取引先を招いたりするスタイルで、家族抜きで男同士で社交をするのは先進国では日本だけである。国際化、女性の社会参画、家族のあり方などから、いずれ、欧米流の社交に転換してゆかざるを得ない。その場合、本社に隣接した場所にパーティルーム付の社宅が必要となる。日本式のナイトクラブの社交スタイルだと女性の社会参加は困難である。女性の社会参画の観点からも都心居住は必要である。

東京の典型的なオフィス街である大手町、丸の内地区はオフィスビルが林立し、著名企業の本社が立地しているが、住宅は一戸もない。家賃は高くなるが、危機管理の保険代、社交場と思えば安い。銀座のクラブや高級ホテルの接待費と社用車で遠く郊外の住宅まで帰宅する交通費。時間費用を比較すれば安い。さらに、オフィス街に人が住むということで街の賑わい、魅力が高まる。また、昼間のオフィス需要と夜の住宅需要でエネルギー消費の平準化になる。危機管理と社交のためオフィスに隣接して最高幹部用集合住宅を作るという政策が必要である。

東京への教訓

オフィスを建てるなら住宅を作れという付置住宅制度は都心区で政策的に進めてきた。港区では2003年、住宅総戸数は9万3100戸（平成15年度住宅統計調査。調査方法の理由で実数より少ない）、うち、付置住宅で建設された住戸は2万3853戸（実数でその比率25・6％。港区役所との事前協議において合意された付置住宅の戸数）。

本社ビルを建てるなら隣接し幹部用の社宅（集合住宅）を建てろというのは行政としてなじまない側面がある。しかし、ガイドライン的に危機管理対策、都心居住の促進といった発想で、本社ビルと隣接し幹部用の社宅を兼ねた集合住宅を建て、オフィス街に賑わいを創出し、エネルギー使用の平準化のため住宅と一体の開発を促進するべきである。

●参考資料

1) Jan Hoogstad, Monograf

コリビング、コレクティブハウス、シェアハウス

アメリカ、スウェーデンに留学し、学生寮、アパート、下宿（ガレージハウスというガレージ〈大型車二台分相当〉の2階。ガレージの上でも設備完備〈バスルーム、冷暖房付き〉である。学生向きの安下宿）、コリビングなど様々な住まい方を体験した。また、友人の住まい方を見た。1971年スウェーデンに留学した時は、今思うと住まいはコリビングたった。

日本でコリビング、コレクティブハウス、シェアハウスなどが少しずつ登場している。

1998年埼玉県庁の委託でコレクティブハウスの調査研究をした。阪神・淡路大震災の被災者が共同で生活できるコレクティブ公共住宅の事例調査と欧米の事例調査をした上で、埼玉県営住宅での実現化の検討をした。

コリビングは良いアイデアと思うが、入居者間の距離感の取り方、共有空間の使い方、生活の一部時間の共有の仕方、共同生活の細かいルール作りなどの課題も多い。

定義

コレクティブハウス、コリビングなど用語は複数あるが、本論ではコリビングと統一する。自分の生活、プライバシーを確保しつつ、台所、リビングルーム、書斎などを共有し、お互いが相互に

図7　1971年著者が住んでいたアパート。ストックホルム中央駅から地下鉄で10分、駅前の高層アパート。１階は保育園、店舗。住戸はホテル形式でスーツケース一つで生活が始まる。　撮影：筆者

認め合い、助け合い、補完し合って生活する住宅である。最近ではコワークという用語を耳にするようになった。

ウィキペディアによると、「共通のコミュニティ価値観を持ち、意識的なコミュニティ感を創出する目的の住まいを共有（シェア）するタイプの住宅」とある。食事、共用の居間で会話をするなどの生活をする。二つの側面があり、一つは物理的に空間と二つ目は生活の価値観を共有することである。自分の空間は、最小限で共有空間を持つことで賃料が安くでき、また、お互いに助け合うということで安心して生活できるといったメリットがある。一方、コリビングの理念を理解し、他人への配慮の気持ちを持たないと共同生活は困難である。

スウェーデンの体験

1971年留学した際、留学機関から紹介され

S H U
Stiftelsen Hem för Ungdom

LEASE ON FURNISHED FLAT FOR ONE PERSON IN YOUTH HOTEL

Björkhagen [X] Enskede [ ] Gubbängen [ ] Nybohov [ ]
Tumba [ ] Hägersten [ ] Hässelby [ ]

Landlord	Stiftelsen Hem för Ungdom, Box 2005, 125 02 Älvsjö 2, office Huddingevägen 437, Älvsjö Telephone number 08/86 00 30
Tenant	HARDA KEIMI
The address of the flat	Streetaddress BJÖRKHAGSPLAN 9 Youth hotel number 3203 Postaddress 12152 JOHANNESHOV Flat number 102
The rental agreement	concerns temporary grant of furnished flat for one person. The grant is governed by the Rent Restriction Act and the contents of this lease including the rules and regulations stated below.
The flat	consists of one room. Also at the disposal of the tenant [X] hall with wash basin [ ] " " two tenants [ ] " and lavatory [X] " " bathroom [ ] " /cooking plate and bathroom [ ] The flat is furnished and equipped with other fittings by the landlord according to survey report. The flat may be used in its entirety only as a residence for the tenant alone.
Term of lease	2 weeks .... months as from 1/8 1971
Extension	2 weeks .... months at a time in case of non-notice
Period of notice	at the latest .... days 1 weeks .... months before the expiration of the lease duration
Monthly rent	is at present 315 Swedish crowns. The rent is to be paid in advance by postal cheque account (postgirokonto). The landlord provides the tenant with postgiro cards.
The lease	has been made out in two copies, of which each party has taken one. It is approved in all respects. Stockholm, 2/8 1971 Stiftelsen Hem för Ungdom Tenant: Keimi Harada on behalf of SHU .... Latest address 2-177 SEKI-MACHI NERIMA-KU, TOKYO, JAPAN
The lease	has been canceled by the landlord through the administrative office / 19 has been canceled by the tenant / 19 New address: Removal / 19

図8　賃貸契約書：２週間単位の契約。１か月賃料は315クローナ、約２万2000円。　出典：筆者資料

たのが今流のコリビングであった。ストックホルムから地下鉄で南東部へ10分Bjorkhagen（白樺の地）という駅前の集合住宅である。

個室はホテルのシングルルームと同じ。ベッドと机、収納、トイレ、シャワーがある。台所、リビングルーム、洗濯室などが共有である。台所の冷蔵庫は各住戸単位で郵便ポストのように区画され、鍵のかかる自分専用の冷蔵庫があった。台所には広い調理スペースでフライパン等が置いてあり、自ら調理した。海外留学生含め多くの若い入居者がおり、それぞれが独自の調理をした。インド人の学生からインドのパン「ナン」をご馳走になった。プライバシーが完全に守られ、共用スペースを仲良くシェアする生活である。家賃は約2万円だった。［図7、図8］

ホテルアパート形式で、スーツケース一つで生活ができる。日本政府は留学生を30万人招聘し国際化を推進しようとしているが、住まいという観点からすると、学生や研究者がスーツケース一つで気楽に生活できる住宅は限られており、欧米と比較し課題が多い。

また、駅前に高層住宅を立地させ、周辺を緑地保存する都市計画は今はやりのコンパクトシティである。

スウェーデンにおけるコレクティブハウスの経緯

ここでは、スウェーデンのコレクティブハウジングと記す。

「コレクティブハウジングの勧め」小谷部育子著によると、以下のように整理できる。

1）共同体の実践運動、1977年コレクティブハウジングの提案がされ、建設推進組織が結成された。その内容は①小規模、②協働、③自主管理、④多様なテナントである。

2）地域の福祉や環境運動、ウプサラ大学社会学者ウッドワードが提案、新たな政策として公共コレクティブを提唱した。

その目標は二つ。

（1）社会的・政治的目標

①新しい家族タイプ、女性の役割変化に対応した住居、②運営管理に対するテナント参加、③共同生活（食事や作業分担を通し家族間の社会的コンタクトや相互扶助の促進を容易にする。

（2）住居管理と財政的目標

①アパート規模を縮小でき生産コストを削減できる、②空家や賃貸できない物件に対しテナントを引きつけられる。

欧米、特に北欧で、仲間や趣旨に賛同した人が共同で生活し、お互い足りないところを補い合う生活をする方式である。自分の生活空間にトイレ、ふろ等はあるが、台所は共有し、家賃を節約し、また、共働き夫婦と単身高齢者が一緒に住むことで、高齢者が子供の面倒を見て、逆にそれが高齢者の生きがいになる。

3）現代的コレクティブハウジングの提案、王立工科大学ヴェストブロによる現代的コレクティブハウジングの条件は以下の通りである。①協働の食事運営に関する何らかの義務があること、②インドアで居住者の密接な触れ合いがあること、③すべての人に開かれていること、④私的な住戸が完備していること、である。

コレクティブハウジングの政策的意義は、①元気高齢者を増やす、②コミュニティ醸成、③エコロジカルな住宅団地（住民同士で空間を共有・共用）、④核家族化・少子化対策になることである。また、コレクティブハウジングの効果として、自立高齢者にとって必要な予防活動、高齢者の社会参加の拡大につながることが考えられる。

アメリカの事例1 コリビングの募集

アメリカでは、特に2014年から2015年にかけてビジネスとしてコリビングの会社が増加した。特に家賃が高いニューヨーク市内でコリビングが増加した。年齢は19歳から40歳の間が多く、居住者の属性として、起業家、学生が多い。ブルムバーグ通信では、「大人達の寮」と称し、2018年の8つの大きな社会変革の一つとされた。

アメリカの事例2 カリフォルニアのコレクティブハウス

アメリカのコリビングについて、1994年のインターネットに掲載された入居者募集広告によると、以下のとおりである。

「カリフォルニア州オークランド市に立地するコレクティブハウス、空き室有。築後10年、現在6人が共同生活（男3人、女3人）。住宅は共同所有。庭有り、果樹、ホットバスがある。ケーブルテレビに加入。新聞を共同で定期購読。ペットとして犬2匹、猫5匹、大きな蛇を飼っている。入居者は皆で料理、歌、パーティなどを楽しんでいる。生活は入居者が合意に基づき運営している。規則に反し退去を求められれば退去しなければならない」

もし、この住宅に関心あれば連絡下さい。

住所：The Playground, 6149 Shattuck Ave. Oakland, CA 94609

【共用室の規模】住戸あたり10％から15％の面積

【共用室の概要】①コアスペース：食堂、②生活空間の延長：ミシンコーナー、ランドリー、サウナ・ジャグジー、談話室・図書室、サンルーム、ゲストルーム、プレイルーム、③趣味活動：工芸

室、④共助のための部屋：保育室

アメリカの事例3：大規模住宅のコリビング

1974年ライス大学建築大学院に留学した時、キャンパスに隣接し大規模な高級住宅街があった。高齢者が単身で住んでいる。そこに数人の学生が下宿し、台所、リビングルームを共有し、生活している。高齢のオーナーの立場からは、空き部屋活用となり一定の現金収入が得られ、若い学生と一緒に生活することで生きがいが生まれる。

学生の立場からは、低額の家賃で部屋が借りることができ、同時に仲間づくりができ、大規模な高級住宅の雰囲気を楽しめる。こうした大規模住宅をコリビングに利用した住宅は大学周辺にいくつかあった。

最近のコリビング事情

1）『ＡＩＡ』（アメリカ建築家協会月刊誌）

２０１９年４月16日号の記事によると、アメリカではコリビングがアフォーダブル（低廉、手に届く価格）住宅として人気が出ている。現在、アメリカでは住宅不足、住宅価格の賃料が高騰している。そこでアフォーダブルな住宅のニーズが高まった。ニューヨーク市ではスタジオタイプ（いわゆるワンルームタイプ）の賃料が２６１０ドル（約26万円）であるが、某企業が供給したコリビング住宅は賃料１３００ドル（約13万円）で家具付き、サービス付きである。

コリビングは家賃を節約でき、入居した際すぐに仲間がいるという心理的なメリットがある。現在、実証実験も進行中で、台所、トイレ、バスの共用だけでなく、よりコストを下げつつ、共用空間を増すため、より高度なデザインを検討がされている。今後、新たな住まい方として、また、住宅のプロトタイプとしてコリビングが増加しつつある。

2）『ニューヨークタイムズ』2019年4月16日記事によると、コリビングは低家賃を狙い目に成長し人気が出ている。次世代の住まい方として、住居費の高い大都市、ニューヨーク、ロサンジェルス、サンフランシスコ、シカゴ、ワシントンDCなどで増えている。特に、最近カリフォルニア州は家賃、住宅費が高騰しているので、低廉な家賃で住め、多くの異なる人が共同生活できる住居を必要としている。コリビングは家賃が低廉であるだけでなく、そこで生活することで社会的ネットワークを確立することができる。精神衛生上も効果がある。

3）『ニューヨークタイムズ』2019年12月23日記事によると、「ベッドフォード・スタイブサンでルームシェアにより友達作る」とあり、ニューヨーク市に足がかりが必要な音楽家はコリビングのアパートでルームシェアしている。

女性音楽家がルームシェア（家具付き、ワイファイ、コーヒー、ヘアドライヤー、ペーパータオル、台所用品付き、清掃サービスなど付き）で家賃10万9000円。大学の寮のような（一室で二つのベッド）部屋を供給している。仲間がすぐできたと好評。

4）『読売新聞』2020年1月4日記事によると、「拡張家族」というテーマで様々な人間が「家族」のような気持ちで共同生活をしている事例紹介がされた。日本でも新たな住まい方が生まれつつある。

5）『ニューヨークタイムズ』2020年1月14日記事によると、コリビングは成長している。ニューヨーク市は家賃が高額で、移住者達は経済的に居住可能にするためアパートを共同使用している。

この数年、コリビングの会社は急成長している。家具付き、設備付きのアパートを供給している。推定で2万5000室。あるコリビング企業は20の建物に520室を所有。共有のリビングスペースを使い、共同生活を通じて仲間づくりをし、近隣と交流できる。家賃は、最低で1300ドル（約13万円）、高くても2000ドル（約20万円）である。

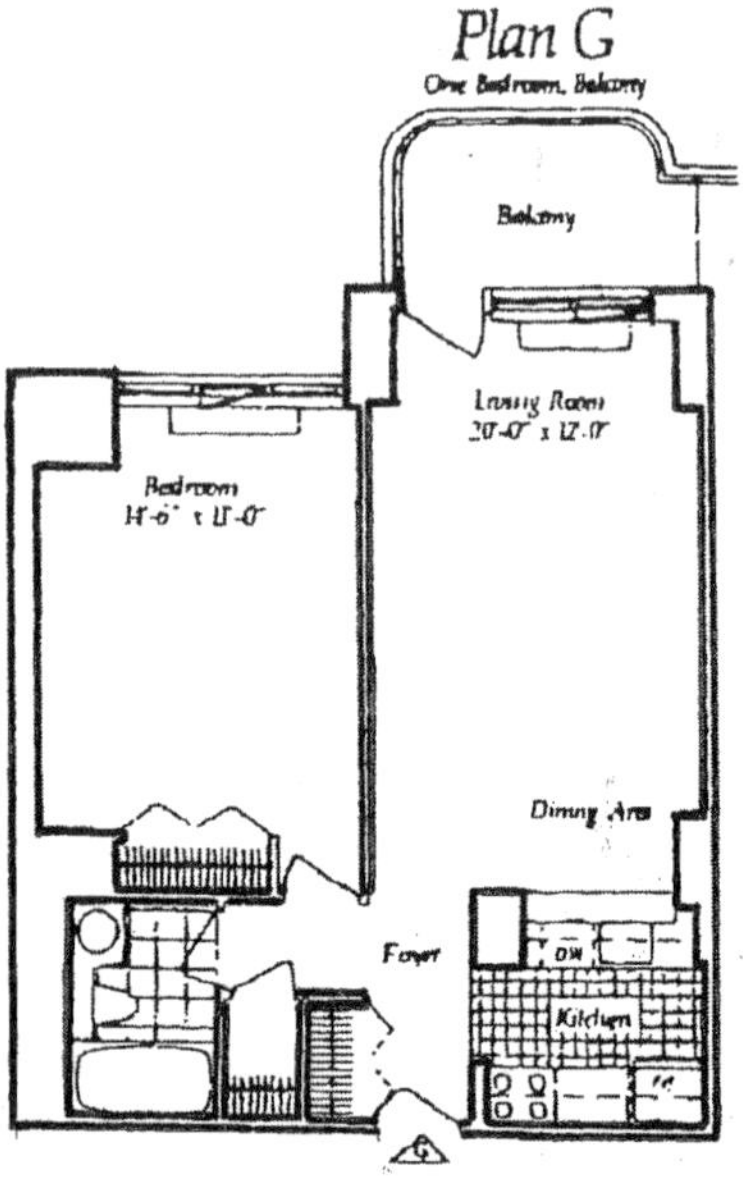

図9　マンハッタンの超高層マンションの間取り例。面積は60平方メートル。
出典：マンション会社パンフレット

6）『AIA』2020年2月28日号によると、ベルリン市でコリビングがブームになっている。雇用の増加に伴い、住宅市場のニーズが増加し、供給方法の一つとしてコリビングがある。事例として、5階建、50戸、1階はバリアフリー対応、遊び場、大型の台所、食堂、洗濯室、ラウンジなどの共用室がある。

7）ニューヨーク市マンハッタンの都心住居の事例

1997年マンハッタンの中心部で銀行マンとして働く友人の住まいを視察した。勤め先から徒歩5分の便利な場所、八番街56丁目の新築間もない44階建ての賃貸マンション。9階まではオフィス、その上が住居で480戸ある。入口には警備を兼ねたドアマンがいる。洗濯物や宅配郵便受付サービスがある。友人の住戸は28階にあり、60平方メートルの1LDK。家賃は2000ドル（約20万円）、敷金は2か月。共用空間が充実している。屋上にはプール、サウナ付きのスポーツクラブや社交のクラブ室がある。9階にはジョギング用トラックがある。近所にはコンビニ、喫茶店、レストラン、世界有数の音楽ホール、映画館などの文化施設が多数ある。深夜までの残業、早朝出勤も楽で、週末はエンターテインメントを楽しむという都心の魅力を思う存分楽しめる都心住居の一例である。

［図9］

東京の事例

かんかん森というコレクティブハウジングがある。入居者は個室で生活をし、コモン・スペースと称する共有する部屋、例えば、台所、リビング、庭、子供の空間、洗濯室、ゲストルームなどで共同生活をする。運営、管理、清掃などは入居者が自主的にする。

東京への教訓

これから新たな住まい方が生まれ、コリビング増えると想像される。都心居住、アフォーダブルな住宅供給など新たな住宅政策としての支援策、誘導策を検討課題とすべきである。

●参考資料

1）コレクティブハウジング需要調査報告書　埼玉県　1999年

2節

路地裏活用

ニューヨーク市の下町コミュニティ

学生時代、専門書で大きく影響を受けた書物が数冊ある。その一つに『大都市の死と生』である。著者は当時、著名な都市問題評論家ジェイン・ジェイコブス女史である。近隣住区の必要性を説いた警世の書である。

ジェイン・ジェイコブスの理論

ジェイン・ジェイコブスが1961年に出版した『大都市の死と生』は、今日的にいえば、都市では①密度ある都市空間（適度な混雑）、②複合機能の都市空間（様々な機能が共存する街）、③歩きやすい都市空間（広幅員の道路でなく、歩行者が安心して歩ける幅員の道路。最近ではウォーカブルと称されている）の3要素が理想で、また、必要である、という内容である。彼女は日常生活を観察しながら大都市の中で近隣住区の必要性を説いた。単なる超高層の開発や郊外の自動車中心のクルド・サックの単調な住宅街を対比させて、都会の混雑、賑わい、お互いが知り合い、子供や年寄りを見守る社会を理想とした。

彼女は大学で都市計画など専門的な勉強をしていない。観察に重きを置き評論活動をした。当時、アーキテクチャー・フォーラムという「硬派の」建築専門誌に評論を寄稿していた。

1960年代彼女の住んでいたニューヨーク市マンハッタンのグリニッチ・ヴィリッジのコミュニティを理想とした。そして、コミュニティ意識の詰まった近隣住区を破壊し、単なるビルを建てる再開発に反対した。グリニッチ・ヴィリッジは彼女の実験室であった。

1975年ニューヨーク市の財政危機、その後のニューヨーク市の凋落、犯罪の激増の時代を経て、2000年代再度ニューヨーク市は蘇った。現在、ニューヨーク市の都市開発のいくつかはジェイン・ジェイコブスの理論を基に開発を進めている。

ウォーカブル・シティ：歩きやすい街

現在、ニューヨーク市は全米で最も歩きやすい街として評価されている。2015年ジョージ・ワシントン大学ビジネススクール不動産・都市分析センターの研究で、全米で最も歩きやすい都市のランキングで、1位がニューヨーク市、2位サンフランシスコ、3位ボストン、4位フィラデルフィア、5位マイアミという順位である。住宅価値、安全、健康、創造性、さらに民主的な都市として発展していると複数の専門家が評価している。

「歩きやすさ」の評価の方法は、歩道の優しさ、食料雑貨店、レストラン、バス停留所・地下鉄駅など快適生活を支える施設への近接性などで評価される。

同じジョージ・ワシントン大学の2016年6月16日の報告書によると、大都市においてウォーカビリティ（歩きやすさ）は貴重な資源であるとしている。

ジェイン・ジェイコブスは歩きやすい近隣住区の長所を激賞したが量的に測れない。ジョージ・ワシントン大学のビジネススクールでクリストファー・ラインバーガーとマイケル・ロドリゲスは詳細な観察、歩きやすい場所の効果について研究した。30の大都市の619の歩きやすい近隣住区を調査した。調査項目は経済開発、一人当たりのGDP、学歴（大卒の学位を持つ住民の数）、社会的平等性（住宅、交通費つまり職住近接か否か）等である。グーグルマップでデータを集め、ゼロから100点に点数付け、歩行者に対する親切さ、食品店の存在、レストランへの距離、公共交通機関への距離、住宅価値、犯罪発生件数、健康状態などを点数化し、ウォークスコアで定量化して評価した。

最近のニューヨーク市での再開発は、複合用途、公共空間の賑わい、庶民的な店舗配置に配慮し開発を進めている。

歩きやすい近隣住区は安全、健康、より民主的である。ジェイン・ジェイコブスが著書『大都市の死と生』で、密度があり、複合土地利用で、歩きやすい近隣住区を称賛したが、ニューヨーク市にそうした近隣住区がまだ維持されている。

ニューヨークの最近の近隣住区の状況

マンハッタン南部の下町、イーストリバーに面したフルトン地区（旧フルトン魚市場を中心に歴史保存地区に指定されている。フルトン市場跡地開発について第4章で詳述）周辺は、いまだに下町コミュニティが健在である。いわゆる下町型食料品店などがあり、ニューヨーク市近郊で生産された農産物が売られ、地元住民が買い物で利用し賑わっている。

『ニューヨークタイムズ』2019年7月29日

記事によると、マンハッタンの南東にあるヨークヴィル近隣住区の保全についての問題提起である。ヨークヴィルは歴史的に、労働者階級の地区で、エレベーターのない中層のアパートが多く、また、夫婦で経営する店が多い。靴修理の店があり、魚屋があり、お互い顔見知りが経営する食堂がある。住民はコインランドリーで洗濯する。中央ヨーロッパ、東ヨーロッパからの移民が多く住んでいる。比較的家賃が安いので、若い大卒の夫婦や年金生活者も多く住んでいる。

最近、周辺で再開発、高層化が浸透している。その原因の一つはセコンドアヴェニュー（二番街）の地下鉄延伸で町が激変しつつあることである。再開発がこうした近隣住区を消し去る恐れがある。市役所は、住宅不足に対応するため住宅供給を促進したい、そのため再開発を促進しようとする立場である。現状の用途規制は6階、7階建てのアパートが存在する土地利用である。

ヨークヴィル近隣住区で生じている街の変化が、いずれロングアイランド、ブルックリンの中心街、クラウンハイツ、南部イーストサイドで発生し、従来の近隣住区がなくなる恐れがある。コミュニティ感覚が消え、匿名の住民の街になる。

2019年ニューヨーク州最高裁判所（州は一つの国家で、州の中で三権分立で陸海空の三軍を持つ）の裁判官が下町の近隣住区で予定された超高層マンション（3000戸）の開発許可を撤回し、再度検討せよとする判決を下した。良き下町の特性が保全されるのは結構なことである。

東京への教訓

まちづくりに一定の密度、複合用途、公共空間の賑わい、庶民的な店舗の存在、お互い顔を知った関係、歩きやすい（ウォーカブル）街の創出を行う。

図10　イスタンブール、イスティクラール通りの裏路地のカフェ。　撮影：筆者

●参考資料

1）ジェイン・ジェイコブス　アメリカ大都市の死と生　鹿島出版会　1977年

イスタンブールの路地裏のカフェ

1996年イスタンブールで開催された国連ハビタット会議に建築家菊竹清訓と参加して以降、イスタンブールを何度となく訪問した。特に2014年イスタンブールから東に100キロの所にあるコジャエリ県イズミット市にある国立コジャエリ大学が主催する国際会議に招聘され、その後2回招聘された。イスタンブール市を散策した。表通りばかりでなく、裏通りの路地（幅員約4メートルから6メートル程度）を歩くと、ほとんどが屋外カフェでテーブルとイスが配置されて

図11　イスタンブール、イスティクラール通り沿いのカフェ。深夜遅くまで営業し多くの客でにぎわっている。　撮影：筆者

いる。［図10］

路地裏カフェの実態

一例としてアジア側の最も有名なイスティクラール通り（政治集会が頻繁に開催される有名なタクシム広場からテュネル駅まで観光用の路面電車走っている）があるが、およそ1・6キロメートル続き、警察や清掃の車両以外は立ち入り禁止で、歩行者天国である。観光客や地元の買物客であふれ、夕食の時間帯になると地元の方や観光客が集まり、深夜1時、2時まで賑わう。［図11］

イスティクラール通りにおよそ100メートルごとに直角方向に細い路地が走っている。路地の幅員により片側あるいは両側に2人掛け、または、4人掛けのイスとテーブルが配置してある。椅子に座っている客は、その服装、顔つきから観光客でなく地元の方のようだ。

昼も夜もチャイと称するお茶やお酒（トルコは

イスラム教の国であるが政教分離でアルコールは自由）を飲みながら、友達同士、家族、恋人同士などが談笑している。大都市にあって、お互い顔なじみになりコミュニティが形成されているようだ。

東京への教訓

路地で気楽にお茶を飲んだり談笑できる空間を創出する。また、夜遅くまで談笑できるカフェが必要である。

3節

まとめ

東京への教訓

1）きめ細かい街づくりを促進するためNGOを育てる。特に若い建築家がNGOで働ける体制づくりをする。

2）都心のオフィスビルの近くにマンションを供給する。都心居住の促進、都心の賑わいの創出、エネルギー使用の平準化、企業の危機管理対策の支援をする。

3）コリビングの促進、アフォーダブル住宅の供給、住宅政策として新しい住まい方としての共同生活を支援する。コリビングでなくても、洗濯室、ジム、交流室などマンション開発で共用空間の充実が求められる。

4）まちづくりにはある程度の密度、複合用途、公共空間のにぎわい創出、庶民的な店舗の配置、お互い顔を知った関係、歩きやすい（ウォーカブル）街を創出する。

5）路地で気軽にお茶を飲んだり談笑できる公共空間を創出する。観光客が気楽に深夜まで談笑できるカフェが必要で、ナイトエコノミーの活性化になる。

第3章

ウォーターフロント開発

1節

川を利用した都市開発

ウォーターフロント地域はかつて水運の中心で20世紀の中盤まで産業を支えた地域であったが、産業、流通の変化とともにウォーターフロント地域は衰退した。これは欧米先進国共通の課題である。欧米の各都市でウォーターフロント地域の活性化、アーバンデザイン、観光振興等の分野で興味深いプロジェクトが進行中である。

ウォーターフロントの計画課題として以下の内容が挙げられる。

1）水の存在、水の歴史をいかにデザインし、活用するか。

2）ウォーターフロントの公園、古い建造物の修復、保存、再利用、商業施設への転用をどうするか。

3）ウォーターフロントの工業的土地利用から住宅開発などの土地利用の転換をどうするか。

4）1~3を踏まえ、景観計画の必要性が増大したことにいかに対応するか。

1980年『日経サイエンス』に建築家菊竹清訓の勧めでアメリカ、テキサス州サンアントニオ川の活性化について小論を寄稿した。日本国内でウォーターフロント開発の事業をお手伝いしたこともあり、また、アメリカ・ウォーターフロント・センターの理事長やニューヨーク・ニュージャージー港湾庁開発本部長が友人だったこともあり、ウォーターフロントについて視察、執筆、計画を重ねた。

テキサス州サンアントニオ市の川辺の再開発　リバー・ウォークス

1974年、テキサス州ヒューストン市にあるライス大学建築大学院に留学した時、週末を利用してサンアントニオ市を訪問した。サンアントニオは西部劇アラモ砦の舞台で有名で、同時に川を利用した街づくりでも有名である。

サンアントニオ市の中心街の概要

アラモ砦は、1836年テキサス州がメキシコ軍と戦った舞台である。「アラモを忘れるな！」はアメリカ人の心に今でも燃え続けている。今は、リバーフロント開発で世界的に知られた町である。アラモ砦の戦いは1836年テキサス州のメキシコからの独立戦争で、今日テキサス州（アメリカ）とメキシコの関係を考えると時代の移り変わりを感じる。

サンアントニオ市の中心部を馬蹄形に流れるサンアントニオ川は、リバー・ウォークスと称される川沿いの遊歩道が設けられ、市の骨格的インフラとして、歩行者交通の動線として、また、市民の憩いの場所として、都心にうるおいと活力を提供している。

サンアントニオ川の幅員は15メートル、水深は底が見えるほど浅い。街路でみると4×6ブロックに広がり、遊歩道と街路との高低差は7・5メートル、建物の約2階分である。街路レベルは自動車交通、川のレベルは歩行者交通と歩車分離が整っている。偶然とはいえ、立体的な都市構造となっている。川にはどこからもアクセスでき、川沿いにはレストラン、バー（アルコールなど飲み物を楽しむ店、ホステスはいない）などが並び、また、川沿いに屋外劇場や小公園がある。川には遊覧ボートが走り、水上交通もにぎやかである。

サンアントニオ市の中心部は水平、垂直、有機的、立体的に結びついた都市構造となっている。川辺のデザインは人のスケールでデザインされ、橋、飛び石、滝、緑などが配置されている。魚が群れをなして泳いでいる。

約4キロメートルに亘るリバー・ウォークスには柵がない。景観の保護と自分の身は自分で守れという自己責任のアメリカの文化である。十分な照明と市民の手によるパトロールで安全が維持されている。

リバー・ウォークス建設の経過

19世紀、20世紀前半にかけてサンアントニオ川は、平均18か月に1度の頻度で洪水の被害にあった。特に1920年は百年に一度の大洪水の被害が生じた。市役所は、洪水防止の目的で市街地に馬蹄形で流れるサンアントニオ川を改修して直線にし、馬蹄形の部分を暗渠にしようと計画した。ところがその計画に普通の主婦が反対の声を上げ、1924年サンアントニオ川保存協会を設立し、川べりに植樹し遊歩道として開発すべきと提案した。市民の根強い努力により市役所は川の埋立て案をあきらめた。しかし、経済恐慌のため遊歩道案はつぶれた。

1930年代、市役所は川沿いアーバンデザインに対し財源支出を拒否したので、川沿いのホテルの支配人がサンアントニオ河川改良特別区（注1）設立を訴えた。

1941年川べりの遊歩道の基本的概念が出来上がった。

1950年代、陸軍工兵廠（注2）とサンアントニオ河川管理局が洪水防止対策の観点からアーバンデザインに参加するようになった。

1961年市議会がリバー・ウォークス建設委員会を設置、AIA（アメリカ建築家協会）が協力しアーバンデザイン案を作成した。1964年事業継続のため30万ドル（1ドル360円とすると1億800万円）の起債が市民投票で承認され、1968年開催されたサンアントニオ博覧会をきっかけにさらに事業が具体化した。200万ドル（1ドル360円として7億2千万円）の投資がされた。1962年の基礎的研究以降、遊歩道の整備に総計2000万ドル（72億円）の投資がされた。

アメリカでは、市の事業はすべて市で賄い、州政府や連邦政府の補助金制度はない。起債は市民投票で決める。リバー・ウォークスの整備費用は、すべてサンアントニオ市が自前で資金を調達した。

さらに、馬蹄形の中心部の他、1214ヘクタールに亘る河川沿線地区のアーバンデザインが策定された。川沿いにある古い教会、ビール醸造所、

（注1）特別区（Special District）はある目的のために関係住民が結成し、自ら課税を決め都市づくりをする組織で、アメリカ独特の行政制度で、日本にはない。アメリカには学校区（School District）、水道区（Water District）などがある。区域に属する不動産に対し課税し、財源を確保している。東京23区の特別区とは意味が異なる。

（注2）アメリカでは河川の管理、計画は陸軍工兵廠が担当。

美術館などを川でつなぐ広域計画も策定され。住宅については、川沿いにアメニティ豊かな都市住宅が配置された。川沿いに高密度な住宅を建設することで、高地価を吸収する手法である。

アメリカでは、都市計画を具体化する組織や財政が住民主体で動いている。市民主導型のコミュニティづくりが求められる。

川べりには手すりがない。自己責任である。

東京での残念な出来事

[図1]

日本では1960年代から70年代にかけて、河川は下水・排水で汚れ、悪臭が漂っていた。そこで各自治体は河川を不要の物としてみなした。

江東区では、仙台堀川を不要河川として埋立てようとした。小樽市では、道路建設のために小樽運河を埋立てようとした。三鷹市では、三鷹駅前の自転車駐輪場として玉川上水を暗渠にした。川の歴史的価値だけでなく川そのものの存在すら否定されようとした。

地域の貴重な資源として川の存在を認識し、積極的に活用、美的価値の導入を考えていかなければならない。川沿いを緑化し、公園、防災用地、歩行者用ネットワーク、舟遊び、釣り、水遊びといったレクリエーションとしての川の利用価値がある。

市民の発意

サンアントニオ川のアーバンデザインは、一主婦が呼びかけ、市役所が当初計画したサンアントニオ川の蓋掛けに反対し、川沿いの遊歩道の建設を提案した。さらにホテルの支配人が河川改良特別区の設立を呼び掛けた。想像であるが、ホテルの支配人という立場を考えると市役所に楯突けば市役所や商工会などからホテル利用をしないように、といった指令が出る恐れがあったと考えられる。あえて河川沿いのアーバンデザインのために

図1　サンアントニオ川の風景。多くの市民、観光客が川沿いの遊歩道を散策し、また、船に乗り楽しんでいる。川に面した建築用途はレストランなどの商業系で賑わっている。川に面し手すりがない。　撮影：筆者

声を出したことは評価に値する。

東京への教訓

歴史的、物理的に都市インフラ資源としての川の価値を再評価し、市民生活の快適性、地域の活性化のため河川空間整備を推進する。

●参考文献

1）原田敬美　川を利用した都市再開発　日経サイエンス　1980年3月　別冊都市

2）原田敬美　西部劇の舞台からアーバンデザインの舞台へ、サンアントニオの事例　日本ナショナルトラスト報1980年10月

ドイツ、デュッセルドルフ市ライン川沿い高速道路の地下化

かつて高速道路がライン川沿いに走っていた。

図2　デュッセルドルフ市ライン川沿いで高速道路の地下化。高速道路が水辺と市街地を分断していたのを高速道路を地下化し水辺と市街地を一体化し水辺を市民に開放した。　出典：Ann Breen and Dick Rigby, The New Urban Waterfront,1996　筆者提供

それまで高速道路が既存の市街地とライン川を分断し、市民をライン川から遠ざけた。1993年高速道路をトンネル化し、新たにリバーフロント空間が創出され、市民生活とライン川が一体になった。［図2］

1994年アメリカ・ウォーターフロント・センターが主催する世界のウォーターフロント開発事業のすぐれた作品を表彰する審査員を頼まれた。本事業は優れた事業として評価された。

計画概要

デュッセルドルフ市は1990年代初頭、大胆な計画を策定し、高速道路の地下化事業を検討し始めた。目的は歴史的な旧市街地とライン川をつなげることである。

1993年、2キロメートルのトンネルが建設された。交通量は一日5万台で、地下に1000台の駐車場を設けた。川沿いの空間は美しく緑化

図３　マリーナシティ。シカゴ川に面して立地している。トウモロコシ状のフォルムと建物の下３分の１が駐車場、川と一体になりマリーナ付きである。　撮影：筆者

された。工事費は３億４０００万ドル（１ドル１００円として約３４０億円）である。

新たなリバーフロントの空間に、北ライン・ウェストファリア州の州都として州議会の建物、電波塔が建てられ、公園が整備された。

水辺の高速道路のトンネル化の先進事例である。

●参考資料

1）Ann Breen and Dick Rigby The New Waterfront, 1996

シカゴ川沿川空間整備

１９６９年シカゴを初めて訪問した。中心市街地をシカゴ川が走り、ミシガン湖に流れ込む。シカゴ川沿いにマリーナシティ（トウモロコシ状の高層マンション、ゴールドバーグ設計）、倉

図4　シカゴ川の沿川の風景　出典：Ann Breen, Dick Rigby, Waterfronts, Cities Reclaim Their Edge, 1994

庫などが立地していた。［図3］

土地利用の変化により、シカゴ川の景観整備（アーバンデザイン）が必要となった。

シカゴ川はシカゴ市の重要な都市軸である。

1990年代前半、シカゴ市役所がシカゴ川のアーバンデザイン・ガイドラインを作成したと知り、シカゴ市役所に資料送付をお願いしたところ都市計画委員長（都市計画局を監督する役職）から直々にガイドラインを郵送していただいた。日本の役所はシカゴ市（他の市も同様）の親切さを学ぶべきである。

1998年、シカゴ市を訪問した際、シカゴ川の川沿いを歩いた。また、シカゴ川のクルーズ・ツア・ボートに乗って川沿いを観察した。徒歩によるガイド付きアーキテクチャー・ツアー（建築見学）に参加した。［図4］

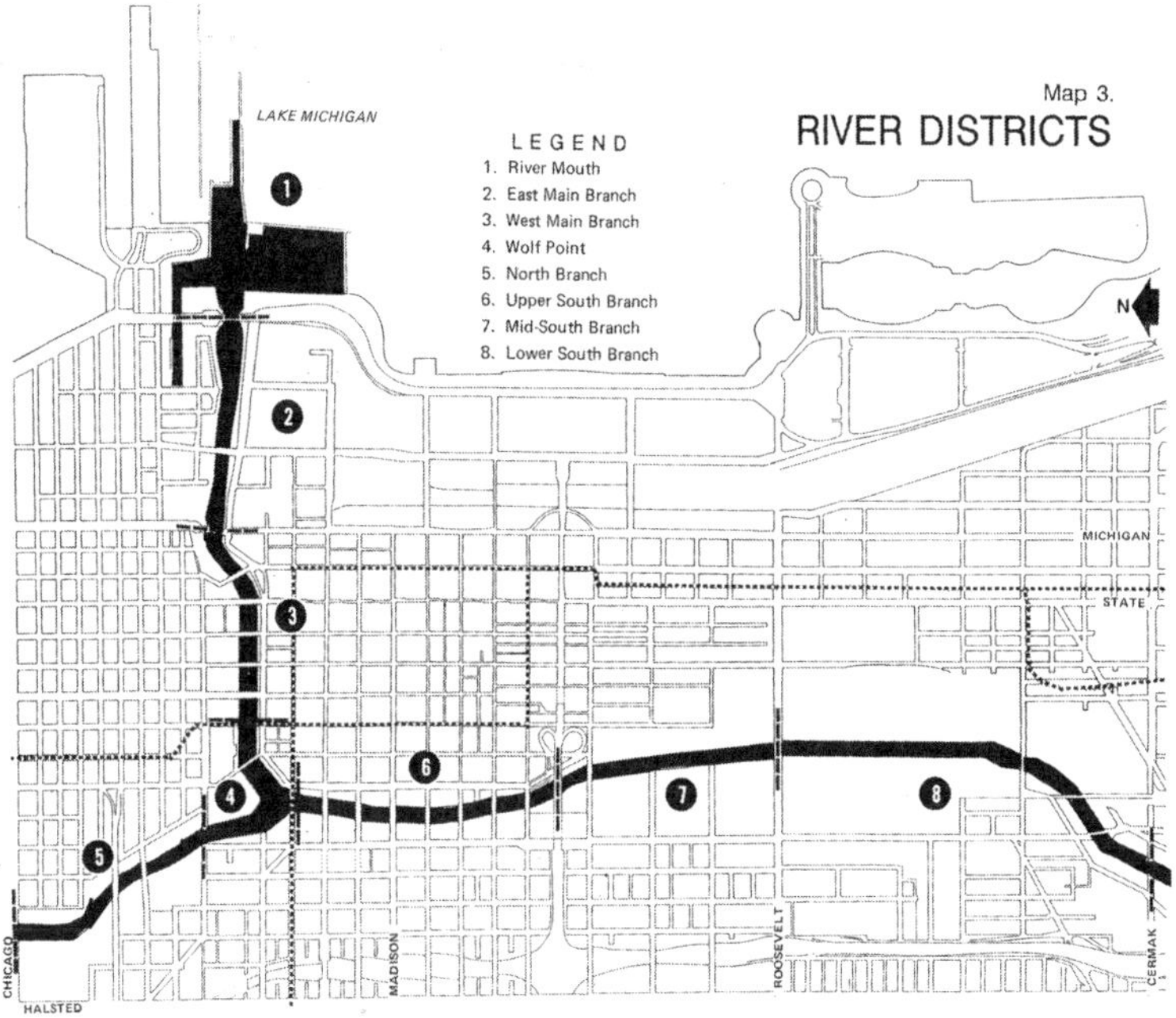

図5　シカゴ川沿川計画図　出典：シカゴ市都市計画局シカゴ川アーバンデザインガイドライン資料　1990年

シカゴリバー・アーバンデザインガイドライン

ガイドラインは１９８７年から策定に着手し、１９９０年６月14日シカゴ市都市計画委員会で採択された。

シカゴ川はシカゴ市中心街を南北に流れ、途中で東に折れミシンガン湖へ流れる川である。シカゴ川は、他市の河川も同様であるが、長い間その存在自体が無視され、放置されてきた。１９８０年代河川沿いの整備の必要性が唱えられ、市内中心部を流れる10キロメートルについて「シカゴリバー・アーバンデザインガイドライン」が市民団体、都市計画局の共同作業で策定された。

１９９０年市長が公式に承認し「シ

カゴ川は市の縁《ふち》でなく、中心軸である」とした。

［図5］

ガイドラインの目的

ガイドラインの目的は以下のとおりである。

1）シカゴ川を都市開発の中心軸とする。

2）シカゴ川沿いに連続した歩行者空間を作る。

3）周辺で働く人々や来訪者に対し静穏な緑空間のオアシスを創出する。

4）シカゴ川が流れる中心街を訪問する観光客に対し魅力を高める。

5）川沿いの建築の魅力を高める。視覚的な都市の調和を強化、拡大、シカゴ市のアーバンデザインの評判を高める。

ガイドラインの主な内容

ガイドラインの主な内容は以下の通りである。

1）セットバック……川から建築物のセットバックは最小限9メートル、推奨値は15メートルとする。

2）川への開放度……川に面する建築物の長さが120メートルを超える場合、15メートルの開放空間を設け、背後からの眺望軸を確保する。

3）用途……川沿いの土地利用は賑わいを創出するため商業、飲食とする。

4）建築材料の制限……低層階では反射性のガラスを使わない。

5）禁止する内容……広告版、コンクリート擁壁、倉庫、駐車場。駐車場を設置する場合、15メートル以上離す。駐車場建築物は30メートル以上離す。ビル内駐車場は9メートル以上離す。

今日、ガイドラインに基づき、シカゴ川の両側の土地利用、都市景観づくりが進んでいる。

東京への教訓

東京には大きな河川から中小の河川が多くあるが、土地利用計画や景観計画のデザイン・ガイドラインは十分でない。シカゴ川のガイドラインのように建築の配置基準、背後地からの眺望軸確保など具体的なデザイン・ガイドラインを策定すべきである。河川の機能を維持しつつ、河川の川沿いにふさわしい景観形成を図るべきである。

サンアントニオでもシカゴでも市民の発意で計画、事業が始まり、魅力ある空間が実現している。東京でも市民が声を上げ、その声を行政が拾い、計画策定を進めるシステムが必要である。

●参考資料

1）Ann Breen, Dick Rigby, Waterfronts, Cities Rclaim Their Edge, 1994
2）CHICAGO RIVER URBAN DESIGN GUIDELINES, Department of Planning, City of Chicago, 1990
3）原田敬美　景観計画―アメリカの事例、沿岸域　第8巻第1号1995・10
4）原田敬美　市民の水辺の視点を東京湾岸開発に生かせ　朝日新聞1988年11月13日
5）原田敬美　ウォーターフロントの再生、都市のイメージの確立を　朝日新聞1995年9月16日

2節

市民のための港湾空間整備

ニューヨーク市のウォーターフロント再開発計画

世界都市ニューヨーク市の代表的ウォーターフロント開発の三例を紹介する。

ニューヨーク・ニュージャージー港湾庁(注)が計画したホボケン市のウォーターフロント再開発とバッテリーパークシティ、クイーンズ・ウェスト再開発である。複合開発である。

1988年、8月ニューヨーク・ニュージャージー港湾庁東京支所長I氏(ニューヨーク大学卒、六本木の住民)からホボケン開発担当責任者のマイケル・クリーガーを紹介され、ホボケン市内の現地事務所を訪問、氏から開発の狙い、経過など

(注) ニューヨーク・ニュージャージー港湾庁……ニューヨーク市を中心にニュージャージー州含めた広域圏のインフラ整備、管理運営の行政組織。鉄道駅、港湾、橋、トンネル、ケネディ空港、ニューワーク空港、ラガーディア空港などを整備、所有、治安維持、管理運営している。

レクチャーを受けた。また、現場を案内していただいた。

　1993年、私が事務局長として神戸市で開催したIFYA（次世代建築家国際フォーラム、主催者は建築家の菊竹清訓、テーマは神戸市のウォーターフロントをテーマとした都市再生）に講師の一人としてクリーガーを招へいし、その席でホボケンの開発について講演いただいた。

　1994年、ニューヨーク市を訪問した際、再度、クリーガーにホボケン市のウォーターフロント開発とクイーンズ・ウェストの開発の現場を案内していただいた。

　1998年、ニューヨーク市を訪問した際、クリーガーの案内で事業の進捗を視察した。さらに、2018年完成後の姿を、再度クリーガーの案内で視察した。

(1) ホボケン市

　ホボケン市はマンハッタンのハドソン川対岸側ニュージャージー州に立地する小規模な住宅を中心とする都市である。ハドソン川越しにマンハッタンの眺望を楽しめる位置にある。フランク・シナトラが生まれ育った町として有名である。シナトラ通りもある。

　老朽化した通勤用フェリーターミナル再開発に伴う隣接地の再開発である。開発の狙いは、停滞したウォーターフロントと活気に満ちた都心を結びつけ、市民のために水辺の美しさを復活させることである。

　ホボケン再開発の目標は以下の通りである。

①国際レベルの開発をする。
②活気ある都市とウォーターフロントをつなげること。
③水辺の美しさを市民のために再び創り出すこと。

④マンハッタンに対する住宅都市というホボケン市の住宅開発を促進すること。
⑤市財政の歳入を高めるため、ハイクオリティの複合開発をすること。
⑥レクレーション空間とコミュニティのための施設を創り出すこと。

計画概要

計画対象地の面積は、陸域12ヘクタール、水域17ヘクタール、合計29ヘクタールである。再開発の基本理念はホボケン市の既存の都心と水辺をつなげ、住宅1600戸、約300隻のマリーナを含めた約30ヘクタールの複合都市開発である。

マリーナを中心に活動的なレクレーションを楽しめるように配慮された。また、マリーナ越しに対岸側のマンハッタンの景色を眺められるように450メートルの水辺のプロムナードを配置した。

事務所、商業、ホテル（315室）が合計14万7千平方メートル、4階建ての中層住宅を中心に一部ランドマークとして15建ての高層住宅があり、合計600戸の住宅が供給される。［図6］

住民説明会は、市長が司会、進行、内容説明、質疑応答すべてを仕切った。日本では市長が自ら計画を説明することはほとんどない。その時の厚さ6センチの議事録を参考にいただいた。

計画内容

①既存の都市の街路パターンと都市の文脈を引用し、特に東西方向の主要な通りをハドソン川へつなげ眺望軸を確保する。
②土地利用は高密度な商業と低密な住居とする。
③日影と眺望を配慮し、高層は南側の一部とする。
④街区ごとに高さ制限をする。
⑤密度は既存の都市と同程度とする。
⑥ウォーターフロント沿いのプロムナードとフェリーターミナルプラザにオープンスペースを配

図6　ホボケン市ウォーターフロント開発パース　出典：ニューヨーク・ニュージャージー港湾庁提供資料

置する。

⑦街路に面した建物の壁面は低く抑えられ、水辺への眺望に配慮する。

⑧主要な壁面は煉瓦、石とする。1階は石とする。反射性ガラスは禁止する。

⑨暖色系のアースカラーとし、強い色は禁止する。

⑩主要な街路に面する1階は奥行4.5メートル、高さ6メートルのアーケードとする。

(2) バッテリーパーク・シティ

バッテリーパークシティは、1960年代後半から70年代に建設された世界貿易センタービル（ニューヨーク・ニュージャージー港湾庁の本庁舎と貸しビルが入居、9・11テロで破壊された）の建設時に生じた土で、ハドソン川沿いを37ヘクタール埋立て建設された新しい都市である。特に最上階の展望階はニューヨーク市内の名所のみならず、世界の観光名所でもある。

マスタープランのポイントは、商業施設を中央に配置し、その南と北側に住宅、ハドソン川沿いに幅21メートル、長さ2キロメートルのプロムナードを配置した。

土地利用は、住宅系42％（1万4000戸）、オープンスペース30％、公園、プロムナード、道路19％、商業・業務9％である。

バッテリーシティ開発公社がデザイン・ガイドラインを作成した。街路構成はマンハッタン南部の都市の文脈に配慮し、また、東西方向の主要な街路がハドソン川への眺望に配慮してレイアウトされ、街路を使い空間を統合し「場所」を創り出し、端正で賑わいのある都市を生み出している。

建築はモダニズム（1950年から1960年代の流行の鉄とガラスの四角い箱）を拒否し、古き良きニューヨークをイメージさせるデザインとした。例えば、住宅が10棟建っているレクタープレイスという街区では、街区に面した壁面は、下の2層は暖色系のアースカラー（土色）の石とし、上階は煉瓦の使用が望ましいとした。下階と上階の見切りの軒蛇腹の水平線を強調し、建物を視覚的に連続させるようにした。

また、街路、公園は地区内の目標地点へ連続性が形成されるようデザインされた。

川沿いの幅21メートル、2キロメートルの長さのプロムナードは、途中の公園を媒介し、バッテリーシティ全体に一体感を醸し出し、ニューヨーク市民のためにウォーターフロントへのアクセスを提供している。【図7】

ニューヨーク市のファイナンシャルセンターの隣接地に多くの住宅がある。職住近接で仕事と生活をしている。ニューヨーク市の都心で様々な文化生活を楽しんでいる。東京で言えば大手町、丸

図7　バッテリーパークの開発の様子　出典：Waterfronts, Cities Reclaim Their Edge,1994,　筆者提供

の内に相当する地区であり、その隣に高層マンション群が立地していると想像するとその凄さが分かり、計画思想の違いが分かる。

(3) クィーンズ・ウェスト

クィーンズ・ウェストは、マンハッタンにある国連ビルからみてイースト・リバーの対岸側のクィーンズ区にある。立地は、マンハッタンのグランドセントラル・ステーションから地下鉄で一駅である。このような好立地の場所に多くの住宅が存在する。

クィーンズ・ウェストプロジェクトは市内の象徴的な開発事業で、従前の工業が衰退しウォーターフロントの再活性化を目指し、その開発目標は以下のとおりである。

①クィーンズ区のシンボルゲートとして、歴史的な脈絡を再構築し、住民、来訪者、勤労者がウ

ォーターフロントにアクセスでき、新しいイメージを創り出すこと。
②ニューヨーク市にとって、住宅供給を含め、新しい複合機能都市を創り出すこと。
③新たな雇用、新しいビジネス機会を創り出し、結果的に市の財源を増やすこと。
④クィーンズ区内で、ウォーターフロントに面し、連続した公共のレクレーションのオープンスペースを創り出すこと。

対象敷地はイースト・リバー沿いの27・5ヘクタール、1600メートルのウォーターフロント・エスプラナードという遊歩道を作り、住宅、オフィス、商業、ホテルからなる複合開発で、延床面積84万平方メートルである。

開発の重要な狙いは、住宅、商業、文化、レクレーション空間からなる複合開発で、ウォーターフロントへ市民がアクセスできる空間を提供することである。

北側の第1から11街区は主に住宅、中央の12から15街区は主に商業、17から20街区は住宅、16と21街区はオープンスペースである。家族向けの住宅が多く供給されることから、小学校が第4街区の共同住宅の足元に一校建設された。日本だと文部科学省の基準で校舎、校庭面積が決められているが、アメリカには連邦政府の基準はない。

大規模な動的なレクレーション空間が第4と16街区に、静的なレクレーション空間が第5街区に計画された。【図8】

開発の延床面積86万4000平方メートルのうち、住宅59万5000平方メートル、オフィスとホテル22万3000平方メートル、小売商業2万1000平方メートル、公共施設1万1000平方メートルである。

住宅供給の主な目的は、低中所得者向け住宅を多く供給することである。住宅の3分の1は低所得層向け、3分の1は低・中間層向け、3分の1は中堅所得層向けである。全体の10％は福祉住宅である。また、50％は高齢者対応である。

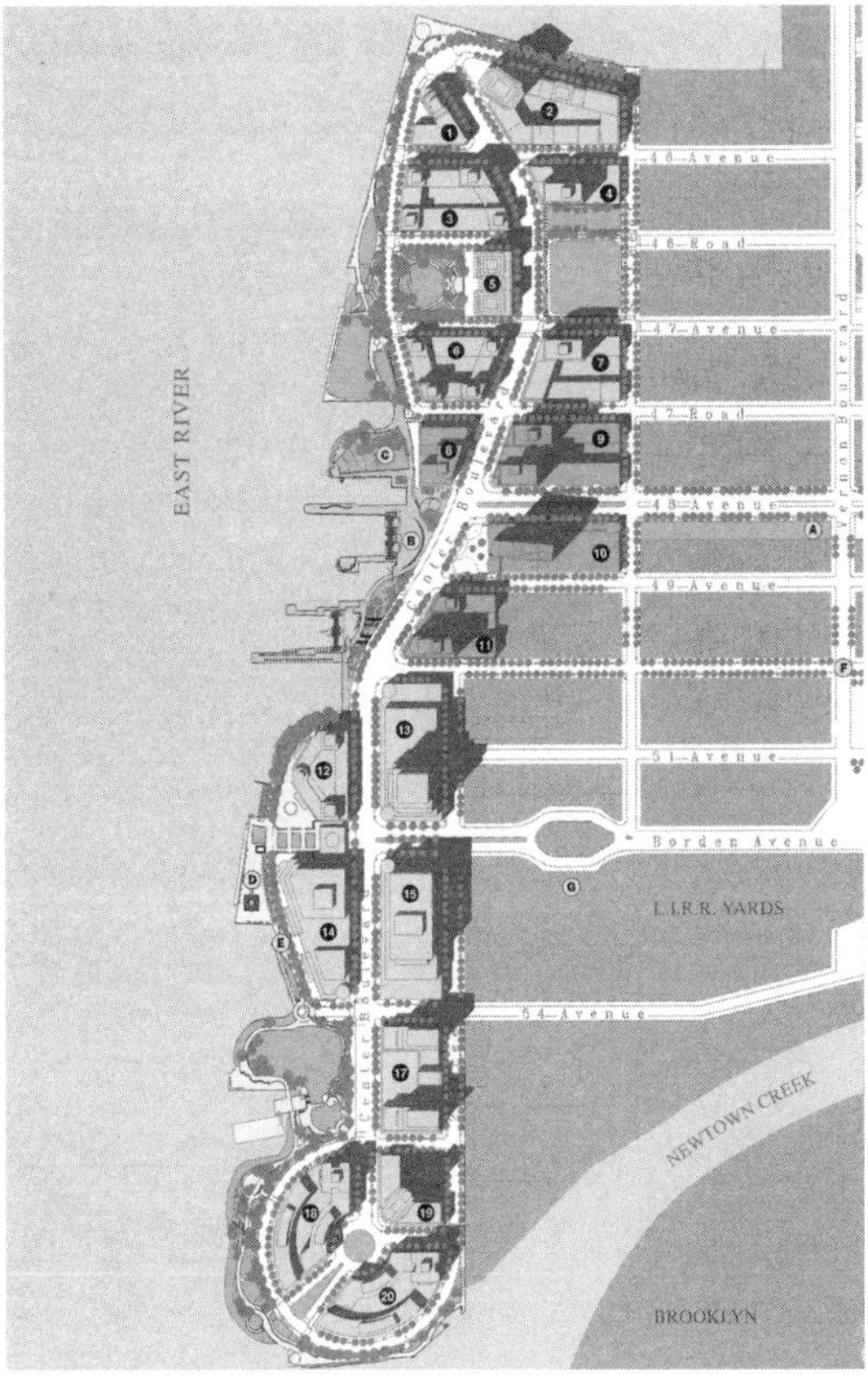

図８　クィーンズウェスト開発計画図　出典：ニューヨーク・ニュージャージー港湾庁資料

42階建ての公的住宅。設計はシーザー・ペリ。東京のアメリカ大使館や福岡のシーホークホテルの設計者。イメージがシーホークホテルと類似している。住戸はカップル向けの60平方メートル1DKとファミリー向けの90平方メートルの2DKが中心。視察した98年の1DKの家賃は約12万円。そのうち60％は課税所得から控除。24時間受け付けのフロント、ヘルスクラブ、テニ

図9　クィーンズウェスト超高層マンション。計画図の⑩の街区。　撮影：筆者

図10　クィーンズウェストからマンハッタンの眺望。イーストリバー挟んで国連ビル、クライスラービル、エンパイアステートビルなどが見える。案内いただいたニューヨーク・ニュージャージ港湾庁開発本部長クリーガーと筆者。クリーガーは弁護士資格と法学博士号を持つ専門職最高幹部。

スコート、当時からインターネット付き。低層部に300人規模の幼稚園と小学校が合築。ニューヨークの都心グランドセントラル駅まで地下鉄で一駅。イーストリバーをはさんで正面に国連ビルが見え、マンハッタンを眺望できる素晴らしい立地の公的都心居住。［図9、図10］

（4）ニューヨーク市周辺のウォーターフロント開発計画のマスタープラン

1992年ニューヨーク市都市計画局が発行した「ニューヨーク市のウォーターフロント総合計画」という報告書がある。21世紀を見据えた長期計画と位置付けられている。そのポイントは7点ある。

①公園、オープンスペースの整備。近隣の住民がアクセスでき、活力ある公園とする。②市民が昔のように泳ぎ、釣りやボート遊びができる水辺を確保する。③自然環境を保全する。④臨海工業は規模縮小するが、十分基盤がある地域は必要に応じ維持する。⑤水運を活性化し、自転車、歩行者交通と関連性を高め、交通渋滞や大気汚染の削減に努める。⑥水辺の景観を保全、創出する。⑦多様な所得層の市民のために住宅や雇用の場をウォーターフロント地域に確保する。［図11］

ウォーターフロント地域を自然、公的空間、産業用、再開発用と分け、土地利用計画、アーバンデザイン規制（高さ、壁面後退など）を定めた。200ページの計画書である。その計画書を基に今日のニューヨーク市周辺のウォーターフロント再開発が進行している。

東京への教訓

1）ウォーターフロント開発で、水辺を意識した明確なアーバンデザインのガイドラインを策定すべきである。具体的には水辺に対する眺望軸

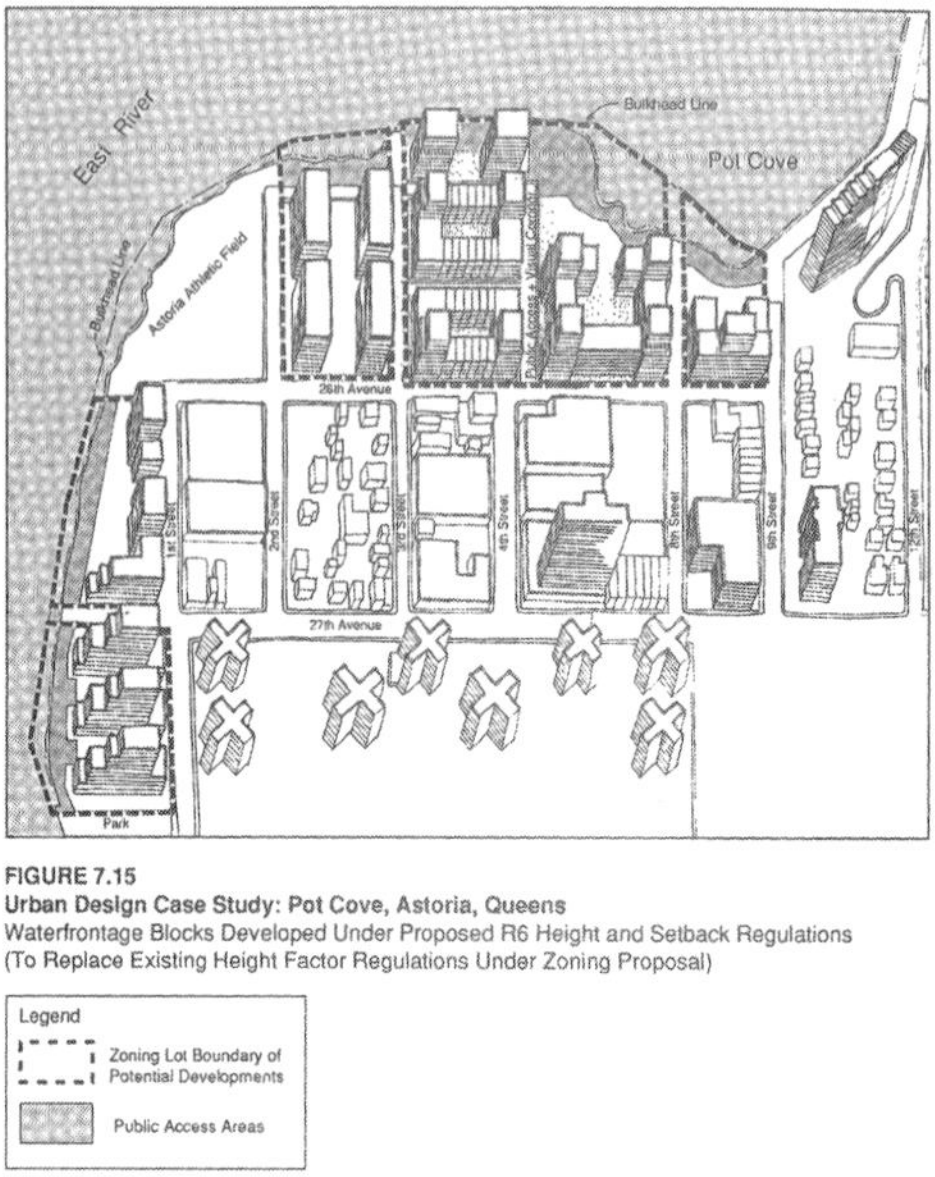

図11　ニューヨーク市ウォーターフロント開発のアーバンデザインのガイドライン。水辺の特徴を生かすため水辺に対する眺望軸に配慮している。　出典：Department of City Planning, City of New York, New York City Comprehensive Waterfront Plan, 1992

の創出である（2020年東京オリンピック選手村として建設された晴海の住宅街は、水辺に対し砦の壁のように建設され、水辺に対し閉鎖した街となった。水辺のポテンシャルが生かされていない）。

2）水辺のアーバンデザインの基本方針を明確に策定し、建築の配置の基本的考え方を明示すべきである。そして後背地から水辺に対する眺望の確保である。水辺の配慮したアーバンデザインを策定すべきである。

3）ウォーターフロント地区で都市開発をする際、一定量のアフォーダブル（経済的に居住可能）な住宅の附置を推進すべきである。

4）ウォーターフロント地区で開発する際、港湾機能のみだけでなくマリーナなど含め市民が水辺を楽しめるよう遊びの機能を含め、港湾機能と遊びの機能が共存する水辺開発が必要である。

5）ニューヨーク市都市計画局が1992年発行したウォーターフロント計画書のような長期、かつ具体的な計画書を作成すべきである。

●参考文献

1）原田敬美　ウォーターフロントとこれからの都市　早稲田学報1994年2・3月号
2）Department of City Planning, City of New York, New York City Comprehensive Waterfront Plan, 1992
3）原田敬美　バッテリーパークシティ　建築士1997年7月
4）原田敬美　市民の水辺の視点を東京湾岸開発に生かせ　朝日新聞1988年11月13日

ロサンジェルス市港湾計画（市民のレクレーション空間の創出）

1988年ウォーターフロント開発の研究のため、ロサンジェルス市港湾局を訪問、取材した。ロサンジェルス市の港湾計画は、港湾機能の中に市民のためのウォーターフロントのレクレーション空間創出を図っている。ロサンジェルス港は世界を代表する港湾で、大型港湾として機能しながら市民のためのレクレーション施設を持っている。その計画策定は市民参加による。カリフォルニア州は当時から現在も全米で最も環境に厳格な州で、厳格な環境関連法の基準を満たしながら大型開発を進めた。計画策定の経緯をみると環境管理が優れている。

計画概要

ロサンジェルス市は人口300万人、全米第二の大都市である。ロサンジェルス郡（県に相当する）を含めると千万人の大都市圏で、アメリカ西海岸の中核都市である。

ロサンジェルス港は、ロサンジェルス市役所港湾局が管理している。都市計画局は市全域の計画に責任を持ち、港湾区域では港湾局が都市計画局と調整を図りながら土地利用計画、事業計画、建設活動を担当する。

1988年当時ロサンジェルス市の長期構想では、2020年のコンテナ取扱量予想は2億トンで当時の倍以上の成長を期待した。

このような大規模な港湾に市民ニーズに基づいて様々なレクレーション空間が計画された。中心となるのはウェスト・チャンネル・キャブリロ・ビーチ複合レクレーション開発である。規模は水陸併せて150ヘクタールで、主な施設は3200隻収容の大型マリーナ、ビーチ、博物館、湿地帯とその関連教育施設、青少年キャンプ場、公園である。総事業費は8000万ドル（1ドル100円として80億円）である。事業用地の中心となる部分は、従前、軍の駐屯地で、市の要求で市に移管された。

計画の思想

1）様々な活動のための空間の共存

ロサンジェルス港は世界の港湾の中でも重要な港湾である。その中に、フェリーターミナル、マリーナ、水上スキー、水上オートバイ、水泳といったマリンスポーツのための水域空間と水辺のショッピングセンターなどがあり、港湾機能とレクレーション機能がお互い共存し合う配置構成とする。

2）市民参加

月に1、2回定期的に開催される港湾委員会で市民が積極的に発言し、港湾委員に働きかけ、港湾委員が港湾局に検討させ、実行させるという市民参加のプロセスである。

3）環境保護

大きなレクレーションニーズと環境保全ニーズは相反するものがある。開発を進める際、環境への影響を明らかにし、草地を創出し、雛鳥を育てる空間、稚魚の棲息域を創出したりし、開発に伴う環境のダメージを補うミティゲーション（注）の哲学を持つ。

4）市民の水辺のアクセス確保

水辺は市民の共有財産であるという考え方を基に、特にマリーナ部分に市民が水辺にアクセスできるよう1・6キロメートルのプラザを設置するなどの配慮をした。

計画の経緯

この施設計画は30年以上の長時間の検討を重ね、実現に至った。1978年ロサンジェルス港湾局は、マスタープラン策定に着手、その中でレクレーション施設計画に着手した。

1979年ウェスト・チャンネル・キャブリロ・ビーチ・レクレーション計画策定諮問委員会が設立され、年末には計画の提言をまとめた。

市民諮問委員会が設立され、29人の委員が選出された。委員は、地元選出の国会議員、カリフォルニア州議会上院下院両議員、市長、ロサンジェルス郡監査委員、元港湾委員、市議会議員、市民団体から推薦された者などである。日本での委員会と異なり大学教授はいない。日本の委員会は「大学教授」の肩書に頼る傾向がある。

1982年港湾委員会が提言を承認した。

1983年マリーナ水域の浚渫開始、1985年

（注）ミティゲーション……開発し木を一本伐採したら近隣で木を一本植えるという思想。

道路などインフラ整備、1986年マリーナ桟橋が整備され一部供用開始した。

委員会で議論した内容は、コミュニティの目標は何か、この計画で達成すべきものは何か、市民ニーズを設定、そのニーズに合う施設は何かであった。

委員会はコンサルタント、建築家、ランドケープアーキテクト、マリーナプランナー等を雇い、環境上・経済上の制約、物理的、技術上の問題を把握するようにした。委員会は、経済、環境、敷地計画、技術、コミュニティ問題の5つの小委員会を設立、25回にわたり開催した。必要に応じ商工会議所、地元町会、事業所からも意見を聴取し、9か月の作業の後、計画案を策定した。

1）キャブリロビーチを改善、7・1ヘクタールに拡張

2）ユースキャンプを改善、5・75ヘクタールに拡張

3）海水の湿地帯1・4ヘクタールを造成

4）2つの公園を建設、6・8ヘクタールの公共歩道空間とプラザを整備

5）前期257隻、後期2992隻の公共マリーナを建設

6）小型ボート用に陸置き保管場1150隻、揚げ降ろし設備

市民諮問委員会の提案を受け、港湾委員会が決定した内容は以下のとおりである。

1）計画対象地　水陸合わせ150ヘクタール

2）障がい者が利用できるよう配慮

3）施設はビーチ、海事系博物館、ボート昇降用ランプ、駐車場、海水の湿地帯と関連教育施設の建設、水辺配慮による生物の棲息機会の増加

4）ユースキャンプ場の改善、拡大

5）施設外縁沿いの公園の建設

6）見通しの良い所に展望公園の設置
7）公共トイレ20か所、休憩所10か所、管理棟の建設
8）30フィートから100フィートのボートを収容できる3200隻の係留及び陸置き保管場の建設

計画の特徴

1）すべての空間を市民に開放
2）障がい者等弱者への配慮
3）プレジャーボートと一般船舶交通を分離、共存させ、マリンレジャーと他の活動の水域を分離し、異なる用途の間にはバッファーを挿入
4）ビーチとマリーナを分け動線、アクセスに配慮、機能的グルーピング
5）スーパータンカーの係留水域にヨットが帆走しないよう、規模、速度により水域のレーンを区分け

6）駐車場は分離配置し、施設周辺は車の排気ガスや交通事故から防ぐ
7）すべての施設は伝統的な南カリフォルニア風を統一テーマとするアーバンデザインのガイドラインによって建設されることが義務付け
8）サインシステム、照明に配慮し、円滑な動線計画に配慮
9）官民の事業協力、市が基本的にインフラ等公共事業を整備、ヨットクラブ、レストラン、オフィス、ホテルなどの事業者へリースする方式

関係官庁との調整

カリフォルニア州ではウォーターフロント計画を策定する際、クリアしなければならない機関、関連法規には次のようなものがある。

1）陸軍工兵廠の許可。アメリカでは海岸、河川沿いの開発には所管の陸軍工兵廠の許可が必要である。

2）連邦漁業野生生物局
3）カリフォルニア州水産庁
4）ロサンジェルス市水質規制局（浚渫工事許可）
5）ロサンジェルス港マスタープラン
6）ロサンジェルス都市計画マスタープラン

特に港の眺望、自然景観の配慮、自然地形の保全がうたわれている。観光振興のため商業施設計画、デザインコントロール、マリーナ建設が提案されている。

特に重要な規制は以下のとおりである。

1）カリフォルニア州沿岸法……1976年制定。カリフォルニア州の海岸域を開発する際の一般的なガイドライン。その中で、開発に際し、市民の水辺へのアクセスの確保、レクレーション活動の保証がうたわれている。港湾内ではレクレーション活動と商港機能を完全に分離し、かつ港湾全体として異なる機能を共存させることとしている。また、海岸の環境保全と景観保全がうたわれている。
2）カリフォルニア州環境法……一定規模以上の事業は環境基準をクリアしなければならない
3）水質規制法……排水をそのまま海や川に流してはならない
4）大気環境基準……規制地域に指定されると大気質を一定の基準以下にしなければならない

環境影響とミティゲーション

環境計画には細心の注意が払われており、16項目にわたり環境影響調査書で検討され、ダメージを補うためのミティゲーションが提案されている。主な内容は以下のとおりである。

1）大気汚染……想定される車両などの排気ガスは大気汚染に直接影響を与えないが、ミティゲーションとして「省エネ対策」「駐車場を施設

図12 ロサンジェルス港の3200隻のマリーナと水辺のリクレーション施設 撮影：筆者 ロサンジェルス市警のヘリから撮影。

から離して一括設置し、駐車場と施設間をトラムシャトルで結ぶ」などである。

2）ボート交通……小型ボートの増加による混雑問題、ピーク時の桟橋、給油などの混雑が考えられる。ミティゲーションは「ハーバーマスターオフィスを設置、ボート交通を規制する」「ボートの規模、スピード等で港内の航路を分離する」「水上スキー等マリンスポーツエリアを安全なところに設ける」等である。

3）水質汚染……浚渫、埋め立て、護岸建設、湿地帯建設による水質汚染の恐れがある。ミティゲーションは「浚渫用建設機械の選択による減少」「埋め立てに使用する材料の選択、埋め立て線を厳格に維持すること」等である。

事業による効果

1）工業系、商業系、レクレーション系といった様々な土地利用によって視覚的に一体感があり、デザインとランドスケープのテーマと結びついた新たなレクリエーションと商業との複合施設へと変化する。

2）ロサンジェルス郡とオレンジ郡にあるマリーナの収容隻数が7・5％増加する。

3）南カリフォルニアで市民が水辺にアクセスできる空間が1・6キロメートル増える。

4）518人の雇用を創出する。

5）固定資産税、消費税の税収増による市財政の歳入増となる。

6）海洋生物の棲息空間が増加する。

7）市民のレクリエーション利用と海洋生物のための水面が増加する。

8）事業対象地区と港湾の中核的な空間や周辺との間にバファゾーンを提供できる。［図12］

東京への教訓

1）ウォーターフロント空間を港湾機能と市民活動（水泳、舟遊びなど）と共存の発想が必要である。環境、景観形成に十分配慮した計画が必要である。

●参考文献

1）原田敬美　市民のレクリエーション空間　ワールドポート　ロサンジェルス港の事例、ボラード vol.23　1995年4月

2）原田敬美　市民の水辺の視点を東京湾岸開発に生かせ　朝日新聞1988年11月13日

3）ロサンジェルス港リクレーション施設建設の環境アセス報告書　ロサンジェルス市環境局1980年

アムステルダム港再整備

1997年アムステルダムを訪問した際、オラ

ンダの若手建築家マーク・ヴィッサーがアムステルダム港の再開発地区に案内してくれた。アムステルダムの港湾機能が移転し、従前の港湾の土地利用が新たに住宅の土地利用に転換した。しかも、一つひとつの共同住宅が芸術作品である。

東アムステルダム・ドックランド地区の経緯

アムステルダム・ドックランドのホームページに基づくと以下のとおりである。

東ドックランドは1874年から1927年の間、埋立地に東ドックランドが出来上がり、大型客船や大型貨物船が出航した。さらに、貨物輸送のためドックランドに線路が敷設された。

第二次大戦後、旅客は客船から航空機へ移り、貨物輸送のコンテナ化、船の大型化などで既存の港湾機能が使えなくなり、港湾機能がアムステルダム港の西地区に移転した。東地区はアーティストや定職を持たない人々がテントや倉庫の小屋裏に住み始めた。

計画内容

1975年アムステルダム市議会は東ドックランドを住宅地とすると決定した。コンパクトシティの考えに基づき、ヘクタール当たり100戸とし、1万8000人の住宅（主に公的住宅）を供給するという計画内容である。高密度にした理由は、新たに道路、橋、公共交通などを配置するための財源確保のためでもある。

1986年、市議会の政党構成が変わり、民間開発を促進し、高額所得者を都心部に留める狙いで高額所得者向け住宅を供給した。高額所得者向け住宅と公共住宅の混合が住宅開発の基本思想となった。また、建築、アーバンデザインの美的要素も政策の重要な要素になった。また、既存の倉庫などの建築物は保全し、コンバージョン（用途転換）し、従前の街のイメージを維持した。

美的価値を高めるため、各街区にアーバンデザイナーを配置し、建築家を選定した。各街区で優れた質の共同住宅を建設した。

貨物会社の空いた事務所がアート作品制作に適当な空間であることから、東ドックランドのオオステライク地区、ハンデルスカーデ地区には、多くの芸術家が低廉な家賃の作業場を求め移住してきた。歴史的な建築群で、海辺に面した立地は創作活動にちょうど適した空間であった。そして、芸術家はドックランドの再開発地区の公共空間に質の高いアート作品の制作を依頼された。

ドックランド地区で、絵画展、音楽の演奏会などイベントが継続的に開催されている所以である。

地区ごとの特徴

東ドックランドは5つの人工島から構成される。

KNSM島は、最も北東に位置する。オランダを代表する建築の一人ヨ・コーネンがアーバンデザインを担当した。従前の港街の風景を参考とした。彼自身は平面的に巨大な集合住宅をデザインした。ドイツ、ベルギー、スイスなどから有力な建築家を招へいし、建築デザインを委嘱した。

北西に位置するジャワ島はショード・セッタースがアーバンデザインを担当した。アムステルダムの伝統、すなわち運河沿いの建築を維持する発想である。隣同士デザイン的に類似、しかし、若干異なる。

東南に位置するボルネオ・スポレンブルグ島では、上記の2つの島が巨大、中高層の集合住宅が立地するので、市役所はここでは低層住宅の高密度な配置とした。この島では、小さな敷地を購入し、好みの建築家にデザインを依頼できる。

西中央のリートランデン、オオステライク、ハンデルスカーデ島は市電、道路などが集中する場所で、トン・スカアプという市職員がアーバンデ

ザインを担当し、興味深い街区にした。［図13、図14、図15］

従前の建築を保全しながら新たな斬新なデザインに挑戦した。オオステライク・ハンデルスカーデは2キロメートルの長さの島である。伝統的なデザインの船会社の事務所や倉庫群が並び、ホテルにコンバージョンしたり音楽ホールにコンバージョンした。

南西のクルキウス島は、1987年東ドッグランドで最初の再開発地区だった。再開発の直前ま

図13　アムステルダム港湾地区の集合住宅　エメラルドエンパイア　設計コ・ヨーネン　撮影：筆者

図14　同上　バルセロナ　設計ブルーノ・アルバート　撮影：筆者

図15　同上　段上住居模型　撮影：筆者

図16　市民が水辺を活用していることが分かる。三世代の家族が水辺でランチ。車いすとベビーカーに注目。　撮影：筆者

で食肉市場や税関があった。食肉市場の跡地に550戸の公的住宅が建設された。既存の300メートルの長さの倉庫は300戸の民間の分譲住宅にコンバージョンされた。

西側には、すでに紹介した運河上の公的住宅が建設された。担当した設計事務所PROは伝統的な敷地割を崩し、新たな発想で運河上に集合住宅を計画した。

ガイド付きウォーキングツアー

美しい歴史的建築群、さらに、質の高い現代建築の住宅群が立地していることで東ドックランドは観光名所になった。

徒歩によるガイド付き建築ツアーが実施されている。2時間、1人10ユーロ（1ユーロ120円とすると1200円）、（講義、ランチ、自転車での移動か船の移動含む）で自転車の町、運河の町に合わせたツアーである。

オランダのある街の運河沿いの風景。３世代の家族が運河沿いで食事している。車いすとベビーカーが置いてある。運河に手すりがない。多くのモーターボートが係留しているが市民の交通手段、レクレーションとしてモーターボートが使われている。［図16］

東京への教訓

各街区でアーバンデザイナーを配置し、世界中から建築家を招へいしてデザインを競い合う。できた建築物が観光名所となり、建築ツアーを実施する。

●参考資料

1）Egbert Koster, EASTERN DOCKLANDS, 1995
2）ドックランドホームページ

3節

まとめ

東京への教訓

ニューヨーク市、ロサンジェルス市、シカゴ市では水辺のアーバンデザインのガイドラインが策定されている。同様のガイドラインを策定すべきである。デザインのストーリー性があり、複合用途の土地利用、住宅供給でのアフォーダブル（家賃補助など含め低廉な住戸の供給）、水辺に対して眺望軸の確保が必要である。マリーナなど含め市民が楽しむ施設、空間の提供が必要である。

市民が参加し計画づくりをしている。実質的な市民参加を実施すべきである。

アムステルダム港の計画のようにアーバンデザイナーを決め、世界中から建築家を競い合わせ、美しい建築物を生み出す仕組みが必要である。その結果、観光名所となり、多くの観光客が訪れ、また、見学ツアーが組まれる仕掛けが必要である。

第4章

用途転換（コンバージョン）

1節

市場跡地開発（都市スケールのコンバージョン）

「世界都市」と称されるニューヨーク、ロンドン、パリであるが、それぞれの都市で一番熱い場所が市場跡地の再開発で生まれた新しい都市空間である。

ニューヨーク市のフルトン市場、ロンドン市のコヴェントガーデン、パリ市のラヴィレットである。今日、地元の名所であるばかりでなく世界中から観光客が訪れる名所でもある。歴史的な建造物や事物を保存、活用している。築地市場跡地開発は先進事例を学ばなければならない。［図1］

ニューヨーク市フルトン市場再開発（商業、博物館に用途転換）

経過

フルトン市場は、ニューヨーク市のマンハッタン区南東部のイーストリバーのウォーターフロント沿いに立地している。漁船の積み下ろしの便利さから魚市場が1807年に開業し、アメリカで最も古い魚市場だった。世界の金融拠点であるウォールストリート街のすぐ傍である。

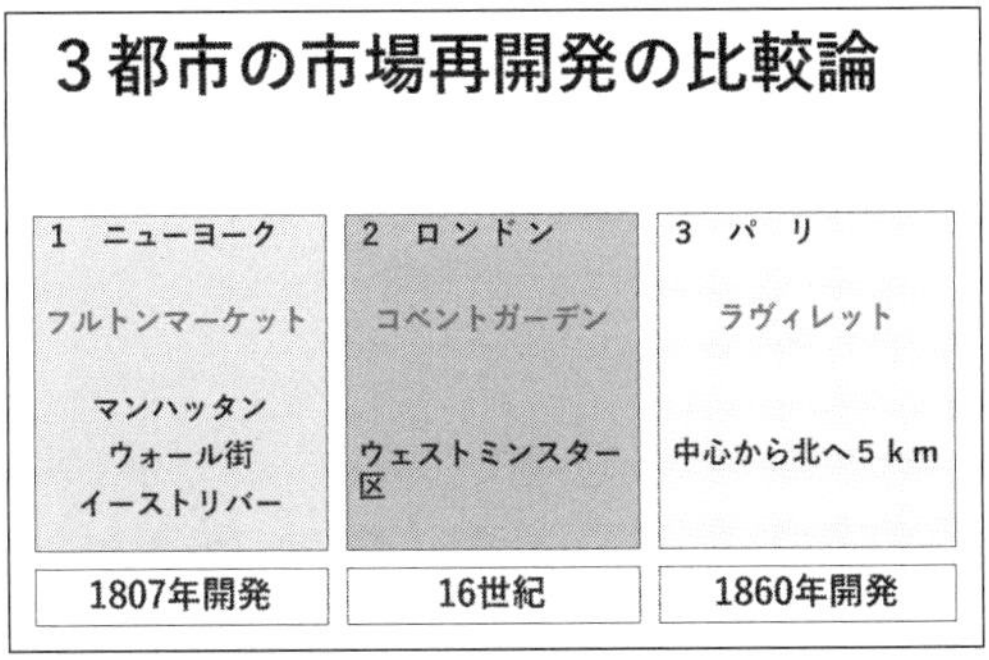

1　ニューヨーク	2　ロンドン	3　パ　リ
フルトンマーケット	コベントガーデン	ラヴィレット
マンハッタン ウォール街 イーストリバー	ウェストミンスター区	中心から北へ５ｋｍ
1807年開発	16世紀	1860年開発

図1　市場跡地開発3件の概要と比較

フルトン魚市場は、1869年サウス・ストリートに建てられた。イーストリバーに面したサウス・ストリート・シーポートは、かつて世界で最も賑わう重要な魚の水揚魚港だった。フルトン魚市場周辺には多くの建物が立地、周辺地区は賑わった。

20世紀前半、人の賑わいとともに犯罪件数が増加し、魚市場とその周辺地区を健全な場所にしようと関係者が動いた。そうした努力の中、魚をより安全、より衛生的に扱う新しい魚市場ビルが1939年建設された。当時の市長ラガーディアが除幕式を行なった。1950年代までに流通形態は、漁船からの荷卸しでなくトラックによる輸送に変化した。

フルトン魚市場はマフィアが牛耳り、市場で働く人間に金品を要求したり、魚の値段を不当に吊り上げたりしていた。1988年連邦政府司法長官がフルトン市場の理事を指名し浄化に努めたが、効果は限定的だった。また、1987年ニューヨーク地区担当連邦検事ジュリアーニ（後年ニューヨーク市長1994~2001年）は、公正な市場組織の統制を取り戻すべくフルトン市場を牛耳っていたマフィア組織を裁判所に起訴した。

1980年代ニューヨーク市は経済の衰退期であったが、かつて郊外に拡散したショッピング・

モールが郊外から都市部に戻りつつあった。サウス・ストリート・シーポート歴史地区も同様で、3街区にまたがって存在する歴史的建造物が店舗、レストラン、市場、美術館などに用途転換され都心型、コンバージョン型ショッピング・モールになった。

80年代コッチ市長（1978～89年）は、1960年代、70年代、治安悪化が原因でニューヨーク市から高額所得者や中間層の多くが郊外や他市に移住したので、彼らの呼び戻し対策としてもフルトン市場含め下町の再開発は重要なニューヨーク市の政策課題だった。

施設概要

流通形態の変化と魚市場がマフィアに牛耳られていることから移転を計画した。所管のニューヨーク市経済局が市場の管理、運営を規制し、移転反対の影響を排除した。最終的に2005年11月ニューヨーク市役所は8500万ドル（約86億円）をかけ、トラック輸送でより便利なイーストリバーをはさんで東隣のブロンクス区にあるハンツポイントの食肉市場隣に魚市場を移転した。高速道路のランプに近く3万7000平方メートルの面積である。

2012年、年間9万1000トンの魚取扱量10億ドル（1千億円）の取引高である。〔参考：築地2013年水産取扱量48万3951トン、4217億2900万円〕

新フルトン市場は世界で築地に次いで2番目の規模である。600人の雇用を創出した。38の仲卸、市場内の設備は自動化され、30台のトラックが同時に荷卸しできる（旧市場は12台）。しかし、新市場は地元ブロンクス地区の経済にプラス面は表れていない。

フルトン通り地区とサウス・ストリート・シー

図2　フルトン市場の外観　撮影：筆者

ポート地区は、ウォールストリートの金融街のそばで賑わう通りである。通りの両側にボザール様式（ボザールはフランスの美術学校のことでボザールで学んだヨーロッパの古典様式）の建築が並ぶ。地下鉄の多くの路線が走り、水上タクシー、フェリーの発着場があり、利便性の高い場所である。最寄駅はフルトン駅。フルトン通り沿いの魚市場とその周囲に考古学博物館、海事図書館など含め市場関連施設が立地している。魚市場地区、サウス・ストリート漁港など含む17ヘクタールの地区は、ニューヨーク市マンハッタン区の歴史地区に指定されている。サウス・ストリート・シーポートからは、ブルックリン橋の眺望と夜景を楽しめるなど立地条件が優れている。

　閉鎖型の郊外型ショッピングセンターと異なり、魚市場の造りを活用した外部空間と一体で外部に開かれた空間構成の商業施設である。［図2、図3］

コンバージョンの内容

市場が移転した後、既存の市場建築を活用してコンバージョン（用途転換）し、ショッピングセンター、シーフード・レストランなどにリフォームし新たな商業拠点とした。

市場ビルは廃れたが、かつてはたくましい魚屋の拠点のコミュニティの住民達は、近隣で提案される高層ビルの再開発計画を廃案にするために活動し、建築保存の専門家や行政の幹部等はそのための活動を手助けした。時を経て多くの既存の建物が保全された。

1982年ディヴェロッパー、ラウス社が既存

図3　フルトン市場の内部　撮影：筆者

建築を再開発しピア17を建て直し、店舗やフードコートなど整備した。ニューヨーク市民が家族連れで訪れ、また、海外からも観光客が訪れる有名な観光地になった。

サウス・ストリート・シーポートは歴史保存地区に指定され、その中でフルトン魚市場の建築は、現代的アメニティに欠け、また、気候変動への対応の問題があり、さらに地価高騰と再開発の圧力に直面した。フルトン市場の周辺はネオ・クラシックの多くの建築が取り壊されたが、その後、構造体は再築され、再度部材が集められ、当初の柱、梁、トラスなどはそのまま有効活用され再建された。

地下鉄フルトン駅は多くの地下鉄路線の交差点駅であり、市役所は1400億円かけフルトン駅の再開発を行い、大きな吹き抜けを持つ美しい機能的な駅になった（6章で詳述）。

フルトン市場内には多くのシーフード・レストランが立地し、中でも世界的に有名なシェフ、ジャン・ジョルジュの店が1986年オープンした。ジャン・ジョルジュは世界に36のレストランを展開している。さらに、ジャン・ジョルジュがフードホールを高級化し、Tin building がシーフードを中心とし、近々開業予定である。ちなみに系列のレストランが六本木ヒルズでも営業している。

ロンドン市コヴェントガーデン市場再開発（商業）

1988年日本の友人3人がロンドンで勤務しており訪ねた。一人はロンドン軍事大学に留学しているO氏、二人目は早稲田大学の後輩W氏（私の翌年にアメリカ、オハイオ州ウースター大学に交換留学し、当時、英国石油の幹部。私の港区長時代に英国石油東京支店長を勤め、港区役所の審議会に外国人枠として参加いただいた）、三人目は私の前年にウースター大学に留学した先輩で日本航空が経営するロンドン、モントカームホテルの総支配人を勤めたO氏である。市内の建築や周辺都市の建築〈ロンドン・テクノパーク〈産業支援施設〉、ミルトンケインズ・ニュータウン〈ニュータウン計画として世界的に有名な事例〉、ブライトン・マリーナ〈ドーバー海峡に突出した防波堤型マリーナ〉〉、ヘイスティングの王族別荘のホテルへの用途転換などを視察した。そして市場跡地開発のコヴェントガーデンを視察した。

歴史、立地

コヴェントガーデンはロンドン中心街ウェストミンスター区の東側に立地し、ロンドンで最も有名な商業地区にある。周辺にはロイヤルオペラハウスがあり、豊かな文化の匂いがした。市場の開設は16世紀にさかのぼる。1974年まで野菜や果物の卸売市場があり、その後テームズ川南側に移転し、跡地はショッピング街として再開発された。他の大都市と同様、1960年代交通渋滞が激しくなり、市場に商品を運び込むことが困難になった。

1975年、ロンドン都庁が中核の市場ビルを改修しネオクラシカルの素晴らしい従前建物を歴史保存し、新たな命を吹き込み、伝統、建築、娯

図4　コヴェントガーデンの様子　撮影：筆者

楽、文化、小売り、飲食を売り物したショッピングセンターとなり、その後、観光客が訪れるショッピングセンターへと変貌した。公認の街頭芸人がパーフォーマンスをし、ロンドンで最もエキサイティングな芸術文化の場で、年間4500万人の来訪者（2010年頃）があった。［図4］

運営

コヴェントガーデンはコヴェントガーデンコミュニティ協会（CGCA）が住民、商業者、労働者の声を反映し運営している。周辺を含め、施設の計画、出店希望者の審査、環境整備、交通管理、街路照明、公共空間の管理、治安等担当している。財源は特に会費徴収などしておらず、地区内の帰属意識の高い住民と商業者などからの寄付である。これはイギリス的自主、民主主義的独特の運営方法である。

ＣＧＣＡ組織

当初の目的は、大ロンドン市がコヴェントガーデン地区を高層化し、オフィス、ホテル、国際会議場の建設、広幅員の道路の建設に反対する目的で1971年公式に設立された。同時に、コヴェントガーデンの魅力を高め、当初の価値を保護することであった。ニューヨーク市のフルトン市場と同じ背景がある。

コヴェントガーデンの成功と人気とは逆に反社会的な活動、街路の犯罪、商業、住宅の賃貸料の高騰などの問題を引き起こした。

当初、観光客の目的地であったが、その後、近隣地区の変化でさらに活力ある楽しい場所に変貌した。施設のコンセプトは未来志向で、ここでしかできない体験で世界からの来訪者を魅了することである。

パリ市ラヴィレット市場再開発（公園、音楽大学、博物館、商業に用途転換）

パリのラヴィレットはパリ市中心部から5キロ程のパリ市19区の北東側に立地し、セーヌ川と人口運河でつながり、便利さから1860年食肉市場が開設された。面積は22ヘクタールである。食肉市場は1974年まで稼働していた。

1980年代食肉市場移転に伴い、跡地利用の公園部分について国際的な設計競技が1982年に行われ、460案が提出されスイス人建築家バーナード・チュミ（その後アメリカ、コロンビア大学建築学部長）案が入選した。その案に基づき、科学博物都市として再開発され、公園、科学博物館、音楽大学等の科学芸術系施設群が立地した。当時のミッテラン大統領が進めるグランプロジェ（大事業）の一つであった。

図5　ラヴィレット市場跡。イベントホールとして使用されている。　出典：PARIS PROJET

図6　パリ国立高等音学院　撮影：筆者

敷地の北側にはシテ科学産業博物館とドームシアター（ヨーロッパ最大の科学博物館）が1986年開館した。設計はピーター・ライス。年間500万人の来館者がある。

パリ国立高等音楽舞踊学校が敷地跡地に建設された。これもパリの大改造事業の一環として国際コンペでフランス人のポルザンパルクが選ばれた(音楽院には日本からも多くの留学生が学んでいる)。

ウルク運河が敷地内の中央を東西に走り、そこを観光船の運河クルーズが走っている。

広い敷地全体が公園、博物館、イベントホール、音楽大学院に用途転換された。〔図5、図6〕

2節

使用済み建築のコンバージョン（建築スケールのコンバージョン）

欧米の都市を歩くと、使われなくなった建築物の構造を活用し外装、インテリア、設備機器をリニューアルし、用途転換して従前の建物を再活用する事例を多く見かける。しかも大胆な用途転換の事例を見かける。

ピッツバーグ駅事務所を老人ホームに

1998年ペンシルバニア州ピッツバーグ市を訪問した。人口約30万人。一昔前は鉄鋼の街として栄えた大都市である。建築では帝国ホテルの設計で有名なフランク・ロイド・ライトがデザインした落水邸（カウフマン邸）が郊外にある。いわゆるラストベルト（錆びついた街）で、どのように街の再生をしているか見ようと思った。ユニークなドーム式のアイスホッケー場がある。「ペンギン」というチームの拠点である。街中を歩きピッツバーグ駅に通りかかり、鉄道模型を趣味としている立場からも駅をのぞいてみようと駅舎に入った。すると駅上のオフィスと思った入口に「老

人ホーム」の看板があり驚いた。［図7］

経過

ピッツバーグのユニオン駅は1903年開業した。ペンシルバニア鉄道とその他の鉄道会社が使用したので共同駅という意味で「ユニオン駅」と称された。駅舎の設計はボザール様式のダニエル・バーナムである。駅舎は現在アメリカ合衆国登録文化財である。

1970年までに鉄道利用者はほとんどいなくなり、わずかに貨物を取り扱ってきたがしばらくし、貨物のニーズもなくなった。1993年から鉄道の定期運行がなくなった。2015年当時、一日の乗車客数は409人であった。

1976年、ピッツバーグ歴史ランドマーク財団は、駅構内を歴史建造物の再利用の事例としてホテル、商業施設など含め、再開発した。1980年代半ばに行われたユニオン駅の修復工事により、駅舎のオフィス棟は老人ホームとなった。

再開発には、連邦政府、州政府、ピッツバーグ市の補助金が支出された。連邦政府

図7　ピッツバーグ・ユニオン駅事務所ビルから老人ホームへコンバージョン　撮影：筆者

の補助金には、環境庁のブラウンフィールド（従前工場で有害な汚染物質が存在する恐れがある土地）のクリーンアップ事業に採択され補助金が支出され、また、連邦運輸省の大量公共交通補助金制度に基づき支出された。ブラウンフィールド再開発の成功例として2017年アメリカ国内でも名誉ある賞を受賞した。

●参考資料

1）Wikipedia　Union Stations Pittsburgh

ニューオルリンズの倉庫からマンション、美術館へ用途転換

1994年アメリカウォーターフロント学会の大会がニューオルリンズで開催され、東京のウォーターフロント開発について講演者として招聘された。その時アーキテクチャー・ツアー（建築見学ツアー）に参加、ニューオルリンズの港湾地区の倉庫街を視察した。ニューオルリンズはミシシッピー川河口の港湾都市で、ジャズの街として有名である。世界（全米）で二番目（世界初はヒューストン市にあるアストロドーム）のコンクリート造の「スーパードーム」と称する屋内ドーム球場がある。ニューオルリンズ市の人口は約40万人。

高級マンションへの用途転換

ニューオルリンズは港湾機能で発展した都市で、港湾機能を支えるため河口地区に煉瓦造の2階から5階建ての倉庫街が立地していた。現在は、ニューオルリンズの過去と現在が融合した倉庫芸術街として発展している。かなりの倉庫がマンション、レストラン、美術館に用途転換している。

倉庫街は現在「美術街」（Art District：都市計画上の正式な用語）と称され、ニューヨーク市の

図8　倉庫からマンションへのコンバージョン　撮影：筆者

ソーホーやミートパッキング地区（食肉加工業地区）と比較され、アートギャラリー、レストラン、ホテル、マンションが増え、近くを流れるミシシッピー川沿いの緑道とネットワークを形成し多くの人々を魅了する街区になっている。

煉瓦建ての倉庫街の一角に入口が洒落たデザインの建物がある。そこがツアーで目指す倉庫をマンションにコンバージョンした建物である。倉庫であるので階高が十分ある。ある部分の床スラブを撤去し、吹き抜けとし屋根から自然光を採り入れた。屋上は倉庫街含め市内を全貌でき、住民用の大型ジャグジーバスが設置され、コミュニティの場となっている。

最近の不動産情報では天井高さが十分あり120平方メートル、2寝室、2つの浴室付きで5000万円程度である。［図8］

図９　倉庫から美術館へのコンバージョン（外観）　撮影：筆者

図10　倉庫から美術館へのコンバージョン（内観）　撮影：筆者

美術館への用途転換

同様、煉瓦建ての倉庫街の一角に華やかな雰囲気の建物がある。１９７６年生まれ変わった現代アートセンターである。１９０５年建設の従前倉庫であるので天井高さは美術館の展示室として十分である。面積は約２８００平方メートルである。倉庫街にあって最も注目すべき施設となっている。入り口ホール部分の床スラブは撤去され、倉庫２階分の天井高さで、広々した吹き抜け空間である。アートセンターは、絵画、劇、音楽、踊り、写真、ビデオなどの総合芸術の拠点である。また、子供の芸術学習活動もしている。［図９、図10］

デトロイト市ミシガン中央駅事務所から複合建築に

かつて自動車産業で繁栄し、その後、ラストベルト（錆びついたベルト地域）の一部となったデトロイト市は２０１３年約1兆８千億円の赤字を抱え破産した。その後、首都ワシントンの連邦政府から破産処理専門の弁護士オールが官選市長として派遣され、再建した。１９９８年、デトロイト市にドーム球場の計画があるとアメリカの建築専門誌に記事があったので取材に出かけた。予定敷地に行ったら看板が立っているだけであった。デトロイト市の中心街を昼間歩いたが、人がいないことに驚いた。いずれ衰退すると直感したが２０１３年に現実になった。人口約67万人。今は立派に復興している。

ミシガン中央駅舎

デトロイト市は１９５０年代以降、自動車関連産業が衰退傾向で、多くの住民が新たな雇用を求め転出した。衰退した中心街にミシガン中央駅が放棄された状態で存在していた。

フォード自動車が放棄された中央駅舎を最近購入し、デトロイト市の復興のシンボルとして複合機能の建築へのリフォームを検討中である。同じラストベルトのピッツバーグ市やオハイオ州クリーブランド市も同様の検討をしている。

全米の傾向であるが、モータリゼーションで鉄道客が激減、１９８８年アムトラックの最後の列車がミシガン中央駅を出発した後、駅は閉鎖された。

ミシガン中央駅の設計者は、ニューヨーク市のグランドセントラル駅を設計したウォレン・ウェットモア・リード・ステムである。デザインはグ

図11　ミシガン中央駅　出典：Michigan Central Station, Detroit Historical Society

ランドセントラル駅に類似し、ボザール様式である。ミシガン中央駅は１９１３年開業、18階建て、高さ70メートル、デトロイト市の繁栄の象徴だった。逆に近年は、放置された駅ビルはデトロイト市の衰退の象徴でもあった。長年、空きビル状態が続き、外壁にはグラフィティのいたずら書きがされ、壁の一部は崩壊していた。［図11］

最近フォード自動車が周辺の空きビルを購入、近隣の書籍の倉庫、真ちゅう工場、繊維工場をリフォームし、11万1千平方メートルの交通改革地区（ＡＩの実験場）に改造したように、駅に新しい命を吹き込む計画である。新たな再開発で、フォード自動車のある部門とスマート（人工知能運転）自動車、インフラストラクチャー研究、駐車場研究等モビリティに関連する組織が入居予定である。

ミシガン中央駅のコンバージョンは、デトロイトの復興のシンボルプロジェクトであり、周辺の再開発をけん引することになる。フォード自動車はミシガン中央駅を取得し、さらに駅周辺の土地を購入し、740億円の開発事業を行う計画で、その初めとして6万平方メートルの駅舎を確保した。フォード自動車は2018年、コワーキングスペースを供給、大学の研究機関を配置、文化の発信、醸成を支援すると発表した。

事業はマサチューセッツ州ケンブリッジの技術開発拠点、マサチューセッツ工科大学などを含むケンドール広場をモデルとした。

デトロイト市担当者は、企業、教育機関、投資家、起業家の共同体を作る計画であると語った。駅の一角を高架にし、ニューヨーク市のハイラインのような空中公園を計画している。また、デトロイト市には主なスポーツチームの拠点があり、デトロイト市への訪問者はスポーツ観戦含め2013年は1300万人、2019年は1900万人と増加した。

技術革新のハブとして、店舗、飲食店、文化・芸術空間（イベントができる空間）、さらに最上階にはスタイリッシュな高級ホテルの計画をしている。

●参考資料

1）ニューヨークタイムズ　2020年1月21日
2）WIKIPEDIA　Michigan Central Station

イスタンブール
刑務所を
高級ホテル、高級レストランに用途転換

(1) フォーシーズンズ・ホテル

1996年の国連居住環境会議に続き1997

図12　フォーシーズンホテルの現状　出典：フォーシーズンホテルホームページ

年再びトルコ、イスタンブールを子連れで訪問した。知人の日本人商社マンを訪問、するとランチに招待された場所がフォーシーズンズ・ホテルで、最高級ホテルの一つ。聞くと元刑務所とのこと。食事の後、ホテルのご厚意でホテル内を見学させていただいた。豪華なインテリアに驚かされた。一部窓の鉄格子が刑務所時代の名残。

従前の建築は1918年に刑務所として建設され、刑務所の移転後フォーシーズンズ・ホテルに用途転換された。当初の建築の設計者はケメレディン・ベイ。ネオ・クラシック様式で、尖塔型アーチ、ドームが付いたタワーが配置され、トルコ独特の装飾タイルが施されている。旧市街地の一等地であり、観光振興、都心の土地活用、景観整備など社会経済の観点から適切な用途転換である。

［図12］

図13　刑務所から高級レストランへ用途転換　撮影：筆者

（2）イスタンブール、エミニョニュ広場前の高級レストラン

1996年国連居住環境会議に参加した際、トルコ人ツアーガイドに案内されたのがトルコの中心街、ヨーロッパとアジアをつなぐガラタ橋ヨーロッパ側にある巨大なバス停留所広場に面したレストラン。[図13]

目の前はボスポラス海峡とマルマラ湾をつなぐ水運の要所。地区周辺はエミニョニュ広場と称し、多くのバス停がある交通の結節点でもあり、地元の方や観光客で賑わっている。

ガイドの説明では、従前は刑務所でそれをレストランに用途転換したとのことである。多くの観光客が食事をしている。このレストランには2018年学会でトルコを再び訪問した際、大学関係者から夕食に招待され、到着したら1996年昼食をとったレストランであったことを思い出

図14　エディルネ市の刑務所からホテルに　撮影：筆者

した。未使用になった建築の構造体を活用するアイデアは素晴らしい。

(3) 国境の町エディルネ、刑務所からホテルへ用途転換

1997年イスタンブールから西、ブルガリア方向に高速バスで約2時間のエディルネ市。ブルガリア国境まで10キロ。オスマントルコの古都だった町に友人のエディルネ大学建築学部教授に案内された。中世トルコの偉大な建築家ミマール・シナンが設計したモスク、橋など勇壮な建築が残っている。街の中心にホテルがあり、お茶に招待された。説明を聞くと元は刑務所だった建物をホテルに用途転換したとのこと。刑務所の個室の規模と採光、通気用の窓はちょうどホテルの小部屋にふさわしい。［図14］

3節

日本の事例

港区　廃校になった小学校を老人ホームにコンバージョン

計画概要

小学校統廃合で廃校となった赤坂の旧氷川小学校を改修し、特別養護老人ホームと子供向けの総合施設を建設した。高齢化の中で特別養護老人ホームのニーズが高まり、一方、児童数が減少し、児童に対する様々な政策を推進する中「赤坂子ども中高生プラザ」を建設した。幅広い年齢層の子供たちに利用してもらうため、音楽室、パソコン教室、体育館など備えた総合児童施設である。

学校の週5日制の導入、引きこもり、不登校になる児童・生徒が増加し、その対策も主な目的の一つである。さらにユニークなのは、ゼロ歳児から18歳まで利用できる施設である。

柔軟な運営を行うため、開館時間は午前9時半から午後8時までで、土日も開館することにした。中学生や高校生が音楽バンドの練習をするため、防音設備を備えた音楽室を設置した。また、バス

図15　港区赤坂特別養護老人ホームの外観パース　筆者の資料

ケットボール、バトミントン、フットサルなどできる体育館がある。

同じ建物に特別養護老人ホーム1人部屋が23室、2人部屋が16室、4人部屋が7室設けられ、高齢者在宅サービスセンターも設置した。［図15］

運営

施設内で、高齢者と子供の交流事業を積極的に企画している。また、地域に開かれた施設として、地域のお祭り行事で地域住民が利用できるようにしている。

環境配慮

もし、解体し、新築する場合、大量のコンクリートのゴミが出る。平成5年東京都住宅局作成『再利用を考慮した中高層共同住宅の解体システムの調査研究報告書』によると、昭和59年度建設の小中学校の場合、解体するとコンクリート量は1平方メートルあたり0・93立方メートルである。

旧氷川小学校の場合、延床面積が5254平方メートルであるので、コンクリート量は4886立方メートルと想定される。大量のコンクリートゴミである。コンクリートの比重を2・3トン／立方メートルとすると1万1278トンとなる。コンクリートゴミ搬出のため5トンのダンプカーが2250台必要となる。周辺は幅員6メートル程度の道路であるので、近隣に対し交通公害の被害を生むことになる。

構造躯体をそのまま活用することで解体費用はゼロで、コンクリートの廃棄物をゼロとし、CO_2削減にも貢献した。環境の時代、コンバージョンにもっと注目すべきである。工事金額は約28億円だった。竣工は、2003年。

＊＊　＊＊　＊＊

建設当時、港区の高齢者人口は約3万人、特別養護老人ホームの待機者は約300人、高齢者人口の1％である。当時、スウェーデンは高齢者が約150万人、老人ホームの待機者は20万人（当時、筆者が調査）、施設入居待ちの高齢者は高齢者人口の約13・3％である。高福祉の国スウェーデンと称されているが、スウェーデンの高齢者の施設待機者率13・3％と比較して港区の待機率は1％で港区のほうがスウェーデンよりはるかに優れている、と説明した。

また設計（前任の区長が発注）に関し、積算書を私自らチェックし、30億円を1割減額した。本音では、もっと減額できたはずだったが、抵抗勢力があった。税金の大幅節約になったが、称賛の声は一切なかった。

栃木市役所
百貨店から市庁舎に用途転換

栃木市役所に建築分野の助言活動（技術士とし

ての工事監査）で数回訪問した。栃木市は栃木県南部に位置し「蔵の町」として観光名所でもある。従前の市庁舎は老朽化し、耐震上の問題、狭隘化の問題、市庁舎が分散化していることなどによる業務の効率性の問題があった。たまたま市街地で廃業になった百貨店を買い取り、市庁舎にコンバージョンした。技術士は法律上、業務の守秘義務が課せられているが、本件は公表されている内容であるので紹介する。

計画概要

庁舎棟　延床面積：約2万3024平方メートル　鉄筋コンクリート造6階建（従前百貨店）

駐車場棟　延床面積：約1万6283平方メートル　鉄筋コンクリート造7階建（従前百貨店用の駐車場）

工事金額　8億5000万円

工事時期　平成25年度

経過

平成22年市町村合併で新市がスタートした。当面、既存の栃木市庁舎を使用することとした。老朽化が著しいので新市庁舎を検討した。従前の市庁舎の面積は6500平方メートルであるが、合併で市庁舎は最低1万8000平方メートル必要と想定された。

そうした中、平成22年中心市街地に立地していた百貨店が撤退を決定し、市役所は急きょ新たな市庁舎としての可能性を検討し始めた。一方、百貨店が中心市街地に立地していることから、地元商工会議所、商店街連合会が買い物弱者のため市庁舎と利便施設の一体利用の要望書を市役所に提出した。

計画

建物内の大半は市役所の機能を配置するとして、商店街の賑わいを維持するため1階は従前の百貨店のイメージを維持し、また、市民の利便性のため商業施設を配置した。

従前、百貨店であったことで建物に窓が少ないので、エスカレーター部分のゾーンの屋上の床スラブを除去してトップライトを設置し、屋上から2階まで自然光が入るようにした。

構造設計の観点から、百貨店から事務所への用途転換であり荷重の負担が軽減される。建築基準法施行令第85条（積載荷重）で、それぞれの用途の床荷重は2900ニュートン／平方メートルと同じだが、大梁、柱又は基礎の構造計算は百貨店が2400ニュートン／平方メートルに対し事務所は1800ニュートン／平方メートル、地震力を計算する場合、百貨店が1300ニュートン／平方メートルに対し事務所は800ニュートン／平方メートルである。荷重の負担は有利となる。ただし、議場はまとまった広さと天井高さが必要であり、屋根スラブを撤去し天井高さを確保するための屋根を新たに設置した。それに伴い構造の安全性確認のため耐震設計、構造計算した上で問題がないことが確認された。

既存資源の活用によるCO_2削減に貢献、市街地の賑わいを創出するという観点から有意義な事業である。

補遺

同様、茨城県土浦市役所の事例がある。従前の市庁舎が老朽化し、土浦駅前の廃業した百貨店を買収し用途転換した。

都心の空きビルの用途転換による再生事例

東京都千代田区の個人ビルで、老朽化と不動産市場の悪化でテナントが出てしまい、ビル経営上問題になった。不動産経営の再生として、空きビ

図16　シェアオフィス　撮影：筆者

ル状態になった小規模ビルを最近のニーズに合うよう住宅やシェアオフィスにコンバージョンした事例である。

敷地は幹線道路に面し、道路の反対側に広い緑地がある魅力的な立地である。建築面積は約50坪、10階建てである。空きビル状態だったビルの内装をデザイン豊かな用途とインテリアとし、新たなビルに作り変えた。小規模オフィス、シェアオフィス、小規模アパート、共用スペースの混合用途である。【図16】

9階にコモンスペース（フウンジ、パーティースペース）を設置した。新たに都心の空間需要を掘り起こした。コンバージョンにより建物をよみがえらせたことは不動産政策、地域の産業政策、環境政策の面からも素晴らしい。【図17】

千代田区では平成9年度、住宅転用助成金制度を創設し、事務所等住宅以外の用途として建設さ

図17　共用空間　撮影：筆者

れた建物を住宅に用途転用する場合、工事費の一部を助成することで住宅への用途転換を促進している。また、千代田区街づくり推進公社が平成15年3月「ＳＯＨＯまちづくり構想」を提言した。神田地区の中小のビルの空室をＳＯＨＯに転用しビルの有効利用を図り、エリア全体のまちづくり、地域活性化に役立てることを目的にしている。

4節

東京への教訓

（1）築地市場跡地再開発――国際コンペなど含め多くの英知とアイデアを募集せよ。

築地の跡地利用では、ニューヨーク市、ロンドン市、パリ市と世界3大都市の市場跡地の素晴らしい成功事例を参考とし計画すべきである。3事例とも世界的観光地で、世界から高い評価を得ている。

3事例の共通の用途は商業系、文化芸術である。築地の立地条件が似ているのは、ニューヨーク市フルトン市場で川に面し、面積規模も近い。

運営で参考となるのは、ニューヨーク市フルトンではラウス社のアイデアと資金力といった民活を利用し、ロンドン市コヴェントガーデンでは施設を自主管理運営している。施設デザインでは、パリ市ラヴィレットの計画は国際コンペを実施し、優れた建築家のデザインを採用した。規模が55ヘクタールで全体を公園と位置付け、公園、イベント施設、博物館、音楽大学院とそれぞれ異なる建築家が選ばれデザインを担当した。国際コンペで設計者を決めるべきである。

アクセスではニューヨーク市フルトン市場が参考になる。ニューヨーク市、州政府は地下鉄フルトン駅を芸術的、機能的に新たに整備した。水運では従前からフェリーを活用している。ラヴィレットは地下鉄と運河の水運を活用している。シンボルとなる地下鉄駅、水運のターミナルを作るべきである。

(2) 空きビルのコンバージョンの支援——構造体の再利用でCO_2を抑制し、地域の活性化、時代のニーズに合わせた用途転換を促進せよ。

空きビルのコンバージョンの支援策を作るべきである。ビル経営、設計、建設支援などである。空きビルを放置すると経済的損失、街全体の良いイメージの低下、また、空きビルを解体除却するとごみの処分による環境問題など様々な問題が生じる。

時代ニーズに合わせた用途転換がある。刑務所をレストラン、ホテルに、小学校、駅舎を老人ホームにした事例がある。地域活性化のための用途転換がある。事例として倉庫街を芸術、商業地区にし、個々の倉庫を美術館やマンション、ホテル、商業施設にした事例がある。百貨店を庁舎にした事例がある。駅舎を複合用途の施設にし、地域活性化のシンボルにする事例がある。不動産経営が行き詰まり、新しいニーズに対応したSOHOやシェアハウスにコンバージョンした事例がある。こうした事例が今後増える。支援策を創るべきである。

第5章

文化芸術のための空間づくり

1節

芸術的空間創出

フランスは1980年代、国際的な都市間競争に勝利すべく、ミッテラン大統領の主導でグランプロジェ（大事業）を始めた。パリ市内に主要施設を計画し、国際コンペを実施し優れたデザイン案を採用し具体化させた。大統領府チーフアーキテクト（大統領任命の建築や都市開発プロジェクトに関して大臣級の責任者）ジョセフ・ベルモン（若い時、東京のフランス大使館を菊竹清訓とともに設計した）が公共事業推進の責任者を務めた。90年代、パリを訪問するたびにベルモンに建築のご案内をいただいた。また、日本で開催された建築家の国際会議や、早稲田大学で開催された講演会で、パリやフランスの建築、都市開発について講演していただいた。

グランプロジェはミッテラン大統領が、パリに現代の建築モニュメントを配置し、モニュメントあふれる都市を創り、芸術、政治、経済分野でのフランスの役割を象徴するための事業である。8つの象徴的建築を創り、パリの景色を変えることを意図した。ルーブル美術館のピラミッド型入口、オルセー美術館、ラ・ヴィレット公園、アラブ研究所、オペラ・バスティーユ（新オペラハウス）、デファンスの新凱旋門、大蔵省、フランス国立図書館である。

パリ郊外の市営住宅 プラス・パブロ・ピカソ

プラス・パブロ・ピカソはパリ郊外のニュータウン、マルヌ・ラ・ヴァレに立つ異色のデザインの公共住宅である。設計はスペイン人建築家リカルド・ボッフィルの事務所員で、ロシア人建築家のマノロ・ニュエズ・ヤノヴスキーである。

ベルモンによると、80年代フランス建築界で目をみはる活動実績がある建築家が見当たらないので、積極的に国際コンペを通じて有能で適任の建築家を探し求めたそうである。スペイン人ボフィルは国際コンペを通じてベルモンが見いだした建築家である。

パリの旧市街地の建築、都市環境は保存が原則で大規模な開発や異色のデザインの建築は困難であることから、パリの発展を支えるための戦略としてパリ近郊に副都心やニュータウンを建設した。1972年、マルヌ・ラ・ヴァレ開発推進のため公共開発庁が設立された。

開発戦略は、高速鉄道と高速道路を主要軸にして駅を中心に、まとまった街を鉄道沿いに建設することであった。パリの東側、高速鉄道沿いにマルヌ・ラ・ヴァレをはじめいくつかのニュータウンが建設された。マルヌ・ラ・ヴァレの計画概要によると、開発規模1万5000ヘクタール、計画人口30万人、域内の労働人口と同じ雇用を創出することとある。

住宅の41％が集合住宅で、異色のデザインの公

図1　プラス・パブロ・ピカソ　スケッチ：筆者

共住宅が多く立地している。その中でも目を引くのがボッフィルの公共住宅で、その一つがプラス・パブロ・ピカソである。バロック的雰囲気を持つ大きな楕円形の広場と全体の配置計画の中に直径40メートル（14階）の丸いファサードが異色である。部材はプレキャストで構成され、広場を囲む回廊はノートルダムのフライング・バットレスをイメージさせる。「複雑なフォルムなので工事費が高かったのでは」との筆者の質問に、ベルモンは「部材はプレハブなので高くない。」と語った。［図1］

もう一つのボッフィルの作品は、ギリシャ風の古典を現代風に翻訳し、ギリシャ神殿風のデザインの集合住宅である。「機能の多様性」、「人間的スケール」、「公共空間の質」を重要視した。［図2］

マルヌ・ラ・ヴァレの公共住宅のデザインは、世界最先端を走ると感じさせる。デザインは従来

図2　ギリシャ神殿風の公共住宅　撮影：筆者

のプロトタイプに分類できない。理想郷を目指すようにすら感じる。モニュメンタルにシンボリックなデザインをし、住民が住む場所を創出した。訪ねてみると、居住者はアラブ人、アフリカ人、ベトナム人など旧植民地からの移住者が多い。ベルモンによると、「良いデザインの公共住宅は低所得の居住者に誇りを与える」ことが狙いとのことである。

フランス国立図書館、パリ

1990年代フランスを訪問した際、フランス建築界の大御所ベルモンに、フランスの次世代を担う建築家はだれかと尋ねたら「ドミニク・ペローがその一人」との回答であった。ベルモンは即ドミニク・ペローの事務所（ブルネッソー通り）に私を連れて行ってくれた。あいにくペローは不在だった。

フランス国立図書館のデザイン業務は、ペローがコンペで勝ち取った。パリのグランプロジェの一つとして図書館のコンペが1989年実施され、244案の応募があった。審査委員長はI・M・ペイ（中国系アメリカ人でルーブル美術館のガラスのピラミッドの入り口の設計者）である。ペロー、スターリング&ウィルフォード（イギリス）、フィリッペ・シェ、フィリッペ・モレル（ともにフランス）の4案を優秀賞、そしてヌーベル（港区汐留の電通本社の設計者）、コールハウス（オランダ）の案を佳作とした。

ミッテラン大統領が優秀賞の4案の中からペローの案を選んだ。究極のクライアントであるフランス大統領が、自らの見識と好みで選ぶ方法はさすが文化大国フランスである。複数の優秀案からトップが選ぶ方法は、日本の行政組織も参考にすべきである。

敷地はパリ市南東13区、セーヌ川左岸にある。周辺の従前の土地利用は工業系だったが、当時は様々な再開発プロジェクトが進行中であった。セーヌ川対岸には、川に足を踏み出した大蔵省の建築（1節「その他のグランプロジェ（大事業）」で後述、昔の税関をイメージ。従前はルーブル美術館の大きな部分を占めており、大蔵省の転出にあたり大変困難な協議があった）やベルシー公園が見える。公園内の体育館は様々なスポーツの国際大会が開催される。

コンペのプログラム（計画条件）は、700万冊の蔵書と年間500万人から800万人の来訪者の利用に供する空間を創り出すことである。

ペロー案は、セーヌ川に対して開かれた1万2000平方メートルの大きな広場を創り、セーヌ川に対し垂直で巨大なオブジェのごとく本

図3　セーヌ川に面し建つ国立図書館。従前は工場地帯　撮影：筆者

を開いたイメージで、広場の各々4つのコーナーにL字型の平面をした高さ84メートルの高層棟を配置する内容である。あたかも4冊の本が開いて向かい合っているようである。また、4つのコーナーに建物があることで、透明で巨大なファサードを持つ空間が建っているようにも感じられる雰囲気は素晴らしい。4本の透視性のあるタワーが収蔵庫で、広場の地下、サンクンガーデンに面して読書室がある。セーヌ川というウォーターフロントに対する景観形成の処理もうまい。

ペロー案に対しコメントは2つあった。批判的なコメントは、「人間を地下に閉じ込め古い本を透明ガラスに収め太陽にさらすのは非合理である」というもの。賛同的なコメントは、「サンクンガーデンに面した読書室で本を読み文献を調べるのは良いし、また、電子時代の図書館の新しいプロトタイプである」という意見である。当時、ペローは、できたばかりの外観だけで批判するのは早すぎるという立場であった。1996年竣工した当時、パリのマスコミでかなり酷評されたようだが、現在は立派な観光名所である。異色の案を採用したミッテラン大統領にも敬意を表したい。

[図3]

1990年代の後半、ペローの展覧会が東京で開催された。その時、国立図書館で使われているペローがデザインした椅子も展示された。パリに持って帰るのは面倒と「原田さん、実費で購入しませんか?」と言われ素直に購入。現在、自宅に置いてある。

アラブ世界研究所

アラブ世界研究所(IMA)は、パリのグランプロジェの一つである。

1981年、言語、文明、開発の各分野でお互いを知り、理解を深める施設づくりの目的で国際コンペが実施され、ハイテクモダンの旗手ジャン・ヌーベル案が選ばれた(港区汐留にある電通本社の設計者)。

フランスとアラブ世界の友好関係を、建築を通じてシンボリックな物にする挑戦であった。双方の矛盾の相克を解き、古いパリと新しいパリのバランスを取ることをデザイン的に解決するといった政治的に重要性なメッセージを卓越した建築デザインにより表現した。

延床面積2万5000平方メートル、うち5000平方メートルの美術館、カフェテリア、講堂、レセプションスペース、10万冊収蔵の図書館がある。

敷地はノートルダム寺院の500メートルほど東側のセーヌ川沿いで、サンジェルマン通りの起

図4　アラブ研究所　撮影：筆者

点に当たるという好立地である。重要な起点にアンカーするという意味と二つの異なる文化の融和という基本思想、敷地形態から施設を南棟と北棟の二つの要素に分け、吹抜けを介在して二つの棟をつなげるという手法をとった。北側の平面はセーヌ川のカーブに合わせて刃物のような形をし、南側は大学のキャンパスに平行に整形な長方形をしている。

ファサードはハイテク・カーテンウォールの透明度の高い材料で、あたかも新旧あるいはヨーロッパとアラブを分けるカーテンのようである。セーヌ川に面した北側のファサードはモダニズムの表情を示し、入口側の南側のファサードはアラブ特有のパターンで、小さな枠組み格子でガラスが構成され、一つひとつはカメラのレンズの絞りの仕組みで動く日除け内臓のガラスである。

エレガントなガラスボックスはパリの鏡であり、

カーテンウォールはポンピドーセンターで使われた露出ダクトの装飾と異なり、本物のハイテクモダンを表している。〔図4〕

ＩＭＡは、国家的シンボルプロジェクトが国際コンペで行われたことと、旧植民地との相互理解促進のための総合文化施設ということに意義がある。

日本が国際的に指導的な立場に到達してみると、近隣諸国から白い目で見られ、何かと批判される。日本は適切に自己弁護せず、相手の批判の言動に振り回されている。一方、今日の中近東の混乱はフランス、イギリス、旧ソ連等、戦前のヨーロッパ列強のなせる業である。旧植民地諸国で過去の弁済を求める声は聴かない。理由は欧米列強の植民地政策のうまさ、アフターケアの良さ、そしてドライな歴史観であろう。その一つの表れがこのＩＭＡである。日本の国際化が叫ばれて久しいが、日本でもこのような国際理解のための施設が国家プロジェクトとして国際コンペによってできることを願う。

バスティーユ新オペラ座

ミッテラン大統領が推進したグランプロジェの一つとしてフランス革命２００年を記念し１９８３年国際コンペが実施され、カナダ国籍ウルグアイ人建築家カルロス・オットーが47か国１７００人の提出案の中から最優秀案に選ばれた。モダニズムの作風である。１９８９年竣工した。提案されたデザインから覆面審査を経て、審査員達は、最優秀案の作家はアメリカ人のリチャード・マイヤーでないかと想像したという。作風がマイヤー風で、提案者の名前が公表された時、無名の建築家だったので驚いたそうだ。〔図5〕

図5　オペラ座バスティーユとバスティーユ広場模型　撮影：筆者

　1997年パリを訪問した際、新オペラ座のバックステージ・ツアーに参加。舞台、客席、リハーサルルーム、楽屋、作業室、衣装室などを見学した。バックステージ・ツアーは月曜日から金曜日の午前10時から午後1時まで実施されている。
　学生時代、劇場建築はステージの裏が大切と教えられたが、バスティーユのオペラ座は典型例である。幕間の転換がスムーズに進むよう舞台と同面積の展開用の舞台が8つあり、それぞれの場面に対応した大道具が設置されている。平面図でみると舞台（高さ45メートル、幅30メートル、奥行き25メートル）と展開用舞台の総面積が客席面積（2745席）の5倍以上ある（約5000平方メートル）。さらに、500席の円形劇場と230席の平土間型の劇場がある。外装はアルミパネルとガラスである。［図6］
　場所はパリ市のやや東、革命の発祥の地であるバスティーユ広場に面している。廃線となったバスティーユ駅跡地に建設された。高架線路跡は緑化された公共通路で、ニューヨーク市のハイラインの原型である。ハイラインは6章で詳述する。

図6　オペラ座のバックステージ・ツアー　撮影：筆者

もともとのオペラ座はパリ市の中心街に1875年に建設され、現在も使われている。設計はガルニエである。主にバレーの公演に使われている。

バスティーユ新オペラ座は舞台技術、彫刻や絵画、衣装製作、髪結などの総合芸術の本物が生きている拠点である。

バックステージ・ツアーは劇場の広報活動で理解者が増え、文化の裾野を広げることにつながる。

その他のグランプロジェ（大事業）

グランプロジェで建設された施設は前述の施設の他にいくつかある。ルーブル美術館のガラスのピラミッドのエントランスホール、設計は中国系アメリカ人I・M・ペイ。［図7、図8］

図７　ルーブル美術館入口のガラスのピラミッド
撮影：筆者

図８　ルーブル美術館館長と　撮影：筆者

　オルセー美術館は従前、駅舎で美術館に用途転換された。１９００年開催のパリ万博に合わせ建設された駅舎であるが、狭くて不便だったことから従前の駅舎を美術館に用途転換を決定、インテリアデザインはイタリア人ガエ・アウレンティ。19世紀の美術を中心とする美術館として１９８６年開館した。

　パリ市の西側の地区に新凱旋門（グランダルシュ：Grande Arche）１９８９年7月14日竣工（革命２００年記念）。１９８２年実施された国際コンペで、デンマーク人ヨハン・スプレッケルセンが選ばれた。約１１０メートルの立方体で真中

図9　新凱旋門　撮影：筆者

が中空になっている。最上階は展望階で観光客が訪れる。パリの最重要なシャンゼリゼ通りの軸線上に立地し、ルーブル美術館、コンコルド広場と一体になり軸線を強調する役割を担っている。後年、ベルモンはデファンス公団の総裁に転じ、新凱旋門の中にある事務所に勤務した。[図9]

大蔵省はセーヌ川の右岸、ベルシー地区に立地している。建物の一部がセーヌ川にせり出し、関所のイメージである。1982年国内で設計競技が実施され、ポール・シェメトフとボルジャ・ユイドブロ案が入選した。第1章で論じた道路上の建築と河川上の建築との2つの特殊性を持つ建築である。ベルモンによると、大蔵省は従前、ルーブル美術館の一画を占めていたが、大蔵省の転出にあたり大変困難な協議があったという。[図10]

図10　大蔵省。道路上の建築と川上の建築の二つの要素を持つ官庁建築
撮影：筆者

サルコジ大統領時代のグランプロジェ

サルコジ大統領（2007~2012年）はパリを21世紀にふさわしい都市に改造する目的で、つまり、世界の大都市（ニューヨーク、ロンドン、東京）間競争に打ち勝つための都市改造に着手した。住民の生活を改善し、サスティナブルな都市を建設する一方、地域間の格差をなくす目的もある。また、CO_2削減の観点からも、京都議定書でうたわれたレベルの目標設定をしている。具体的には都心部と郊外の交通ネットワークの改善、郊外間のネットワークの改善である。

10のカギとなる思想は、①世界都市としての地位を維持するためのインフラ整備、②「知」の都市、③高密度、④公共交通機関の再整備、⑤都市の核の強化、⑥地区間での協力補完関係、⑦グリーンベルトの保全、⑧セーヌ川の価値向上と活用による地区間の連携、⑨より調和、一貫した発展のためのガバナンス、⑩サスティナブルである。

『世界都市東京』が1988年出版された。日本政府のシンクタンク総合研究開発機構が発刊、著者はニューヨーク行政研究所主任研究員デイヴィッド・マメン（私が港区長に就任後、区民講座の講師に招聘した）。講座では、「東京は世界都市を目指せ」と提言された。提言が出され30年以上経過したが、多様な価値観を持つ市民が共存する「世界都市東京」と称されるには、まだまだ多くの課題がある。

2節

ニューヨーク市の文化芸術施設

1969年、ニューヨーク市を訪問した際、リンカーンセンターは巨大な複合文化施設で、アメリカを代表する建築家フィリップ・ジョンソンが一部を設計したということで、是非見学したいと思い訪ねた。オペラ、クラシックコンサート、バレーの劇場があり、隣接して有名なジュリアード音楽院がある。

最近、タイムズスクエアが屋外の文化芸術的空間になった。多くの市民、観光客が訪れる。1970年代から80年代まで、タイムズスクエア周辺はポルノショップなどが立地し問題多い地区であった。再開発や都市計画規制、ディズニーショップの誘致などを通じ、健全な文化芸術的都市空間に変貌した。[図11]

リンカーンセンター

経緯

ニューヨーク市のセントラルパーク西南の角に面してリンカーンセンターがある。

図11　1970年代、80年代のタイムズスクウェア周辺の様子　撮影：筆者

アメリカを代表する音楽組織であるメトロポリタン・オペラとニューヨーク・フィルハーモニーは、１９５０年までに新たな施設を求めていた。一方、ニューヨークのディヴェロッパー、ロバート・モーゼスは老朽化した市営住宅が建っているリンカーン広場での再開発を推進していた。双方の思惑が一致し、１９５９年着工した。敷地規模は6・6ヘクタール。

施設内容

最初の建物はアメリカで最も古いオーケストラであるニューヨーク・フィルハーモニーホール(現デイヴィッド・ゲッフェン・ホール)、設計はマックス・アブラモヴィッツ。[図12]

２番目の劇場はニューヨーク州劇場で現デイヴィッド・コッチ劇場、ニューヨーク市バレー劇場である。設計はフィリップ・ジョンソン。

１９６４年に開催された世界博覧会の文化の核と

図12　リンカーンセンター、ニューヨークフィルホール前、ニューヨークフィル楽団員とスタッフ　撮影：筆者

図13　リンカーンセンターの正面、メトロポリタンオペラハウス　撮影：筆者

するため、公式行事としてバレーを開演した。
3番目はメトロポリタンオペラハウスで、最も壮大な劇場で1966年竣工である。［図13］
リンカーンセンターはニューヨーク市全体の文化の生命の中心地である。年間500万人が来場する。リンカーンセンター内には室内音楽協会、フィルム協会、ジャズ協会、ジュリアード音楽院、メトロポリタン・オペラ、ニューヨーク・シティバレー、ニューヨーク・フィルハーモニック、文化芸術専門のニューヨーク公共図書館など11の文化芸術組織がある。
リンカーンセンターの西側には、当時の再開発で移転対象になった住民のための市営住宅が建っている。

タイムズスクエア ブロードウェイ劇場街

ニューヨーク市は劇場文化を支えるためのシアター・ディストリクト（劇場地区：都市計画に位置付けられている）という用途規制を実施した。1967年ニューヨーク市都市計画委員会は革新的な都市計画を提案した。狙いは、ニューヨーク市を世界の劇場文化の位置に留め置くためで、ブロードウェイ周辺をオフィスのみの開発にさせないためである。劇場と世界的な企業の本社の共存を図った。劇場の周辺には関連産業としてラジオ・テレビ局が立地し、レストラン、商店などが立地する。

ニューヨーク市独自の都市計画制度でブロードウェイの沿道の建築は1階（低層部という意味で劇場の高さは4～5階相当）に劇場を設置せよ、

図14　タイムズスクエア周辺の劇場街の賑わい　撮影：筆者

その代替補償として容積ボーナスを差し上げますという内容である。劇場は夜8時前後から開演、11時近くの終演であり、夜間のにぎわい創出につながり、犯罪抑止、来訪者による経済の活性化につながる。オフィスだらけだと夜間、真っ暗な街並みとなる。ブロードウェイには主要な劇場が41存在する。

指定地区は、南側は西40丁目から北側は西54丁目、東は6番街から西は8番街で囲まれた地区である。

都市計画としての劇場地区

ブロードウェイ沿いに19世紀にかなりの数の劇場が立地した。1970年代タイムズスクエア周辺はポルノ街となり、市民も観光客も立ち入らない地区となった。1974年 Lyceum Theater が、ニューヨーク市の歴史保存委員会からランドマークに指定されたのをきっかけに、周辺の保存運動が活発になった。ブロードウェイ沿いとその周辺に多くの劇場があることから、1983年、コッチ市長が都市計画としての劇場地区を指定した。例えば、タイムズスクエアに面してワン・アスター・プラザ・ビルがあるが、超高層オフィスの足下に劇場が融合されている。また、マリオット・マーキス・ホテルの足下にマーキス劇場がはめ込まれている。［図14］

現在のデ・ブラシオ市長は活性化したタイムズスクエアを教科書とし、他の地区にも導入し、ニューヨーク市の文化と創造的産業のインフラ整備と位置付けた。一例として、道路上でパーフォーマンス、アート・インスタレーションを推進した。

2016年の統計によると、一年間で1331万7980人が劇場に訪れ、約1400億円の売り上げだった。観客の3分の2はニューヨーク市（郊外含む）外からである。文化芸術を基本とするブロードウェイの経済はアメリカ経済を映す鏡でもある。

3節

工事現場の美化

ベルリン、パリ、ローマ、イスタンブールなどの諸都市を歩いて感銘を受けることは工事現場の美しさである。

ベルリン再開発現場

1999年、ベルリンの壁崩壊10周年でベルリンの都市がどう変貌したか、という国際会議に菊竹清訓の誘いで出席した。再開発の現場に強烈な赤の「工事現場展示場」が設置され、多くの観光客が将来のベルリン市の展示模型をみて感心していた。展示と同時にベルリンの壁の小さな塊を土産品として販売していた。場所柄、本物と判断し土産として買った。その後、工事現場を見て歩いた。〔図15〕

工事現場では、仮設の上下水道管が道路上空をまたがって設置されていた。管はピンク、緑などきれいに塗装されていた。また、クレーンも色彩が施され、殺伐になりがちな工事現場の景観をより良くする配慮がされ、工事現場の雰囲気が良か

図15　ベルリン中心部再開発工事現場の案内所　撮影：筆者

った。

イスタンブールの工事現場

2016年5月建築の国際会議でイスタンブールを訪問した。石造りの古いモスクがたくさんあるが、一部のモスクが改修工事中で、現場を見て驚いた。仮設のシートは実際の石組みの図面をプリントアウトしており、遠くからはリアルな石造としか見えない配慮がされていた。世界的に有名なトプカプ宮殿の石の塀が工事中であった。仮設シートの装飾は石積みを印刷したものである。遠くから見るとリアルである。民間の建物の修復工事でも同じように従前の状態を印刷した仮設シートで覆われ、遠くから見ると工事中とは思えない。［図16、図17、図18］

工事現場の仮囲いの美しさは、パリ、ローマで

図16　イスタンブール、トプカプ宮殿石積み壁の修復現場の仮囲いシート　撮影：筆者

図17　イスタンブール市内中心街の工事中のビルの仮囲い　撮影：筆者

図18　イスタンブール、民間の工事現場の仮囲い　撮影：筆者

も見た。

日本での課題

日本の工事現場は清潔で安全配慮がされているが、仮囲いのデザイン、景観配慮については大きな課題がある。発注者のわずかな気配りでできることである。屋外広告物条例による規制の問題もある。

港区役所での東京都屋外広告物条例をめぐるエピソード

港区役所は東京都屋外広告物条例に基づき広告看板の規制、許可を委任されている。港区長時代（2000~2004年）に、ある建築主が青山通り（246号線）沿いの工事現場であるので美しく賑わいのある仮囲いを、と考え、港区役所の広告物条例担当係に申請に来た。港区の担当者は屋外広告物条例の規制に基づき、この仮囲いの案では許可できないと発言した。街をきれいにしようと考えていた建築主は納得できず、当時の都議会議員O氏の紹介で区長室に訪れ、ことのてん末を説明した。

屋外広告物条例の目的は、街をきれいにすることである。「（目的等）第一条、……都民の創意による自主的な規制その他の必要な事項を定め、もって良好な景観を形成し、若しくは風致を維持し、又は公衆に対する危険を防止することを目的とする」と記述されている。

建築主が街をきれいにしよう、活気づけようとしたことが却下されるのは、屋外広告物条例のほうがおかしい、問題ありと私も同意した。区役所窓口の職員は条例を厳格に解釈したと思われ、公務員の立場としては適切な対応だったと思われる。すぐ技術分野担当のN助役を呼び、ことのてん末

図19　歌舞伎町の姿　屋外広告物条例遵守のなれの果て、街並みは看板で成り立っている。建築は見えない。　出典：筆者資料

を説明し、「区長としては、東京都の条例がおかしいので政策的に街をきれいにする目的であれば許可すべき」、「東京都から文句が来たら石原知事と戦う覚悟はある」と伝え、政策的に、弾力的に、この件に対応するよう指示した。

屋外広告物条例の本来の目的は広告物や看板を規制し、街を、都市を美しくすることが目的である。現実には新宿の歌舞伎町の繁華街を見ると看板ばかりで雑然としている。写真撮影しようとすると、建築は写らず看板ばかりである。［図19］

そうこうしているうち、東京都から文句も来ず、しばらくしたら東京都が屋外広告物条例を改正し、その後、ＪＲ山の手線、都バス、都電など広告物（いわゆるラッピング電車）だらけとなった。大胆に屋外広告物条例の解釈を踏み出して良かった事例である。こうした陳情は大歓迎である。政策、規制は人が作る、人が変わると政策も変わるという良い例である。

4節

景観規制

ヨーロッパの都市を訪問すると街の景観規制に驚かされる。世界で最も言論の自由が保証され、かつ個人主義が保証され、個人のアッピールが最大限認められるヨーロッパ各国では、都市は全員の財産、都市の景観は市民全員が一致して維持、守ろうという意識で凝り固まっている。1987年オランダの小さな村を車で通りすぎた時、電柱がないことに驚いた。

ベルリン市オンケル・ニュータウン（1930年代）の景観規制

1999年、建築家の国際会議でベルリンを訪問した際、ベルリン市都市計画局長の案内で通称オンケルと称されるニュータウン（と言っても、建設は1930年代の第一次大戦後）の見学と景観規制について説明を受けた。

ツェーレンドルフ地区のアルゲンティニッシエ・アレーの両サイドの位置にニュータウンがあ

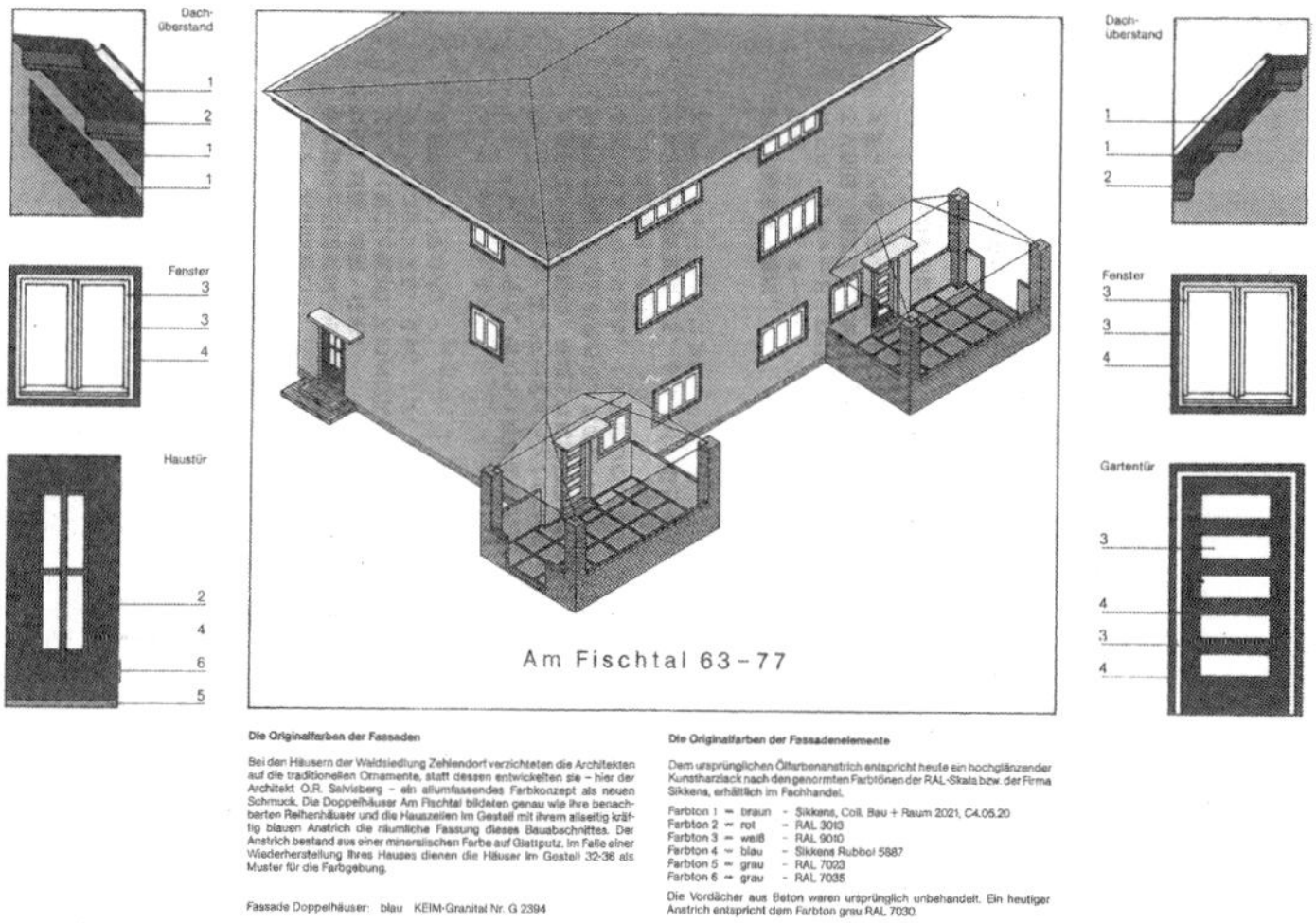

図20　オンケルニュータウンのリフォームの際の景観規制のパンフレット。窓枠の色彩、建具の色、形など細かい規制がある。　ベルリン市資料

る。通称「オンケル・トムの小屋」、英語でアンクル・トムである。

住宅団地は１９２６年から１９３２年、住宅公社により建設された。主任建築家はブルーノ・タウト、日本の桂離宮などをヨーロッパに紹介したことで知られている。タウトは当時のガーデンシティー運動（イギリスでエベネザー・ハワードが提唱した都市計画理論）の影響を受け、質の高いニュータウンを計画した。

団地内の総戸数は１９００戸、うち１１００戸はアパート、８００戸は一戸建て住宅である。そのうち５６２戸は85平方メートル、２４７戸は１０４平方メートルの規模で、それぞれ専用庭がある。

ブルーノ・タウトがデザインした2階建住宅、アパートは、戸建て住宅より狭い。ファサードに異なる色彩が施され、担当した建築家は街路景観

図21　ヘルシンキ市都市計画局長ペルキオと家族で食事

を活気づけた。タウトは、安く、効果的に街に活気を与えたと喜んだ。緑、黄色、青の鮮やかな色を適用した。住民は色彩がにぎやかな鳥のオウムを思わせるので「オウム団地」とあだ名を付けた。

　時を経て1982年7月21日に景観条例が施行された。住宅団地で各住戸を改修する場合、元の色彩で塗装をし直さなければならない。居住者が特に色彩について明確に理解するようガイドラインのシートが作成された。ガイドラインに従い塗装する場合、行政から補助金が一部提供される。参考にガイドラインのシートをいただいた。［図20］

フィンランド　ヘルシンキ市の景観規制

　ヘルシンキ市は、1971年留学中のスウェーデンから週末に時々訪問した。その後、1990年代、2000年代と訪問した。1990年代の

図22　ピック・ホウパラハティの住宅団地、外観は市役所の建築家がデザイン、民間の建築家はインテリアを担当と説明受けた。

ヘルシンキ市役所都市計画局長ペルッキオとは某学会で面識を得て個人的に親しくなり、家族で交流した。ヘルシンキ市を訪問した際、終日ペルッキオの案内で主要な建築物、都市開発の地区を案内いただいた。また、1998年来日した際、港区役所内でペルッキオからヘルシンキ市の都市計画についてレクチャーを受けた。［図21］

ヘルシンキを訪問した際、市内で開発が進行中の地区をいくつか案内いただいた。その一つにピック・ホウパラハティという住宅団地がある。ヘルシンキ中心部から4キロメートルと至近の利便性の高い地区である。計画敷地面積150ヘクタール、計画人口9000人である。ヘルシンキ市役所都市計画課の建築職員が、全体のマスタープランから5000平方メートル程度の各街区の都市計画、住棟計画、景観計画を策定した。極論すると、市役所都市計画局の建築家が外観までデザインし、民間の建築家はインテリアのみを担当するという役割分担である。

当該地区の開発のコンセプトは、スモール・スケール・ヴィレッジ感覚である。地区全体で変化に富む色彩を使っている。

ヘルシンキ市都市計画局の職員が、プランニングからデザインまですべてを担当する能力があるということである。〔図22〕

＊＊　＊＊　＊＊

1990年代後半、ヘルシンキ市都市計画局長ペルッキオが引率し、都市計画委員数名が東京と京都に視察に見えた。ペルッキオからガイドを依頼された。昼食の際、彼らから注文があったのは「普通の勤労者が食べるレストランに連れて行ってくれ」という依頼であった。つまり、公費出張であり、ぜいたくな食事はしないということである。「京都に行く際、途中で箱根温泉に一泊し温泉という日本文化に触れてみては」とお誘いしたところ「我々は公費で来日した。リゾート地を訪問することは不適切である」と主張し、箱根温泉訪問はなしとなった。こうした姿勢は日本の公務員や議員視察の際、必要な考え方である。

5節

文化芸術政策の仕組み

市役所の推進体制

ニューヨーク市

欧米の自治体は文化芸術政策の展開が際立っている。組織を調べた。ニューヨーク市では文化局があり、局の政策を決めるために文化芸術委員会が設置され、委員長は市長任命で、文化芸術のプロが委員長として基本方針を委員の合議を経て決める。2019年までトム・フィンケルパールが委員長を務めた。氏の前職は美術館館長だった。

ロサンジェルス市

ロサンジェルス市ではデザイン担当（建築・文化芸術）のプロフェッショナルの副市長がおり、ロサンジェルス市の文化芸術政策の方針を決めている。2018年4月ロサンジェルス市長エリック・ガルセッティは副市長格のデザイン担当官にクリストファー・ホーソーンを指名した。氏の前職は、ロサンジェルス・タイムズの建築芸術担当の論説委員であった。役割はロサンジェルスの建築とアーバンデザインの質の向上を目指し、住宅や公共交通など公共空間の改善である。

アーバンデザインは1970年初頭ニューヨーク市長ジョン・リンゼイがアーバンデザイン部門を設置し、リチャード・ワインスタインを責任者に指名した。ワインスタインはその後、カリフォルニア大学ロサンジェルス校の建築学部長を務めた。

ブルガリア、ソフィア市

筆者が客員教授を務める国際建築アカデミーの本部があるブルガリアの首都ソフィア市では、博士号を持つ文化芸術担当の副市長トドー・チョバノフがおり、文化芸術面から市長をサポートし、ソフィア市の文化芸術政策を進めている。【図23】

日本の自治体の文化政策

東京都庁や都内の自治体を見ると、文化芸術政策の責任者は課長級である。場合によっては係長級である。

ニューヨーク市の文化芸術政策

2017年発表されたニューヨーク市文化芸術計画によると、ニューヨーク市は、市役所が支援している美術館や劇場などの文化施設の経営者に対し、職員の多様性（性別、人種など）と給与の公正性（性別、人種）を求めた（『ニューヨークタイムズ』2019年7月29日記事）。2017年、デ・ブラシオ市長は、市役所からの補助金は文化施設職員構成の多様性に基づき査定すると発言した。ニューヨーク市の芸術支援予算は約200億円（1億8810万ドル）で、前年の約20億円（1850万ドル）から10倍増にした。主にアーティストへの個別支援である（集団に支援すると支援金が悪辣なリーダーに中抜きされる恐れがある）。

また、文化芸術政策について、広告、建築、デ

図23　ソフィア市長室で、中央が女性市長、左端が文化芸術担当副市長、右は筆者

ザイン、クラフトデザイン、IT、出版、美術館、図書館、音楽、絵画、劇場などでニューヨークの60のコミュニティを調査したところ、経済発展が顕著であることが分かった。特にグリニッチヴィレッジ、ミッドタウン、バッテリーパーク、ブルックリンハイツなどのコミュニティで文化芸術活動が顕著である。

1983年から市役所は、公共デザイン賞を卓越した公共事業に与えている。2018年は、サウスブロンクス（1970年代、80年代のスラム）の40分署の建築に賞が与えられた。AIA（アメリカ建築家協会）雑誌によると、地域住民との会合を持つための集会室、署員の精神衛生維持のためハーフコートサイズのバスケット場などが設置された。開放的でデザイン性の高い建築で警察とコミュニティの関係を向上させるデザインである。設計はブヤルク・インゲルス（デンマーク人)。

文化芸術分野の給料

ニューヨークのアーティストの給与について『ニューヨークタイムズ』2014年6月17日の記事によると、メトロポリタン・オペラ(MET)の2012年から2013年の実績として、コーラス団員の平均年俸30万ドル(約3000万円)、オーケストラ団員の平均年俸28万5000ドル(約2900万円)である。東京都交響楽団は東京都の公務員という位置づけだから、推定で平均年俸700万円程度、日本国内ではアーティストとして恵まれていると思われるが、ニューヨークMETと比較すると4倍もの差がある。

文化芸術による経済発展

2018年6月7日リチャード・フロリダ氏の論文「CITY LAB」によると、「ニューヨーク市は文化芸術資源が多いので文化芸術と地域経済の発展に貢献している。また、有能で挑戦心ある人材を市内に呼び込み、文化芸術政策を経済政策が直接リンクしている。具体的な地区として多くの文化芸術分野の専門家が集まるグリニッジヴィレッジ、ミッドタウン、ブルックリンハイツなどはその具体例である」とある。文化芸術の集積が地域経済を大きく発展させる。

2006年12月発行された『arts as an industry』「Their Economic Impact on NEW YORK CITY and NEW YORK STATE」に文化芸術の経済効果の分析が書かれている。執筆者の一人から資料をいただいた。報告書発行はニューヨーク・ニュージャージ港湾庁が主導している。

文化芸術は雇用、購買、市税収、州税収、観光産業などの観点から重要である。2005年ニューヨーク市の経済効果は約2兆2000億円。雇用は16万3300人、給与に8200億円、市税収904億円である。分野ごとの比で見ると、映画テレビが占める割合は31%、非営利の文化活動27%、来訪者26%、劇場9%、画廊・オークションが7%である。市税収904億円の内訳は、所得税291億円、消費税243億円、来訪者関連の税収197億円、企業活動の税173億円である。

5

kl 19 ■ Männen som trampade på tigerns svans
(Tora no o o fumu otokotachi) av Akira Kurosawa, Japan 1945 med Denjiro Okochi, Susumu Fuktia. Svensk text, 58′. ■ Den medeltidasagan om en ädling på flykt med sex trogna tjänare berättas i bilder fulla av dramatisk tystnad. Förfilm: Valen (Kujira).

kl 21 ■ Svenska bilder
av Tage Danielsson, Sverige 1964 med Hans Alfredson, Monica Zetterlund. 106′. ■ Filmisk nummerrevy, med halva svenska skådespelarkåren, som vid premiären lovsjöngs för frispråkighet, ettriga skämt, charm, hejdlös rolighet, sublim dåraktighet, satirisk friskhet och överdåd.

図24　スウェーデン映画協会ポスターの一部　筆者資料

スウェーデンの文化活動と文化芸術分野の給与

1971年スウェーデンに留学中、スウェーデン人の友人からスウェーデンの文化に慣れるために、毎夕、映画協会で映画が上映されているので時間がある時に見たらと勧められた。

1971年9月分のポスターを手元で保管して

いる。それを見ると、毎日夜7時と9時と2回上映、日本映画は9月5日「虎の尾を踏む男達」、9月8日「隠し砦の三悪人」、9月23日「地獄門」、9月29日「どん底」と4回日本映画が上映された。

Table 1

Estimated median salaries of a number of occupational categories in the cultural sector compared with certain other categories of employees (monthly salaries, 1968 level)

		SKr.	$
Actors	(26-30 years of age)	2,200	440
Musicians	(after 6 years)	2,600	520
Chorus and ballet personnel	(after 6-7 years)	1,900	380
Museum officials	(after more than 5 years)	3,500	700
Librarians at public libraries	(after about 5 years)	2,700	540
Archivists	(after more than 5 years)	3,500	700
Adult male workers in industry	(regardless of age)	1,850	370
Male salaried employees in industry	(26-29 years of age)	2,450	490
Assistant teachers at the upper level of comprehensive school, and at the gymnasium	(5-10 years of service)	3,500	700

図25　スウェーデンの文化芸術分野の給料　『The State and Culture in Sweden 1970』より

字幕にスウェーデン語が表示されるのでスウェーデン語の勉強になる。その他、当時日本では珍しい中国（共産党のプロパガンダ映画）の映画も上映された。ストックホルムは映像を通じての文化活動、国際理解が熱心だった。日本では映画を静かに鑑賞するが、ストックホルムでは三船敏郎の斬り込み場面では、観客が大声を出し声援を送っているのに驚いた。【図24】

スウェーデン滞在中、『The State and Culture in Sweden 1970』教育文化省発刊　スウェーデンの文化芸術政策についての本を買った。1968年の文化芸術分野の月給が記載されている。26歳から30歳の俳優の月給440ドル（当時のレートで15万8400円）、経験6年の音楽家520ドル（18万7200円）、経験6〜7年のコーラス、バレリーナ380ドル（13万6800円）、経験5年の美術館職員700ドル

（25万2000円）、経験5年の図書館司書540ドル（19万4400円）、経験5年文書保管職700ドル（25万2000円）などである。参考として、年齢に無関係に工場労働者は370ドル（13万3200円）、26歳から29歳のオフィスワーカー490ドル（17万6400円）と記載されている。［図25］

文化芸術分野で働く人の月給が十分に高い。推測だが、文化芸術分野のユニオン（職業別の労働組合）がしっかりしていることも理由と思える。

6節

東京への教訓

1）国際戦略として都市計画、アーバンデザインが必要である。国際コンペを通じ世界の英知を集めることが必要である。

2）都市計画の思想に文化芸術を支援する発想が必要である。ニューヨーク市の劇場特別地区のように劇場など文化施設を造れば、容積率の割り増しをするなどが考えられる。

3）文化芸術を支援する経済政策が必要である。

4）工事現場の美観に配慮する必要がある。一例として完成予想図をプリントしたシートを全面に覆うことなどが考えられる。

5）行政組織に副知事、副市長に文化芸術の専門家を配置する必要がある。

6）文化芸術に十分は予算を付け、文化芸術分野の支援をする。

7）文化芸術分野で働く人材に十分な報酬を与える。

第6章

快適性を求めた建築・都市空間

1節

道路

ニューヨーク市ブロードウェイの歩行者天国

2008年8月、ニューヨーク市長ブルムバーグは、タイムズスクエアを中心にブロードウェイの車道を一部閉鎖し、歩行者、自転車のための公共遊歩道とした。道路上にカフェテーブル、椅子、傘、フラワーポット等を設置し、新たな都市景観を創出した。

市長の狙いは交通事故を減らし、オープンスペースを増やし、自転車利用を増やし、その結果、交通渋滞を減らし、排ガスを減らし、CO_2を減らすことであった。

ニューヨーク市役所は、デンマーク人のアーバンデザイナー、ヤン・ゲールに協力を求め道路のデザインをした。

市の予算は7000万円、歩道の塗装、自転車レーンの塗装費、椅子やテーブルの購入費等である。関係する3つの(注)BID(ビジネス・インプルーブメント・ディストリクト)は、メンテナ

図1　ブロードウェイ、タイムズスクエア周辺。道路にベンチが置かれている。　撮影：筆者

ンスのために年間約2800万円支出することになった。

タイムズスクエアとブロードウェイのアーバンデザインの改善で、ニューヨーク市の風景が激変し、より多くの市民、観光客が集まる魅力的な場所となった。

タイムズスクエアを車両閉鎖し、歩行者専用空間にした後、一年間経過観察し、2009年順調に展開していることを確認し、さらなる継続を決めた。ブルムバーグ市長は、さらにいくつかの広場を歩行者専用にした。［図1］

（注）　BID（Business Improvement District）：一定地区を定め、地区の環境改善、治安維持のための活動をする。組織はNPOや行政に準ずる組織が運営。構成員は地主、建物所有者、商業者、行政職員などである。組織運営、活動のため課税権、司法権を持つ。

今後の構想として、ニューヨーク市のアーバンデザインの多くの事業に携わっているパーキンス・イーストマン事務所は、ブロードウェイの緑化をさらに拡大することを検討している。コロンバス・サークル（セントラルパークの南西角）からマンハッタン南部のユニオン広場までで、マンハッタンの骨格となる歩行者優先の緑の都市軸の形成である。車を排除する。

もう一つの目的は、道路のアスファルトをはがして緑化することで雨水排水を改善し、その結果、イーストリバーとハドソン川の環境浄化にもつなげることである。

ニューヨーク市のパブリックアート800箇所

1969年シカゴを訪問した際、連邦政府シカゴ庁舎前の広場にピカソがデザインしたパブリックアートが設置され、多くの市民が広場に集まり彫刻を見て、「彫刻が男性を表現しているか女性を表現しているか」など会話を楽しんでおり、彫刻が都市に潤いを醸し出していた。

ニューヨーク市の公園、道路などにパブリックアートが約800あると言われている。

1960年代後半の傾向として、現代アートは従前、美術館内で展示されていたものを都市のオープンスペースに展示を始めた。最近では実績のあるアーティストも新進気鋭のアーティストも公園、遊園地、道路上に作品を展示している。1977年パブリックアート基金が設けられ、アーティストに対しての支援活動がニューヨーク市の生活を豊かにした。［図2］

図2　ニューヨーク市のパブリックアートの一例　撮影：筆者

ニューヨーク市ブライアントパークと五つ星公衆トイレ

ブライアントパークはマンハッタンの真ん中に位置し（東西は五番街と六番街、南北は40丁目と42丁目の道路に囲われた地区）、ニューヨーク市民の大切な公園である。周囲は超高層ビルが建っており、公園は超高層ビル群の谷間にあり市民のオアシスとなっている。敷地と隣接してニューヨーク市立図書館がある。公園の地下はニューヨーク市立図書館の蔵書室となっている。

ブライアントパークは1980年代麻薬売買や売春の巣であった。治安回復の一環として市役所は公園の浄化、改善を1988年から1992年に行った。設計はハンナ・オリンとハーディ・ホルツマン・フェイファーである（ハーディ・ホルツマン・フェイファー設計事務所は筆者の学生時

図3　ブライアントパーク公衆トイレ　筆者のスケッチ

代から専門誌を通じ名前を知っている)。

面積は約4ヘクタール。公園内にレストラン、キオスク、公衆トイレなどがある。レストランは新しいアメリカンスタイルの「ブライアントパーク・グリル」というレストラン、アウトドアのブライアントパークカフェである。

一年通して緑と花が豊かで、公園内は来訪者が自由に時間を過ごすことができ、年間1200万人が訪れる。屋外コンサートが開催され、冬季はアイススケート場となり、一年を通じ様々なイベントが開催される。公園の管理運営は、1980年公園の再復興のために設立された非営利のブライアントパーク公社が担当している。公園運営の官民協同の成功モデルと言われる。

特筆すべきは公衆トイレである。世界トップクラスの美しい快適トイレである。80年代は危険なトイレとして市民は立ち寄らなかった。現在は安

図4　ハイラインの様子　撮影：筆者

全のため、管理人が外に立っている。平屋石造り、ボザール風の立派な建物である。正面に入ると、一流ホテルのロビーに展示してあるような大きな生花が置いてある。男女別に分かれ、中にまた花が飾ってある。市民も観光客も安心し、快適に利用できる。欧米の公衆トイレは管理人がいると有料であるが、このトイレは無料である。公衆トイレの写真撮影をしていたら、見守りの管理人が中も見てくれと案内された。［図3］

ハイライン（鉄道高架跡の緑道化）

ハイラインの概要

ニューヨーク市南西部、主にグリニッジヴィレッジ、チェルシー地区（昔タイプのコミュニティが残っている地区）を通っている旧高架鉄道の跡を活用した緑の遊歩道は、今やニューヨークの観光名所の一つである。

ニューヨーク市南部のウェストサイドは、1970年代治安上問題ある場所で、市民も観光客も行かない場所であった。ミュージカルがきっかけで、1960年頃ウェストサイドストーリというう映画が流行った。ミュージカルは現在も上演されている。ポーランド系移民の青年とプエルトリコ系の移民の青年たちの抗争の物語である。ジョージ・チャキリスのダンスで足を高く上げるすごさが話題になった。

2018年ニューヨーク市を訪問した際、ハイラインが面白いということでニューヨークに住む友人が案内してくれた。ハイラインを歩きながら70年代、80年代は危険と言われたウェストサイドを散策した。【図4】

多くの市民、観光客がハイラインでそぞろ歩きし、いたるところに置いてあるベンチで休息を取り、高い位置から眺めるニューヨークの道路やハイライン沿道のユニークな建築を見て楽しみ、ハイラインに置かれているパブリックアートを楽しんでいる。

所々に線路がそのまま残されている箇所があり、筆者含め鉄道ファンにはたまらない場所である。散策しながら思わず保存されている線路に触った。

建設の経過

1980年代現在ハイラインとなっている高架鉄道は、自動車輸送が主流となり、使われなくなった。その後、長い間使われなくなった高架の鉄道敷であるが、頑強な構造物であるが維持管理されないため劣化が激しく、沿道の住民から見苦しいので解体せよと意見が出始めた。それを受け、当時のジュリアーニ市長は解体を次の選挙公約とした。

1999年、周辺地区の住民ジョシュア・デイヴィッドとロバート・ハモンドがコミュニティ・グループを組織し、非営利の団体、名称「ハイラインの友達」が設立された。活動目的は高架に緑道を創ることである。そのきっかけは1993年竣工したパリのバスティーユの高架鉄道跡の緑道である（5章1節「バスティーユ新オペラ座」参照）。

その後、市長が交代し、次のブルムバーグ市長はこの廃止になった鉄道高架の緑道化の事業を後押しした。

2003年「ハイラインの友達」が主体となりアイデア・デザインの国際コンペを実施し、38か国から720人の参加があった。そのうち、いくつかの案が市民に公開され、事業推進の関心を高め、運動に勢いをつけた。

2004年、正式な設計競技が実施され、52チームの参加があった。最終的に4案に絞り、「ハイラインの友達」とニューヨーク市役所の代表が最終案を選んだ。最終案に選ばれた一つ目のチームのメンバーは、ジェイムズ・コーナー・フィールド・オペレイションズと、ディラー・スコフィディオ（アメリカで評価の高い建築家）と、レンフロとピエト・オウドルフ（オランダ人）である。

残りの3案のチームは、①ザハ・ハディット（幻の国立競技場の設計者）、SOM（アメリカの最大手の設計事務所）、②MDAスタジオ、スティーブン・ホール、③マイケル・ヴァン・ヴァルケンである。

2005年ニューヨーク市役所は事業を促進するため（注）ウェスト・チェルシー特別地区を設立し、ハイラインを公式に公園と都市計画に位置づけた。

行政手続きを終え2006年着工した。工事着手により、ハイライン沿道にアフォーダブル住宅

（経済的に手に届く家賃）の供給、アートギャラリーの立地が促進された。

２００９年、ハイラインの一部が竣工した。ハイラインの全長は２・33キロメートル。ハイラインの南側は14丁目、ホイットニー美術館（イタリア人建築家レンゾー・ピアノ、日本では関西空港の設計者として知られている）がそばに立地、ハイラインはチェルシー地区を通り34丁目のウェストサイドの広大な鉄道ヤードをつないでいる。

ニューヨーク市は約50億円予算づけし、さらに寄付を募り、最終的に１５０億円の財源となった。

ハイラインは土木構造物と自然の融合である。通行目的の空間に座って休憩する場所を提供している。また、高い位置から周囲を眺望するという新たな視点場、眺望点が得られた。

ハイラインには５００種の植物、樹木が植えられ、多くのパブリックアートが置かれ、パブリックアートの宝庫である。

沿道には様々な開発やアートが表れている。幻のオリンピックスタジアムをデザインしたザハ・ハディットがデザインしたマンションがある。ハイラインから部屋の中がのぞける位置である。周辺の建築の外壁にパブリックアート作品が描かれている。

全体として建築、造園設計と生態学など複数の分野にわたる事業で、現代の造園設計の特別なシンボルとなった。年間５００万人が訪れる。ハイラインには売店が所々に設置され、来訪者の利便施設となっている。また、パーフォーマンスが開催されている。

ハイラインの維持管理は「ハイラインの友達」が担っている。年間予算は約11億５０００万円である。38人の役員、80人のスタッフがいる。

沿道には不動産投資がなされ、多くの共同住宅が建築された。周辺地区にさらに新たな来訪者が増加し、周辺地区の経済開発を発展させた。

ハイラインは過去の遺物を緑あふれる未来を創り変えた。ハイラインの成功は、使われなくなったインフラを再活用し、新たな公共空間を創り出すきっかけとなった。類似の事業がシカゴ、フィラデルフィア、アトランタなどで検討中である。

ハイラインの成功は、市民主導の官民協同の良い事例である。また、管理運営が順調に展開しているのは予算の執行の公正さ、透明さなど適切な運営組織が行われているのであろう。

(注) 特別地区はアメリカで多くある特定目的の行政組織。英語でDistrictと称す。学校区、水道区など特別地区を設立し、ある特定目的の行政を運営する事例は多い。

2節

建築　快適空間

ニューヨーク、フォード財団ビル、屋内緑化、快適オフィス

1969年9月初めてニューヨーク市を訪問した時、是非訪問したい建築だった。早稲田大学建築学科、穂積教授の授業でフォード財団ビルの設計について学んだ。フォード財団ビルの設計者ケビン・ローチと穂積教授は、若い時イーロ・サアリネン建築事務所で一緒に働いた同僚である。日記によると、9月11日（木）「フォード財団に行く。案内嬢が丁寧に案内してくれた。素晴らしい。内部の庭園もオフィスも」と書いてある。

場所は国連ビルのすぐそば、また、グランドセントラル・ステーションの近くで、ニューヨーク市の東西をつなぐ主要な道路である42丁目に面している。12階建てのオフィスの大半が吹抜けで、内部には多くの木々が生い茂り、ニューヨーク市初の屋内型の公開空地で42丁目と43丁目をつないでいる。[図5]

大きな吹抜けに植樹された木々を見ながら執務

図5　フォード財団ビルの公開空地上の吹抜け内の緑あふれる庭　撮影：筆者

できるオフィスで、公開空地としての大きな吹抜け、快適オフィス、環境に配慮したオフィス、緑と一体になったオフィスの先進的な事例で、こうした思想のオフィスのプロトタイプとなった。

オフィス平面はL字型で、広いウィンターガーデンと称するアトリウム（吹抜け）に面するように配置されている。

1968年竣工。学生時代話題の建築であった。ケヴィン・ローチは東京、港区汐留のセンタービルの基本デザインを担当した世界的に有名な建築家である。ランドスケープデザインはダン・カイリー。ケヴィン・ローチはアイルランド生まれで、アイルランドの大学を卒業後、仲間3人とヨットでアメリカに渡った。世界三大建築家の一人ミース・ファン・デル・ローエが率いるイリノイ工科大学大学院で建築を学んだ。建築界のノーベル賞と言われるプリツカー賞を受賞した。

建築デザインはインターナショナル様式で、外壁のアトリウム部分はコールテン鋼とガラス、オフィス部分の外壁は御影石である。

市民に開かれた公開空地があり、緑あふれる健康、快適な空間のプロトタイプである。

アメリカ、オークランド市美術館の屋上緑化

カリフォルニア州サンフランシスコの対岸側にあるオークランド美術館もケヴィン・ローチのデザインである。

フォード財団と同様、1960年代後半屋上緑化で話題となった建築で、是非見たいと思い、1970年6月、一年間の留学を終えサンフランシスコから日本に帰国する前、対岸側のオークランド市に行き、オークランド美術館（1969年竣工）を見学した。

低層3階建て階段状の建物で、美術、歴史、自然科学の展示が3層構造になっている。

屋上緑化の本格的建築の初期のプロトタイプである。ランドスケープデザインはダン・カイリー。屋上緑化で現代建築の教科書となった。健康、快適な空間である。［図6］

スウェーデンのオフィス環境の快適化、オフィス・ランドスケープ

1971年、IAESTE（国際学生技術研修協会）の技術研修生として、スウェーデンのカール・クリスティアンソン建築事務所でインターンを勤めた。そこで学んだ内容はオフィス・ランドスケープで、いわゆる快適オフィスである。「快適性」創造のハウツーを学んだ。エルゴノミック

図6　オークランド美術館屋上緑化　撮影：筆者

ス（人間工学）など新しい専門用語を学んだ。理論に裏付けされたデザインを学んだ。帰国時、クリスティアンソンに「欲しい資料はみんな持って帰れ」と言われたのに感激した。

Post Banken Giro（郵便貯金局本庁舎）のオフィスインテリアを担当した。大部屋でパーティッション、植栽でプライバシーを守る。天井はカセット式で机の位置により照明の位置を決める。天井ふところが深いので騒音を防ぐ。[図7]

現在日本で働き方改革がうたわれてる。1971年スウェーデンで働き、また1975年アメリカで働いた時、始業8時、終業5時、午前、午後休憩のためのコーヒータイムがあり、残業はなかった。日本の労働環境はアメリカ、スウェーデンより50年以上遅れている。

オフィス・ランドスケープ

70年代日本のオフィスは大部屋に机が所狭まし

図7　オフィスランドスケープの事例　Post Banken Giro（郵便貯金局本庁舎）　撮影：筆者

と向い合わせに並び、机の上は書類が山積み、頻繁に鳴る電話、たばこの煙で汚れた室内気候、隣の机では電話で会話、向かいの机では打ち合せと、一人ひとりの勤労者に対し配慮がされていなかった。

東京の1970年代の事務所環境

1972年、筆者はいくつかの事務所の調査をしたが、当時、有楽町にあった東京都庁のある部署の1人当たり平均執務スペース面積は2・3平方メートル、もう一つの部署3・0平方メートルで稠《ちゅう》密《みっ》だった〔出典：原田敬美　日本建築学会学術講演梗概集（東北）昭和48年10月〕。

都内の事務所で働く勤労者に対し、執務環境のアンケート調査を実施し、因子分析でオフィス環境に影響する因子を調査した。対象は6社180人、質問項目数は54問。第1因子群は「背後感覚」「通路状態」「書類の溜《た》まり」といった「作業能率に関する因子」と「照明」「空調」といった「建築設備に関する因子」、第2因子群は「個室の抵抗感」「視線」「他階へ行く頻度」など「対人関係に関する因子」、第3因子群は「グループ単位の小部屋の要求」「家具移動の難易度」で「壁や囲いに関する因子」、第4因子群は「騒音と机の配置の因子」、第5因子群は「課に対する親近感」「個室に行く頻度」で「地位と人間関係に関する因子」、第6因子群は「家具の効果的配置」「歩く頻度」「歩く距離と苦痛」「書類や仕事の流れ」であり、「人の移動あるいは通路に関する因子」にまとめることができる（出典：原田敬美　日本建築学会関東支部第43回（昭和47年）学術研究発表会）。

西ドイツのオフィス研究

　1960年代西ドイツなどは経済の発展期で、経済活動の拠点となる事務所の改善が必要となった。体育館のような広い空間で生産ラインが並ぶ工場をヒントにオフィスも仕事の流れ、機能性、心理学、人間工学などの知見に基づき、机の配置などを研究した。

　大部屋の利点は、①組織変更が容易、②コミュニケーションの流れが良い、③低廉なコストで空調ができる、④低廉な配置コスト、⑤フレキシビリティに富んでいる、などである。

　一方、大部屋の欠点は、①精神的な不快感、②視野を保護するものがない、③騒音状態が劣悪、④喫煙者の煙草の煙が臭く、空気が汚れている（当時は事務所内に喫煙者が多くいた）などである。

　当時の西ドイツのオフィスデザインの専門家チーム、クイックボナーは、工場の生産ラインをヒントにオフィスの生産性向上のため、オープンオフィスの利点を生かしつつ人間的空間を追及した。机のレイアウトを機械的でなく仕事の関連性によりグルーピングし、情報の流れや作業の流れに基づき動線計画を立て、オフィス空間に彩りを添えるため、またプライバシーを保護するため観葉植物を配置した。

日本では、1980年代オフィスオートメーションの時代になった。オフィスオートメーションを支えるオフィス機器が主役となった。それを操作する人間の環境が快適でなければならない。1990年以降はオフィスのメディア化、リビング化の概念が生まれた。個人のワークステーションのパーソナル化が進んだ。

そうした中、変わり種オフィスが生まれた。東京のA社ではオフィス中央を4・5メートルの板の間とし、中央に二畳の畳を敷き、民家風にし、会議や休憩室として使い、B社では、山小屋風の会議室にし、窓側に納まったハイヴィジョンスクリーンで自然の景色を映し、自然の雰囲気を創り出している。神戸のC社では、掘りごたつ式の会議室や南欧風のインテリアにし快適オフィス環境を創り出し、オフィスの生活化、メディア化を目指す動きがあった。

世界経済をけん引する日本、多くの勤労者がオフィスで一日の3分の1以上の時間を過ごすオフィス大国である。生産性向上、一人ひとりのオフィスワーカーのためにオフィスの快適化が必要である。日本のオフィス環境研究は欧米と比較し相当遅れている。1972年、オフィス環境の小論を発表した際、机の配置が学問かという辛辣なコメントをいただいた。当時の建築界の意識の水準であった。

** ** **

2000年6月港区長に就任、オフィスデザインの専門家の目で区長室に入った。1985年竣工だから築15年である。問題点として気が付いたことが多くあった。

まず天井高さ。天井が2・4メートルと低い。当時の基準でも2・7メートルは必要だった。次に、西日が入る。窓ガラスに西日遮断のシートが必要だった。3番目に、コンピューター用の配線がない。1980年代前半既にオフィスオートメーションが喧伝されていたのにもかかわらず。筆者はダイアモンド・ハーバード・ビジネス1981年3・4月号で「これからのオフィスオートメーション」について座談会に参加、オフィス環境について発言した。4番目に、照明が光天井であるが机の上に照明がなくうす暗い。照明計画が失敗だった。5番目に、冷暖房設備の欠陥。夏冬、議会対策や緊急出勤訓練など早朝深夜、部屋の冷暖房設備が動かない。6番目に、騒音問題。春、秋、季節の良い時、本来なら外気を取り入れたいが、日比谷通りの騒音で窓を開けられない。薄いガラス一枚で遮音性に配慮が欠けていた。騒音のため窓を開けられず、室内気候の配慮が欠如していた。7番目に、危機管理上の配慮に欠けていた。不審者侵入に対する配慮が必要である。エレベーターホールから区長室の位置がすぐわかる。多くの区長室、市長室を訪問したが、秘書部門などが関所のような空間になっており、区長室が一瞬で分かる位置になっていない。もし不審者に侵入されたら逃げようがない。本来区長室はガラス張りが理想だが。二方向避難が必要である。

某市で市庁舎計画について助言する機会があったが、区長経験者の立場から市長室の位置、机の配置、万が一の避難のことなど助言した。

港区庁舎設計作業当時、発注条件書を作成したであろう港区役所施設課と、実際設計した日本最大手のN設計の配慮の欠如に落胆した。

ニューヨーク市地下鉄フルトン駅
復興のシンボル、大きな吹き抜け

フルトン駅はニューヨーク市マンハッタンの南部、ウォールストリートとフルトン市場の最寄駅で、ニューヨーク地下鉄の中で乗降客数の多い重要な駅である。地下鉄2、3、4、5号線、A、C、J、Z号線の8路線の地下駅と地上部分の商業施設の再開発である。

事業の当初の目的は、2001年9・11テロで破壊された世界貿易センターと周辺の地下鉄駅含めマンハッタン南部地区の復興である。

連邦政府から被害地域の復活のため、約1500億円から2000億円の景気刺激策の支援金を地下鉄公団が受け取ると想定され、その一部を建設費に充てる予定だった。

フルトン駅の完成は、テロ被災周辺地区復興の象徴として多くの人の目を引き、再建される予定の新貿易センターと競争し合える象徴的な建築とすることが狙いだった。

図8　フルトン駅1階のホール　撮影：筆者

駅は、重層構造で1階は大きな吹き抜けのあるエントランス、地下1階は2、3、4、5、J、Z号線のプラットフォーム、地下2階はJ、Z号線のプラットフォーム、地下3階はA、C号線のプラットフォームである。

上階は3階建ての商業施設である。面積は5600平方メートル。屋上はガラスドームが設置されている。設計はグリムショウとカーペンター（イギリス人）。［図8］

プラットフォームの構造、駅名サインの一部はニューヨーク市のランドマークに指定されている。工事費は約1400億円（当初予算は750億円）。主体は州政府が設立した地下鉄公団。財源は約847億円（9・11復興基金）、地下鉄公団が約130億円、アメリカ復興再投資基金から約423億円、合計1400億円。2014年11月10日竣工した。

魅力的な駅と商業施設で、観光客も取り込む施設づくりを目指した。乗降客数は約30万人。駅と商業ビルが周辺の商店街活性化につながる。

フルトン駅はニューヨーク市の次世代の公共空間で、歴史、アート、サスティナブルな技術の融合を図った。また、破壊された世界貿易センターとその周辺の地区の再生のシンボルである。ある種のクリスタルパレス（水晶宮）で、屋上には直径15メートルのガラスドームが乗っている。駅ビル内には乗降客や近隣のためフードコートが設けられた。

ストックホルム市地下鉄駅 美術館のような駅

1971年、スウェーデン、ストックホルムの建築事務所に研修留学した。ストックホルムは人口80万人、今でいうところのコンパクトシティーで、中心部は5階程度の建物でぎっしり埋まり、地下鉄で数分経過すると白樺林が展開する風景となる。駅前に15階程度の集合住宅があり、1階に商店街、保育園などがある。駅から数分歩くと白樺林である。

中央駅から一つ目、旧市街地にあるガムラスタン駅と10分のブヨルクハーゲン駅の間を地下鉄で通勤した。

当時、ストックホルムはイギリス式のニュータウン建設が進行中で、ヴェーリングビー、テービー、ファルスタなど有名なニュータウンを週末の度に見学した。そのたびに地下鉄を利用した。駅（プラットホーム）のデザインという目で見ると、一部の駅で壁や天井に色彩を施したプラットホームがあった。ストックホルムの地層は岩盤質で、意図的に岩がむき出しのプラットホームがあり、岩に色彩を施している。

　１９９７年スウェーデンを訪問した際、驚いた。プラットーホームの壁面、天井などにデザインされた駅の数が増え、しかも、あたかも駅全体が美術館という雰囲気になっている。

　地下鉄利用者は楽しみを覚え、電車を待つ時間が楽しい。また、観光客にとり地下鉄は移動手段であるとともに見学先でもある。

図９　ストックホルム地下鉄駅のアートの例１　スカルプネック駅、ベンチがストーンジヘッジのイメージ。天井は赤。　撮影：筆者

図10　ストックホルム地下鉄駅のアートの例２　柱が虹の７色で塗装されている。　撮影：筆者

ストックホルムの地下鉄延長距離は110キロ、駅が100ある。そのうちのほとんどの駅でアートが施されている。世界で最も長いアートギャラリーと称されている。外国人含む150人のアーティストが参加した。

駅アートのいくつかの事例である。【図9、図10】

セントラーレン駅（中央駅）は、ストックホルムの地下鉄路線のハブである。スウェーデンの国旗の青を主体とし洞窟のアートというイメージである。デザインのモチーフは「葉」である。

クングステッドゴルデン駅は、直訳すると王室庭園駅。地下鉄の駅は緑の色彩が天井に施され、さながら地下の庭園というイメージである。

スタディオン駅は競技場駅で、全体を青で覆い、一部にオリンピックの5色のイメージカラーをアクセントに使っている。青空に五輪の色が咲いているイメージである。

ソルナ駅（ストックホルムの北側に隣接した小規模なソルナ市の中央駅）は、全体を赤で施している。下の部分に樹木が描かれている。ここでは、赤は環境汚染で汚れた空気を表し、森林破壊、地方都市の過疎化などの環境問題の提起である。ソルナ市を1997年訪問し、設計者の紹介で高齢者住宅を視察し、また、市役所で統計書を入手した。

エステルマルムストリ駅は、ホームの壁に、世界で活躍した女性たちを描くことで女性の権利、平和、環境をアッピールする絵が描かれている。

工科大学駅は、天井に色彩が施され、彫刻が置かれている。彫刻は古代の学説の4要素、火、空気、水、土をデザイン要素とし、宇宙と技術の発展を表現している。

大学駅では、スウェーデンの植物学者でリンネの植物研究をテーマとしたアートで、最近の環境問題の提起もしている。

委嘱されたデザイナーが、それぞれの駅のイメージに合うテーマのアートを創り出した。中には近年世界的に課題となっている環境問題、女性の社会参画など社会問題の啓発をテーマにしており感心させられた。

＊＊　＊＊　＊＊

春の花見の時期になると目黒川沿いの桜を見に中目黒駅（東横線・日比谷線）が込み合う。中目黒駅の柱や壁は、桜の花びらが印刷されたシートで臨時的に覆われアートの駅になる。恒常的になると良いと思う。

公共交通の24時間運転

ニューヨーク市を訪問し地下鉄やバスを待っている時、時刻表を見ると、深夜から早朝まで運行していることに気が付き驚いた。深夜の時間帯は本数は少ないが。最近のニューヨーク市の地下鉄や、市バスのある一部の路線の時刻表をインターネットで調べた。早朝、オフィスで清掃の仕事、ホテルの厨房で朝食の準備のため出勤しなければならない労働者がいる。また、深夜まで営業しているレストラン、劇場などの労働者は、閉店後の後片付けなどして、深夜遅く帰宅しなければならない。そうした労働者の多くは、通勤費と時間節約のため、比較的都心部の家賃の安い住宅に住んでいると思われるが、そうした労働者の移動サポートのため、ニューヨーク市の公共交通機関は終夜で営業している。

東京も同じ状況である。最近はナイトエコノミー戦略で、夜の時間をさらに活用し、経済の活性化につなげようとする動きがある。そのためにも公共交通の終夜運転が必要である。

ストックホルム市の人口は当時80万人。ニューヨーク市の1割である。深夜から早朝の時間帯の本数はわずかであるが運行している。ストックホルムの人口は、東京から比べれば小規模都市である。しかし、市場、清掃、ホテル、飲食など都市を支えるために、深夜早朝の時間帯も移動しなければならない人のために、運輸公共サービスを提供している。［図11］

Monday through Friday except Holidays, Effective January 6 - March 8, 2020

Eastbound

From New York to Jamaica

Weekdays

Notes	Penn Station	Wood-side	Forest Hills	Kew Gardens	Jamaica
Morning Service					
	12:06	12:16	12:23	12:25	12:29
	12:14	——	——	——	12:34
	12:17	12:28	——	——	——
	12:39	12:51	12:56	12:58	1:02
	12:52	——	——	——	1:11
	1:04	1:16	1:21	1:23	1:27
	1:11	——	——	——	1:30
	1:14	1:25	——	——	——
	1:49	2:01	——	——	2:10
	2:59	3:11	——	——	3:20
	3:07	——	——	——	3:26
	3:10	——	——	——	3:29
	3:15	3:27	——	——	3:37
	3:18	3:29	——	——	——
	4:54	5:05	——	——	5:14
	5:11	5:22	——	——	5:31
	5:26	5:37	——	——	5:46
	5:29	5:40	——	——	——
	5:47	5:58	6:03	6:05	6:10
	6:07	——	——	——	6:25
	6:31	6:42	——	——	——
	6:36	6:47	——	——	6:56
	6:47	——	——	——	7:04
	6:58	7:10	7:15	7:17	7:21
	7:01	7:12	——	——	——
	7:10	——	——	——	7:29
	7:22	7:34	7:39	7:41	7:46
	7:31	——	——	——	7:50
	7:37	7:48	——	——	7:57
	7:47	8:00	——	——	8:10
	7:55	8:07	——	——	——
	8:03	8:14	8:18	8:20	8:26
	8:09	——	——	——	8:27
	8:14	——	——	——	8:34
	8:21	8:32	——	——	——
	8:28	8:39	——	——	8:49
	8:33	——	8:48	8:50	8:56
	8:45	——	——	——	9:05
	8:48	8:59	——	——	9:08
	8:51	9:02	——	——	——
	9:05	9:16	——	——	9:26
	9:14	9:25	——	——	9:35
	9:19	9:30	——	——	——
	9:26	——	——	——	9:45
	9:33	9:44	——	——	9:54
	9:44	——	9:59	10:01	10:06
	9:49	10:00	——	——	——
	9:58	——	——	——	10:18
	10:05	10:16	——	——	10:26
	10:14	10:25	——	——	10:35
	10:19	10:30	——	——	——
	10:26	——	——	——	10:45
	10:33	10:44	——	——	10:54
	10:46	——	11:01	11:03	11:08
	10:49	11:00	——	——	——
	10:58	——	——	——	11:18
	11:01	——	——	——	11:21
	11:05	11:16	——	——	11:26
	11:14	11:25	——	——	11:35
	11:19	11:30	——	——	——
	11:26	——	——	——	11:45
	11:33	11:44	——	——	11:54
	11:46	——	12:01	12:03	12:08
	11:49	12:00	——	——	——
	11:58	——	——	——	12:18

Notes	Penn Station	Wood-side	Forest Hills	Kew Gardens	Jamaica
Afternoon and Evening Service					
	12:05	12:16	——	——	12:26
	12:14	12:25	——	——	12:35
	12:19	12:30	——	——	——
	12:33	12:44	——	——	12:54
	12:46	——	1:01	1:03	1:08
	12:49	1:00	——	——	——
	12:58	——	——	——	1:18
	1:05	1:16	——	——	1:26
	1:14	1:25	——	——	1:35
	1:19	1:30	——	——	——
	1:25	——	——	——	1:45
	1:30	1:42	——	——	1:52
	1:33	1:44	——	——	1:54
	1:46	1:57	——	——	——
	1:49	——	2:04	2:06	2:11
	2:05	2:16	——	——	2:26
	2:11	——	——	——	2:30
	2:14	2:25	——	——	2:35
	2:19	2:30	——	——	——
	2:26	——	2:40	2:42	2:47
	2:36	2:47	——	——	2:56
	2:49	3:00	——	——	——
	2:52	3:03	——	——	3:12
	2:56	——	——	——	3:16
	3:03	3:14	3:19	3:21	3:26
	3:07	——	——	——	3:27
	3:14	——	——	——	3:34
	3:18	3:29	——	——	——
	3:21	3:32	——	——	3:42
	3:27	——	——	——	3:46
	3:34	——	——	——	3:53
	3:40	3:51	——	——	——
	3:43	3:54	——	——	4:06
	3:46	——	4:02	4:04	4:09
	3:49	4:00	——	——	——
	3:52	4:03	——	——	4:12
	3:55	4:06	——	——	4:15
	4:00	——	——	——	4:19
	4:03	4:14	4:19	4:21	4:26
	4:09	4:20	——	——	4:30
Peak	4:15	4:26	——	——	4:35
Peak	4:19	——	——	——	4:38
Peak	4:25	4:36	——	——	——
Peak	4:31	——	——	——	4:50
Peak	4:32	4:43	——	——	4:52
Peak	4:40	——	——	——	4:59
Peak	4:42	4:54	4:59	5:01	5:06
Peak	4:46	4:57	——	——	——
Peak	4:49	——	——	——	5:08
Peak	4:54	——	——	——	5:14
Peak	5:00	——	——	——	5:19
Peak	5:01	5:12	——	——	5:21
Peak	5:04	——	5:18	5:20	5:26
Peak	5:09	——	——	——	5:30
Peak	5:13	5:24	——	——	5:33
Peak	5:23	——	——	——	5:42
Peak	5:24	——	5:38	5:40	5:46
Peak	5:29	5:40	——	——	——
Peak	5:33	5:44	——	——	5:54

Notes	Penn Station	Wood-side	Forest Hills	Kew Gardens	Jamaica
Afternoon and Evening Service					
Peak	5:36	——	5:51	5:53	6:00
Peak	5:46	5:58	——	——	6:08
Peak	5:51	——	6:05	6:07	6:13
Peak	5:56	6:07	——	——	——
Peak	6:08	6:19	——	——	6:28
Peak	6:13	——	6:30	6:32	6:37
Peak	6:14	6:25	——	——	——
Peak	6:16	——	——	——	6:34
Peak	6:21	——	——	——	6:40
Peak	6:27	6:38	——	——	6:47
Peak	6:30	——	——	——	6:50
Peak	6:33	——	——	——	6:52
Peak	6:35	——	——	——	6:54
Peak	6:36	——	——	——	6:55
Peak	6:39	——	6:54	6:56	7:01
Peak	6:42	6:53	——	——	——
Peak	6:46	6:57	——	——	7:06
Peak	6:53	——	——	——	7:12
Peak	6:56	7:07	——	——	7:17
Peak	7:08	——	——	——	7:27
Peak	7:11	——	7:26	7:28	7:33
Peak	7:14	7:25	——	——	——
Peak	7:22	7:33	——	——	7:42
Peak	7:30	——	——	——	7:48
Peak	7:33	——	7:47	7:49	7:54
Peak	7:41	——	——	——	8:01
Peak	7:44	7:55	——	——	8:04
Peak	7:49	8:00	——	——	——
Peak	7:54	8:06	——	——	8:15
	8:08	8:19	8:24	8:26	8:31
	8:15	——	——	——	8:34
	8:19	8:30	——	——	——
	8:22	8:33	——	——	8:42
	8:30	——	——	——	8:49
	8:36	8:47	8:52	8:54	8:58
	8:42	——	——	——	9:01
	8:48	8:59	——	——	——
	8:56	9:07	9:12	9:14	9:19
	9:15	——	——	——	9:34
	9:18	9:29	——	——	——
	9:24	9:36	——	——	9:47
	9:31	——	9:45	9:47	9:51
	9:42	9:54	——	——	10:03
	9:48	9:59	——	——	——
	9:53	10:05	——	——	10:14
	10:04	10:15	10:20	10:22	10:27
	10:11	10:22	——	——	——
	10:21	——	——	——	10:40
	10:29	——	——	——	10:49
	10:35	10:48	——	——	10:57
	10:42	10:53	——	——	11:03
	10:45	——	11:00	11:02	11:06
	10:48	10:59	——	——	——
	10:51	11:02	——	——	11:11
	11:02	——	——	——	11:21
	11:08	11:20	11:25	11:27	11:32
	11:11	11:22	——	——	——
	11:14	11:26	——	——	11:35
	11:39	11:51	——	——	12:01
	11:42	11:54	——	——	12:03
	11:45	——	12:00	12:02	12:06
	11:54	12:06	——	——	——
	11:57	12:09	——	——	12:22

図11　ニューヨーク市地下鉄の時刻表　出典：ニューヨーク地下鉄公団ホームページ

4節

東京への教訓

1）主要な道路を恒久的な快適歩行者空間に。ブロードウェイの一部を恒久的に歩行者空間とし、ベンチ、テーブル、植栽を設置、地域活性化、環境対策、交通安全対策の観点から成功した。東京の繁華街でも挑戦する価値がある。

2）パブリックアート設置。ニューヨーク市内に800のパブリックアートが設置され、街に潤いが生まれた。市役所が基金を設けアーティストを支援している。東京でも、公的な支援で多くのパブリックアートを設置し、潤いを生み出さなければならない。

3）五つ星公衆トイレ建設。市民、観光客が安心して快適に使える高級ホテル並みの公衆トイレを建設する。

4）緑道のネットワーク形成。幹線道路の歩行者空間化と同様、幹線道路の緑化を推進し緑道のネットワーク創出をする。雨水浸透、健康な都市づくりとなる。

5）建築の大胆な緑化。環境にやさしい、快適、健康な建築づくりが必要である。

6）働く空間の快適化。日本はオフィス大国で、多くの国民がオフィスで働く。生産性向上、快適な労働環境創出が必要である。

7）駅をアートに。公共交通の地域の結節点、ゲートである駅にアートを取り入れ、利用客が楽しめるようにする。多くのアーティストの参加を求める。

8）都市生活の維持のため地下鉄、バスを24時間運行とする。ナイトエコノミーの活性化につながる。

9）公共空間管理運営のための組織づくり。公共空間を適切に管理運営するために適切な組織づくりと運営が必須で、そのための公的な支援が必要である。

10）ブロードウェイの道路のデザインはデンマーク人、ハイラインのデザインは国際コンペでデザイナーを選んだ。プロジェクトにふさわしい人物を公正な設計競技で世界中から募る。

第7章

自治体制度

1節

アメリカの自治制度

日本の地方自治制度は第二次大戦後、マッカーサーがアメリカ式の地方自治制度をもたらしたものである。しかし、「地域のことはすべて地域で行う」というアメリカ型の地方自治は、日本の伝統文化に合わなかった。現在、日本の地方自治の実態はアメリカの制度と似て非なるものである。アメリカに二度留学し、多くの都市を訪問し、市民の立場で市役所や郡役所（州政府の出先でCounty Office）でのサービスを体験、市議会を傍聴しアメリカ型の地方自治を体験した。

空港は市営、市役所が建設、運営

1969年から1970年の1年間、21歳以下半額という特典を利用し、飛行機でアメリカ国内を移動した。サンフランシスコ、ロサンジェルス、シカゴ、ヒューストン、ニューヨーク（ケネディ空港、ニューワーク空港、ラガーディア空港と3つある）などの空港に到着すると、まずお目にかかるのは「Welcome to ○○ City, Mayor ○○」

である。一例としては、「ロサンジェルス市にようこそ、○○市長」と市長の笑顔の肖像写真付きで歓迎の大型カラーパネルがゲートから出口までの通路に掲げられている。日本にはない光景である。

分かったことは、サンフランシスコもロサンジェルスもシカゴもヒューストンも皆「市営空港」ということである。ニューヨークは「ニューヨーク・ニュージャージ港湾庁」という広域組合のような特殊な組織が運営しているが、ほぼ市営空港といってよい。

市役所が市役所の責任において、交通インフラ整備、経済振興、誘客のため国際空港を建設し、運営する。羽田に到着し「大田区へようこそ、大田区長○○」あるいは「東京へようこそ、東京都知事○○」となっていない。

アメリカでは人口30万以上の市は国際空港を持っている。1970年オクラホマ州タルサ市（人口30万人）の友人宅を訪問した際、イエローブック（電話帳）で市役所の組織を調べたら「国際空港部」という組織があることを知った。国土が広いアメリカという前提があるにしても市役所が国際空港を建設することに驚いた。当時、日本の大型空港は国営空港だった。

買い物、食事の際の消費税は市税（一部州税）

レストランで食事し、店で買い物をし、請求書を見ると、意味不明な端数が請求書の下に記載されている。当時、日本に消費税はないので理解できなかったが、請求書に書いてあるので黙って払った。しばらくして消費税（英語でSales Tax）ということが分かった。さらに、しばらくして税率が自治体ごとで異なることが分かった。日本の消費税は国税（一部地方に還元されるが）で全国一律の税率である。

アメリカでは自治体で税率が10％だったり、8％だったりと異なる。概して大規模な自治体は高い傾向にある。消費税率は、市の歳入歳出のバランス維持のため頻繁に変わる。税率を決めるのは市議会の役割である。

特別な公共事業などする際の財源調達は市議会で議論する。市役所は実行部隊である。財源は貯金（基金）から調達するか、起債（借金）するか、増税（市消費税か固定資産税）するかのいずれかで、すべて自己責任で、自前である。連邦政府や州政府からの補助金は特別な事業を除き一切ない。

テキサス州サンアントニオ市アラモドーム

テキサス州サンアントニオ市のアラモドーム建設の事例である。１９９３年竣工。設計者に面会（構造設計シンプソン事務所のステッドマン）し、設計思想をヒアリングした際、財源のことまで説明を受けた。総工費１億８６００万ドル（約１８６億円、１ドル１００円として）である。市議会でドーム建設の必要性、財源について議論し、消費税率を０・５％上げ（消費税率は市議会が議論、決定する）、財源を調達した。地元の労働力を使い、地元の建材を使い、経済を活性化する目的である。

筆者の架空の計算である。サンアントニオ市は百万都市であるので、年間の歳入が５０００億円、うち消費税分は25％として１２５０億円。消費税率が10％として０・５％の増税で消費税率は10・５％となる。すると歳入の消費税分は62・５億円の増収となる。その金額を３年間建設費に充てる。建材の購入費や建設労働者が消費する分が税収として市役所に循環する。公共工事が終了し、税収でカバーできると税率は元に戻る。

消費税率を決めるのは「市議会」である。日本では行政が法案、条例案を作成、議会が審議し賛否を決める。アメリカでは税率も、法案もすべて市議会が発議、議論し、決める。行政は議会が決めた内容に基づき執行するだけである。市議会の責任は大きいし、法律、財政など十分な知識を持って職責を果たす。

テキサス州ヒューストン市の学校建設

テキサス州ヒューストンの学校建設の事例である。地元新聞『ヒューストン　クロニクル』1974年6月6日の記事によると、「ヒューストン市教育委員会は学校建設のため増税せず7500万ドル（75億円、1ドル100円のレートとして）の債券発行を認めた」とある。職員の昇給について、同じ地元紙の1975年8月30日の記事によると、「教育委員会職員の給与を7・5%から12・5%の幅で昇給を認めた」とある。教育委員会単位で給与が異なり、教育員会が決定する。教育委員会の自治である。

ニューヨーク市財政破綻と大統領の立場

1975年、ニューヨーク市が財政破綻寸前（起債の償還期に金庫が空だった）までいった時、ビーム市長は深夜フォード大統領に電話し財政支援を求めた。フォード大統領は「市のことは市でやれ。連邦政府はあずかり知らぬ」と冷たく突き放した（筆者はアメリカ留学中でニュースを見た）。

警察は市役所警察、ハイウェイパトロールは州警察、テロ・組織犯罪などは連邦捜査局ＦＢＩ

各地域を訪問した際、気が付いたことの一つが警察官の制服、パトカーのデザインが自治体ごとに異なる点である。大学にも大学警察がある。日本は全国どこへ行っても警察官の制服、パトカーのデザインが同じである。例えばニューヨーク市警の制服は濃紺、ヒューストン市警はライトブルーだった。ニューヨーク州ハイウェイパトロールは茶系、帽子はカウボイハット。

アメリカの警察は自治体警察で、市役所に警察局があり治安維持にあたっている。ハイウェイパトロールは州警察、テロ事件など重大事件はFBI（連邦捜査局）。市警察の最高司令官は市長である。市長には高度な倫理観と危機管理能力が求められる。もし、市長や市警察局長など市役所幹部が不正を働いた場合はFBIが捜査を担当する。FBI捜査官はPoliceという名称でなくAgentと称する。

州警察（ハイウェイパトロール）の最高司令官は州知事である。州政府は独立国家と同じで、州は陸海空の三軍を持つ。州知事は三軍の最高司令官である。知事には高度な倫理観、危機管理能力が求められる。日本の知事と役割が異なる。同じ「知事」であるが似て非なる内容である。

市長、知事の任期は二期まで

アメリカでは、民主主義の維持のため権力の抑制が重要なカギとなる。市長、知事の任期は二期までである（大統領も）。一期二年の市長制度の自治体もある。そうした自治体では市長の任期は最長4年である。

大学にも大学警察がある

日本の大学は警備員が門で勤務している。アメリカの大学には大学警察がある。二度大学に留学し、かつ多くの大学を訪問し、大学警察の警察官、パトカーを見た。アメリカの大学に留学し「大学警察」があることに驚いた。司法権を持ち、ピストルを所持し管轄がキャンパス内に限定している

図1　ボストン大学・大学警察のオフィス（ボストン大学ホームページから）

図2　ノース・ミシガン大学の大学警察のパトカー。取材で大学を訪問した際、見かけた大学パトカー　撮影：筆者

が、役割は市役所警察官と同じである。大学内の違法駐車、大学内の盗難事件、レイプ事件など捜査、取り締まりをする。大学の自治とはこういうことかと認識した。学長は大学警察の司令官である。大学に大学警察のオフィスがある。［図1］

1998年ミシガン州の北にある小規模大学のノース・ミシガン大学を訪問した際、大学パトカーを見た。［図2］

大学も自治組織である。アメリカの大学学長は日本の学長と比べ危機管理意識が求められる。大学設立や学部、授業内容の認可は連邦政府でなく、独立した民間機関である。これも自治である。

建築法規、都市計画法規、その他自治体ごとで異なる法規

日本の建築基準法、都市計画法などは全国一律

である。建築、都市計画の専門家の視点からすると、全国一律の規則は違和感を抱く。地方の小都市で3階建て程度の建物しかない町も、東京の港区のような超高層、複合用途の建築が密集する大都市の都心区も同じ法律が適用される。

アメリカでは自治体がそれぞれの特性に合う建築条例、都市計画条例を市議会が作成し、市役所が執行している。様々な市独自の条例がある。

自治体によりギャンブルを許可する(つまりギャンブルを取り締まる条例がない)市もあれば、アルコール販売を厳格に規制している市もある。アメリカでは言論、表現の自由が最優先されるが(検閲は一切ない。例えば地下鉄構内での政治活動、演説、募金活動も自由である)、一部の市では市民の総意に基づき市議会が規則を決め、ポルノ雑誌販売を禁止している市もある。広告用の赤ちゃんの裸の写真も禁止している市もある。実際聞いた話であるが、A市でプレイボーイの雑誌を買い、ポルノ写真禁止条例が施行されているB市に知らないで立ち寄り、レストランでプレイボーイを読みながら食事をしていたら、店員の通報でB市警察の警察官が来てその客を逮捕したという。

別のエピソード。ヒューストン市は「警察官が市民に警察活動の援助を求めたら、警察官を助けなければならない」という条例がある。「ショッピングセンターで警察官が万引き犯を逮捕しようとしてもみ合い、近くにいた高校生に逮捕の協力を求めた。高校生は協力しなかった。警察官は容疑者を逮捕した後、その高校生を協力しなかったと逮捕した」というニュースを見た。

市民の総意に基づき市議会が条例を作り、その条例に基づき市長が運営する自治体制である。市議会議員含め政治家のことを英語でLaw Makerつまり「法律を作る人」と称する。

オハイオ州フィンドレー市、人口5万人弱の小規模自治体であるが、土地利用計画で5人の都市計画委員が洪水氾濫域を決め（Special Flood Hazard Area）、そこで開発する場合は市の都市計画部で審査の上許可が必要である。ホームページに「もし、敷地が洪水氾濫危険地区に含まれる場合、どのような対応ができるか喜んでご支援しますので、ご連絡ください」と書かれている。建築条例の適用について、集合住宅、商業施設の建設に際し、フィンドレー市を包含するウッド郡役所の建築物検査手順に準じると書かれている。

アメリカでは建築基準法に違反する建築物があると、市警察が取り締まりにあたる。是正措置に従わない場合、違反建築は警察力を持って強制的に解体除却される。東京の良好な住宅地として知られている大田区田園調布で住宅設計をした経験があるが、田園調布内を歩くと2、3割が法律違反ではないかと思われる住宅を見かけた。

アメリカの民主主義の伝統と価値観、地方政治の仕組みによるが、日本ではマッカーサーが導入を試みたアメリカ式自治体制は困難である。

2節

市役所の組織

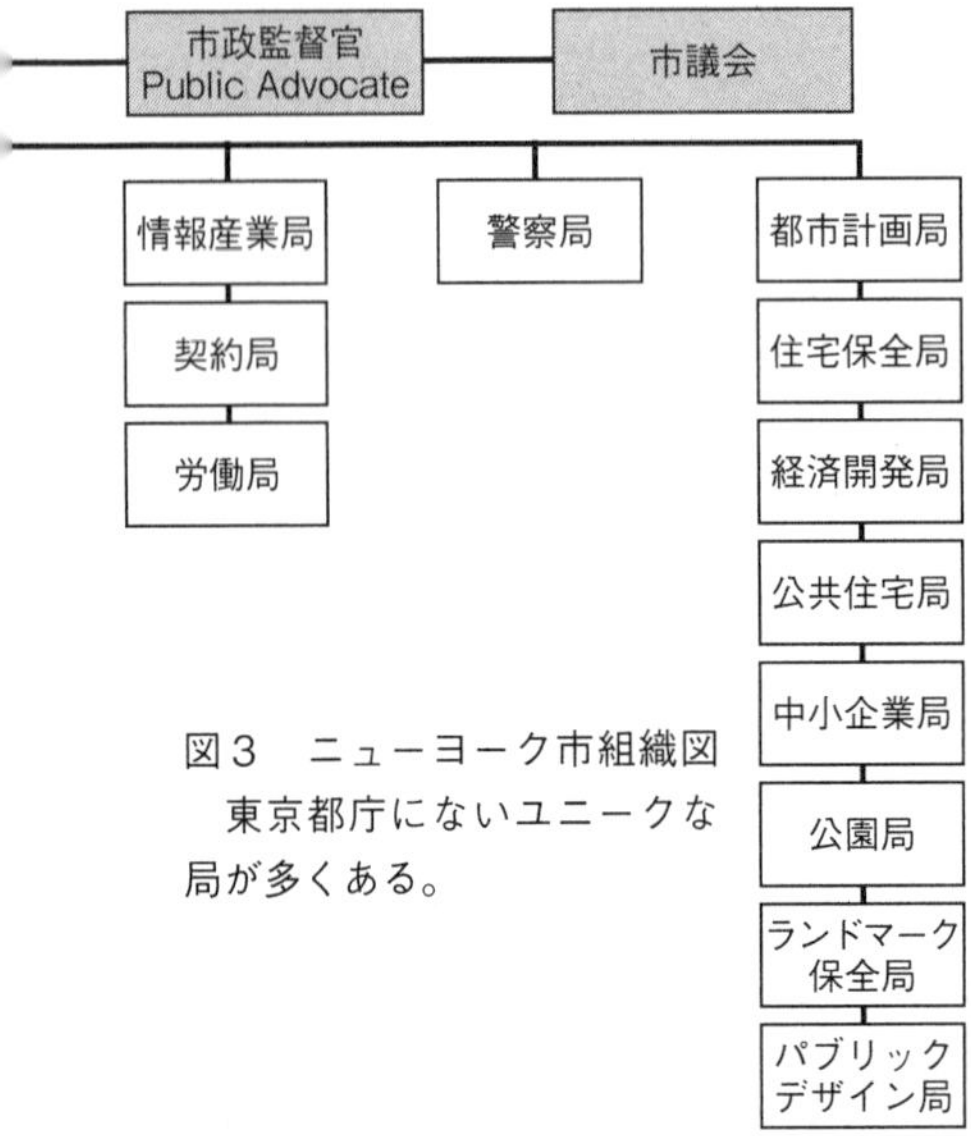

図３　ニューヨーク市組織図
　東京都庁にないユニークな局が多くある。

ニューヨーク市役所

ニューヨーク市と東京都庁は姉妹都市である。同じ巨大都市であるが、その組織は似て非なる内容である。

　ニューヨーク市の組織図を見ると、東京都庁と全く異なる部局がある。Correction Department は市刑務所で、市条例に違反した犯罪者を収容している。１万人くらい収容していると聞く。警察局がある。市長が警察組織の最高司令官である。

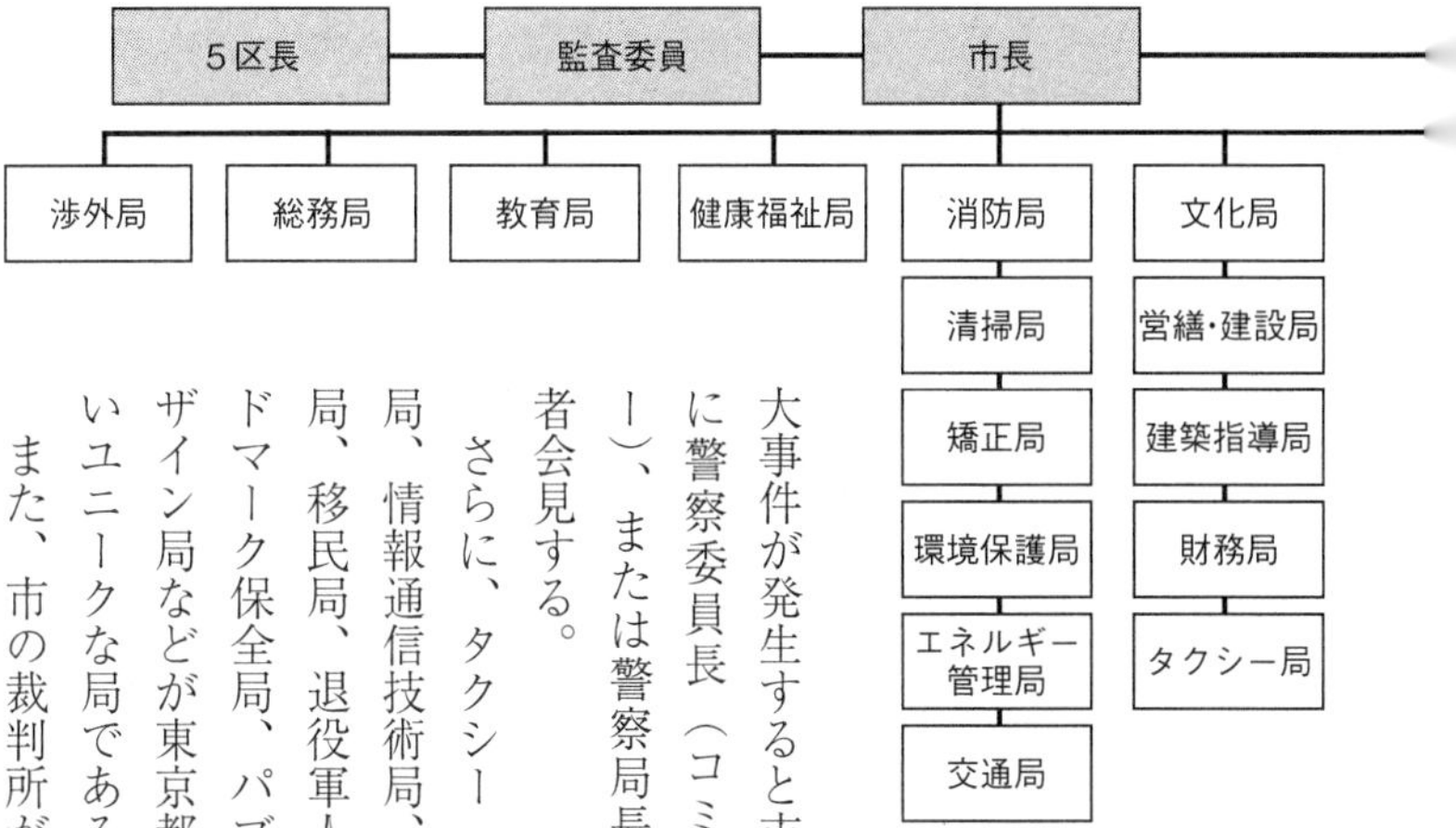

大事件が発生すると市長は直ちに警察委員長（コミッショナー）、または警察局長を伴い記者会見する。

　さらに、タクシー・バス監督局、情報通信技術局、保護監察局、移民局、退役軍人局、ランドマーク保全局、パブリックデザイン局などが東京都庁にはないユニークな局である。

　また、市の裁判所があり、その中に刑事裁判と民事裁判所がある。裁判官は市長が任命する。市長は高い倫理観と公正性が求められる。裁判官は市長におもねることなく公正に判断することが求められる。

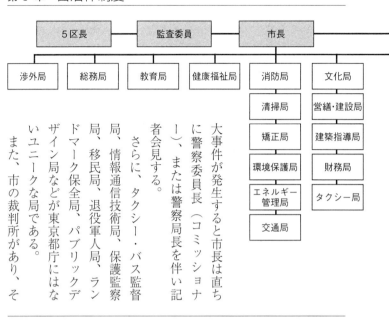

　全体構成で見ると、市長と同列に市議会、監査委員、市政監督官（Public Advocate）が位置付けられている。市政監督官はニューヨーク市独自のポストである。現デ・ブラシオ市長は市長就任前に市政監督官を務めた。市政監督官は選挙で選ばれる。２０１９年春のニューヨークタイムズの報道で、市政監督官の候補者は17人、ブルックリン区の市議会議員が当選した。[図3]

　つまり、外交、国防、通商以外の地元の地域行政をすべて市役所が自前の予算で担当する。ニューヨーク市の特殊性から国連ビルの警備、トランプタワーの警備もニューヨーク市警察局が担当している。ある時、ニューヨーク市長はトランプ大統領に「ホワイトハウスがトランプタワーの警備費を一部負担しろ」と噛みついた。

　ニューヨーク市議会は議員定数51名。年額報酬は9万ドルである（1ドル100円として900万円）。

　財政は、歳入の99％が市税などの収入で財源はすべて自前である。東京都の歳入は都税収入割合が70％で、残りは国からの補助金などである。ニューヨーク市は一つの国家と同じである。税率は歳入歳出に合わせ変動する。それを決めるのは市議会である。

ヒューストン市、人口200万人全米第4位の大都市

　1974年、筆者が二度目に留学したテキサス州ヒューストン市は現在人口200万人、全米で第4位の人口規模の大都市である。アメリカで経済発展しているサンベルト地域を代表する市である。2016年から2017年にヒューストン市は9万4417人の社会増があった。アメリカで第2位の人口増加数である。失業者数は2010年から2018年の間に76％減である。経済が好調な地域である。

　ヒューストン市の組織は、東京都庁と比較し異色な部局がある。空港局（ヒューストン国際空港はInternational AirportでなくIntercontinental Airportで、国でなく大陸を結ぶ空港と名付けられた）、緊急医療局、IT局（セキュリティも担当）、起業支援局、図書館局、警察局、市裁判所である。知る権利の重要性、文化政策の観点から図書館は局の扱いである。ITの時代に対応するため、独立したIT担当の局がある。緊急医療局は想像であるが、麻薬中毒患者、銃で撃たれた被

図4　フィンドレー市長、市関係者との会食　右から2番目がマーン市長、その隣が筆者。

害者等、緊急医療を担当する部局と考えられる。財政局22局あるうちの10人が女性局長である。財政局長、起業支援局長、公共事業局長、IT局長、都市計画局長、裁判所長などが女性である。ダイバーシティ（多様性）を具体化する中、東京都庁や各区市も女性幹部の登場が期待される。

2百万都市ヒューストンの市議会議員定数は16名、議員報酬は6万ドル（600万円）である。直近の資料によると女性議員は半数の8名。条例、消費税率などはすべて市議会が発議、議論して決める。

オハイオ州フィンドレー市（小規模市）

最近、フィンドレー市長と面会した。フィンドレー市はオハイオ州の人口5万人弱の小規模な自治体。フィンドレー市はオハイオ州の西北に位置し、2010年の統計で人口4万1202人である。市長は女性、27歳、共和党のマーンである。オハイオ州で最も若い市長。市域は50平方キロ。周辺にはホンダなど世界的に有名な製造業の工場、その関連部品工場があり、経済状態は良い。フィンドレー大学が高等教育機関としてある。学生数4100人、教員職員数604人。オーウェンス・コミュニティカレッジ（2年制公立短大・職業専門校）がある。学生数2391人。【図4】

行政組織は、空港部（小規模）、墓苑部、市民部、技術部、消防部、公衆衛生部、労働部、税務部、法務部、市裁判所、公園レクレーション部、警察部、市長室、上下水道部、財務部、土地利用部（都市計画部）、水質規制部とある。

日本の小規模な市役所と比較し、空港部、墓苑部、市裁判所、警察部、水質規制部などがユニークである。市裁判所には2人の裁判官がおり、裁判所が担当する分野は、交通、刑事裁判（軽犯罪と一部の重大犯罪）、民事の3分野である。

27歳の若い女性市長が警察の最高司令官である。高い倫理観と公正さ危機管理能力が求められる。

市全体構造でみると、市長と同レベルで、監査委員、法務専門官、会計管理者がいる。法務専門官という最上級のポストもユニークである。

市議会議員定数は11人である。うち女性議員は2人

フィンドレー市役所の2020年度の給与は、市長8万300ドル（803万円、1ドル100円として）、監査委員8万200ドル（802万円）、法務専門官12万ドル（1200万円）、市会議員、市議会議長7万518ドル（752万円）である。給与から見ると監査委員、法務専門官が重要な役割を果たしている。

ニューヨーク市のゾーニング

世界の大都市を代表するニューヨーク市。手元に30年前のニューヨーク市ゾーニングの資料がある。住居系がR1からR10まで、商業系がC1からC8まで、工業系がM1からM3まで分類されている。日本では全国一律で住居系が8、商業系2、工業系3である。ニューヨーク市では特に商業系の種類が多い。日本では用途の規制であり詳細な基準はない。ニューヨーク市では用途規制と同時に、セットバック、密度、駐車場設置など形態に関する規制、基準が決められている。

R1は一戸建て専用住宅地域で、最低敷地規模、間口・奥行き長さ、前面道路からと隣地からの後退距離、容積率、駐車場設置義務台数など詳細に規定されている。

R8は高層住宅で前面道路からの後退距離、住戸密度はヘクタール当たり457戸から543戸と規定されている。駐車場設置義務台数は40％である。

商業系は、C7は遊園地、C8は自動車販売・修理工場と特化されている。

工業系は、M1は軽工業、M3は重工業、M2は中間的な性格の工場地域である。

特別地区（Special District）

すでに紹介したが、ニューヨーク市には「劇場地区（劇場文化の支援）」「BID：ビジネス・インプルーブメント・ディストリクト（業務・商店街活性化）」など特別な都市計画を推進するため特別地区が細かく指定されている。1961年から1991年の30年間に38の特別地区（Special District）が指定された。Special District は直訳すると「特別区」であるが、23特別区と全く異なる内容である。

●参考資料

1）Planning and Zoning New York City, 1993

ヒューストン市のノンゾーニング

テキサス州ヒューストン市は人口200万人、全米第4位の大都市である。まもなくシカゴを抜き3位にならんとしている。1970年は100万で全米第6位だった（筆者が二度目の留学にヒューストンを選んだ理由である）。ヒューストン市の都市計画は大変ユニークである。ゾーニング（用途規制）がない。世界的に見ても珍しい。市民の意思で過去2回（1948年と1962年）、ゾーニング導入を住民投票で否決した。住民投票制度もアメリカ独特の制度である。

都市開発に当たり用途規制を行わず市場メカニズムに任せ、その一方、建築の単体については、安全・衛生上の視点からヒューストン市の「建築安全条例」で規制している。街区単位の開発には開発許可基準を設け、住民やディベロッパーが定めた計画内容（日本での地区計画や建築協定のような規制）を審査した上で開発許可を与えるという方式である。情報公開がされ、行政が信頼されているから成立する事務手続きである。

マクロ的には市場動向に任せ、市民の合意の下で開発の方向性を決め、ミクロ的にはまとまった単位できめ細かい協定を住民自ら定め、行政が支援するという仕組みである。

ミクロ的な規制では、都市計画委員会が決めた計画基準がある。宅地開発規制（Land Subdivision Control）、住宅条例、建築条例、道路条例はある。

例えば、分譲タウンハウス一戸あたり最少敷地面積規模は２５００平方フィート（２３２平方メートル）、建物の前面道路から後退距離は20フィート（6メートル）、最少敷地規模は幅50フィート（15メートル）、奥行き１００フィート（30メートル）。

屠殺場など特殊な都市施設は教会、公園、学校、病院、住宅から３００フィート（９００メートル）以内は禁止など規則がある。

協定は不動産用法制限約款（Private Deed Restriction）と称し、その中で敷地形状、建築基準、駐車場設置基準、交通規制、最小宅地規模、建築壁面後退、建築制限などが締結される。

ヒューストン市民は、用途規制は不動産価値を維持するために必要なものでなく、また、都市計画上の一助にもならないと考えている。

市議会は、市道での速度制限（東京なら東京都公安委員会が担当）、土地利用規制、敷地最低規模、壁面後退位置、道路で唾を吐いたら罰金〇ドルといった市民生活に係るありとあらゆる内容を決める。

● 参考資料

1) Bernard H. Siegman, Land Use Without Zoning, Lexington Books, 1972

オハイオ州フィンドレー市

5人の都市計画委員が土地利用計画と規制を決める。委員は市長（委員長兼務）、市役所の技師、3人の市民委員からなる。敷地の区画規模、土地利用規制、洪水想定地区（ハザードマップ）などを議論し、決定する。

4節

市民参加の制度

ニューヨーク市都市計画委員会

1988年と1994年ニューヨーク市を訪問した際、ニューヨーク市都市計画委員会を傍聴した。週に1、2回定期的に開催されている。傍聴は自由。武器の持ち込み防止のため市役所に入る際、空港と同じセキュリティチェックがある。議題が決まると広報され、市民に公開される。都市計画委員は6、7名。委員は政党の議席数に基づき政党推薦で市長が任命する。

委員はひな壇に座り、委員長が議事進行する。都市計画局職員は都市計画委員の前列2列に着席し、都市計画委員の判断、指示を待つ。傍聴席に多くの関係する市民が座っている。関係市民は発言する権利がある。一人概ね4、5分の発言時間が与えられる。〔図5〕

関係市民が発言を終わると市民が傍聴している前で委員同士が意見交換し、委員長が即決で市民意見を採用するか却下するか決め、都市計画局職員に指示する。そのスピードと委員長の采配ぶりは見事で

図5　ニューヨーク市都市計画委員会で関係市民が発言

ある。日本の自治体でも参考になる。日本でよく聞く「持ち帰って検討する」はタブーである。審議中、コッチ市長が飛び入り発言した。〔図6〕

また、小学生が市議会議員の紹介、引率で市議会の勉強のため傍聴に来ていた。小学生の時から政治、ディベイトを体験する。アメリカでは小学生から政治活動に参加する。〔図7〕

筆者の子どもが小学校4年生の時、国際会議のついでにアメリカに連れて行き、友人宅にホームステイした。その時、友人の同学年の子供が「私は○○党を応援しているのだけれど、○○ちゃんは日本で何党を応援しているの?」と質問を受け、私の子供は答えに窮した。

ロサンジェルス市都市計画委員会

1988年ロサンジェルス市都市計画委員会を

傍聴した。ニューヨーク市の委員会と同様である。ひな壇に委員が座り、委員長が司会進行役を務める。市役所職員は委員の前に向かい合うように座る。その背後の傍聴席に多くの市民が座る。関係住民が都市計画事業について賛成、反対の意見を述べる。時間は3分から5分。その場で委員長が進行役となり各委員の意見を聴取し、即決で方針を決め、都市計画局職員に伝える。[図8]

図6　コッチ・ニューヨーク市長が委員会で発言

図7　ニューヨーク市議会に傍聴に来た小学生

図８　ロサンジェルス市都市計画委員会　関係市民の発言

自治体職員の身分

日本の公務員は不祥事を起こさない限り解雇されない。アメリカの公務員は社会経済状況に応じて即座に解雇される。一方、ニーズが生まれれば即、中途採用される。１９７５年ニューヨーク市の財政危機の時、５０００人の市警察官が解雇された（これがニューヨーク市の治安悪化の原因になった）。最近のコロナウィルス騒ぎで、オハイオ州シンシナティ市役所で１７００人の市職員が一時解雇された（シンシナティ市役所副マネージャー、ジョン・ジューチ『City Lab』２０２０年4月21日記事）。同じくオハイオ州アクロン市役所ではエッセンシャルワーカー以外の市役所職員の約20％が解雇された。理由は予想される税収減による人件費削減のためである（Akron Beacon Journal March 31, 2020）。

5節

東京への教訓

東京都庁との違い

制度の違いについて、国と地方の在り方に係る内容だからここでは触れない。参考情報である。

組織について、ニューヨーク市やヒューストン市と比べ同種の部局が多くあるが、アメリカの地方自治組織は、外交、国防、通商以外のすべての行政を担う。小規模な市役所内にも警察、裁判所がある。大都市ニューヨーク市では刑務所も運営している。市長は警察の最高司令官であり、市裁判所の裁判官を任命するので、高い倫理観と危機管理意識が要求される。女性の幹部、議員が多い。

税収について、ニューヨーク市の歳入の99％は市税収入で財政的に独立している。歳入歳出のバランスが取れて自治体が成立する。東京都の場合70％である。

条例の発議、検討は市議会の仕事である。消費税率、固定資産税率などすべて市議会が決める。建築条例、土地利用規制も市議会が決める。市道の速度制限も市議会が決める。日本では、国も都府県も市町村も行政が法案、条例案を作成し、首長が議会で頭を下げ「ご審議よろしくお願いします」と発言する。議会は議員同士の議論による政策立案の場ではなく、行政からの提案内容についての審議機関である。

議員定数は人口800万人のニューヨーク市議会51名、人口200万人のヒューストン市議会16名である。議員報酬は、ニューヨーク市議会議員は年俸9万ドル（約900万円）、ヒューストン市議会議員は6万ドル（600万円）である。議員は条例案を作成し、税率を提案し、市道の速度制限を決めたりするので専門知識と倫理観が要求される。

職員の経歴の多様性

日本の公務員（大企業も）は同一指定日に受験し、合格者全員が同時期に学校を卒業し、4月1日に就職、その後、同じ人生を歩む。最近、東京都知事や多くの首長などがダイバーシティ（多様性）を唱えるが、働く職員の経歴は金太郎あめ状態である。

アメリカの自治体含め大学、民間企業の職員の経歴は多様である。官と民の間、大学と官との間での異動はごく普通である。

筆者が調査した幹部職員の経歴を一部紹介する。1990年、ニューヨーク市警察委員長を務めたブラウンである。氏の出自はオクラホマ州の貧しい黒人家庭の生まれで、フットボール選手の奨学金を得てカリフォルニア大学フレスノ校に入学、1960年卒業（刑事学）、60年サンノゼ市警察官、64年カリフォルニア州立大学サンノゼ校修士卒業（社会学）、68年カリフォルニア大学バークレー校博士課程卒、68年サンノゼ州立大学助教授、同年、オレゴン州ポートランド大学法学部長、72年ハワード大学公共政策大学院学科長、74年オレゴン州マルトノマ郡保安官（County Sheriff：自治体が存在しない地域、つまり市警察がない地域の治安を担当する）、78年ジョージア州アトランタ市警察委員長（アメリカ初の黒人警察委員長）、82年ヒューストン市警察局長、90年ニューヨーク市警察委員長である。その後、ライス大学公共政策大学院教授、ヒューストン市長を歴任した。このように多様な学習経歴、勤務経験を有する人物がニューヨーク市役所の警察委員長を務めた。

筆者のライス大学建築大学院での修士号審査教授だったアデール・サントス女史は、南アフリカ出身、ハーヴァード大学大学院修了、ライス大学教授、その後、カリフォルニア大学サンディエゴ校大学院長、その後、マサチューセッツ工科大学大学院長と様々な場所で勤務している。

筆者の知人、広報の専門職の女性。30代でホワイトハウス広報官、40代でフォード自動車広報部長、50代でボーイング社広報担当副社長。

こうした多様な経歴は欧米では普通である。多様性ある社会は必要であり、それを支える公務員の経歴（異なる発想や意識の活用、しがらみの排除）も多様性が必要である。

議論のハウツー・自由な言論

ニューヨーク市やロサンジェルス市での都市計画委員会は公開され、小学生も傍聴し、関係市民が賛成、反対、自由に意見を述べる。発言時間は3分から5分、委員長の議事進行でほとんど即決である。相互に相手に敬意を表し、データ、客観的な事実に基づき丁寧な議論がされる。

港区議会で一部の議員がマイクを40分も独り占

めしたり、大声で幹部職員に威嚇的に怒鳴りつけ発言する様子を何度も目撃した。いわゆるパワハラ。欧米なら議長から発言を止められ忠告される。アメリカ式の議論の方法、手続きは参考にすべきである。

1969年アメリカに留学した時代、ベトナム戦争が泥沼化していた。多くの大学で反戦運動が活発だった。友人から「ケイミ、ベトナム戦争についてどう思う?」と発言を求められ、私は「日本からの留学生だから発言を控える」と言ったら、友人は「アメリカは『自由な国』だ。思うことを何でも言え」と言われた。自由な言論を教えられた。アメリカはホワイトハウスの前で「大統領、辞めろ」とデモ行進は自由。地下鉄駅構内で政治の街頭演説も自由(逮捕されない)。

市長、議員の倫理観　任期は2期

アメリカの市長は市警察の最高司令官である。また、市裁判所の裁判官の任命をする。高い倫理観が求められる。それは市議会議員も州知事も同様である。権力の濫用防止のため市長、知事(大統領も)の任期は原則2期までである。

政治家は一般庶民以上の暮らしぶりをすれば次の選挙で落選する。スウェーデンの国会議員の例であるが、「わずか」200円程度のチョコレート菓子を政務調査費で購入し、それが露見し(政務調査費の使途はすべて公開されている)、次の選挙で落選した(クラウディア・ワリン『あなたの知らない政治家の世界　スウェーデンに学ぶ民主主義』新評論　2019年)。港区議会では見かけたが、議員が高級外車に乗り、高級スーツを身に着けるのは厳禁である。

第8章

欧米の自治体の
おもてなし度
（生活体験、取材経験から）

1節

素早い反応、しかもトップから

アメリカに二度、スウェーデン留学と計三度の海外留学での生活体験や多くの取材活動で体験したことに基づく。

英語で公務員を表す言葉にPublic Servantがある。直訳すると公のシモベである。アメリカ、スウェーデンで暮らし、公務員の親切に触れると英語の言葉通りと感じる。日本の公務員は大いに学ぶべき点がある。

大統領からも回答

70年代留学時代、友人から聞いた話。大統領に投書したいとホワイトハウスに手紙を送ると、一か月後あたりで大統領から（本人ではなく担当職員からであるが）「お便り、ありがとうございました。投書の内容参考にさせていただきます」と返事があると聞いた。

テキサス州政府司法長官から返事
州政府へ資料照会に対し

1974年、ライス大学大学院の環境政策の授業で（当時のニクソン政権は環境政策に熱心に取り組んでいた（拙論「アメリカの環境政策の変遷」明治大学ガバナンス研究科紀要論文、2018年）。「テキサス州の地下水規制について調べ発表せよ」と教授から指示があった。助言に基づきテキサス州政府の担当部門に照会の手紙を送った。しばらくするとテキサス州政府司法長官（Attorney General）の名前が印刷されている封書が届いた。あり得ない差出人の名前を見て驚いた。「お問い合わせ、ありがとうございます。規制の内容は……」という中身である。内容を読んで州政府の親切さに驚いた。テキサス州政府司法長官に親しみを感じ、州政府が自分の身近なところにあると感じた。部門の最高責任者の名前で資料や手紙が送られる。この方式は日本でも参考にすべきである。

ロサンジェルス市環境部長から
資料送付

1988年、ロサンジェルス市でウォーターフロント開発の取材をした後、ウォーターフロント開発に関する環境アセス報告書の実物を読みたいと思い、環境部長に調査報告書を送っていただきたいとお願いの手紙を航空便（今や古い言葉）で出した。

しばらくしたら厚さ4センチメートルもの分厚い報告書が航空便で送られてきた。［図1］丁寧な手紙が添付されていた。［図2］航空便の代金は相当な額である。

図1　ロサンジェルス市ウォーターフロント開発環境アセス報告書の原本

図2　ロサンジェルス市環境部長からの手紙

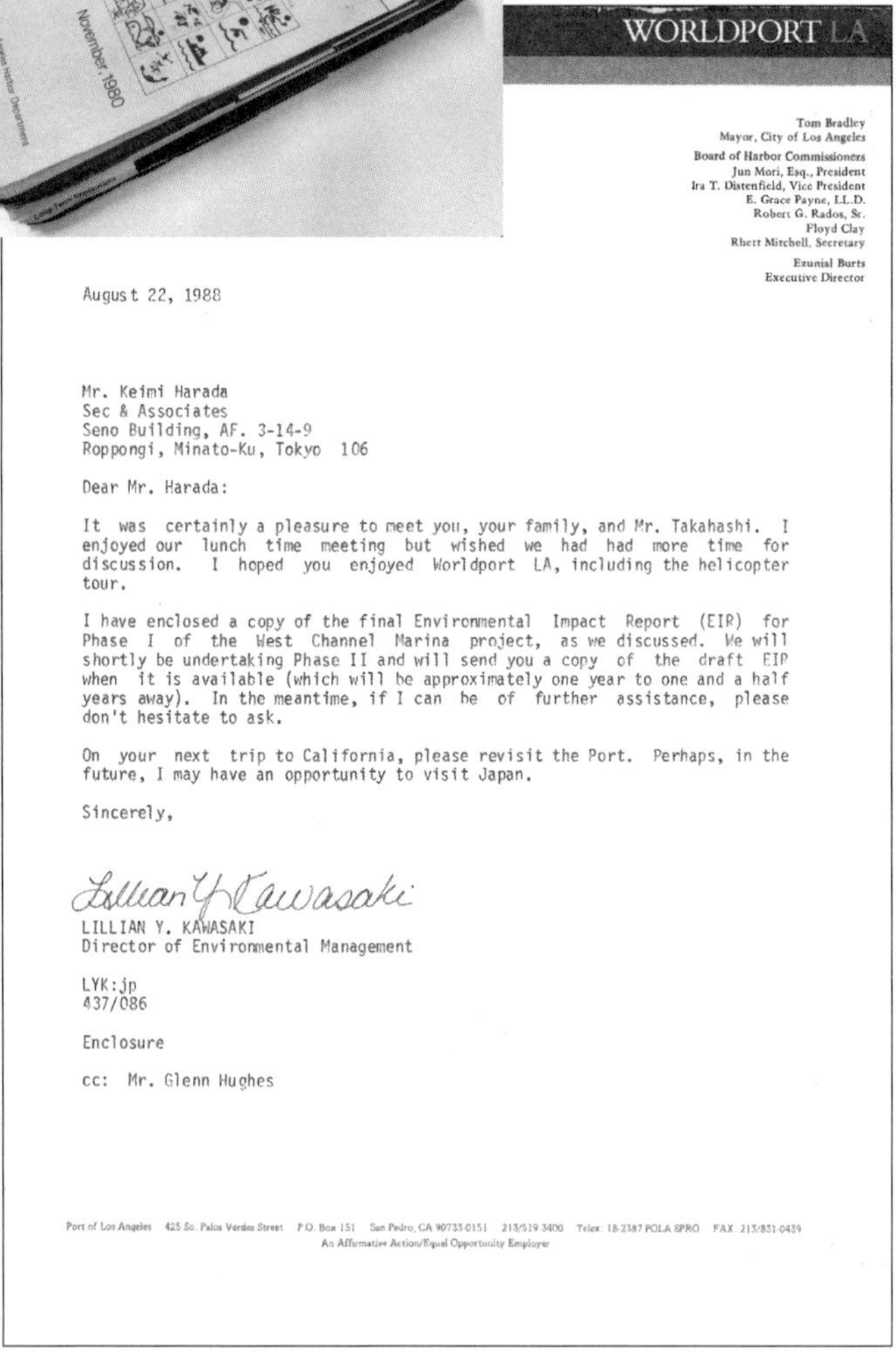

WORLDPORT LA

Tom Bradley
Mayor, City of Los Angeles
Board of Harbor Commissioners
Jun Mori, Esq., President
Ira T. Distenfield, Vice President
E. Grace Payne, LL.D.
Robert G. Rados, Sr.
Floyd Clay
Rhett Mitchell, Secretary
Ezunial Burts
Executive Director

August 22, 1988

Mr. Keimi Harada
Sec & Associates
Seno Building, AF. 3-14-9
Roppongi, Minato-Ku, Tokyo 106

Dear Mr. Harada:

It was certainly a pleasure to meet you, your family, and Mr. Takahashi. I enjoyed our lunch time meeting but wished we had had more time for discussion. I hoped you enjoyed Worldport LA, including the helicopter tour.

I have enclosed a copy of the final Environmental Impact Report (EIR) for Phase I of the West Channel Marina project, as we discussed. We will shortly be undertaking Phase II and will send you a copy of the draft EIR when it is available (which will be approximately one year to one and a half years away). In the meantime, if I can be of further assistance, please don't hesitate to ask.

On your next trip to California, please revisit the Port. Perhaps, in the future, I may have an opportunity to visit Japan.

Sincerely,

Lillian Y. Kawasaki

LILLIAN Y. KAWASAKI
Director of Environmental Management

LYK:jp
437/086

Enclosure

cc: Mr. Glenn Hughes

Port of Los Angeles　425 So. Palos Verdes Street　P.O. Box 151　San Pedro, CA 90733-0151　213/519-3400　Telex: 18-2387 POLA SPRO　FAX: 213/831-0439
An Affirmative Action/Equal Opportunity Employer

Adopted by the Chicago Plan Commission
June 14, 1990
Reuben L. Hedlund, Chairman

CHICAGO RIVER URBAN DESIGN GUIDELINES

DOWNTOWN CORRIDOR

CITY OF CHICAGO
Richard M. Daley, Mayor

DEPARTMENT OF PLANNING

FRIENDS OF THE CHICAGO RIVER

図３　シカゴ市シカゴ川アーバンデザイン・ガイドライン：１９９０年発行

シカゴ市都市計画委員長から資料送付

１９９０年、シカゴ市都市計画局がシカゴ川アーバンデザイン・ガイドラインを出版したことを専門誌で知り、航空便でシカゴ市役所宛てに「勉強材料にガイドライン報告書を送っていただきたい」と依頼した。しばらくしたら、航空便で報告書原本が送られてきた。都市計画委員長（都市計画局を指導監督する立場）名の手紙が添えられていた。［図３］

行政の局長、部長など責任ある立場が照会に対し回答するという仕組みと理解した。行政に親しみを感じる。

2節

手続きでの親切な対応

カウンティオフィス（郡役所）で車登録手続きの親切

1974年、ヒューストン市にあるライス大学建築大学院に留学中の体験。アメリカ、特にヒューストン市、ロサンジェルス市などは車社会で、車がないと身動き取れない。カーディーラーでなく友人から中古車を購入した。車の登録は郡役所（County Office）の仕事。自ら市内中心部にある郡役所を訪れ、車の売買の手続き書類と、車の登録手続きをした。初めての経験で何も分からないながらその場で書類に記入し、車の登録事務のカウンターに出した。担当は若い女性で、書類を一瞥し、いくつか記入ミスがあったが、知識経験のない若いアジア人と同情してくれたか、彼女はニコッと笑い、さっと自分のタイプライターに申請書を挟み込み、ミスを修正して、受付完了としてくれた。無事テキサス州のナンバープレートを手に入れ、自分の車に付けた。わずか短時間の事務処理。この窓口での親切な対応の体験について、港区長時代、職員研修でいつも例に出し、来客に対し笑顔で親切丁寧に対応するよう指示した。日本の役所なら「ここが間違っている、あそこが間違っている、修正してまた持って来て下さい」と言われる。

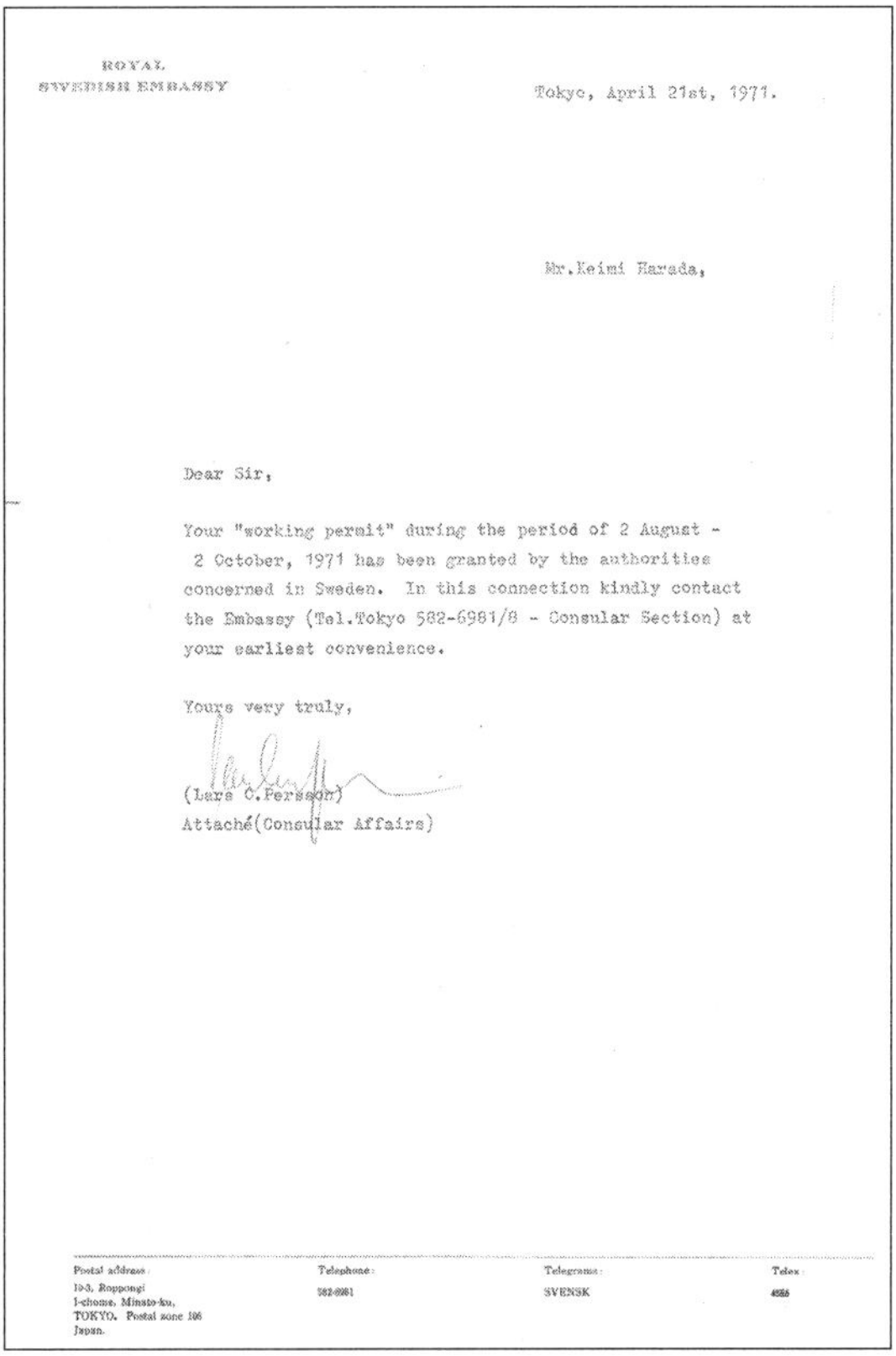
ROYAL
SWEDISH EMBASSY

Tokyo, April 21st, 1971.

Mr.Keimi Harada,

Dear Sir,

Your "working permit" during the period of 2 August - 2 October, 1971 has been granted by the authorities concerned in Sweden. In this connection kindly contact the Embassy (Tel.Tokyo 582-6981/8 - Consular Section) at your earliest convenience.

Yours very truly,

(Lars C.Persson)
Attaché(Consular Affairs)

Postal address: 10-3, Roppongi 1-chome, Minato-ku, TOKYO. Postal zone 106 Japan.
Telephone: 582-6981
Telegrams: SVENSK
Telex:

図４　スウェーデン大使館からヴィザ用意できたとの手紙

スウェーデンの留学ヴィザ

1971年、スウェーデンの設計事務所に技術研修留学が決まった。ヴィザの手続きをしなければと思っているうちに4月21日付、スウェーデン大使館から郵便が届き、「あなたの研修留学ヴィザの用意ができたので、都合よい時にとりに来てください」とのこと。驚いた。申請もしていないのに。［図4］

２００６年「消えた年金問題」で大騒ぎになった時、東京に永住している知人のスウェーデン人H氏がNHKテレビのインタビューに出た。「スウェーデンでは自分が年金の申請をしなくても、政府が自分の居住国である日本の住所を探し出し、『年金受給資格の年齢になりましたので年金の振込先を連絡してください』とスウェーデン政府から連絡が来た」と語っていた。役所の親切、丁寧さである。

「欲しかったら取りに来い」でなく、「用意ができましたから都合のよい時にいらして下さい」が本来の公共サービスのあるべき姿である。スウェーデン社会で高福祉高負担が成立している理由が分かった。

3節

訪問での親切

ニューオルリンズ市都市計画局

　1994年、国際会議でニューオルリンズを訪問した際、ニューオルリンズ市役所都市計画局に飛び込みで訪問した。「都市計画に関する資料が欲しい」とお願いしたらサッといくつか出してきた。ある報告書は最後の一冊だったらしく、市役所職員は一瞬逡巡したようだが、遠来の客へのおもてなしの気持ちか、どうぞ持って帰って下さいと渡してくれた。

スウェーデン、ソルナ市

　1997年、ストックホルム市の北隣にソルナという小さな市があり、知人のスウェーデン人建築家が設計した老人ホームがあると紹介いただき、訪問、見学した。立地しているソルナ市の高齢者の実態を知りたいと思い、そのままソルナ市役所を訪問し、「高齢者に関するデータを欲しい」とお願いしたら担当者がいくつかデータ資料を提供してくれた。

ロサンジェルス市港湾局と警察局ヘリから視察

1988年、ロサンジェルス市港湾局を取材で訪問した。事前に手紙で取材の趣旨など航空便でお願いしたところ、月曜日から金曜日まで午前、午後と様々な部門の部長級との面談を調整してくれ、大変充実した取材ができた。私が二度アメリカに留学した経験があるとの自己紹介で親しみを感じてくれたと思う。

さらにサプライズがあった。熱心に取材活動していたら、港湾局の担当者から「水曜日の午後、市警が監視活動のため、ヘリを飛ばすので同乗してはいかがか」との誘いで、喜んで市警のヘリに同乗させてもらい、空からロサンジェルス市の開発状況を視察した。隣接のロングビーチに第七艦隊の海軍基地があり、警察のヘリなので海軍基地上空も自由に飛行した。［図5］

ニューヨーク・ニュージャージ港湾庁

1988年、ロサンジェルス市の後、ニューヨーク市に移動、ニューヨーク市内でいくつかの組織、建築、開発を取材した。その一つがニューヨーク・ニュージャージ港湾庁である。ニュージャージ側にあるホボケン市のウォーターフロント開発が面白いということで、ホボケン市内にある港湾庁の開発事務所長クリーガーを紹介され訪問した。既述のクリーガーと初めての出会いである。現在まで交流が続いている。クリーガーは弁護士資格と法学博士を持ち、その立場から計画作成、住民折衝にあたっていた。計画づくりの苦労、地

図5　ロサンジェルス市警のヘリから視察させてもらった。　撮影：筆者

元ホボケン市役所（退職後ホボケン市の顧問を務めた）や住民折衝の苦労話を聞いた。報告書には記載されないそうした話が重要である。

その他、ニューヨーク市の開発公社、地域開発協会など公的機関の取材活動をしたが、どこも親切に対応してくれた。

ストックホルム市役所訪問

２００４年、民間団体がストックホルムでTokyo Style in Stockholmという東京の文化紹介のイベントを開催した。筆者は講演者として招聘された。数日間のイベントであったが、その間、ストックホルム市長が主催者としてストックホルム市庁舎の青の間（ノーベル賞の晩さん会会場）で東京からの参加者をもてなしてくれた。［図6］

筆者は、ストックホルム市庁舎はエストベリと

図6　ストックホルム市庁舎、青の間でストックホルム市長と　撮影：筆者

いう著名なスウェーデン建築家が設計した有名な建築物ということで何度も見学で訪問していたが、東京からイベントに参加した日本人一行は大いに感激した。民間団体が主催でも市役所、ストックホルム県庁（県知事も公邸で歓迎レセプションを開催してくれた。公邸の設計者は王宮の設計者でインテリアデザインは王宮と同じと言われた）も歓迎の意を表明してくれ、感謝の気持ちで感激し、また、日本からの参加者にとって名誉に感じた。国際会議開催の際、地元市長は歓迎レセプションをすると参加者は感激する。

トルコ、コジャエリ県ギョルジュク市長と面会

2015年、コジャエリ地域大地震復興記念第5回シンポジウムに招聘された。1999年、イスタンブールから東へ100キロの所にあるギョルジュク市が震源地の地震で、周辺のコジャエリ県地域で甚大な被害が発生し、3万人が亡くなった。日本から警視庁、消防庁などが救援に向かった。国立コジャエリ大学は、2年おきに震災復興シンポジウムを開催している。訪問した際、ギョルジュク市長メーメット・エリベスに面会した。市長は震災当時、副市長で災害対策を担当し、そ

図7　トルコ、ギョルジュク市長と面会。中央奥が市長メーメット・エベリス氏、右はコジャエリ大学建築学部長ネブニハル・エルドーガン女史、左は准教授エルサン・コチュ氏。その右隣が筆者。

の苦労話をヒアリングした。［図7］シンポジウムには県知事も歓迎の挨拶をした。シンポジウムは一般市民含め大変なにぎわいで、小学生も多く参加した。

4節

東京での事例

都庁資料室に英語の資料が置いてない

2013年、アルゼンチン内務省の都市計画担当の若手職員が来日し、アルゼンチンの知人の紹介があり、彼を案内した。まずは東京都庁の展望台へ案内し、東京の都市計画について自ら説明した。

都庁舎3階の資料室に立ち寄り、「東京の都市計画」について英文で書かれた資料を買って、彼にお土産に渡そうと思った。ところが英語の資料が置いてない。カウンターにいた女性職員に「英語の資料はありませんか?」と尋ねた。「ありません。私もおかしいと思うが一スタッフなので上司に言えない。都民広聴部に投書の電話をしてほしい」と言われた。言われるままに都民広聴部に電話した。対応に出た声からすると熟年と思われる男性が「意見を関係部門に伝えますが（私の役割は伝えるだけで権限はない）、一番良いのは舛添知事に直接投書することです」と言われるままに舛添知事に事のてん末を書き、都民資料室に英文の資料を置いて下さいとお願いした。返事はなし。アメリカ大統領、テキサス州司法長官から「お手紙ありがとうございます。参考にさせていただきます」と直ちに返事があったことと比較すると、投書に対する対応はゼロと無限大の違いである。

ヒアリングを申し込みましたが

２０１０年頃、「各自治体の街づくり条例」の政策決定過程を調べようと、多くの自治体の街づくり条例をインターネットで調べた。条例の内容はわかるが、決定過程は直接担当者に会ってヒアリングするしか方法はない。例えば、だれの発意か、それぞれの自治体でのまちづくりの固有の課題、条例のポイント、行政内部、議会での議論内容、区民意見の内容など。そこでいくつかの区役所に電話した。P区で電話に出た若い職員は「ホームページに出ている内容しかありません。来ても無駄です」。本来、「当区の条例にご関心をお持ち下さり、ありがとうございます。できる範囲でお答えします」が正解である。また、Q区の街づくり条例が専門書に紹介されていたので、さらにその背景を知りたいと思い、都市計画課長に電話し、インタビューを申し込んだら「本に書いてある以上のことはお話することはありません」との回答でインタビューをあきらめた。

アメリカの自治体の公僕としての意識、親切さと比べると都内の自治体の職員の公僕としての意識改革が必要と感じた。

シルバーパス購入に3時間待ち

古稀を迎えシルバーパス発給の案内を受領した。

指定された会場に行くと長蛇の列。担当者に聞くと3時間待ちとのこと。発給の案内状を都バス営業所か都営地下鉄駅に持参し、発給する仕組みにすれば1分で発行できる。1年間の特定の一日のみ発給する仕組みは改めるべきだ。

ブルガリアに本部がある国際建築アカデミーと1990年頃から交流がある。現在、筆者は客員教授と評議員を務めている。共産党政権が崩壊し民主化に移行する時代だった。パリからブルガリアに行くためバルカン航空に乗った。客室乗務員に笑顔はなかった。経験はないが留置場への護送車の係官の雰囲気か。

会議の日程が終わりホテルをチェックアウトする際、混雑しているのにもかかわらずフロントロビーは1人が担当、チェックアウト客の長蛇の列。チェックアウトの混雑時スタッフを増員するという発想がないのだろう。

1990年代後輩がモスクワ大学に留学した。「パン一つ買うのに3時間行列した」と聞いた。アメリカなら市長は次の選挙で確実に落選。今、ブルガリアも他の東欧諸国も改革に向かって頑張っている。

5節

東京への教訓

1）市民や外部からの照会に対し、名目上、責任ある立場から回答する。港区長時代、区民からの投書の手紙に対し回答内容を広報課長に直接指示した。

2）住民対応で旺盛なサービス精神でスピーディーに行う。

3）国際会議など大きな大会が開催される際、地元市長は遠来の訪問客に対し歓迎レセプションで挨拶することが好ましい。地元の広報宣伝になる。

第9章

最近の地球規模の環境重要政策

1節

国際レベルの環境政策

建築・都市に関連し、世界共有の課題として環境政策、特に二酸化炭素削減が挙げられる。建築・都市由来の二酸化炭素排出比率は半数以上を占めている。特に大都市では建築由来の比率は8割占めている。環境政策は、今日、世界的な政策課題である。

CO_2削減目標

主要国首脳会議の主要テーマは軍事、外交、経済であったが、第9回1983年アメリカ、ウィリアムズバーグで開催された会議で「環境保全」が初めて採り入れられた。以降、毎年「環境政策」が主要国首脳会議のテーマの一つとなった（筆者の調べ。以下も同じ）。

「持続可能な発展」という用語は1988年カナダ、トロントで開催された第14回主要国首脳会議で使われた。

「気候変動」という用語は1990年アメリカ、ヒューストンで開催された第16回主要国首脳会議で「気候変動枠組条約を１９９２年までに策定し……」で使われた。

　１９９２年、ドイツ、ミュンヘン主要国首脳会議の結果を受け、国連が大気中の温室効果ガスの濃度安定化を目標とする国際気候変動枠組条約を採択し、１９９５年から気候変動枠組条約締結国会議（ＣＯＰ）が毎年開催されることになった。

　１９９７年、アメリカ、デンヴァーで開催された第23回主要国首脳会議で環境問題について、京都議定書（ＣＯＰ３）などへ力強いメッセージを発出した。

　京都会議（ＣＯＰ３）で、先進国の温室効果ガスの削減目標について、１９９０年基準で２００８年から２０１２年の間に、少なくも５％削減するとした。日本は２００２年の国会で６％減と目標設定し、実績は８・４％だった。世界第２位のアメリカは業界団体の反対で締結を見送った。

　２０１５年、ドイツ、エマウルで開催された第41回主要国首脳会議で気候変動についてＣＯＰ21（パリ協定）で、すべての国が参加する新たな枠組みの採択で一致した。

　２０１６年、伊勢志摩で開催された第42回主要国首脳会議で「地球温暖化に関するパリ協定の２０１６年発効に努力する。平均気温上昇を工業化以前の水準と比較し、２℃を十分に下回るよう

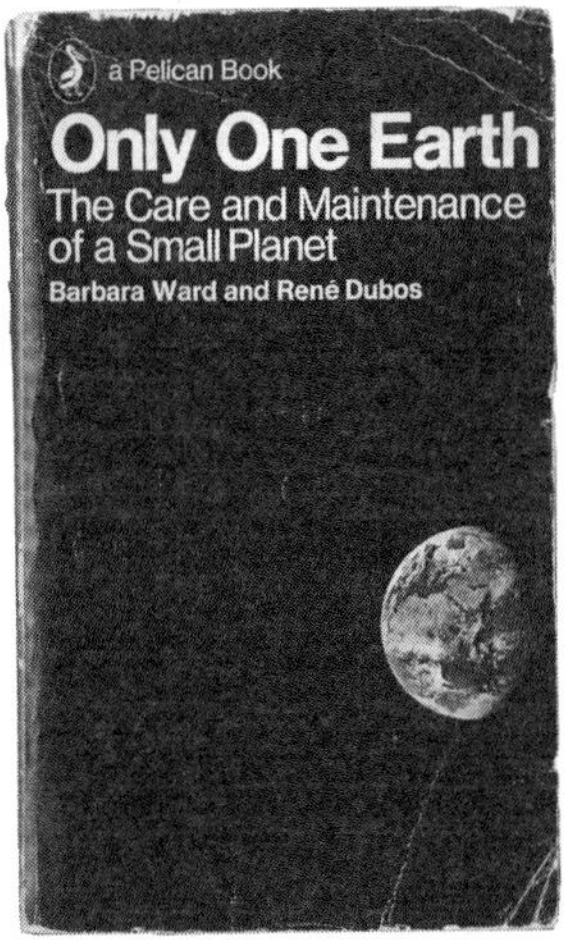

図１　世界環境会議の報告書、The Only One Earth かけがえのない地球

に抑える」と合意し、日本は目標を2030年までに、2013年比26%減とした。

古くは、1972年ストックホルムで世界初の人間環境会議が開催された。日本代表の環境庁長官大石元は「世界環境の日」を提案した。[図1]

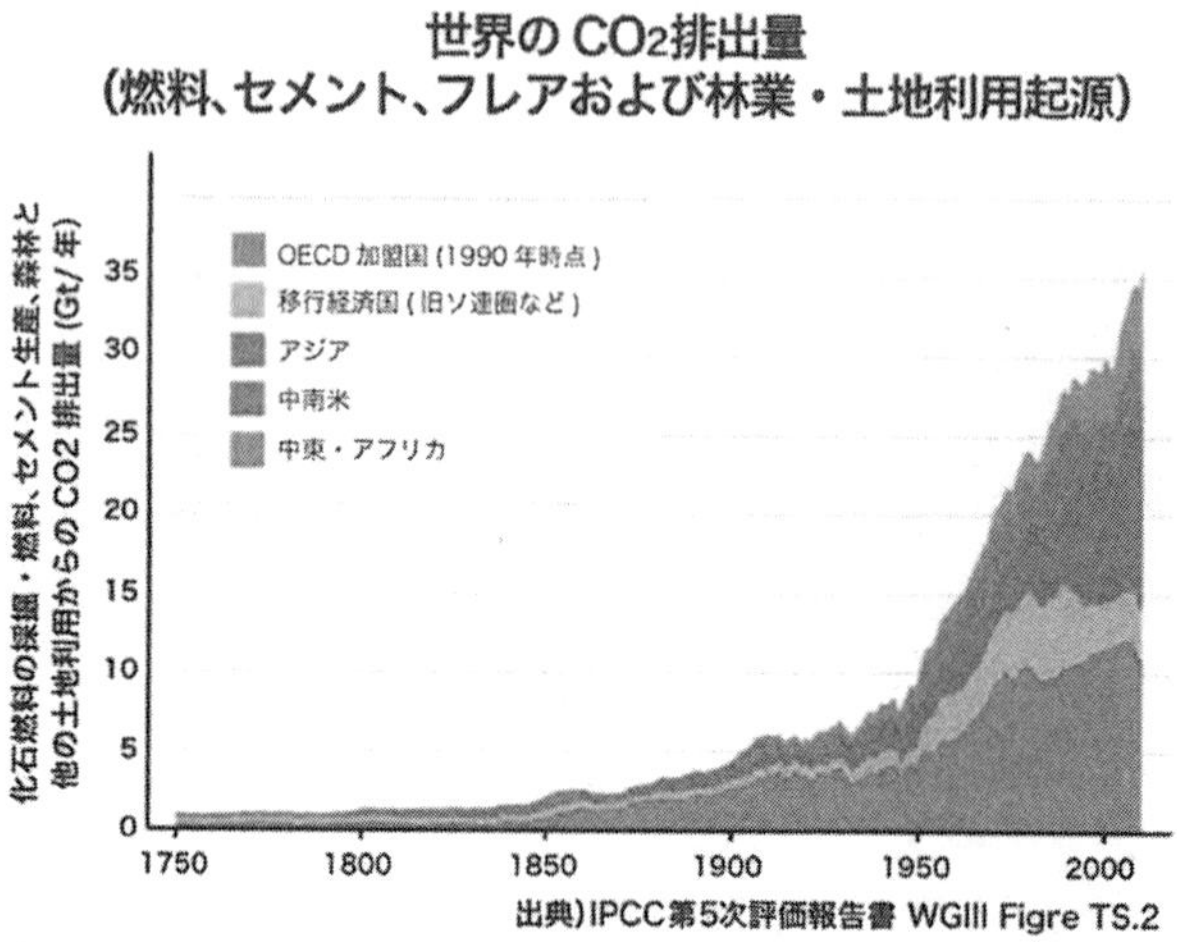

図2　世界の CO_2 変化の経過　出典：JCCCA

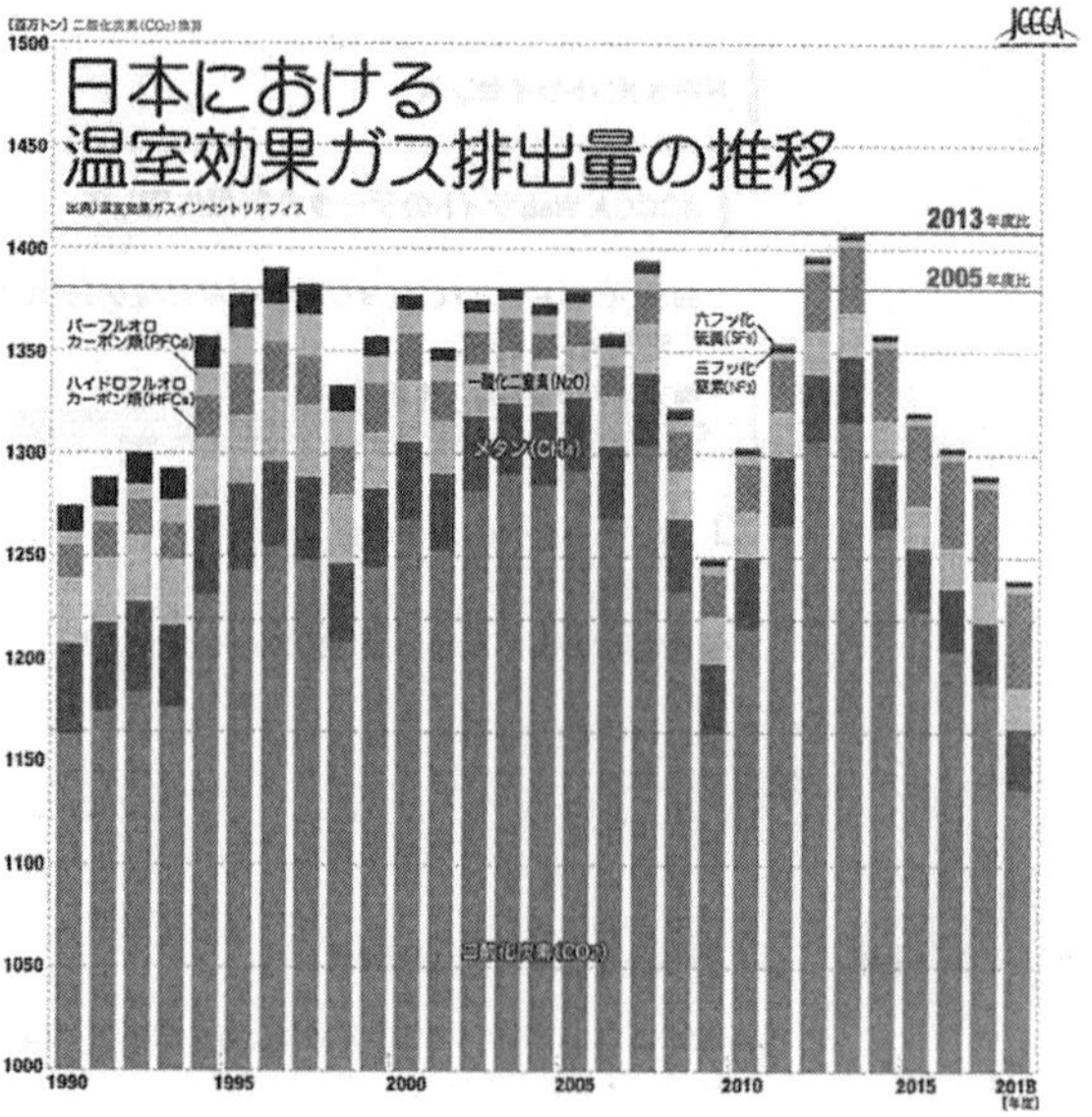

図3　日本の CO_2 変化　出典：JCCCA

CO_2削減の実態

世界全体で見ると、２０１７年のCO_2排出量は約３２８億トンである。国別で見ると、排出量１位「中国」約93億トン（28・２％）、２位「アメリカ」約48億トン（14・５％）、３位「インド」約22億トン（６・６％）、４位「ロシア」約15億トン（４・７％）、５位「日本」約11・３億トン（３・４％）である。全体の傾向で見ると増加している。中国、インドは、さらなる経済成長に伴い

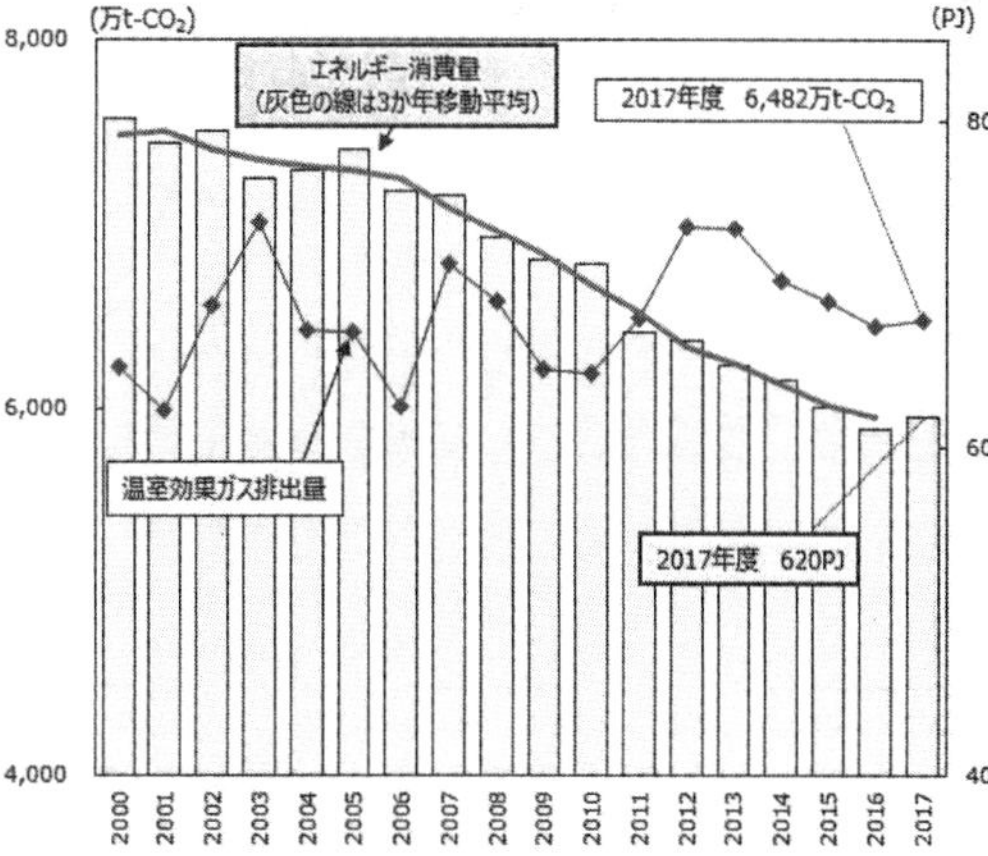

図４　東京都のCO_2の変化　出典：東京都環境局ホームページ

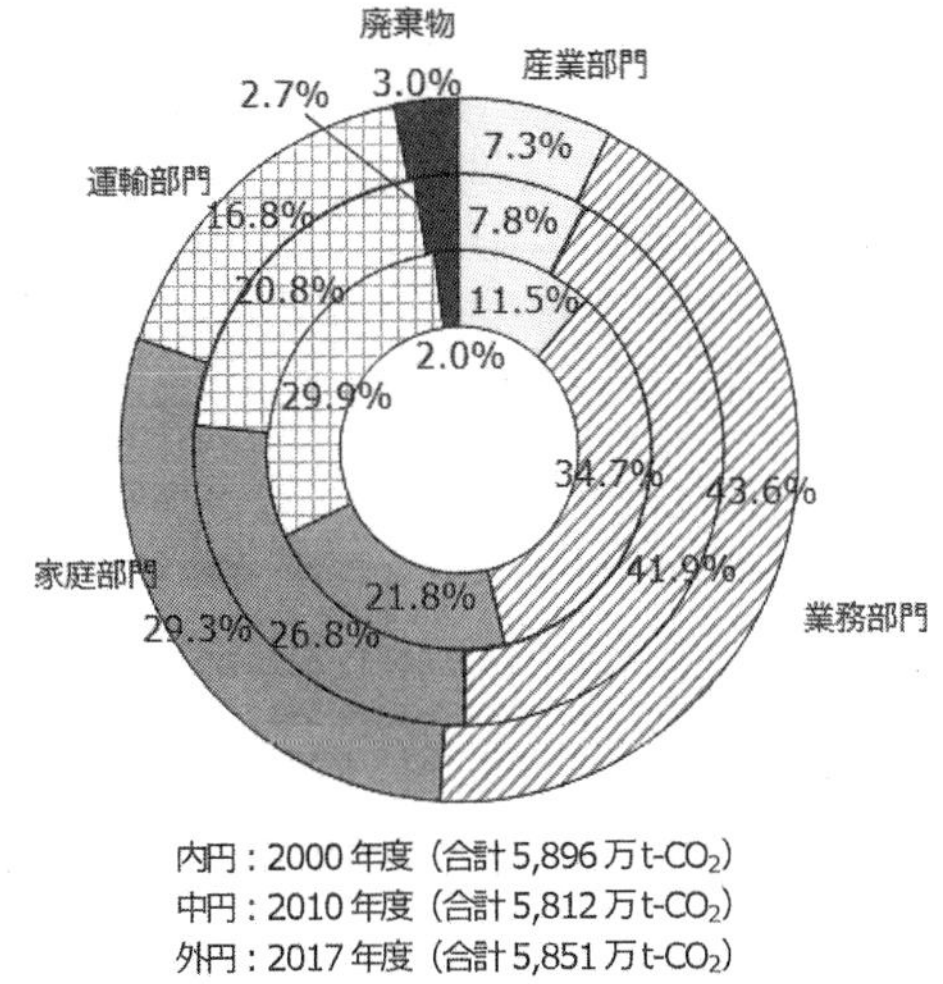

図５　東京都のCO_2の部門別構成比　出典：東京都環境局ホームページ

排出量の増加が予想される。特にインドは経済成長に伴い、例えば多くの国民がエアコンを設置し、CO_2排出量が増えることが避けられない。〔図2〕

日本は2018年度11・38億トンで、2013年度比マイナス12％である。この傾向が続けば、パリ協定の目標は達成できる。〔図3〕

東京都は、2017年度6482万トンである。2012年度以降減少にある。このまま減少の傾向が続くことを期待したい。〔図4〕業務部門と家庭部門の比率が増加している。〔図5〕

2節

アメリカの環境政策

CO_2排出大国のアメリカの環境政策の変遷を見る。アメリカは州政府、市政府がそれぞれ独自のアイデアを出し、施策を展開している。東京でも参考になる。

アメリカ連邦政府の環境政策、70年代環境先進国

1960年代、70年代、先進国で公害問題が深刻化していた。69年就任したニクソン大統領は、環境政策に積極的かつ大胆に取り組んだ。

国家環境政策法（National Environmental Policy Act）が1970年1月1日施行された。それに伴い1970年12月、環境保護庁（Environmental Protection Agency）が設立され、ニクソン大統領は初代長官にウィリアム・ラッケルスハウスを任命した。38歳、弁護士。インディアナ州司法局次長の時（31歳）、1963年インディアナ州の大気汚染規制法を制定、その後、連邦政府司法省次官（民事担当）にスカウトされた

（公務員の多様性の例でもある）。その後、環境保護庁長官に就任した。新しい官庁なので、長官自ら全国行脚し、環境保護庁のPRと環境政策の重要性について広報活動した。組織内融和に努めた。

筆者は、1974年ライス大学建築大学院で、日本ではまだなかった環境政策の授業を取った。帰国後、建設省から依頼され、ロサンジェルス市の環境アセスやデトロイト空港の環境アセス報告書を翻訳し、1970年代のアメリカの先進的な環境政策を学んだ。また、1997～99年、建設省が設置した環境アセス検討会委員を務めた。

国家環境政策法は、連邦政府が実施する公共事業に環境アセスを義務付けた。これは自治体の土地利用規制に関する連邦政府の『沈黙の関与』である。第7章で既述したように、アメリカでは土地利用規制は市役所の権限である。連邦政府は一切関与しない。国家環境政策法は、アメリカ連邦政府が環境アセスという形で自治体の土地利用計画に関与するという革命的な出来事であった。

アースディのイベント（地球環境の日）

ネルソン上院議員がアースディを提案した。1970年4月22日、初めて「アースディ」という環境イベントが開催された。現在まで毎年続いている。初回は全米各地でイベントが同時開催され、合計2000万人が参加した。ニューヨーク市長ジョン・リンゼイは、マンハッタンの五番街で、14丁目からセントラルパークまでの歩行者天国を2時間実施した。歩行者天国の始まりである。ニューヨーク市の歩行者天国は、環境イベントの一つだった。同年ニューヨーク市の影響を受け、銀座でも歩行者天国が始まった。

アースディのイベントについて、アメリカの三大ネットワークの一つNBCニュースで、大都市の公園で白人（環境過激派でない普通の方々）の集団が、新品の自動車を破壊するパーフォーマンスを見た。深刻な政策をイベント、お祭りでPRするのは、アメリカ人の得意技である。アースディのイベントで、国民の環境問題に対する関心が高まり、環境保護庁設立につながった。

その後、時間を経て、2000年の大統領選挙の時、候補者アル・ゴアは主要政策として「温室効果ガスを至急安定させ、今世紀半ばまでに80%削減しないと、海面上昇や農業生産に問題が生じる」と訴えたが、当時は専門的過ぎて、ゴアの主張は国民に浸透しなかった。もし、ブッシュでなくゴアが大統領になっていれば、アメリカは環境先進国になっていただろう。

マスキー法（自動車排ガス規制）

マスキー上院議員の提案で自動車の排ガス規制が提案された。1975年以降生産する自動車の排ガスは、一酸化炭素と炭化水素については70～71年型の10分の1以下とする、窒素酸化物については76年以降10分の1とするという内容である。当時「排ガス規制を満足するのは実現不可能」と自動車業界から言われ、1973年は1年実施延期となり、74年実質廃案となった。

一方、1972年、ホンダがCVCCエンジンを開発、1973年マツダがロータリーエンジンを開発、マスキー法の基準を満たした。アメリカ国内でホンダ、マツダが環境にやさしい車として売れ、結果的に日米自動車摩擦になった。「風が吹けば桶屋が儲かる」の例である。厳しい環境規制により、新たな環境技術が開発され、新たな産業が生まれた典型事例である。

筆者はアメリカ留学中、クライスラーの大型車を買った。アメリカ人の友人は日本車に乗り、アメリカ人から「ケイミ、日本車は優秀、日本車に乗れ」と言われた。

州政府の環境政策

(1) エネルギー効率化への取り組み

2017年の連邦エネルギー省の資料によると、州政府でエネルギー効率化政策を採用している州について、①エネルギー効率化政策を採用しているのは6州、②エネルギー効率化の目標とパイロット施策を持っている州は24州と首都ワシントン特別市である。

テキサス州は1999年エネルギー効率化資源基準(EERS:Energy Efficiency Resources Standard)を導入した最初の州となった。以降24州が採用した。EERSは照明、冷暖房など電力使用量の削減目標である。具体化に当たり、電力消費節約のため財政的(補助金)支援か罰則的(規制)政策を使う。目標設定の例として、ミシガン州は前年の1%減、イリノイ州は過去3年間の2.1%減、最終目標年次は2020年から2030年とした。北東部のコネティカット州は2017年、ゼロエネルギーの挑戦を策定し、ゼロエネルギー住宅建設の支援をしている。

(2) カリフォルニア州の政策

カリフォルニア州は伝統的に環境政策に積極的に取り組み、厳格に規制し、アメリカの環境政策をリードしてきた。1960年代、自動車の排気ガスによる大気汚染に悩まされていたロサンジェルス市は、カリフォルニア工科大学のハーゲン・

スミットをリーダーに、光化学スモッグの原因を調査、突き止め、オキシダント（酸素原子、励起酸素、ペルオキシン遊離基、オゾンから構成される）であることを解明した。自動車の排ガス基準規制厳格化を提案した。

１９６７年当時のカリフォルニア州知事だったドナルド・レーガン（後年大統領）は、スミットをカリフォルニア州初代大気資源庁長官に任命した（A・J・ハーゲン・スミット「大気汚染の規制」『日経サイエンス』１９８０年　翻訳：原田敬美）。

州政府は２００６年、「１９９０年比で２０５０年までに温室効果ガス80％削減の目標に対し、２０３０年までに40％削減の目標」と発表した。具体的には省エネ建築を倍増、電気の50～60％は再生エネルギー、車はハイブリッド車かCO_2排出ゼロの車にするとした。太陽光発電を推進した。カリフォルニア州は最も野心的な政策を推進している。２００９年から２０１３年にかけ、建築物の断熱材補強の施策を推進した（『ワシントンポスト』２０１７年2月7日）。

現在のカリフォルニア州大気資源庁長官メアリー・ニコラスは、自動車1億９０００万台の排出ガス削減義務化を決めた。CO_2は60億トン削減となり、消費者は生涯で百兆円の節約ができ、消費や貯金に回せると主張した（『ロサンジェルスタイムズ』２０１７年3月6日）。

（3）オレゴン州石炭火力発電所廃止第一号

オレゴン州政府は、２０１７年、石炭火力発電所を停止させた。全米初である。２０４０年までに電力の2分の1を再生エネルギーで賄うとした。具体策の一つとして、自転車通勤を40％とする計画である。

（4）失敗例

ワシントン州は環境先進州の一つだが、２０１７年、独自に環境税（炭素税）を導入しようとして、多くの反対に遇い断念した。増税の理解を得ることの難しさである。

インディアナ州ではエネルギー効率化政策継続を不採用とし、住宅、店舗、工場に対する省エネ事業を２０１４年末で廃止した。当時はペンス州知事（現副大統領）だった。インディアナ州はラストベルト（錆びついた）地域で白人貧困層が多い（Eco Building Mar. 18, 2014 Indystar Mar. 27, 2014）。

自治体の環境政策

第７章で既述したように、アメリカでは、市役所は市行政すべてを自らの手で担う強い権限を持ち、独自の政策を展開している。

（1）1人当たりのCO_2排出量

２００８年ブルッキングス研究所の調査結果によると、全米１００都市を対象にした１人あたりのCO_2排出量は、西海岸の諸都市が低いことが分かった。その理由は気候が温暖、水力発電と積極的なエネルギー削減政策による。１位がホノルル市、以下、ロサンジェルス市、ポートランド市、ニューヨーク市、ニューヨーク州バッファロー市、ロチェスター市、シカゴ市、コネティカット州ニューヘブン市などが上位に位置付けられた。

一方、１人あたり排出量が多い自治体は、オハイオ州トレド市、シンシナティ市、インディアナ州インディアナポリス市、ケンタッキー州レキシントン市など、いわゆるラストベルト（錆びついた地域：中西部の旧工業地帯）に位置する市である。

(2) ニューヨーク市

ブルムバーグ市長は、気候変動によるニューヨーク市への影響について、データを示し警告を出した。2050年までに80万人が洪水被害地域に住むと想定され、2020年までに水位が4インチ（10センチメートル）上昇すると考えられる（『ニューヨークタイムズ』2013年6月10日）。実際、2012年10月、アメリカ東海岸を襲ったハリケーン・サンディで、ニューヨーク市マンハッタンなど水辺に面している地域は、2メートル近い洪水被害に見舞われた。ブルムバーグ市長は即座に堤防、地盤のかさ上げを宣言した。スーパー堤防計画である。

ニューヨーク市のCO_2の80％は建築による。ブルムバーグ市長は、2009年都市計画規制で、古いビルをレトロフィットし省エネルギー化を図った。省エネ検査官2000人を採用し、毎年750億円の電気代の節約になる。ビルから排出されるCO_2を年間2300万トン削減する。しかし、この政策はビルオーナーたちの反対で市長は断念した。

(3) シカゴ市

アメリカ第3の大都市である。都心部にループと称する高架の環状鉄道が走っている。その内側のビルを緑化し、550のビルをレトロフィット（省エネビルへの改修）し、CO_2削減を図る計画である（Architects Jul. 6, 2012）。

(4) ペンシルベニア州ピッツバーグ市

かつては鉄とガラスの町として栄えた。全米で3番目となる「エコ地域」（Eco District）を指定し（214ヘクタール）、CO_2を出さない都市開発を進めている（Eco Structure Aug. 24, 2012）。

(5) ユタ州ソルトレイク市

2032年までに電力を再生エネルギーで賄う計画を策定した。

(6) ボストン市

2030年までに気候変動に対応し、洪水の恐れのある地区の指定など新しい考え方の都市計画を策定した（Boston Globe Jan. 13, 2017）。

(7) カリフォルニア州サンディエゴ市

アメリカで最も厳しい2030年のCO_2排出削減の目標に合わせるため、CO_2排出制限の厳しい条例を施行した（Los Angeles Times Mar. 6, 2017）。

(8) ルイジアナ州アビタ・スプリング市

全米25市の市議会が再生エネルギー100％義務化を決定した。その一つの市である。アビタ・スプリング市長グレッグ・レモンズは「100％太陽光による再生エネルギーを活用した町を創る」と発言した（Solar Industry Mar. 22, 2017）。

(9) まとめ

州政府で環境政策に熱心なのはカリフォルニア州で、傾向として西海岸の州と北東部の人口密集した州が積極的である。一方、積極的でない州は、いわゆるラストベルト（錆びついた地域、旧工業地帯の産業衰退地域）に属する中西部の州である。

市単位でみると一人当たりのCO_2発生量は、西海岸と北東部の自治体が低い。建築の省エネルギー化、レトロフィット、都市構造を改造し都心居住を促進し、都心を高密度化、職住近接化の政策を進めている。アトランタ市、ポートランド市、シアトル市がその例である。

太陽光発電では、カリフォルニア州ランキャスター市は住宅建設に際し、太陽光発電パネル設置を義務付けた。

緑化について、シカゴ市、アトランタ市、ポートランド市、シアトル市などが積極的に進めている。

●参考資料

1）原田敬美「アメリカの環境政策の変遷――1970年代の初動期と最近の10年について――」2018年　明治大学公共政策大学院ガバナンス研究科紀要

3節

東京への教訓

１９９７年京都議定書でキャップ&トレード（排出権取引）が採用され、東京都、埼玉県が導入した。

東京都は２０１９年、２０５０年までにCO_2排出量実質ゼロを目指した「ゼロエミッションTOKYO戦略」を策定した。生産過程でCO_2を排出しないCO_2フリー水素を活用し、再生可能エネルギーを基幹電源化するとした。中期目標として２０３０年までの達成可能目標を設定した。

東京は、業務と家庭からの排出比率が増加傾向にあり、今後さらなる削減に取り組まなければならない。ニューヨーク市、シカゴ市、カリフォルニア州などの環境政策が参考になる。

一方、世界の大都市が注目する大胆な環境政策を打ち出し、世界の都市の環境政策をリードすることを期待したい。

第10章

アメリカの地方都市の魅力ある小規模大学

1節

大学と地方都市

アメリカとスウェーデン留学経験から、東京23区内大学立地制限と地方の大学の在り方に関心を持った。23区内での大学の立地制限は政府に押し切られた。東京の大学立地と地方再生の課題は裏腹であり、最近の東京問題の一つである。

東京23区での大学立地制限と地方大学の課題

2018年、23区内で大学、短大の新設を原則認めないと政府、文部科学省が発表した。全国知事会の要望を踏まえて、である。規制の理由は、東京へ、特に若者の一極集中を避けるため、23区内に大学の新設を認めないということである。この政策に違和感を抱いた。

地域大学振興法は、地方と企業と連携し、産業振興や人材教育に取り組む自治体を対象に交付金を出し、地方の大学の魅力向上、地方の雇用増を図る目的である。地方を支援するのは結構だが、東京に制限を加えることは、自由、民主主義を基本とする日本の社会で居住地、就職先、大学の選択を規制することであり、社会体制に合わない。筆者は、東京への若者の人口流出の大きな原因は東京の大学の存在とは認識しない。

大きな要因に欧米の複線型人生と異なり、日本は人生すごろく、単線型人生の社会構造が挙げられる。従来、多くの日本人は東京の大学で学び、卒業後は官庁、大規模な民間企業に就職、終身雇用と進み、出世の階段を一歩ずつ歩む人生すごろくの人生観を持つ。欧米では様々な大学で学び、様々な職場で働き、起業したり、多様な人生を歩む方が多い。人生すごろくを欧米の人生観のような社会構造に変えることが課題である。

1959年制定の「工場等制限法」で首都圏への人口と産業の集中を緩和するため、23区や神奈川県などで大学の新増設を原則禁止し、地方に大学立地を促進した。そして、1970年代、80年代、今回と同じように東京への大学集中、若者集中を抑制するための「工場等制限法」は、失敗に終わっている。少なくも成功したという評価を聞かない。筆者は80年代前半、国土庁の地方都市での大学立地の研究のお手伝いをしたが、今回、また同じ失敗をするのかと思った。結果の評価の検証が必要である。

工場等制限法は少子高齢化、産業の国際競争激化で2002年に廃止された。

東京の大学立地を制限しても若者の気持ちを変えることはできない。精神の自由は民主国家にとり基本である。地方が魅力ある大学立地、企業立地など大胆な政策を創り実行すべきである。

アメリカの地方都市の大学

1969年、筆者が早稲田大学の交換留学生と

図1　ウースター大学でインドとパキスタンからの留学生。大学のインターナショナル・ディでのイベント。

して留学した大学は、人口2万人のオハイオの田舎町の大学だった。学生数1300人程度の小規模、全寮制、リベラルアーツ（一般教養）大学である。日本からの留学生である筆者含め、フランス、マダカスカル、中央アフリカ、ウガンダ、インド、パキスタン、インドネシア、香港、タイ、台湾、コロンビア、ペルーなど多くの国からの留学生が15名いた。周囲には何もない。ひたすら大学で勉強に専念するだけである。授業はハードであった。

大学のインターナショナル・ディでのイベントでは、留学生がお国自慢をした。筆者はお琴を演奏した（ウースター市に日本の岩国基地に駐留した退役軍人の奥さんがお琴を持っていた。お琴を演奏したらと助言を受けた。筆者の妹はお琴の先生）。インドとパキスタンは交戦中だったが、国は国、友人は友人と二人は仲良しだった。貴重な国際政治、異文化体験。筆者は出費節約のためインド人の留学生ラジュ・アルワ（写真右）に、いつもヘアカットしてもらった。[図1]

世界的に有名な名門大学の一つコーネル大学はニューヨーク州の西北、人口3万人のイサカ市に立地している。同じく世界的に有名なミシンガン州立大学は人口10万人程度のアナーバー市に立地している。

大都市にも多くの大学があるが、地方の、しかも、田舎町に立地する大学は、環境の良さ、授業の質の高さがあり、すばらしい教授、すばらしい仲間と4年間そこで勉強してみたいと、多くの若者が入学する。大半は州外から、さらに、海外からも入学する。

「日本の地方都市、そこに立地する大学は若者が来ない」という結果論は、大学運営や授業内容の魅力を上げる創意工夫が欠けていると言える。また、大学が立地する自治体の政策に問題がある。「東京に若者が流出するから東京はけしからん」として、精神的な束縛をかけることは時代錯誤である。スポーツの世界で、早く走る選手に対し「他の選手がいい迷惑だから、もっと遅く走ってくれ」あるいは「早く走る人は退場してくれ」と言っているようなものである。自分の得意技で相手と競争することが必要である。地方が独自にしっかり努力し、正々堂々と都市間競争をすべきである。

2節

アメリカ、小規模な都市に立地する有力大学

1969年、早稲田大学交換留学生としてアメリカに留学した年、早稲田大学が姉妹提携した大学は主にオハイオ州、インディアナ州、ミシガン州に立地していた。その後、ミネソタ州、カリフォルニア州などの大学と姉妹提携を増やした。ミッドウェスト（中西部）と称する、良きアメリカの保守的伝統文化が残っている地域である。姉妹校は、アメリカの大学独特の小規模なリベラルアーツ（一般教養大学）の大学である。

アメリカでは、4年制一般教養大学で社会のリーダーとして必要な基礎教養を学び、社会経験を積んでから自分の適性を見極め、専門大学院（医学、ビジネス、法律、公共政策、建築など）に進学するケースが多い。

立地している自治体は大都市でなく、人口数千人から数万人の地方都市に立地する。早稲田大学がこうした大学を交換留学先に選んだ意図がそこにあった。

オハイオ州ウースター大学に行き、様々なことを体験した。大都市（当時、全米第5位のクリー

ブランド）から南南西に90キロメートルの大自然の中に立地している。ウースター市は当時人口2万人。自家用車がないから外に出ることは困難で、大学キャンパス内で過ごすしかない。全寮制の大学内で生活が完結しているから、原則、学生は車を持つことは禁止されていた。

充実した授業内容、親切な教授、親切な仲間、立派な大学施設、立派な宿舎、一流ホテル並みの食堂と豊富な食事メニューである。

早稲田大学が姉妹提携した大学10校を、最近のデータをもとに紹介する。大学が立地する自治体の人口と大学の学生数は、次のとおりである。

The College of Wooster

所在地：オハイオ州ウースター市。設立1868年、私立、リベラルアーツ（スポーツ、音楽、美術、文化、国際、言語など）。資産約330億円。学生数2000人、教員数171人、授業料5万2000ドル（約520万円）、寮費・食糧費年間1万2250ドル（約130万円）、合計6万4250ドル（約650万円）。アメリカの大学では標準的な額。学生の80％が奨学金を得ている。学生の69％は、オハイオ州以外の45州からである。学生の22％は有色人種、16％は留学生、62か国。

ウースター市：人口2万6119人（2010年統計）、主な産業は、製造業、オハイオ州立農業研究所、オハイオ州立大学農学部試験場。白人比率91・2％、高齢者率16・6％。

Antioch College

所在地：オハイオ州イェローースプリング町。設立1850年、私立、リベラルアーツ。
学習の特徴：4つの学期（一年間）でインターンシップ制度があり、国内外で職業体験する。自由思想で知られている。
イェロースプリング村：人口3680人（2010年統計）、白人比率：78・1％。

Denison University

所在地：オハイオ州グランヴィル。設立1831年、私立、リベラルアーツ。資産877・6億円。学生数2300人、教員数235人。留学生は56か国、学生の州外比率80％。
学習の特徴：3年生で50％は海外留学する。
グランヴィル市：人口5846人（2010年統計）、面積12・2平方キロメートル、高齢者比率11・9％。

Kenyon college

所在地：オハイオ州ギャンビア村。設立1824年、私立、リベラルアーツ。
学生数：1708人。卒業生にスウェーデン元首相オロフ・パルメがいる。筆者がスウェーデンに留学した時代の首相。
ギャンビア村：人口2391人（2010年統計）、面積2・43平方キロメートル。

Oberlin College

所在地：オハイオ州オウバリン市。設立1833年、私立、リベラルアーツ。学生数3000人。大学美術館のエインズワース・コレクションの浮世絵が有名である。女子学生や黒人学生を早い段階で受け入れた。エインズワース・

コレクションとは、日露戦争の頃に卒業したばかりの若い女性エインズワースが訪日、浮世絵に興味を持ち、大量に購入、持ち帰り、死後、大学の美術館に寄贈したものである。約100年前に若い女性が日本訪問する勇気と、浮世絵に目をつける先見の明に驚かされる。卒業生にライシャワー元駐日アメリカ大使。

オウバリン市：人口8286人（2010年統計）、面積12・85平方キロメートル、白人比率73%、高齢者率14・7%。

Ohio Wesleyan University

所在地：オハイオ州デラウェア市。設立1833年、私立、リベラルアーツ。学生数1492人、教授129人。大学の基本方針はダイバーシティ、イクイティ、インクルージョン（多様性、平等、統合）。

デラウェア市　人口3万9930人（2018年統計）。

Depaw University

所在地：インディアナ州グリーンキャッスル市。設立1837年、私立、リベラルアーツ。資産628億円。学生数2400人、教員254人。卒業生の有名人は、クウェール元副大統領、アレン宇宙飛行士など。

グリーンキャッスル市：人口1万508人（2010年統計）、13・71平方キロメートル。白人比率92・4%、高齢者比率14・3%。

Earlham College

所在地：インディアナ州リッチモンド市。私立、リベラルアーツ。学生数１０１９人。国際研究、特に日本研究、日本語研究は有名。早稲田大学に留学予定の学生は、アーラム大学で短期間、日本語研修を受ける。この2節で紹介した（Carlton Collegeを除く）９大学と早稲田大学の窓口をしている。学科は映像、音楽、舞台芸術、性差研究など。留学生は80か国から。US News &World で留学生比率は全米の大学6位の評価。

リッチモンド市：人口３万５６６４人（２０１６年統計）。

Kalamazoo College

所在地：ミシガン州カラマズー市。設立１８３３年。私立、リベラルアーツ。学生１４３６人、教授１０３人。３年生は海外留学。資産２２２億円。

カラマズー市：人口７万４２６２人（２０１０統計）

産業：製紙業、生科学、医学産業。白人68・１%、高齢者率９・４%。

Carlton College

所在地：ミネソタ州ノースフィールド市。設立１８６６年。私立、リベラルアーツ。学生数２０００人、教授２００人、留学生42か国、留学生比率８%。

ノースフィールド市：人口2万7人（２０１０年統計）、22・7平方キロメートル、高齢者比率７・４%。

まとめ

以上の大学は小規模な自治体に立地し、他州、外国から多くの学生が入学する。

1）立地の特徴は、大都市から遠く離れた所である。

2）立地している自治体の人口規模は、1万人以下は4校、1万人から5万人が5校、5万人以上が1校である。小規模である。

3）教育内容はリベラルアーツ（一般教養）である。

4）全寮制で、仲間意識を醸成する。民主的な運営である。

5）学生の出身地について、学生の大半（60～80%）が立地州外からである。出身州の数は40～45州に及ぶ。留学生の比率は10～20%、40～80か国に及ぶ。

6）多くの国へ学生を留学させている。異分野体験させる。国際理解を積極的に展開する姿勢は、アメリカが世界のリーダーである証しでもある。

7）各々の大学が特色ある教育をしている。

8）2節の10大学のうち、オハイオ州、インディアナ州、ミシガン州に立地している9つの大学はGreat Lakes Colleges Associationという組織を作り、相互に連携している。

3節

小規模自治体に立地する名門大学

世界で名の知れ渡った大規模大学の多くは、小規模な自治体に立地している事例が多い。

Cornell Universityは1865年設立、半官半民、ニューヨーク州イサカに立地する。アイヴィーリーグの一つである。卒業生に台湾元総統李登輝。イサカ市は人口3万756人（2016年統計）。

University of Michiganは州立大学、ミシガン州アナーバー市に立地する。学生数3万人。卒業生にフォード大統領、オリンピック水泳ゴールドメダリスト、マイケル・フェルペス。アナーバー市は人口12万782人（2016年統計）。

両大学とも世界的レベルの研究活動をし、ノーベル賞学者を輩出している。

地方都市に立地する大学がそれぞれ特色を出し若者を引きつけ、立派な成果を出し、高い評価を受けている。

4節

コミュニティカレッジ

アメリカにコミュニティカレッジという高等教育機関がある。公立の2年制短大で、一般教養、職業教育、地域の人材養成（中堅技能者）、地域の生涯学習を担っている。

1947年、トルーマン大統領に答申された「高等教育審議会報告書」で、地域の教育センターとして公立のジュニアカレッジ（短大）のあり方を提言した際、「コミュニティカレッジ」という用語が使われた。1956年、高等教育法第10章1018条で、コミュニティカレッジの正式な定義が与えられた。

アメリカ固有の事情として、戦地からの多くの帰還兵、退役軍人のための再教育が必要だった。地域の産業を支える中堅技能者のニーズが多かった。

全米各地に公立の短大として、だれでも、いつでも、どこでも、何でも学べる高等教育機関として設立され、筆者が調査した1980年代で1300校あった。

その教育の役割は、①地域社会の雇用ニーズ対応した職業教育、②4年制大学へ編入準備教育、③一般教育、④カウンセリング教育、進路が定まらない市民に対して適切な助言・指導、⑤コミュニティ教育、⑥継続教育である。

職業教育には、空調設備科、自動車整備科、栄養士科、スチュワーデス科、美容師科、警察官・消防官コースなど、地域に必要な人材の職業教育である。

コミュニティ教育、継続教育では、多様な教育機会を提供し、市民の知的欲求に応える。

地元自治体が設立した高等教育機関が、地元の若者の学習ニーズに応えるために大いに貢献している。財源は市税の一部である固定資産に課税する「学校税」である（ヒューストン市の場合、学校税が最も高い）。

日本でもアメリカのコミュニティカレッジの運営は、地域の高等教育の運営の参考になる。東京での大学立地を抑制するのでなく、地方の自治体、大学が自ら知恵を出し、地元のみならず、全国、世界から、若者が魅力を抱く大学を目指すべきである。

●参考資料

1）原田敬美「米国のコミュニティカレッジ　無料で多様な地域教育」『毎日新聞』1978年11月11日
2）原田敬美「マイタウン構想の核にコミュニティカレッジを」『都政新報』1980年5月27日
3）原田敬美「ヒューストン・コミュニティカレッジ、市民の所へ学校が出張」『毎日新聞』1980年6月10日
4）原田敬美「米国のコミュニティカレッジと日本での展望、オープンスクールの理念と実践」

『地方自治』1981年3月
5）原田敬美「コミュニティカレッジと日本の課題、都市政策」（神戸市役所発行）、1981年4月

5節

地方都市への提案

筆者が体験したアメリカの大学の特色は、次のとおりである。

アメリカの大学の授業内容

(1) 教授は大学に常駐

教授は、月曜日から金曜日まで、朝から夕方まで大学におり、いつでも親切丁寧に学生の指導をする。授業料が高額なので、教授の指導は十分でなければならない。教授が不在傾向であれば、学生は500万円以上の年間授業料を納めているので、授業料返還訴訟する。

(2) 少人数教育

教授一人当たり20~30人の授業が多い。筆者が二度目に留学したヒューストンのライス大学建築大学院は学生数75人、教員数15名で、教授一人当たりの学生数比率は1:5である。全米で最も良い比率である。ちなみにハーヴァード大学建築大学院の学生数は600名である。筆者がライス大学を選択した理由の一つである。

（3）教授の評価制度

学期ごとに学生が教授の授業を評価する。アンケート方式、5段階評価で、①教授は授業を全ての回数やったか、②教授は遅刻、早退はなかったか、③成績評価方法について最初に説明があったか、④授業は分かり易かったか、⑤講義中の声の大きさは適量だったか、⑥学生に対し予習、復習の説明は十分されたか、⑥教授は授業内容を十分に準備したかなどである。この評価票は、ただちに大学理事に渡され、教員の査定に使われる。これにより教員の処遇が決まる。日本の大学では、学生による教授の評価は現在も実施されていない。筆者が体験した授業であるが、教授はテレビのニュースキャスターのような講義ぶりだった。

（4）教授の採用は公募

欧米では、学部はA大学、修士はB大学、博士はC大学などと、異なる大学で取得する場合が多い。しがらみの採用でなく、能力、適材に基づく。1990年代、ライス大学建築大学院長だったLars Lerupから直接聞いた話である。氏はスウェーデン人。スウェーデンの大学卒業後、ハーヴァード大学大学院に留学、カリフォルニア州立バークレー校の教授、その後、公募に応募し、ライス大学建築大学院長に就任。応募者が60人いたとのことである。日本の大学は学部から順上がり。他の職業分野を経験しない教授が多い。

（5）ダブルディグリー（二つの学士、修士を取得できる）

一つの分野だけでなく、二つの専門学位が取れる。芸術と国際政治といった具合である。ライス大学建築大学院では、建築の修士号とビジネスの修士号（MBA）、建築の修士号と公衆衛生の修士号（病院建築の専門家になる）などである。こうしたダブルディグリーは日本の大学では聞かない。

早稲田大学は総合大学であるにもかかわらず、他学科の受講は正規に認められず、建築学科の科目しか単位として認められなかった。筆者は当時、オフィス環境の研究をしていたので、理工学部工業経営学科で「人間工学」「作業研究」「事務管理」を、教育学部心理学科で「知覚、感覚」の授業を受講したが、正規の卒業単位には認められなかった。

(6) 海外留学で異文化理解

アメリカの多くの大学は、短期、半年あるいは1年間、海外留学を義務化している。職業体験を義務化（卒業必須単位）している。日本の大学では、まだ発展段階である。

(7) 社会で役立つ幅広い知識教育、美術、スポーツ、スピーチ、舞台芸術など

ウースター大学（リベラルアーツ）の授業は早稲田大学（一般的に日本の大学）と比べるとユニークであった。指導教官の助言を受け、専門領域（メイジャー）と第2の専門領域（マイナー）を決める。授業は何を取っても良い。体育では乗馬、ボーリングなどがありユニークである。スピーチ（人前での話し方、プレゼンの方法、演説の仕方）の科目もある。日本にはない。今思うと取っておけば良かったと反省。アメリカ人は、概してスピーチがうまい。小学、中学、高校、そして大学でスピーチを学ぶからだと思った。声楽、ピアノ、オルガンのコースもある。日本の一般大学ではスピーチや音楽、舞台芸術を教えていない。

(8) 就職斡旋のきめ細かい指導

学んだことを就職につなげるために、大学に専門の職業カウンセラーがいる。

(9) 女子学生のためのキャリアセンター

日本と比較し、女性の社会参画がはるかに進んでいるアメリカであるが、特別に女子学生のため

Student Architects 'Dream Up' Ideas To Improve City's Downtown Areas

PRESENTING PLANS for the future development of the city of Wooster are College of Wooster students (left) Phil Henderson, Keimi Harada, Sue Faro and Frank Castelli.

図２　ウースター大学の授業で中心市街地活性化の提言。市役所でプレゼン。地元新聞『Daily Records』1969年12月6日

に進路について丁寧に助言し、活動する専門カウンセラーがいる。

(10) 留学生の積極的受入れ

アメリカの大学は積極的に留学生を受け入れている。世界のリーダーとしての責任、自覚を持っている。留学生を受け入れると大学経営にもプラスになる。大学のPRにもなる。入学手続きも簡単。世界中どこでも受験できる英語検定試験（TOEFL・TOEIC など）、世界中どこでも受験できるSAT（英語と数学の2教科の基礎点）、大学院の場合は世界中どこでも受験できるGRE（英語と数学の2教科の基礎点）がある。そのほかには、出身校の推薦状、自己PRの願書の提出などで十分である。筆者は、二度目の留学先のライス大学大学院に経歴書を送っただけで、大学院長から「入学を認める」と手紙が来た。驚いた。

(11) 社会との接点、地域研究

大学は所在する地域社会、自治体と連携し、共同研究し、積極的な提案活動をしている。

1969年、ウースター大学での授業で、ウースター市の中心市街地活性化の授業があった。当時、郊外に大型ショッピングセンターができ、中心市街地の衰退が始まっていた。[図2]

(12) インターンシップ制度、職業体験

日本の大学、企業では21世紀になり、インターンシップと称する職業体験が始まったが、欧米では50年前からあった。給与をもらえ、しかも卒業単位ももらえた。

1975年、筆者はライス大学の研究所で夏休みの3か月、インターンを勤めた。内容はヒューストン市役所からの委託で、中心業務街のコミュニティバス運行プロジェクト。ニーズ調査、バスのデザイン、停留所のデザイン、経営計画などに携わった。港区でコミュニティバスの運行計画を立案する際、自ら陣頭指揮を執った。勤務時間は8時から17時まで、残業一切なし。月給は800ドル。当時の交換レートで約25万円。研究所は一留学生、一インターンに対して親切だった。

ヒューストン市役所都市計画部長へのプレゼンも立ち会った。部長は中国人のチュウ（周）さん（おそらく香港か台湾出身）。中国なまりの英語だった。市役所の人材の多様性を体験した。

(13) 大学間のネットワーク形成

2節（Carlton College を除く）で紹介した大学は、Great Lake College Association という組織を作り、お互い連携している。日本の地方の大学は、共通の課題に対処するため、ネットワークを作るべきである。

(14) 同窓会のネットワークの維持、強化

筆者の留学した大学から現在も頻繁に無料で同

窓会ニュース（立派な冊子）が送られてくる。常に寄付の要請がある。大学の財源の多くは寄付で維持されている。筆者は、いただいた奨学金以上の額をすでに何回かに分け寄付した。「Dear Keimi」で始まる学長からのメッセージに暖かさ、親しみを抱く。

(15) 様々なイベント

留学中、大学内で招聘された音楽家、芸術家、研究者などのリサイタル、講演があった。中には国際的に有名な芸術家、建築家、研究者がいた。

(16) 世界中駆け巡る大学幹部

学長、大学院長、学部長は頻繁に来日し、寄付集め、優秀な高校生、大学生をスカウトする。ライス大学学長は数年おきに来日し、大学のPR、寄付集め、学生のスカウトをしている。大学院長も時々来日、多くの大学などを訪問している。筆者が港区長時代、ライス大学での指導教官は、当時のハーヴァード大学建築大学院長。大学院生を引き連れ、毎年、港区長室を訪れ、東京の都市問題を取材、港区内で設計演習、企業回りをし、寄付集め。ある大学学長はいくつかの国を訪問。大学主催で都市問題のシンポジウムを開催し、連携を模索している。

大学最高幹部、市長も積極的に大学、自治体を売り込むため精力的に活動している。

大学の地域貢献
テンプル大学の頻繁な無料公開講座

テンプル大学日本校は、２０１９年まで港区内にあった。テンプル大学はペンシルベニア州立大学で歴史伝統ある大学である。昨年、他区へ移転した。港区長時代、毎年、卒業式でスピーチを頼まれた。ノー原稿で英語で挨拶した。他区への転出は残念。毎月何回も無料で、その時の社会経済の課題に対応した社会人向け公開講座を開催している。いつもテンプル大学からメールで案内が来る。英語での講義で、英語の勉強にもなる。

2020年1月の公開講座の例。1月20日19〜20時半まで「インドの富と不平等」、1月22日「フェイクニュースの時代のジャーナリズム」、1月28日「部落問題の変化」など。これらの講座が無料で市民に公開されている。日本の大学でこうしたサービスをしているところをほとんど聞かない。公開講座を開催すべきである。大学の研究成果の市民への還元、市民との連携になる。

テンプル大学日本校は約40年前、日本に進出した（本部は六本木にあった。代表者に取材したことがある。）。長年、私塾扱いで学生は学割がもらえなかった。港区長時代、東京都にかけ合い、東京都認可の各種学校として学割がもらえるようにした。その直後、アメリカ大使館の一等書記官3人が区長室に来て、感謝の言葉を述べられた。アメリカの名門大学が日本で大学として認可されないのは、非関税障壁の一例である。

東京都老人研究所の行政改革

1997年、東京都庁の幹部から相談を受け、東京都老人総合研究所の中期計画策定のお手伝いをした。アメリカの大学の運営を参考にしたいので筆者の経験を参考にさせてほしいとのことであった。東京都老人総合研究所は、老人研究の分野で世界をリードしている。しかし、経営は100％東京都庁に頼っていたので（丸抱え）、研究活動の活性化とともに、研究所として財政的に独立できる経営方針を出し、実現させることが課題だった。当面、50％の自主財源、将来的には100

%の自主財源の運営が目標だった。改革のための具体的なハウツーが求められた。

アメリカの大学の運営を参考にし、目標をまとめた。

1）地域貢献。地域に役立つ研究。地域への成果の還元。
2）研究活動のPR。
3）ホームページ、日本語と英語の充実。海外からアクセスできる。交流できる。
4）他分野の産学専門家団体との情報交換。
5）ニュースレターの発行、発信。
6）公開講座を開催。年数回、成果を研究員が都民に発表する。実際、発表する研究員はプレゼンテーションがうまい。笑顔で、専門分野を平易な言葉で、ニュースキャスターのように説明する。
7）学会での発表活動。研究者として当然の活動。
8）大学生との交流、小中学生、高校生との交流。
9）サロンの開催（無料で都民が参加できる）、研究員との交流。
10）研究成果の評価（社会のニーズに合った研究活動か、研究成果が活用されているか）。
11）研究員の採用は公募による、厳格な評価、適時の研究員の交代。
12）委託研究の獲得、研究費の獲得。
13）政策課題に対する提言活動。
14）研究活動、研究員への予算配分・処遇は成果に基づく。一律均等にしない。
15）研究所に広報の専門家の活用。
16）理事・評議員の構成を変える。若い理事、異分野の理事など（お飾りの理事、評議員はいらない）。
17）研究所長、研究室長は積極的に外に出て、研究所のPR、寄付集めをする。

その後、かなりの部分で計画が具体化された。

日本で地方大学の活動事例

日本の地方の大学で独自に活動し、評価されている事例を3つ紹介する。

（1）国際大学（新潟県）

1982年設立。国際社会で活躍できる、高度な専門知識を持つ職業人を育成する大学院大学。国際関係論が主要テーマ。授業は英語。学生数358人。留学生60人、40か国。教員37名。

（2）国際教養大学（秋田県）

世界標準の教養教育。海外の大学との連携。学生871人。留学生151人、50か国。教員63人（うち外国人教員32人）。

（3）会津大学（福島県）

コンピューターサイエンティストを育てる。学生数1073人。学部学生835人、修士150人、博士55人。教員110人。4割が外国人教員。以上の地方の三つの大学の特徴は、国際化、英語による教育、コンピューターという専門領域に特化していることである。

日本の大学運営の課題

ノーベル賞の研究者、野依良治氏は、日本の大学の問題を次のように指摘している。

1）日本の大学の研究室は、教授、助教授、助手と上意下達型で、世界の常識からかけ離れた体制で、変革が不可欠である。

2）欧米の大学ではポストが空いた時、前任者の継承でなく「今後こういう分野が重要になる」と想定し、分野にふさわしい若手研究者を公募で探す。

3）国立大学学長は学内出身者がほとんどだが、将来展望を持ち、組織運営の経験豊富な人材を学外から求めなければならない。『読売新聞』2017年9月12日

日本の大学は年功序列型、すごろく型昇進制度である。

日本の地方の学長や地方の知事、市長が、こうした営業、招致活動をしているのを聞かない。

方向性

地域大学振興法の目的は「地方の大学振興や若者の雇用創出で、地域の積極的発展を図る」とあり、「10年間で、人が集まるような地方大学を創り、地方産業の発展につなげる」と地方創生大臣が発言した。

アメリカの大学運営、アメリカの地方の小規模自治体の政策を参考にすべきである。

アメリカの小規模自治体に立地するリベラルアーツの小規模大学、コミュニティカレッジなどの運営実態を参考にすると、次のような方向性が考えられる。

1）アメリカのリベラルアーツ大学のように幅広い教養を提供する。

2）アメリカのコミュニティカレッジのように地元地域のニーズに合う教養、職業教育をする。

3）ある専門特化した大学とする。

そして、野依良治氏が指摘した日本の大学運営の問題点を改革し、地方が独自にしっかり頑張り、正々堂々と都市間競争をすべきである。

アメリカの小規模大学の学長は全米、世界を駆け巡り、ＰＲ、学生集めをしている。

アメリカのある小規模自治体の市長は来日し、

大企業を訪問、雇用創出のために企業進出を要請した。市長、知事は、地元雇用創出のため汗をかかなければならない。

第11章

公共事業発注方式

1節

フランス大使館設計コンペ

日本では公共施設設計（コンサルティング含め）の発注は、ほとんどが入札方式である。しかし、デザインや技術の質は金額の多寡で判断できない。欧米では設計コンペが多い。しかも外国人にも開かれている。

審査員依頼の経緯

2002年、港区にあるフランス大使館の建て替えの建築家選定のコンペが開催されることになり、筆者はフランス外務省から審査員を依頼された。パリでの設計コンペの審査風景を体験し、かつフランスの建築家の役割を学んだ。

元大統領府建築長（日本で建設大臣のような立場、建築家）だったベルモンが、おそらく私を外務省に推薦したのではないかと思った。その理由は三つ。一つは私が港区長であること、二つ目は建築家であること、三つ目は私が大使館の隣人であること。従前の建物は、ベルモンと菊竹清訓の合作設計である。菊竹清訓の紹介で、ベルモンとは長年のお付き合いがあった。

審査の流れ、建築家の役割

フランス外務省から指名を受けた建築家5人が現地視察し、港区役所に来庁、私自ら法規制などについて説明した。審査会は2002年4月30日だった。ちょうど連休中だったので、パリまで2日間の弾丸ツアーをした。審査会場は、凱旋門近くの国際会議場の会議室。5人の建築家が作成した模型と図面が置かれていた。

審査委員長は外務次官、審査員は駐日フランス大使と3名のフランス人建築家、それに筆者である。真剣な議論をした。

ここで建築家の役割を理解した。まず、外務省の依頼でコンペの課題を作成する建築家チームがいる。発注者である外務省の意向を受け、専門的に発注条件を整理する必要がある。面積、各部屋とその関係、技術基準などである。

二番目は、技術面からの評価と審査中の助言する建築家チームである。審査員は限られた時間で審査しなければならない。専門家の建築家チームは事前に各案の特徴、技術的な問題点を整理する。審査中、審査員から質問があると、技術面の評価を担当する建築家が様々助言する。それは審査結果を誘導する内容ではない。審査の論点整理し、審査がスムーズに進行するためのアドバイス役である。

ちなみに東京の新国立競技場の審査では、こうした役割、プロセスがなく混乱した。技術専門家の小委員会を組織し、コストについての助言があれば問題が生じなかった。審査委員長自ら「自分はコストについて分からない」と開き直りの記者会見をした。有名人を審査員にすれば事足りるという安易な発注者の意識も問題だった。

三番目は、実際に設計競技に参加する建築家達である。個性の強い建築家であるが、より良い建築を創り出すため、職務のため、一致団結してそれぞれの役割を果たした。

建築家がこのような方法で設計競技に参加し、より良い建築を創り出す方法を日本でも実施すべきである。

審査風景

午前から審査が開始された。審査委員長の外務次官が司会進行役で、審査員は真剣に議論した。私も積極的に意見交換に参加した。審査員の助言者として、数人の建築家集団が控え、審査員が技術的なことで不明な点があると、その質問に的確に回答、説明した。日本のコンペの審査にない仕組みで、審査会の前に事前に技術的な課題を整理してくれた。

ジャン・ヌーベル（港区、汐留にある電通本社の設計者）の案は、現状の緑を保全し、わずかな既存の空地に12階の高層建築とする案で、デザインに優位性があり、審査員の注目を引いた。また、既存の施設を使い続けながら工事ができるのも利点であった。

ある審査員が「周辺は何階建ての建物か？」と質問すると、技術アドバイザーの外務省職員と建築家は「周辺は5階から7階（私が住むマンション）が多い」と回答した。高さについては、周囲との調和を大切にする、フランス人らしい発想の質問と感激した。近隣の建築との関係で、高さを気にする審査員が多かった。

もう一つは、駐日フランス大使が「大使館敷地の緑を保全し、限られた空地を活用して建築するのは、すばらしい発想であるが、隣地にあまりにも近すぎないか?」と問題提起をした。私のマンション敷地からわずか2メートルである。

私もヌーベル案では、高さが高過ぎると感じた。また、私が住むマンションの敷地から2メートルは、あまりに近すぎると感じ、「隣接の建築物の高さである7階建てをはるかに超えると、近隣から反対運動が起きる恐れがある。建築配置が敷地の隣地境界線から2メートルでは、敷地環境(大使館の広大な敷地規模)を勘案すると、隣地境界に近すぎる」と発言した。ソフトな物言いをしようと、「私の子供がクサヤという魚が好きで、それを焼くと強烈なにおいが生じる。台所の換気扇を通じ、クサいにおいが大使館側に排出されれば、大使館は『クサい』とのクレームを私のマンションに寄せる恐れがある」と発言した。笑いを誘った。日本的なやんわりとした却下の発言であった。

また、大使館建物が近いと、テロリストがマンションに侵入し、マンションからテロを起こす恐れがある。

別の案は、低層建築で敷地をリニアに取り巻く配置案であった。低層階で既存の緑を楽しみながら執務ができるということが長所であったが、技術アドバイザーの意見は「動線が長過ぎ、また敷地はアップダウンがあり、機能的に欠陥がある」との内容で、多くの審査員が納得、この案は却下された。

採用された案は、既存の建物を解体し、同じ位置に建替えるという内容であった。配置が従前とほぼ同じということで、周囲に違和感を与えないというメリットが高く評価された。

日本の設計競技と異なり、コンペの課題を作成する役割を果たす建築家集団と、実際にコンペに参加する建築家と、審査の円滑な運営のため技術的な助言をする建築家集団という、異なる建築家がチームを編成し、三つの役割を持って活動していることが分かった。

朝から晩まで真剣に審査に参加し、途中、コーヒータイムと軽いランチ休憩があるだけだった。様々な観点からの議論をし、公正な審査であった。夜は心地よい疲れで眠りについた。その直後、選挙で政権が代わり外務大臣が代わり、財政的な理由で本プロジェクトは休止となった。

2節

本書で紹介した設計者コンペ方式

すでに、第1章などで建築とその発注方式について紹介したが、欧米は設計競技（コンペ）による建築家の選定が多い。【図1】以下はその整理である。

パリ、ラヴィレット公園。460案からスイス人チュミが選ばれた。

同様ラヴィレットのパリ音楽院。フランス人ポルザンパルクが選ばれた。

パリ、フランス国立図書館。244案からペローが選ばれた。

パリ、アラブ世界研究所。フランス人ヌーベルが選ばれた。

パリ、新オペラ座。1700案からウルグアイ生まれカナダ人のオットーが選ばれた。

パリ、ルーブル美術館エントランスホール。中国系アメリカ人ペイが選ばれた。

パリ、新凱旋門。デンマーク人スプレッケルセンが選ばれた。

パリ、大蔵省。ポール・シュメトフ、ボルハ・ユイドブロ。

さらに、オランダ、ハーグ市庁舎。アメリカ人リチャード・マイヤー。

ヘルシンキ、現代美術館。アメリカ人スティーブン・ホール。

図1　フランス大使館コンペ審査風景。中央が筆者、右隣（陰で隠れてる）はフランス大使。その右隣は外務次官
撮影：筆者

ニューヨーク市ハイライン。52案からアメリカ人スコフィディオが選ばれた。

セルビア、ダニューブ川に架かる建築ノヴィ・サド。セルビアの建築事務所ARCVSが選ばれた。内戦終了後間もない混乱の状態であっても、設計コンペを実施し、良いデザイン案を選ぶ取り組みに敬意を表したい。

第3章では、アムステルダム港跡のウォーターフロントプロジェクトを紹介した。国際コンペで外国人建築家が多く参加した。

フィンランドの結核療養所（1932年竣工）。設計競技でアルバア・アアルトが入賞し、設計を担当した（第12章参照）。

各国で主要な建築は、国際コンペで最もふさわしい建築家を選び、その結果、世界中から関心を引きつけ観光名所にもなっている。

3節

パリ市のグランプロジェ（大公共事業）方式

2節と重複する内容があるが、1980年代のミッテラン大統領の下、大統領府チーフアーキテクト（建設大臣相当）ジョセフ・ベルモンが国際コンペを開催した。

1980年代フランスのミッテラン大統領は、国際的な都市間競争に打ち勝つため、パリを再生しようと大改造を進めた。グランプロジェ（大プロジェクト）である。そのすべてがレガシーとなり、現在、国際的な観光名所になっている。

建築長は、ジョセフ・ベルモン（在日フランス大使館は氏の若い時の設計）。専門職の最高位の行政官で、日本でたとえれば、建築デザイン、都市開発のアイデア豊富な専門家が総理大臣の指名で大臣級のポストに就き、公共事業のコンペや都市開発、地域開発の計画の立案、推進役となるようなものである。日本にはこうした組織、役割のポストはない。プロジェクトマネージャーのような立場で国際コンペを仕切り、それぞれのプロジェクトにふさわしい建築家をコンペ（設計競技）で海外、国内から招聘する。今やグランプロジェで完成した大規模公共施設は、パリの重要な観光資源である。建築と都市に関する能力と公正な人格が求められる。

4節

欧米の建築設計発注方式の実例

欧米の建築の発注方式について、アメリカ建築家協会の月刊誌『ARCHITECTS』、『ニューヨークタイムズ』、その他専門誌をおよそ5年分調べた。時期、場所などは順不同である。

アメリカ

(1) 連邦政府レベル

1）駐イギリス、アメリカ大使館：2010年コンペ実施、4人のファイナリストから選定。

Kieran+Timberlake が選定。

2）アメリカ連邦裁判所、ユタ州ソルトレイク市、指名コンペ、1997年実施。入選者：Thomas Phifer、発注者：連邦公共調達庁、2015年竣工、規模約4万平方メートル。

3）マリポサ出入国管理事務所、アリゾナ州。発注者：公共調達庁、予算187億円、規模1・1万平方メートル、コンペ案45案、入選者 Jones Studio

4）第一次世界大戦メモリアル（WWI）ワシン

トンDC、主催：連邦政府百年記念委員会、2015年、コンペ、350人が参加、5人のファイナリストから最終的に選定された。審査員：①Ethan Carr（マサチューセッツ大学）、②Marrice Williams（デトロイト都市計画局長）、③Benjamin Forgey（建築評論家）、④Harry Robertson（前ハワード大学学科長）、⑤陸軍准将、⑥John F. Shortal（歴史家）、⑦Allison Williams（サンフランシスコ）、⑧Jennifer Wingate（美術史家）。審査員は多様である。

5）The National Mall, s Constitution Garden Restoration　2012年コンペ、優秀賞：Rogers Partners（ニューヨーク）＋PWP（カリフォルニア）2015年竣工。

(2) 州政府レベル

ルイジアナ・スポーツホール＋歴史博物館、コンペ、面積2800平方メートル、工事費12・6億円、入選者：Trahan Hall

(3) 市役所レベル

1）ニューヨーク市警察第40分署、2016年、4400平方メートル、設計、デンマーク人Bjarke Ingels（おそらく設計コンペ）。

2）バルティモア・ウォーターフロント開発、2019年、コンペ、ファイナリスト：オランダ建築事務所West8　市民のコメント含め5人の審査員が選定。

3）The New Whitney Museum of American Art　ニューヨーク市、コンペ、審査員は発注者、2015年実施、規模5千平方メートル、設計：レンゾー・ピアノ。

4）Museum of Post War and Contemporary Art　ロサンジェルス市、指名コンペ、Koolhaus（オランダ）、SANAA（日本）、

Portzanparc（フランス）、Herzorg and de Meuron（スイス）。

5）MoMA, ニューヨーク近代美術館、１９６４年フィリップ・ジョンソン、１９８３年増築棟シーザー・ペリ、２００４年増築棟コンペ、谷口吉生。

6）New Museum　ニューヨーク市、２０１７年、SANAA（日本）（おそらくコンペ）。

7）Salvage Swing　ニューヨーク市、アートフェスティバル文化施設、２０１９年国際コンペ、設計：Somewhere Studio

8）Energy Harvesting Art　シアトルの Land Art Generator が主宰、３００案、うち28案がファイナリスト。

9）ニューヨーク、ピア40、ニューヨーク市主宰の国際コンペ。世界中から数百案が提出された（筆者も参加）。

10）ニューヨーク市図書館インテリア、２０１９年オランダ人メカーノ建築事務所入選。

11）直近のニュース：ロサンジェルス市、街路灯デザインの国際コンペ実施、締切２０２０年３月20日、市長エリック・ガルセッティは世界中の建築家・照明専門家、照明技術者に対しアイデアを求める。

(4) 海外（アメリカ以外）

1）トルキスタン、メディア・センター、カザフスタン、コンペ5千３００平方メートル、２０１８年竣工、設計ローマ、DRA&U

2）スコルコボ科学技術センター、モスクワ、ロシア政府主導の都市開発、14万平方メートル、コンペ２０１４年、設計：Herzorg & deMeuron（スイス人）

3）エカテリンブルグ競技場、ロシア、発注者：市役所、コンペ、３者が提案、２万平方メート

ル、設計：ドイツHPP

4）イタリア、ミラノ、工科大学建築学部、約1.3万平方メートル、2000年竣工、設計レンゾー・ピアノ（特命随意契約）卒業生でかつ世界的著名な建築家

5）Boxen ストックホルム、文化施設、2017年、156平方メートル、コンペ、設計：Dehlin Brattgard

6）ヘルシンキ工科大学学生センター、1961年、コンペ、設計：レイマ・ピエティレ

7）Taiyuan Museum of Art 中国、2014年、2段階コンペ、1次コンペで多くの参加者、4人のファイナリストの中から選定、設計：Preston Scott Cohen

8）バルセロナアリーナ、規模1万人、2017年、コンペ、設計：HOK（アメリカ）審査員（サッカーチーム関係者5名、カタルニア建築大学関係者3名、バルセロナ市議会議員1人、全一致で結論）

9）台南市文化局、公共住宅コンペ、規模3万5千平方メートル、コンペ、設計：オランダ人メカーノ

10）ナポリ、サイエンス都市、コンペ2015年、設計 YTAU

11）パリ UNIC 共同住宅、国際コンペ、2019年、規模6千600平方メートル、設計：中国MAD

12）ヘルシンキ市中央図書館、2018年、コンペ、規模1万8500平方メートル、88・4億円、543案、設計 ALA Architects

13）フランス文化省 ノートルダム寺院再建の国際コンペ発表 2019年4月

5節

まとめ

欧米では建築家選定はコンペが主流で、いいデザインを選ぶ、事業にふさわしい建築家を公正に選ぶ。国籍、出自、性別を問わず、公平、公正にアイデアを求めるコンペは欧米では頻繁に実施されている。外国人に開放し、外国人の当選者が多い。日本人建築家も当選している。

日本政府、東京都、市役所が従来型の入札制度（特に制限付き）を継続するとＷＴＯ（世界貿易機関）から不平等、不公正と提訴される恐れがある。筆者は外務省が設置したＷＴＯ研究会委員を1998年〜2000年まで務めた。

6節

筆者の体験

ニューヨーク市ピア40再開発コンペ

1995年、ニューヨーク市がハドソン川に面したピア40桟橋の再開発のコンペを実施した。土地勘があり、ウォーターフロント開発に関心があるので参加した。A1サイズのパネル2枚である。水辺への親近感を持たせるために周囲を階段状にした。条件にカヤックの練習施設があったので、カヤックの保管施設、水車を利用したポイント的な設備を提案した。

世界中から数百の案が提出された。審査終了後、航空便で丁寧に梱包され、パネル2枚が返却された。ニューヨーク市役所の参加者に対する丁寧さ、敬意を感じた（協力：林浩道）。[図2]

セネガル、ダカール奴隷博物館コンペ

1997年、セネガルが奴隷博物館の設計コンペを実施した。ダカールは「パリダカ」のレースで有名であるが、歴史的にはアメリカ奴隷貿易の

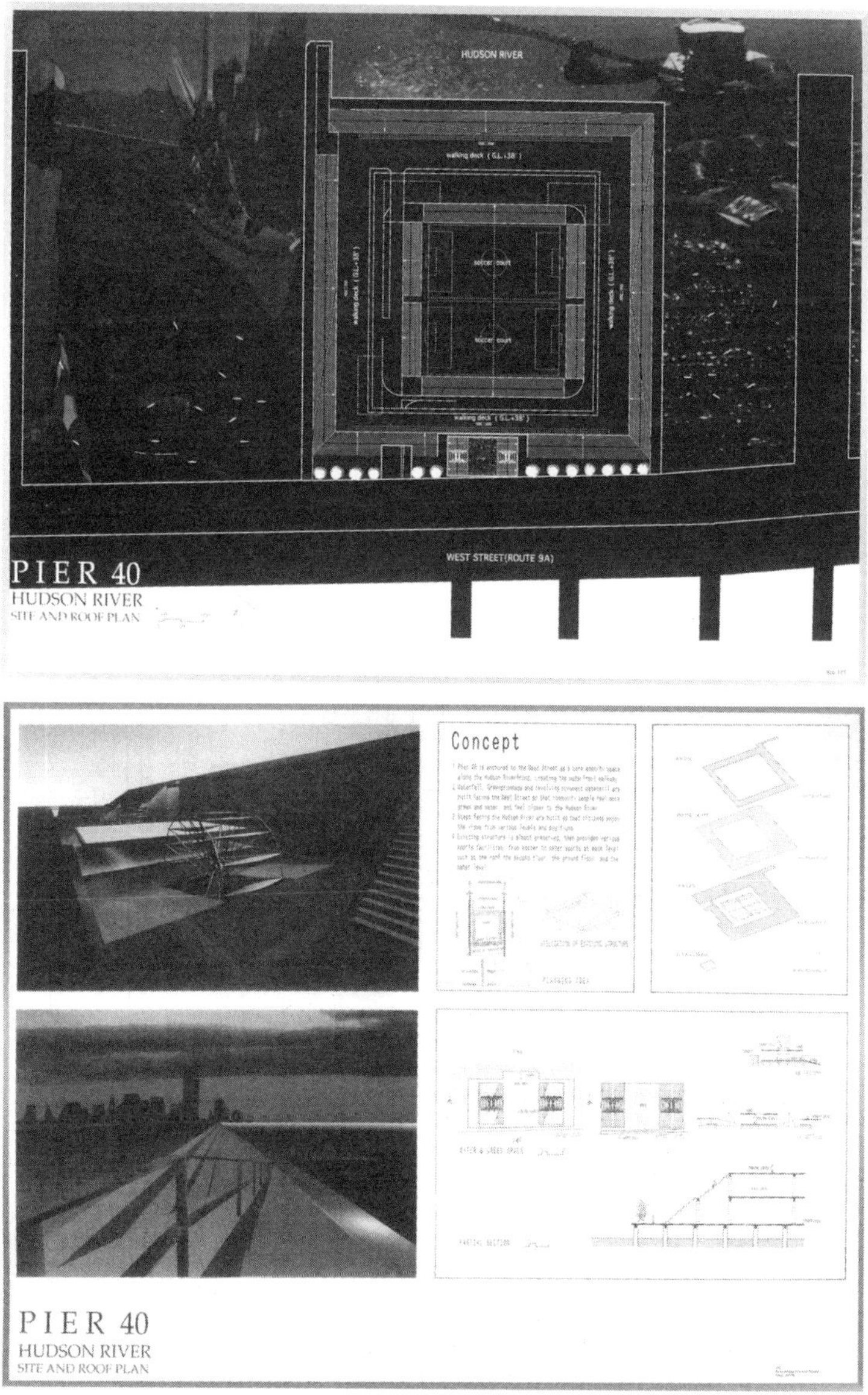

図2　ニューヨーク市ピア40コンペデザイン案

拠点だった。セネガルは歴史を刻もうと奴隷博物館建設を決め、国際コンペで建築家を募集した。

筆者のアイデアは、都市軸とアメリカへの方向軸の二つの軸を設定し、展示機能と事務・研究機能の二つの機能をそれぞれの軸に乗せることだった。展示空間は奴隷船が大西洋に出航するイメージとした。［図3］

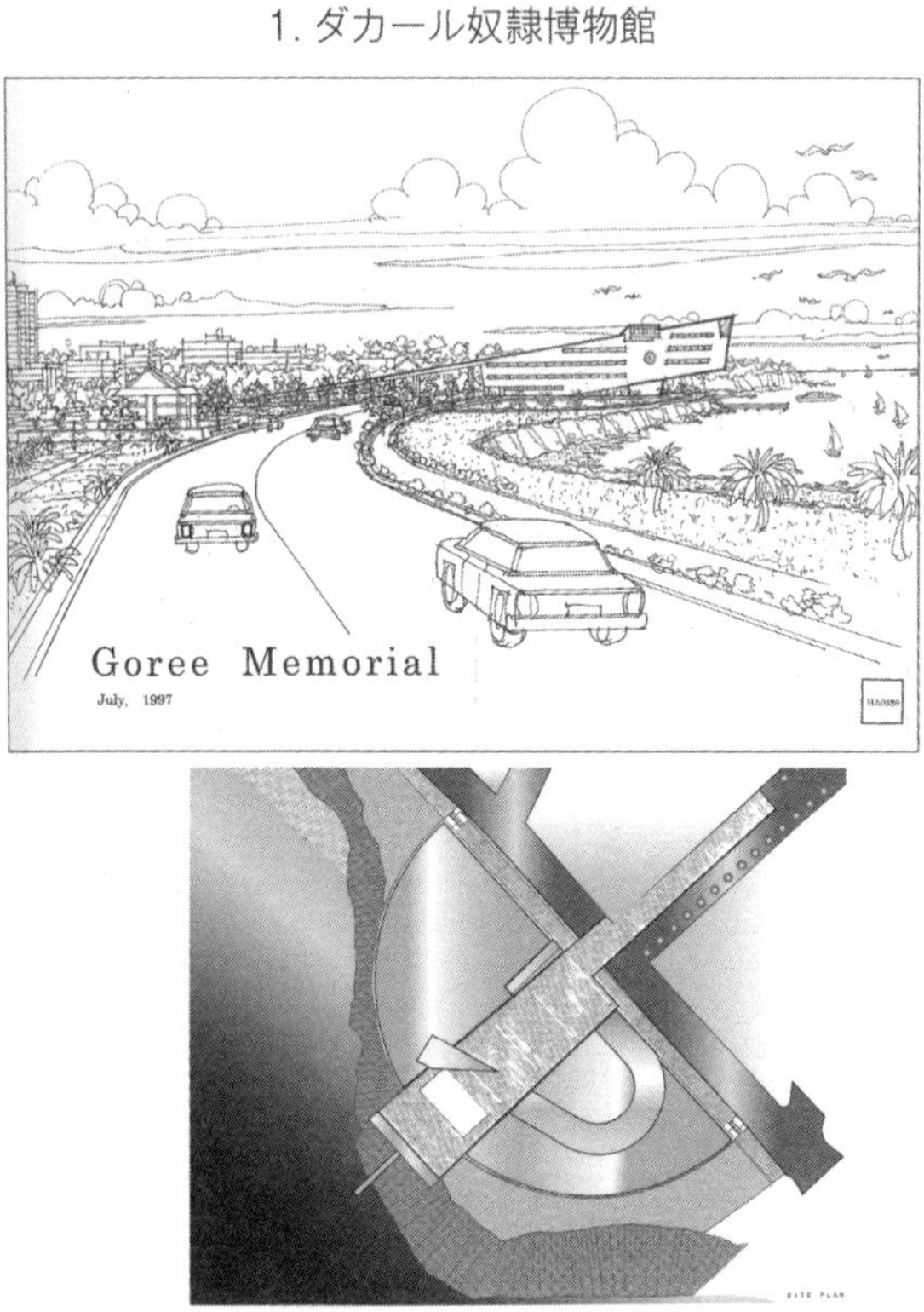

図3　セネガル、ダカール奴隷博物館コンペデザイン案

7節

東京への教訓

欧米のように、公共事業でそのプロジェクトにふさわしい建築家、アイデアをコンペ、できれば国際コンペで求めるべきである。また、審査体制はフランス外務省が実施したような専門家が発注条件書を作成、別の専門家が提出案の技術評価をし、審査員をサポートする仕組みが好ましい。審査員は、そのプロジェクトにふさわしい人物に依頼する必要がある。

筆者が港区長時代、建築家やコンサルタント選定をプロポーザル方式とした。A3サイズにアイデアを盛り込んでもらい、審査員が慎重に評価、選考する方式である。提出者の負担が最小限になる。担当予定者（大手の事務所でも実際の担当者は2～3名である）と面接し、担当予定者の経歴、考え、人柄を審査する方式である。

第12章

パンデミック後の都市

1節

疫病の歴史

新型コロナウイルスがまん延し、公衆衛生が世界的な政策課題になった。罹患者、死者数が急増した。公衆衛生は、建築・都市問題と直結する世界共通の政策課題である。

世界を騒がしている新型コロナインフルエンザを取り上げ、（1）公共政策、（2）危機管理、（3）建築・都市の観点から述べる。

新型コロナインフルエンザの発生、拡大

中国の武漢で発生した新型インフルエンザは、アメリカでの罹患者が3月1日カリフォルニア州で28人、ワシントン州で10人、ニューヨーク市ゼロ、3月3日ニューヨーク市で1人（イランからの帰国者）だった。1か月後の4月1日、ニューヨーク市での死者数は1400人になった。まん延があまりにも急速だった。

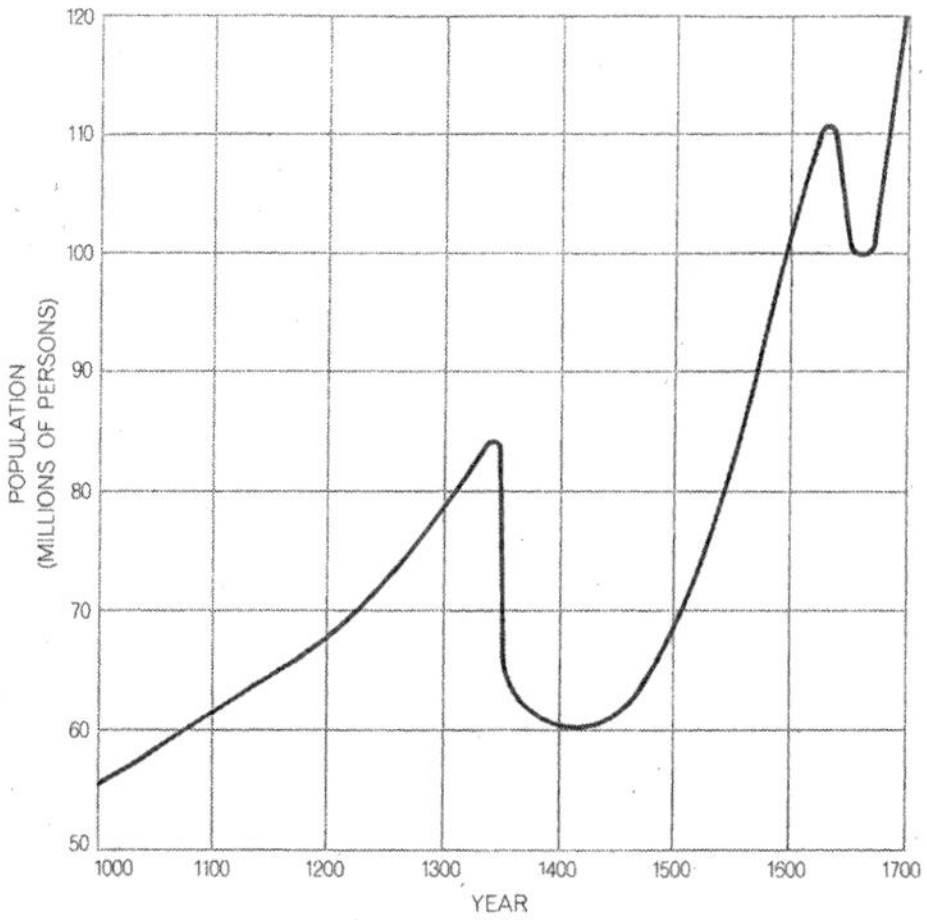

図1　14世紀から16世紀のヨーロッパの人口の推移。1348年から1450年の2年間で4分の1の人口が減少した。

14世紀のペストまん延と文明の大転換

都市の衰退、滅亡の原因は、①戦争、②天災、③経済、④環境、そして⑤疫病である。

14世紀のペストまん延は宗教改革、ルネッサンス運動の引き金となり、文明史を変える出来事であった。今回の世界的なウイルスまん延も、今後、文明史的に大きな社会変革が生じると考えられる。建築、都市、環境の在り方が問われている。

『Scientific American』１９６４年２月号で、William L. Langer の THE BLACK DEATH（黒死病：ペスト）の論文に、14世紀のペストまん延の状況が記述されている。以下、その概要である。

ペストは、１３４７年12月イタリアの港で黒海からの交易船がネズミを介してペスト菌を運び、患者が出た。瞬く間に地中海地域で広がり、１３４８年イタリアでペストがまん延、１３５０年12月までにリトアニア（当時の王国）、ノルウェー、スウェーデンまで急速にまん延した。ヨーロッパ中に拡大し、わずか2年間でヨーロッパの人口の30％が亡くなった。［図1］

カトリック教会は、健康祈願のお札を信者に販売した。お札はカトリックの利権。当然であるが効き目はなく、信者はカトリックに不審を抱いた。ペストが流行した町のカトリック教会の牧師が、罹患を恐れ逃げ出した。カトリックの権威は失墜し、教区に新たな宗教指導者が必要になったことも宗教改革の要因となった。

当時、カトリックの教えは厳格主義だったが、明日をも知れぬ命ということでカトリックの教えを無視し、大酒を飲み、狂気の大声を出し、町は売春婦であふれ、享楽的な生活になった。目に見えぬ敵ペストは、ユダヤ人や魔女がもたらしたとして、ユダヤ人排斥、魔女狩りが始まり、町は無秩序になった。カトリックの時代の芸術は主に宗教画であったが、ヌードがテーマの絵画彫刻が多くあったギリシャ・ローマ時代（アレキサンダー大王の裸像も多く製作された）を懐かしみ、ギリシャ・ローマ時代に戻ろうとルネッサンス運動が始まった。

社会経済の視点から見ると、都市で多くの人が亡くなったため、生き残った人が相続を受け、にわか金持ちになり、豪華住宅を作り、住宅に飾る美術工芸品を求めた。他方、農民は都市人口の激減で農産物の販路が減り、農地を放棄して都市に移住。職人となり、建築や工芸品制作に従事した。美術品の注文が増え、ルネッサンス運動を後押しした。

14世紀のペストまん延が、宗教改革とルネッサンス運動の引き金になった。今回の新型コロナウイルスまん延は、今後の建築、都市、環境、働き方、生活の在り方について、大きな変革になると考えられる。健康な建築、健康な都市づくりの発想が必須である。

●参考文献
1) William L. Langer, THE BLACK DEATH, Scientific American, February 1964

アジア型インフルエンザまん延防止の成功事例　公衆衛生と危機管理

公衆衛生と危機管理の観点から、インフルエンザまん延防止で成功した事例がある。

G・ウィリアムズ、1964年「ウイルスの狩人」岩波書店刊。本書は過去200年にわたるウイルス研究発展の本であるが、1957年まん延したアジア型インフルエンザの発生、拡大の事実とその対応は、危機管理を教えてくれる。以下は、その概要である。[図2]

1957年2月、中国南西部貴州省でインフルエンザが発生。共産主義中国から香港への避難民がインフルエンザウイルスを香港にもたらした。

図2　G・ウィリアムズ「ウィルスの狩人」1964年岩波書店刊のカバー

香港でインフルエンザが発症、拡大し、ニューヨークタイムズの特派員がインフルエンザ拡大について報道。アメリカ陸軍医学センター研究部長ヒルマンが、4月17日の記事を目にし「10%の発症率は、ただならぬこと」と察し、ヒルマンは日本の座間にある陸軍406医学研究所に打電。「香港でインフルエンザウイルスを発見し、ウイルスをアメリカに送れ」と指令した。座間の研究員たちは、ただちに香港に行き調査。患者からウイルスを手に入れ、アメリカに送付した。5月22日ヒルマン部長はウイルスを受け取り、「A型の新しいウイルス株」と発表、ただちにワクチン製造開始。8月12日ワクチンを50万人分用意した。す早い対応である。

6月、アジアからのゲートであるカリフォルニア州で、感染が2ケース生じた。一つはカリフォルニア州の一少女で、中部アイオワ州グリネル教会訓練所を訪問し、その後、ニューヨーク州に近いロードアイランド州ニューポート海軍基地で、初の罹患者が出た。もう一つはカリフォルニア州のボーイスカウトで、東部ペンシルベニア州ヴァレイ・フォージのボーイスカウト大会に持ち込んだ。

夏はインフルエンザの閑散期。ウイルスはばらまかれたが、インフルエンザは拡大しなかった。冬、アジア型インフルエンザが発症、拡大した。当時の「新型」ウイルス原因による死者数は1万人だった。1918年のインフルエンザの死者数の20分の1だった。衛生局長バーニーは、「ワクチンの速やかな生産と普及がインフルエンザ流行の発生を鈍らせ、何百万人がインフルエンザから救われた」と語った。

専門家の「気づき」、それに伴う「緊急の対応」、「先手先手」が有効だった。今回の事態、こうした歴史を学ぶ必要がある。

●参考文献

G・ウィリアムズ「ウイルスの狩人」1964年『岩波書店』刊

2節

インフルエンザ予防対策マニュアル（特別養護老人ホーム等における）

1998年　東京都高齢者施策推進室

筆者は1980年代、労働省の外郭団体から室内気候の小論を依頼された。高齢化社会に向け、高齢の勤労者が増えることを前提に留意点をまとめた。小論の概要は次のとおりである。

高齢者の身体的特徴

産業医斉藤一の研究によると、高齢者の特性は次のとおりである。

55～59歳の集団と20～24歳の集団と比較すると、平衡感覚能力は46％、肺活量75％、瞬発反応71％に低下する（「高齢労働者の安全確保のための人間機能測定方法」『中央労働災害防止協会』昭和57年3月）。

アメリカ空気調和衛生学会によると、高齢者の好ましい周辺温度は、若者の25℃に比べ25・4℃とやや高い。

脳卒中の死亡率と季節の関係・暖房の問題

1973年の建築学会の論文によると、高齢者の脳卒中の死亡率はスウェーデン、ニューヨーク市、北海道と比較し、東京では冬が圧倒的に高い。特に気温12℃以下になると死亡率が高くなる。その原因は暖房の方法に問題があった。暖かい室内と暖房がない廊下、トイレの室温の大きな差が原因による死亡である（籾山政子「死亡の季節変動と人工気候」『建築雑誌』1973年7月号）。

暖房方式

エアコンは手軽な冷暖房機である。室内を暖かい空気で温めるが、空気をかき回し細菌やウイルスをまん延させる恐れがある。また、乾燥した空気が高齢者ののどを直撃する。高齢者向けを含め、幼児、病院の病室は、エアコンでなく空気を媒体としない健康的な輻射《ふくしゃ》（冷）暖房が好ましい。さらに、居室のみでなく廊下、トイレ、浴室（脱衣室）、玄関ホール、階段など、利用者が使う空間すべてに暖房を設置する必要がある。新鮮空気を取り入れるため換気設備を別途設置する必要がある。ガラスで密閉された建物は多い。

インフルエンザ予防マニュアル

これらの小論が目に留まったのか、東京都高齢者施策推進室から「インフルエンザ予防対策マニュアル」の作成を依頼された。専門的な内容は感染症の専門家の助言をいただき、手作りで編集した。

予防のポイントは、感染源・感染経路対策として①手を洗う、②うがい・歯みがき、③マスクの使用、④症状が出たら人との接触を避ける、⑤面会者・訪問者からうつさない、⑥室温と湿度をコントロールするなどである。

⑥について、室温22℃に保ち、湿度は50～70％に保つ。加湿器は適時洗浄。室内の自然換気を適時する。この対策は、今回の新型コロナウイルスでも共通である。

●参考文献

1）原田敬美「高齢化と安全」『安全』1987年1月号～4月号

2）「インフルエンザ予防対策マニュアル」東京都高齢者施策推進室　1998年　編集：原田敬美

3節

遠隔診療　情報技術の活用

新型コロナウイルスまん延で、ワクチンも治療薬もない状態で罹患者が増え、医療機関は崩壊寸前である。症状が疑わしくても、病院に行くとかえって感染の恐れがある。大勢の患者が病院に押し寄せる問題、足腰の悪い高齢者、妊婦、障がい者など移動の問題を抱える方々への対応方法の課題がある。最新の情報技術を活用した遠隔診療が積極的に活用されるべきだ。

情報技術を活用した遠隔診療は、50年近く前から実験が行われてきた（筆者の調べ）。

在宅遠隔診療は、当初、医療過疎の離島での医療の充実のため過疎地を対象に始まった。過去の事例を紹介する。

「離島に医者がいないのでテレビ遠隔診断、長崎県五島列島を事例に研究」

「医療情報システム」を開発し、地元の診療所と中核の自治体にある病院（国立大村病院、長崎大学医学部）を通信回線でつなぎ、高度な医療サービスを離島でも提供するシステムである。朝日新聞1973年11月11日記事より。

「離島へもしもし……医療診断、電話回線で心電図・カルテ　いながら専門医に」

長崎県は離島にある6つの病院、診療所を電話でつなぎ、心電図やカルテなど医療画像情報をやりとりし、居ながら専門医の診断が受けられる「離島医療システム」が国立長崎中央病院を中心に活躍、離島の医療水準向上に役立っている。朝日新聞1979年10月21日記事より。

「テレビ診断、身近になる一流専門医、表情まではっきり　皮膚科学会の試み」

東京・五反田の関東逓信病院と青森市の青森逓信病院の間をテレビ中継で実験し、実用化のめどがついた。朝日新聞1975年6月8日記事より。

「21世紀の医療を目指す、全国に専門医の目」

厚生省と通産省の共同事業で、無医村地区で一般医や保健婦が通信技術を使い、都会の大病院に伝え専門医から適切な指示を受ける。朝日新聞1978年7月30日記事より。

「テレビ電話で遠隔医療　高齢者や妊婦、過疎地に効果」

高齢者、身重の妊婦が遠い病院に通うのは一苦労、過疎地も大変である。画像システムを使って在宅診療、遠隔医療の動き。国立大蔵病院で実験。

国立小児病院、水戸市にある茨城県立こども病院、国立水戸病院で行われる。医師法20条では、医師は自ら診療しないで治療したり、診断書や処方箋を交付することを禁止する旨が記されてあるが、厚生省は遠隔診療が法律に抵触しないと法解釈を固めた。読売新聞１９９５年11月15日記事より。

「国立大蔵病院　妊婦の在宅診療導入
テレビ会議システムで支援、
離島、豪雪地での活躍も期待」

パソコンのテレビ会議技術を活用し、在宅診療支援システムが開発された。大蔵病院で初めて実用化される。読売新聞１９９９年３月23日記事より。

「松下電工　在宅健康管理に進出」

家族の日常の健康管理、在宅ケアを受ける高齢者向けに、通信を使って血圧、体温などのデータをやり取りするシステムを開発。成長分野で既にＮＥＣ、セコムなどが進出。日経新聞１９９８年12月７日記事より。

「隠岐と本土結び遠隔医療システム実験」

ソフトウェア開発企業と富士通、ニコンは遠隔医療支援システムを開発。島根県と隠岐と本土の４病院を結び実験する。日経新聞１９９９年１月25日記事より。

「青森全域で遠隔医療」

遠隔医療技術の企業と医療器具企業が青森県全域を対象に遠隔医療ネットワークを構築する。高精度のレントゲン写真など交換する。日経新聞1999年5月19日記事より。

一部の報道記事であるが遠隔診療は長年、実験・研究がされてきた。今回のような場合、症状が軽症の方、高齢者、障がい者、妊婦などは自宅から遠隔診療で助言、診断するシステムを早急に導入すべきだ。

4節 危機管理

今回の新型コロナウィルスの急激なまん延は、危機管理の問題でもある。危機管理の体験を記す。

ニューヨーク出張キャンセル。遅い外務省の渡航禁止勧告

筆者は、2020年3月19日から28日までオハイオとニューヨークを訪問予定であった。3月3日、ジョンズホプキンス大学が作成、毎日更新している新型インフルエンザ患者の発症データを見て、また、アメリカCDC（「疾病医療センター」と訳されているが、病院の研究所のようなニュアンスである。意訳的にはアメリカ連邦政府・疾病規制監督庁とでも訳すべきである。強大な権限を持つ）が、3月初旬に発した渡航自粛勧告（アメリカの友人から提供）をもとに、3月6日のアメリカ出張をキャンセルした。外務省がアメリカへの渡航禁止勧告を出したのは3月22日である。日米関係を慮って時間を要したが、危機管理には待ったなしの対応が必須である。［図3］

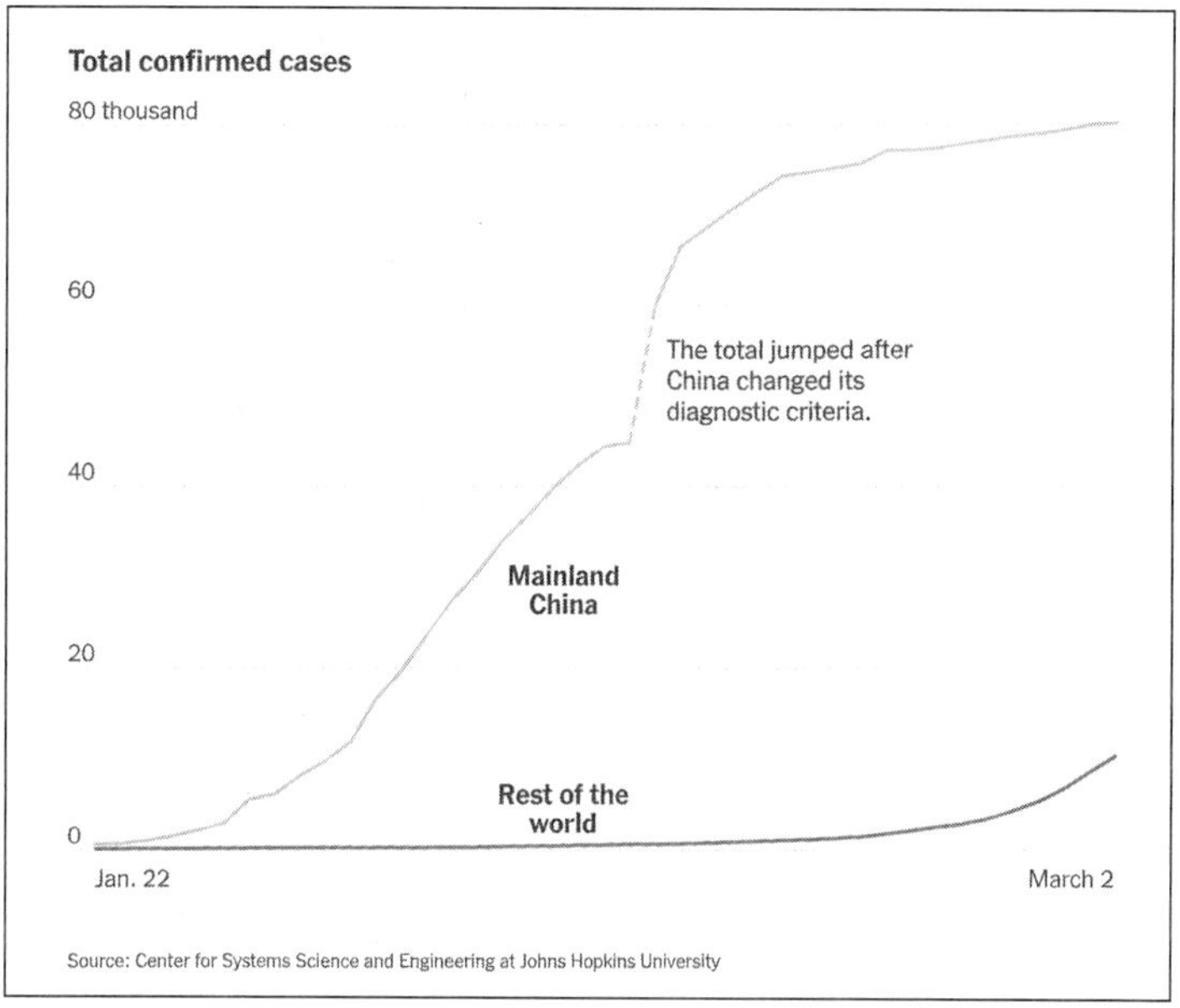

Source: Center for Systems Science and Engineering at Johns Hopkins University

図3　アメリカ、ジョンズホプキンス大学作成の3月3日の患者数の推移。毎日更新されている。4月に入るとNHKなどが「アメリカ、ジョンズホプキンス大学によると」と毎日引用するようになった。アメリカの大学の国際貢献である。

危機管理術

アメリカに留学し、大学や地域社会でのオリエンテーションで「生活の知恵」の助言をいただいた。その中で自衛のための危機管理術を多く学んだ。1970年代前半のことである。

(1) 街中を歩く時、歩道は中央を歩け

ビル側だとビルの中に無理やり引っ張りこまれる恐れがある。車道側だと車に無理やり引っ張りこまれる恐れがある。歩道の真ん中を歩け。ビルの陰から強盗が突然現れる恐れがあり、ビルの陰には気を付けろ。

(2) 大学内の掲示「レイプされた場合の対処」

レイプ被害に遇ったら、シャワーを浴びたり、着替えたりせず、直ちに大学警察(第7章参照)に通報、そのままの状態で病院に行き検査を受けろ。

(3) 夜道を歩く時

手の指の間にカギを挟み、襲われた際はカギを挟んだ手で相手の目をめがけ一撃を加え、相手がひるんだすきに逃げろ(アメリカでは正当防衛が認められている)。

(4) ショッピングセンター駐車場で自分の車に戻った時の警戒

アメリカのショッピングセンターは巨大で、駐車台数1万台というのはざらである。建物から100~200メートルも離れた駐車場に駐車せざるを得ないことがある。夜間は暗がりとなる。車のキーを手に、急ぎ足で車に戻り、車の周りを一周し、車の中、背後に不審者がいないか確認する。ただちにドアを開け乗り込み、ドアをロックし、エンジンスタートし、明るい場所まで移動する。その後、ゆっくりシートベルトをし、改めて出発。

(5) ニューヨーク市の地下鉄

1970年代から90年代にかけ、ニューヨーク市の友人から「午前7時前に地下鉄に乗るな。午後10時以降、地下鉄に乗るな。タクシーを使え」と助言を受けた。1980年代ニューヨーク市の地下鉄は夜間、ホームレス、売春婦、物乞いが多かった。地下鉄車両で用便する者もいた。最近はだいぶ安全になった。1990年、ニューヨーク市地下鉄警察部長に就任したブラットン(後年ニューヨーク市警察委員長)が、地下鉄内の秩序回復に尽力した。

1994年　ロサンジェルス・ノースリッジ地震の際のロサンジェルス市役所、市長の行動

1994年1月17日、午前4時31分マグニチュード6・6、震源は地下14キロメートルの浅い直下型地震が発生した。高速道路の床板が一部崩壊したが、幸い早朝だったため、被害件数は地震の規模に比べ少なかった。市役所、市長の対応が報道され、筆者は港区長時代、自身の行動マニュアルとした。

4時31分　地震発生。

5時　市役所緊急指令センターに30人以上の職員が集合。

5時15分　リオダン市長陣頭指揮。市長は市警察の最高司令官である（第7章で既述）。

5時50分　市長が緊急事態発令。公園・学校を避難所に指定。市警察・郡保安官事務所（市域外の周辺部をカバー）が緊急警戒態勢（暴動、略奪などの恐れがある）。スペイン語（メキシコ系住民が多い）、韓国語通訳（近年、韓国人の移住者が多い）を手配。

市警察だけで対応できない場合、州の軍隊や連邦の軍隊が出動する。州知事ウィルソンは州兵1500人を出動、夜間外出禁止令を出した（略奪、暴動対策）。

第8章で既述した1999年のトルコ、コジャエリ地域大地震の際、発生後15分で政府に緊急対策本部が設置されたと、当時の駐日トルコ大使が語っていた。日本建築士会連合が義捐金を集め、理事である筆者が大使に届けた。

危機管理の事例

（1）2011年3月11日（金）東日本大震災

の時の主要国大使館の対応

翌日12日の土曜日、筆者の住まい近くのフランス大使館、ドイツ大使館の前に観光バスが停まっており、大使館員を避難させる準備態勢を取った。アメリカ大使ルースはアメリカ人に対し、「ただちに福島原発から50マイル以上（80キロメートル）避難しろ。留学生はただちに帰国せよ」と発令した。筆者はアメリカ政府が主宰するフルブライト留学の同窓会長を務め、アメリカからのフルブライト留学生に対する激励会を3月14日に予定していたが、大使館からの連絡でただちに中止した。自国民をすばやく守る大使の対応である。

（2）イラン・イラク戦争の時、日本大使の取った態度「日本人技術者はイランに居残れ」

１９８０年、イラン・イラク戦争が勃発した。この時、イランで三井物産が中心となり、建設会社が大規模石油精製施設を建設中だった。戦争勃発と同時に西ドイツ、韓国などは軍用輸送機を派遣、自国の技術者を救出した。当時現場で作業していた筆者の知人の建設技術者から聞いた話。「日本大使は『日本とイランの友好親善のため脱出せず、イランに残ってほしい』と訓示。イラク空軍の空爆、戦況が悪化する中で、必死の思いで命からがら陸路を使って避難、国外に脱出した」とのことである。危機管理は危険からただちに逃げるのが鉄則である。知人は「あのバカ大使が」と今でも恨み骨髄に思っていると語った。

（3）1971年8月15日、ニクソンショック（ドル通貨交換停止）

ニクソンショックのあった日、筆者はストックホルムに留学中だった。スウェーデンはじめヨーロッパ中の銀行がドル通貨交換を停止し、２週間閉鎖が続いた。日本政府は銀行の為替窓口閉鎖を指令せずドル交換を継続し、世界中のドルが日本に流れ込んだ。筆者は国際金融の現実を体験し、危機を感じたら、ただちに対応することを学んだ。この時はスウェーデンの友人が私設為替交換所（？・）をしてくれ、筆者のドル紙幣をスウェーデン貨幣に交換してくれた。

（4）港区役所での危機管理

2000年6月、港区長に就任し危機管理対策を推進した。9月の防災訓練に自衛隊練馬駐屯地から自衛官を招いた。訓練のための訓練になってはいけないと訓示した。緊急時、区長は（誤解を恐れず言えば）独裁者となると宣言した。職員は与えられた役割に専念しろと訓示した。大震災が発災したら自立して動ける自衛隊に救助してもらうしか方法がない。発災直後、警察・消防の対応能力は限定的である。

港区役所に危機管理担当部門を創設（戦略事業推進室、ユニークなネーミングは職員のアイデア）。警視庁から警視の中間管理職を招へいし、「生活安全担当課長」とし、港区内の生活安全、危機管理を担当した。日本初の施策である。生活安全条例の施行、商店街に防犯カメラの設置、小中学校と警察の間に緊急事態を知らせるホットライン通信設備を設置した。

行政は平時を前提で仕事をする。職員は緊急事態に不慣れである。平時なら法律に書かれている内容をもとに仕事をすればよい（問題と思える法律や条例、規程も多いが）。緊急事態では頭を入れ替えないといけない。そうした訓練も必要である。

ノースリッジ地震（ロサンジェルス市）の時のロサンジェルス市長の行動記録を胸にしまい、個人的なマニュアルとした。

（5）家庭の中での危機管理対応

筆者の家庭での危機管理である。子どもが成人に達するまでは親の責任である。筆者は海外含め出張が多いので、子供が成人に達するまでは、夫婦で同じ飛行機に乗らず、一便ずらして移動した。大震災が発生した際のマニュアルを作り、子供や親類に考えを伝えた。

（6）3・11でアメリカ海兵隊の救援の内容
快適なシャワーと英会話教室

知人が、アメリカ海兵隊ハワイ部隊にいた。聞いた話。震災直後、命令を受け、輸送機で仙台空港に救援に駆け付けた。体育館に避難している方たちに暖かいシャワーを提供した。英語の勉強をしている中学生がいたので英会話教室を開催した。未曾有の被害を受け、緊張している避難所で快適な温かいシャワーを提供し、英語を教えたりと心和む支援方法である。

5節

公衆衛生を反映した建築・都市・環境

伝染病がまん延し、建築、都市、環境の在り方が改革されてきた歴史がある。欧米の事例を紹介する。健康、環境への配慮である。

建築の変革

(1) 玄関脇の手洗い器の設置

19世紀、伝染病がまん延した際、住宅設計の考えが変わった。玄関は人が外部（汚染された空間）から内部（防御すべき空間）への移動空間である。ハーフ・バスルーム（手洗い器）またはパウダールーム（女性用手洗い）が、玄関脇に配置されるようになった。家族の帰宅時や来客がまず手を洗う。配達人も同様である。

世界三大建築家の一人、フランス人コルビジェがデザインしたサボワ邸（フランスの歴史的建築物）でも、玄関ホールに手洗い用の流しを置いた。

(2) 建材の変革

19世紀末から20世紀にかけて伝染病のまん延で建築材料の考え方が変わった。床材、壁材はより健康、衛生的な材料が開発され、使われるようになった。床材は、木からリノリウム、タイルに替わった。

浴槽は木で作られているものが多かったが、エナメル仕上げの浴槽が開発され、掃除がしやすく清潔、衛生的と高い評価がされた。エナメル製の浴槽は病院で採用された。

壁の色彩は白が多く採用された。白い壁は採光を反射させて室内を明るくでき、汚れが目立つので清掃しやすい。

(3) 病院建築、結核療養所

19世紀半ばから結核療養所整備の運動が始まった。抗生物質が開発される以前、治療は安息、日光浴、新鮮空気を吸うことだった。療養所という目的が明確な建築では、乾燥、新鮮空気、日照を最大限生かすことが基本思想だった。窓を大きくとって新鮮空気を取り入れ、日中、十分な休息と日光浴ができるよう広いバルコニーや平らな屋上が設計のポイントとなった。清潔感を出すため壁の色は白を基調とした。

このような設計の考え方は、コルビジェ、ブルノ・タウト、ペーター・ベーレンスなど著名な建築家に影響を与えた。従来の欧米の建築は小さな窓、勾配のある屋根だった。

フィンランドを代表する建築家アルバア・アアルトは設計コンペで入選、パイミオのサナトリウムをデザインした。近代建築のアイデアが結集された建築とした。平面計画では療養室を一つの棟にまとめ、食堂など共用室を一つの棟にまとめ、二つの棟に分けた。周囲の白樺林の自然環境を生かし、バルコニーから美しい景観を楽しめるようにし、景色が癒しとなるようにした。1932年竣工。[図4]

アアルトはサナトリウムのデザインで、建築デザインのみならず様々な設備や道具もデザインし

図4　フィンランドの建築家、アルバア・アアルトが設計したパイミオのサナトリウム。1971年視察。突然の訪問だったが看護師が親切に案内してくれた。撮影：筆者

た。例えば、洗面器である。病室で他の患者に音で迷惑をかけないよう配慮し、半円球のデザインにした。また、日光浴のためのイスのデザインもした。集成材で柔らかいデザインである。これが人気を博し、一般家庭などにも普及した。いわゆる北欧のインテリアデザインの先駆けとなった。

（4）病院建築の影響を受けた住宅設計

住宅でも、台所、浴室（便器含め）など、病院の設計思想を採用した。従前は飾りのついた壁紙、風通しの悪い浴室だったが、清掃が簡単な衛生的な浴室とした。木材の床をやめ、タイルに替わった。また、床材にリノリウムが開発された（抗菌性の強い木材もある）。

壁紙は19世紀末、衛生思想の改革者になった。有害物資を含まない衛生的な湿気防止の材料で、白が大流行した。白は自然光を反射させる。日光が最良の抗菌剤とみなし、大きな窓とした。欧米の建築は、構造体が占める割合が高く、窓が小さく、窓の占める比率が少ない。伝統的な日本の開放的な建築は欧米人には衝撃的である。

カーテンはドレイパリーと称する厚手の生地でなく、薄手の生地に替わった。また、抗菌効果のある取手を使うようにした。

都市計画の変革

建築・都市の将来について議論・提案するため、近代建築国際会議ＣＩＡＭ（Congress International dArchitecture Moderne）が１９２８年設立された。１９３０年、フランス人建築家コルビジェは輝く都市パリを提案した。日照、通風を確保するため隣棟間隔を十分とって高層の住宅を配置し、地上は湿気と埃《ほこり》があるので、十分なオープンスペースと緑の配置を提案した。１９３３年、アテネ憲章が採択され、「住む、働く、レクレーション、交通」を都市の4要素ととらえ、住宅では健康重視、適度な密度、日照確保、職住近接が提案された。緑地は物理的にも精神的にも有益な要素と位置づけられた。

健康な都市計画の提案である。

環境の変革

産業革命の時代、人々が都市に集中し、道路は汚れ、建物は高密で日照通風がなく、下水もなく、都市は伝染病の温床であった。19世紀の疫病まん延で解決のため、上下水道が発展した。都市は危機で生まれた技術で持続されてきた。

19世紀まで都市の居住は、寝室か浴室にオマルが置かれ、排泄物を溜めて不衛生な状態だった。公共下水道につながることで伝染病の拡大を止めることができた。バスルームの便器のデザインが伝染病を止めるカギであった。

結核療養所では十分な日照、新鮮空気を取り入れる室内環境が整備された。

前述のサボア邸では十分な窓と採光、室内の換気、屋上庭園など、これからの時代に必要な健康、環境の要素が多く使われた。

6節

パンデミック（世界的拡大）の時代の建築・都市・環境

過去10年から20年を見ると、サーズ、マーズ、エボラ、鳥インフルエンザ、豚インフルエンザ、そして今回のコロナウイルスとパンデミックが続いている。パンデミックの時代、どのように明日の時代の都市を創るかが課題である。パンデミックに耐える復元力ある持続可能な建築、都市を目指す必要がある。そのため「健康」の観点から建築、都市、環境の評価が必要である。

建築

（1）バルコニー、パティオ、私的半屋外空間

例えば、都市居住で最も多い集合住宅の場合、ソシアル・ディスタンスに配慮し、バルコニーを設置し、新鮮空気を楽しめるようにする。

２０１７年のアメリカの15の大都市の住宅調査で62％の賃貸人がバルコニーやパティオにアクセスできていないことが判明した。中には飾りだけのバルコニーもある。理想的には奥行１・８メー

トルあるとくつろげる。アメリカでは都市計画の用途規制でバルコニー設置、バルコニーの大きさが制限されることが多い。バルコニーは外壁に日陰を与えることで省エネ効果もある。

(2) 衛生的な共有空間

狭い入り口ホール、狭いエレベーター、ドアノブ、ボタンなどは感染リスクがあるため、衛生的な配慮をする。

(3) ペットとの生活

集合住宅で犬などペットを飼うことは、気晴らしとなる。犬が欲しいとネットでの記事が2019年3月に比べ122%増となった（『ニューヨークタイムズ』2020年4月24日）。

ペットと一緒に暮らせる設計も精神面から大切である。

●参考資料

1）Linda Poon, A Lesson from Social Distancing:Build Better Balconies, April 20, 2020, CityLab.

都市計画

(1) 徒歩15～20分で自立する近隣住区

「徒歩15～20分圏内で、ある程度自立できる近隣住区を作る」と、パリ市長アン・ヒダルゴ、アメリカ、オレゴン州ポートランド市などが提唱している。その圏域に日常必要な商店、学校、医療施設、文化施設などが存在していることが重要である。ポートランド市の場合は特に環境政策の観点からである。

(2) 近隣住区に生活に必須の施設整備

圏内で移動に必要な歩道整備、自転車道整備が課題である。

　地元の公園は物理的、感情的、精神衛生上、コミュニティ感覚醸成に必須なライフラインである。

(3) アフォーダブル住宅

　住宅について、圏内にアフォーダブル（経済的に可能な）住宅を供給する必要がある。
　外部空間を安全な生活空間として維持することが重要である。

(4) 情報技術の活用

　情報技術を活用し、個人情報保護は当然であるが、現在生じている事態を正確に把握し、市民が情報を共有できるようにする。

(5) 都市間ネットワークの確立

　そして、都市間のネットワークを作り、気候変動、疫病対策に当たるため、強固な関係構築が必要である。さらに、国際間の自治体連携も必要である。

環境

(1) 外部の新鮮空気の取り入れ

　健康な室内気候の確保、維持が必要である。そのため、外部の新鮮空気を取り入れる設備設計が必要である。最近の建築はガラスで密閉されている。

(2) 輻射冷暖房

　冷暖房は、特に高齢者、幼児、入院患者の部屋では、空気を媒介するとのどを痛め、細菌やウイルスを拡散させる。健康的な輻射《ふくしゃ》方式とし、かつ冷暖房の対象面積も廊下、トイレ、浴室、階段室などにも拡大する必要がある。

(3) 構造材に木材

　構造材に木材を利用し、高層建築、大規模建築を造り、二酸化炭素排出を抑制する。

（4）抗菌・健康の建築部材

取っ手、手すりなど人の手が触れる部材は、抗菌効果の高い部材を使う。壁材は抗ウイルス、吸湿性とする。清掃がしやすい材料。

（5）緑化、水

緑化が重要である。建築の壁面、屋上緑化を積極的に進める。街中に噴水、水の流れを設置し、癒しと同時に手洗いにも活用できる。

緑の効用について多くの論文がある。空気の清浄、CO_2を貯める、地表の気温低下など指摘されている。イギリスの国家統計局によると経済効果も大きい。街路樹が生む日陰により２０１４年から２０１８年の５年間に65・６億ドル（約６６００億円）の夏の冷房費の節約になった。

7節

東京への教訓

(1) 危機管理と行政・政治に求められる信頼

日本は水と安全はタダと言われている。危機に不慣れである。危機に際し行政・政治の強いリーダーシップ(権力の行使)が必要である。一方、行政・政治が強いリーダーシップがスムーズに展開されるためには情報公開、公正性の担保が必要で、行政・政治が信頼されないといけない。筆者の体験である。官発注の業務の入札に参加したが、入札結果を公表しない自治体がいくつかある。

(2) パンデミック後の建築・都市・環境の在り方の見直し

これまでも疫病の発生に伴い建築・都市・環境の在り方が変革してきた。今回のパンデミックの後、建築・都市・環境の新たな姿を示す必要がある。

(3) メディカルセンター構想

アメリカにメディカルセンターと称する医科大学、病院、看護学校、医学研究所など医学関連の施設が複合した巨大都市がある。世界最大のテキサス・メディカルセンターを紹介する。

筆者が留学したヒューストン市にあるライス大学と隣接している。面積は5・4平方キロメートル。港区の4分の1である。54の施設が立地している。医科大学4、歯科大学1、薬科大学2、看護学校7、病院21、公衆衛生研究所3、研究所19、病床数9千200床の複合都市である。年間1万3600件の心臓手術、手術18万件、2万5000人の出産、年間1000万人の患者、内海外から1万8000人。10万6000人が働いている。GDPは2兆5000億円である。近隣には商店や患者家族のためのホテルが多く立地している。[図5]

今回のようなパンデミック対応、世界への貢献、東

図5　テキサス・メディカルセンター配置図　出典：ライス大学研究所資料

京の活力のためメディカルセンター構想が必要である。海外の患者が東京の医療施設に来る基盤整備が必要である。世界のトップの医者が東京のメディカルセンターで医療活動ができる制度整備が必要である。

ベイラー医科大学にディベイキという世界的に有名な心臓外科医がいた。真っ赤なポルシェに乗り、駐車場にポルシェが停まっているとディベイキ博士がいるぞと友人同士語っていた。ディベイキは、90年代ロシア大統領エリツィンの心臓手術を依頼され、プライベートジェットでモスクワに行き執刀した。ロシアの医師免許を持っていない。世界の医療はこのように動いている。

●参考資料

1）Wikipedia：Texas Medical Center

あとがき

２０１９年春頃、都政新報社の吉田さんが弊事務所にお見えになり「原田さん、これまで見てきた建築、都市などの体験をまとめてみませんか？」と執筆のお誘いをいただきました。

多忙と怠け癖でしばらく放置。今年の2月にいよいよ意を決し全体構成を決め、執筆に着手しました。本書は、筆者がかつて書いた原稿と多くの手元資料をもとに執筆しました。

執筆中、新型コロナウイルスまん延があり、筆者の書庫にある関連分野の資料をもとに「パンデミック後の都市」を急きょ書き足しました。

過去50年を振り返ると、多くの都市を訪れ、訪問先で多くの方にお世話になり、取材させていただきました。そもそも留学のご指導をいただいた当時の早稲田大学穂積信夫教授、国際会議にお誘いいただいた建築の恩師、菊竹清訓先生に感謝します。

本書に書きましたが、視察、取材の際、素朴な気づき、疑問を抱くことが大切です。公務員、議員、建築・都市の専門家は、海外視察する機会があると思います。

1）市役所を訪問しましょう。どのような組織があるか調べましょう。

　1990年代まで筆者は電話帳で組織を把握しました。【図1】

　市役所の資料を集めましょう。市役所職員のマナーを観察しましょう。市警察の警察官の制服やパトカーのデザインを観察しましょう。

2）市議会を傍聴しましょう。毎週どこかの委員会が開催されています。議事進行を観察しましょう。

3）商店街を視察しましょう。都市の経済力を感じることができます。お店の業種・業態を観察しましょう。下町なら店主との会話を楽しみましょう。電柱の有無を調べましょう。夜の賑わいを観察し

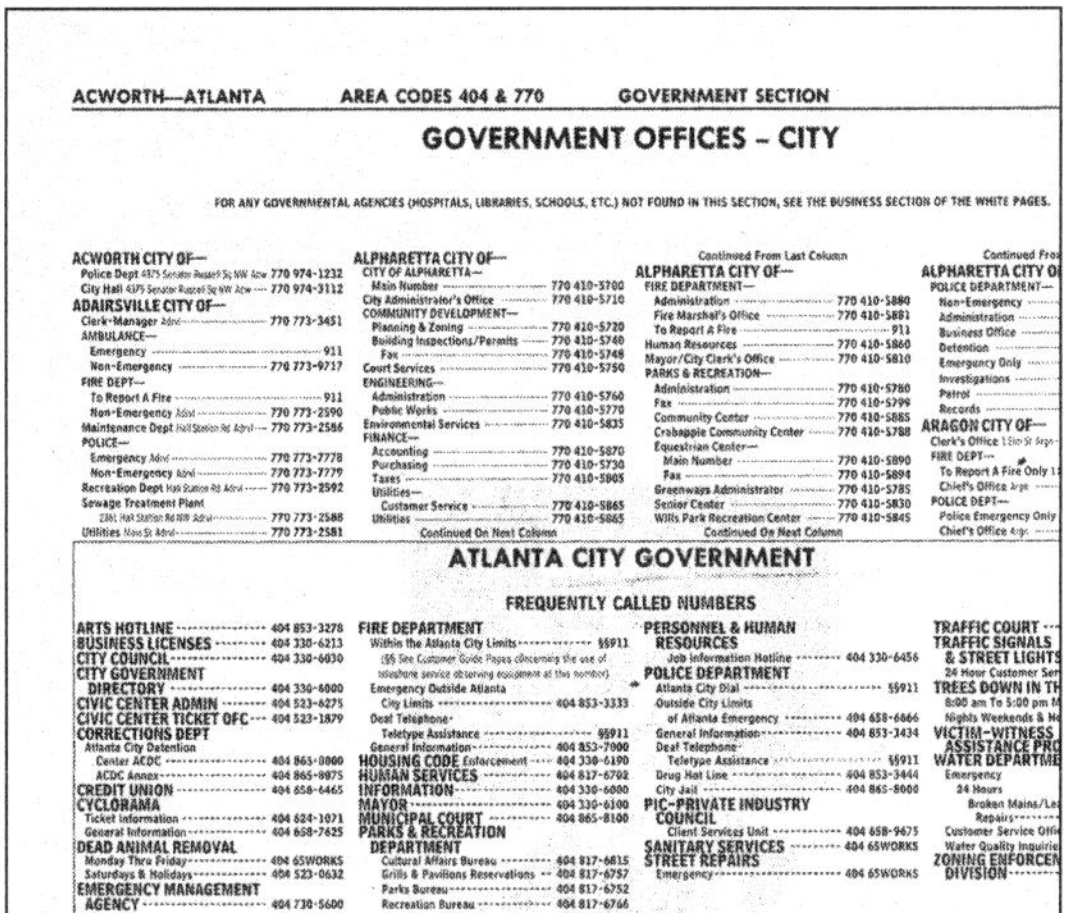
ACWORTH—ATLANTA　AREA CODES 404 & 770　GOVERNMENT SECTION

GOVERNMENT OFFICES – CITY

FOR ANY GOVERNMENTAL AGENCIES (HOSPITALS, LIBRARIES, SCHOOLS, ETC.) NOT FOUND IN THIS SECTION, SEE THE BUSINESS SECTION OF THE WHITE PAGES.

ACWORTH CITY OF—
Police Dept 4375 Senator Russell Sq NW Acw 770 974-1232
City Hall 4375 Senator Russell Sq NW Acw 770 974-3112
ADAIRSVILLE CITY OF—
Clerk-Manager Adrsl 770 773-3451
AMBULANCE—
Emergency 911
Non-Emergency 770 773-9717
FIRE DEPT—
To Report A Fire 911
Non-Emergency Adrsl 770 773-2590
Maintenance Dept Hall Station Rd Adrsl 770 773-2586
POLICE—
Emergency Adrsl 770 773-7778
Non-Emergency Adrsl 770 773-7779
Recreation Dept Hall Station Rd Adrsl 770 773-2592
Sewage Treatment Plant
2381 Hall Station Rd NW Adrsl 770 773-2588
Utilities Main St Adrsl 770 773-2581

ALPHARETTA CITY OF—
CITY OF ALPHARETTA—
Main Number 770 410-5700
City Administrator's Office 770 410-5710
COMMUNITY DEVELOPMENT—
Planning & Zoning 770 410-5720
Building Inspections/Permits 770 410-5740
Fax 770 410-5748
Court Services 770 410-5750
ENGINEERING—
Administration 770 410-5760
Public Works 770 410-5770
Environmental Services 770 410-5835
FINANCE—
Accounting 770 410-5870
Purchasing 770 410-5730
Taxes 770 410-5805
Utilities—
Customer Service 770 410-5865
Utilities 770 410-5865
Continued On Next Column

Continued From Last Column
ALPHARETTA CITY OF—
FIRE DEPARTMENT—
Administration 770 410-5880
Fire Marshal's Office 770 410-5881
To Report A Fire 911
Human Resources 770 410-5860
Mayor/City Clerk's Office 770 410-5810
PARKS & RECREATION—
Administration 770 410-5780
Fax 770 410-5799
Community Center 770 410-5885
Crabapple Community Center 770 410-5788
Equestrian Center—
Main Number 770 410-5890
Fax 770 410-5894
Greenways Administrator 770 410-5785
Senior Center 770 410-5830
Wills Park Recreation Center 770 410-5845
Continued On Next Column

Continued Fro
ALPHARETTA CITY O
POLICE DEPARTMENT—
Non-Emergency
Administration
Business Office
Detention
Emergency Only
Investigations
Patrol
Records
ARAGON CITY OF—
Clerk's Office
FIRE DEPT—
To Report A Fire Only
Chief's Office
POLICE DEPT—
Police Emergency Only
Chief's Office

ATLANTA CITY GOVERNMENT

FREQUENTLY CALLED NUMBERS

ARTS HOTLINE 404 853-3278
BUSINESS LICENSES 404 330-6213
CITY COUNCIL 404 330-6030
CITY GOVERNMENT DIRECTORY 404 330-6000
CIVIC CENTER ADMIN 404 523-6275
CIVIC CENTER TICKET OFC 404 523-1879
CORRECTIONS DEPT
Atlanta City Detention Center ACDC 404 865-8000
ACDC Annex 404 865-8075
CREDIT UNION 404 658-6465
CYCLORAMA
Ticket Information 404 624-1071
General Information 404 658-7625
DEAD ANIMAL REMOVAL
Monday Thru Friday 404 65WORKS
Saturdays & Holidays 404 523-0632
EMERGENCY MANAGEMENT AGENCY 404 730-5600

FIRE DEPARTMENT
Within the Atlanta City Limits §§911
(§§ See Customer Guide Pages concerning the use of telephone service observing equipment at this number)
Emergency Outside Atlanta City Limits 404 853-3333
Deaf Telephone-
Teletype Assistance §§911
General Information 404 853-7000
HOUSING CODE Enforcement 404 330-6190
HUMAN SERVICES 404 817-6702
INFORMATION 404 330-6000
MAYOR 404 330-6100
MUNICIPAL COURT 404 865-8100
PARKS & RECREATION DEPARTMENT
Cultural Affairs Bureau 404 817-6815
Grills & Pavilions Reservations 404 817-6757
Parks Bureau 404 817-6752
Recreation Bureau 404 817-6766

PERSONNEL & HUMAN RESOURCES
Job Information Hotline 404 330-6456
POLICE DEPARTMENT
Atlanta City Dial §§911
Outside City Limits of Atlanta Emergency 404 658-6666
General Information 404 853-3434
Deaf Telephone
Teletype Assistance §§911
Drug Hot Line 404 853-3444
City Jail 404 865-8000
PIC-PRIVATE INDUSTRY COUNCIL
Client Services Unit 404 658-9675
SANITARY SERVICES 404 65WORKS
STREET REPAIRS
Emergency 404 65WORKS

TRAFFIC COURT
TRAFFIC SIGNALS & STREET LIGHTS
24 Hour Customer Ser
TREES DOWN IN TH
8:00 am To 5:00 pm
Nights Weekends & H
VICTIM-WITNESS ASSISTANCE PRO
WATER DEPARTME
Emergency
24 Hours
Broken Mains/Le
Repairs
Customer Service Offi
Water Quality Inquirie
ZONING ENFORCEM DIVISION

図1　アトランタの電話帳で市役所の組織が分かる。

ましょう。ただし、危険な場所は立ち入らない。買い物したら消費税率を確認しましょう。

4）パブリックスペースを観察しましょう。公開空地、公衆トイレを観察しましょう。ただし、危険を感じたら立ち入らない。

5）文化芸術施設を訪問しましょう。曜日によりますが、開館時間は夜10時までです。来館者がスケッチや写真撮影しています。コンサート、ミュージカル、スポーツイベントに行きま

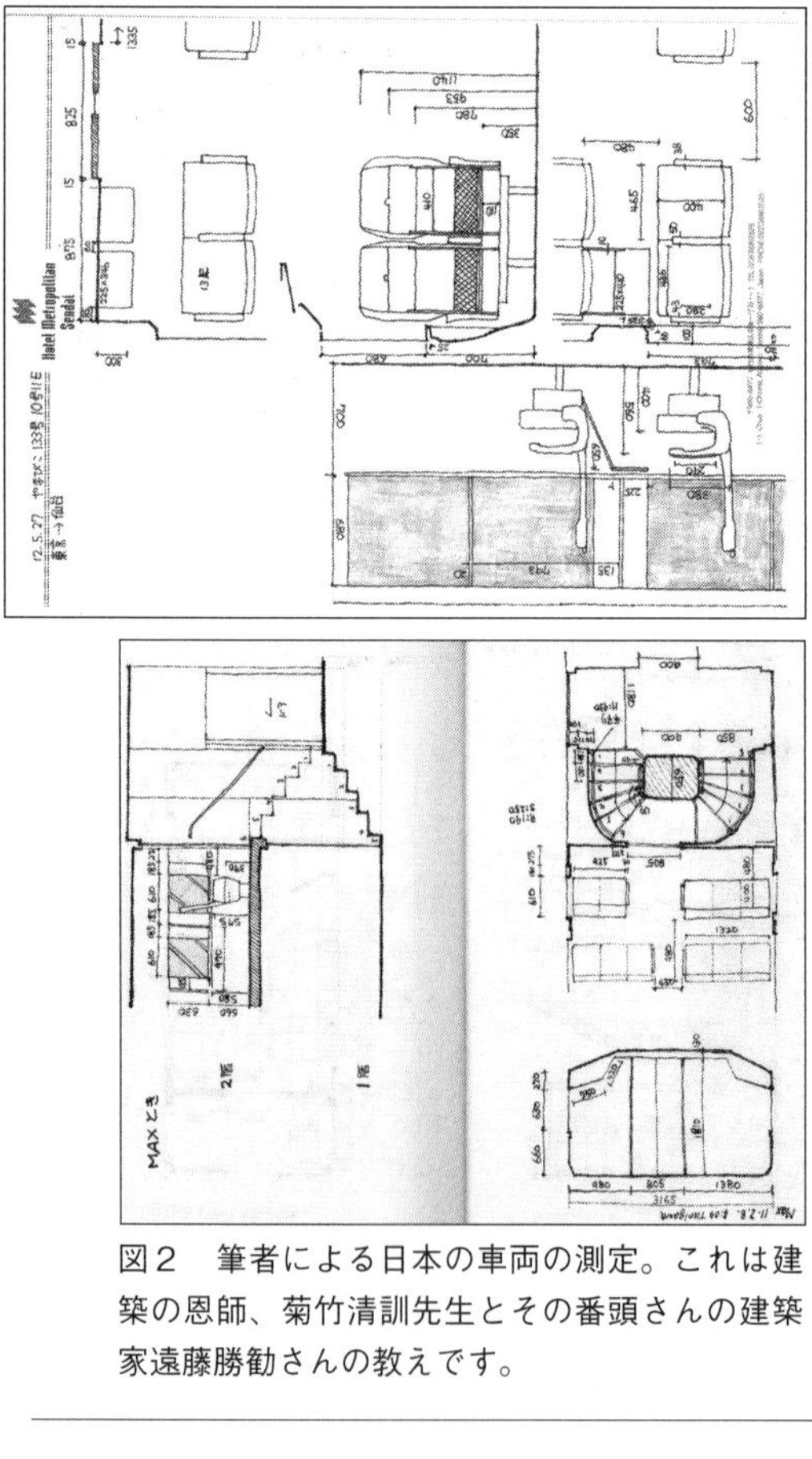

図2　筆者による日本の車両の測定。これは建築の恩師、菊竹清訓先生とその番頭さんの建築家遠藤勝勧さんの教えです。

しょう。

6）バス、地下鉄など公共交通に乗ってみましょう。公共料金で経済状態が分かります。駅舎を観察しましょう。運行時間を調べましょう。都市により、スリやひったくりがいるので気をつけましょう。

7）ユニバーサルデザインの観点から建築・都市を観察しましょう。

8）宿泊したホテルを観察しましょう。特に建築系の方。ホテルの部屋のスケッチをしましょう。天井高さ、扉の枠、設備機器など調べましょう。乗り物、都市の風景、建築のスケッチをしましょう。［図2］

最後に、資料提供いただいた方に感謝申し上げます。本書執筆の激励をいただいた都政新報社の吉田実さん、筆者の悪文を編集・校正していただいた小山ゆかりさんに感謝申し上げます。本書が今後の東京のあり方を議論する材料になれば望外の喜びです。

2020年紫陽花の季節。六本木の事務所にて。　原田敬美

原田敬美（はらだ・けいみ）

1949年生まれ。一級建築士、技術士（建設）、工学博士（横浜国立大学）、建築計画・都市デザインを専門とする。1969年、ウースター大学交換留学（アメリカ、オハイオ州）。1971年、カール・クリスティアンソン建築事務所研修留学（スウェーデン）。1974年、早稲田大学大学院修了。1974年～1976年、ライス大学建築大学院へフルブライト留学。1977～1980年、菊竹清訓建築設計事務所にて実務を学ぶ。1980年、SEC計画事務所設立。2000年6月～2004年6月、東京都港区長。2005年、イタリア連帯の星コメンダトーレ章叙勲。2005年～現在、国際建築アカデミー客員教授（ブルガリア）。著書に、『地域福祉施設』（建築資料研究社）、『改正建築基準法早わかり』（共著、オーム社）、『私の官民協働まちづくり』（学芸出版社）など。建築作品には、埼玉県入間市老人福祉センター、福岡県椎田町文化会館、群馬県尾瀬交番などがある。都市デザインの実績を持つ。現在、都内の木密地区の改善活動に取り組んでいる。

欧米に学ぶ 健康快適都市
新時代を生きる市民による都市像とは

定価はカバーに表示してあります。

2020年7月15日　初版発行

著　者　**原田敬美**
発行者　吉田　実
発行所　株式会社**都政新報社**
〒160-0023
東京都新宿区西新宿7-23-1　TSビル6階
電話：03（5330）8788
FAX：03（5330）8904
振替　00130-2-101470
ホームページ　http://www.toseishimpo.co.jp/
デザイン　荒瀬光治（あむ）
印刷・製本　藤原印刷株式会社

ISBN978-4-88614-258-0 C3036

追補

第二章　第五節　登場人物と描写

（は）うかんるり

うかん（宇神《うかん》）は清浄世界の神。るり（瑠璃）は七宝第三位の宝、仏界第三位の観音部をさす。一如来部、二菩薩部、三観音部、四明王部、五天部、六開祖・高僧、七垂迹神。

或いは、はう（蓬）は不老長寿の薬草からして、蓬神《はうかん》は不老長寿を司る神（仙人）。

瑠璃は先と同じ観音部。

宇神《うかん》、蓬神《はうかん》、何れか決めがたい。

なお、蓬は古くから人名に使われており、（は）うかんるりは、作者紀貫之の造語であろう。

頭中将《とうのちゅうじょう》

頭中将は位階四位の殿上人《てんじょうびと》で、天皇直属の機密文書の機関・蔵人所《くろうどどころ》の長官、且つ近衛中将《このえのちゅうじょう》兼務の公家官職。

延暦十年（七九一）、陸奥国鎮守で坂上田村麻呂と共に征夷副使、大同四年（八〇九）四月、正四位下、左近衛中将に、大同五年（八一〇）三月、初代蔵人頭に任ぜられ、薬子の変では坂上田村麻呂の下、鈴鹿関《すずかのせき》を固め、平城上皇の東向を阻み、挙兵を阻止した巨勢野足《こせののたり》がモデル。

頭中将から時代は嵯峨朝と確定される。

ISBN978-4-286-22421-3

第二章　第六節　他　145 P

仏の御石の鉢

仏の御石の鉢は、釈迦成道の時、四天王（持国天、増長天、広目天、多聞天）が鉢を奉ると、釈迦は鉢を重ねて押し、一つの鉢とし、終生これを用いたという。

甚だ光沢が在り真実真理を光が語るとされ、正史を仏の御石の鉢、『古事記』を偽の鉢に当てたもの。

月神の光を宇佐豊國、日神の光を出雲の歴史とし、光の欠片もなしとは、月の姫巫女豊姫自らの光すらない『古事記』を偽の仏の御石の鉢としたもの。

その為、かぐや姫は光の欠片もなしと見抜いた。

六衛の府

嵯峨天皇は、弘仁二年（八一一）十一月に、左右の近衛《このえ》、左右の衛門府《えもんふ》、左右の兵衛府《ひょうえふ》の六衛の府を制定された。

六衛の府とは、宮城警衛にあたった六つの官府をいう。

校正

『竹取物語と紀貫之』

西山寛賛

11P

・竈神、三宝荒神について

本来の竈神は、火伏せの神サルタ彦大神。三宝荒神は、幸の神三神である久那斗《くなと》の大
タ彦大神の三神である。後年、竈神は三宝荒神と同一とされ、三面憤怒の大黒天（大国主命）は大物主（事代主命）の荒御魂とされた。

93P

二・一「出雲王家の伝承」からみる豊姫と垂仁天皇（イクメ大王）

「出雲王家の伝承」から、その関わりを記し、続き『記紀』、『旧事記』を見てみる。

第二次物部東征では、月讀神を祭る宇佐豊國軍と、物部イクメ王（垂仁）の物部軍は連合を組み、二四八年、出雲王国、ヤマト磯城王国の攻略に動いた。途中、月の姫巫女豊玉姫が安芸國で斃れた為、未だ幼子の豊姫（大凡 八～十歳）が姫巫女の後をとり、宇佐豊國軍は大三島を経て伊予國に渡り、四国北岸を通り三豊市豊中町上高野（竹野）の豊姫神社の地に座った。

108P

白山で偉業をなした男大迹王《おおどのみこ》に対し、石作皇子に重ねられ様の多治比真人嶋は、恐らく宣化の皇位継承を、ああの、こうのと恥氣も無く構えたのであろう。

更に、物部万世一系の皇統とするため、出雲、宇佐豊國の歴史（光）を封殺し、ごり押ししたのが石作皇子こと多治比真人嶋と推察でき、此等恥を恥とも思わぬ石作皇子をして、多治比真人嶋の正体を後世に伝えるもの。小倉山に続き、白山でも豊姫と母神豊玉姫の登場である。

第二章　第五節　登場人物と描写　143P

十七　高野大国《たかののおおくに》

天皇側近第一の職である近衛の少将。無能にも関わらず、外戚から中納言にまで上がり、桓武天皇、嵯峨天皇に仕えた高野家麻呂（桓武天皇の従兄弟兄弟 七三四～八〇四）を、近衛の少将高野大国にあてたもの、大国は本姓の和《やまと》から引いたものに加え、高野大国の無能に当て付けた名。

『新潮日本古典集成 竹取物語』（野口元大校注新潮社　一九七頁）より引用加筆

竹取物語と紀貫之

NISHIYAMA Hiroyoshi
西山寛賛

文芸社

目次

凡例　10
はじめに　12

第一章　『竹取物語』原文・訓み下し　15

一　かぐや姫、穢土《えど》に降ろされる　16
二　五人の貴公子の求婚　18
三　五の難題　22
四　仏の御石の鉢　24
五　蓬莱の珠の枝　26
六　火鼠《ひねずみ》の皮衣《かわぎぬ》　36
七　龍《たつ》の頸《くび》にある五色に光る珠　41
八　燕の持ちたる子安貝　48
九　帝の心に掛かる　54
十　御狩りのみゆき　59
十一　帝、かぐや姫と歌を交わす　61
十二　かぐや姫、月を見ては思い歎く　62
十三　帝、竹取の翁に使いを出す　66

十四　帝、六衛の兵二千を遣わす　67
十五　月の王、天人を随え来迎　70
十六　かぐや姫の昇天　75
十七　富士の煙　76

第二章　本論

79
第一節　『竹取物語』の作者　80
一　作者の考察　80
二　撰善言司《せんぜんげんし》伊余部《いよべ》 連《のむらじ》馬飼《うまかい》　81
三　紀氏　82
第二節　『竹取物語』執筆年代　84
一　執筆年代を考察する　84
第三節　『竹取物語』執筆の動機と目的　86
一　撰善言司伊余部連馬飼の動機と目的　86
二　紀貫之の動機と目的　86
第四節　『竹取物語』舞台の地　89
第五節　登場人物と描写　90
一　翁《おきな》　91
二　かぐや姫　93

三　世の男ども　102
四　近く使はる、人々《かぐや姫のお側付きの女房達》　102
五　五人の貴公子　102
六　陰陽五行に怨みを込めた五の難題と、戒を破る帝と五人の貴公子　104
七　中臣房子　128
八　帝　垂仁天皇と天武、持統、文武……嵯峨天皇　129
九　御室戸齋部《みむろどのいんべ》の秋田　138
十　賓頭盧《びんずる》　138
十一　漢部内麻呂《あやべのうちまろ》はじめ六人の男《おのこ》　138
十二　小野房守　141
十三　天竺の聖　141
十四　王慶《わうけい》　142
十五　長者　142
十六　倉津麻呂　142
十七　高野大国《たかののおおくに》　143
十八　天人　143
十九　月の王　143
二十　調石笠《つきのいわかさ》　144
二十一　富士《あまたのつわもの》　144
第六節　他 145

一　竹　145
二　竹の中の光り輝くかぐや姫　145
三　仏の御石の鉢　145
四　大和國十市郡にある山寺　146
五　白山　146
六　不老不死の薬　146
七　蓬莱の珠の枝　147
八　優曇華《うどんげ》の花　147
九　火鼠《ひねずみ》の皮衣《かわぎぬ》　148
十　西の山寺　148
十一　龍の頸の珠　148
十二　燕の子安貝　149
十三　籠　149
十四　八島の鼎　149
十五　山本　149
十六　御狩　150
十七　月宮　150
十八　富士　150
十九　富士の煙　150
第七節　用語の特徴　152

一　三の多用　152
二　仏教用語の多用　152
三　出雲王国の信仰と神々に関わる語　154
四　道教の神々に関わる語　154
五　陰陽の多用　155
第八節　説いた教え　158
一　因果律の法（原因結果の法）　158
二　善因楽果、悪因苦果の果報の教え　158
三　縁起、縁滅の法　158
四　三法印《さんぽういん》の教え（諸行無常《しょぎょうむじょう》、諸法無我《しょほうむが》、涅槃寂静《ねはんじゃくじょう》の三法）　159
五　苦諦《くたい》（人生は苦である）、集諦《じったい》（苦の原因は煩悩にある）、滅諦《めったい》（煩悩を制す）、
道諦《どうたい》（その実践法）の教え　159
六　四苦と八苦（生苦《しょうく》、老苦《ろうく》、病苦《びょうく》、死苦《しく》の四苦に、愛別離苦《あいべつりく》、怨憎会苦《おんぞうえく》、
求不得苦《ぐふとくく》、五蘊盛苦《ごうんじょうく》を合わせた八苦）の教え　159
七　十善戒《じゅうぜんかい》（真言密教における戒）　160
八　三つの根本的欲望（欲愛《よくあい》、有愛《うあい》、無有愛《むうあい》）である渇愛が原因となり、苦が生じる
という教え　160
九　三業（身業《しんごう》、口業《くごう》、意業《いごう》）と、三密（身密《しんみつ》、口密《くみつ》、意密《いみつ》）の教え　161
第九節　説かれた教典　162
一　『金光明経』　162

二　『大日経』　163
三　『理趣経』　163
四　『金剛頂経』　164
五　『般若心経』　164
六　浄土三部経（『無量寿経』『観無量寿経』『阿弥陀経』）　165
七　『法華経』　観世音菩薩普門品《かんぜおんぼさつふもんぼん》　第二十五　偈《げ》（観音経）　165
八　『仁王経』　166
第十節　仏法によるお裁き　167
第十一節　神々の鉄槌　169
第十二節　粗筋と解釈　170
一　かぐや姫の生い立ち　170
二　つまどひ　171
三　かぐや姫が五人の貴公子に求めたものと、貴公子それぞれの悪業と結末　172
四　帝御狩のみゆき　172
五　かぐや姫、月を見ては物思いにふける　173
六　八月の満月（八月十五日の月は最も明るい中秋の名月　御盆）　174
七　気付き悟った翁と帝　178
八　富士の煙　179
第十三節　両部曼荼羅の展開　183
一　かぐや姫の降臨から帝の心に掛かるの間　183

二　帝御狩のみゆきから歌を交わす間　183
三　満月から翁への告白の間　183
四　月の王の来迎から、かぐや姫の昇天までの間　184
五　富士の煙から終わりまでの間　184
第十四節　終わりに　186
参考資料　188
補注一　「竹取神事」　188
補注二　「名具社《なぐのやしろ》」　189
補注三　豊受大神　190
参考引用文献　191

凡例

・原文訓み下しについて
訓《よ》み下しは、原文に直接ふった。

・注の表記について
「※」「※」を注の表記号とし、「※」に対する表記部（説明）を「※」とした。
例一「※」に対する表記部は「※」　例二「※1」に対する表記部は「※1」
「※」が無く、「※」のみの場合は補足説明の記号とした。

・補注の表記について
「※補注」を補注の表記号とし、「※補注」に対する表記部を巻末の補注とした。
例一「※補注一」に対する表記部は巻末の補注一

・引用、引用加工加筆、要約、抽出文について
必要に応じ〝〟で括った。

・古代史について
『古事記』『日本書紀』を『記紀』、『先代旧事本記《せんだいくじほんぎ》』を『旧事記《くじき》』と表記し、大元出版の書籍から、「出雲王家の伝承」を正史とし、『記紀』を虚、実、譬え話を織り交ぜた書として引用、解釈、解説を行った。また、誤表記である「魏志倭人伝」を改め、『三国志』「魏書」とした。

・神名の表記について
『記紀』にある少彦名《すくなひこな》は、出雲大王家の伝承から、少名彦《すくなひこ》とした。

神名が違うが同じ神である場合は（　）で括った。
例　大物主命（事代主命）「大物主命は事代主命である」とした。
・豊姫について
豊姫の別称は、豊來入姫、豊受大神、豊鍬入姫、登由宇気神、豊岡姫、等由気太神、止与宇可乃売神、豊宇賀能売命等があるが、混乱を避けるため、表記はできる限り豊姫とした。
・神祇について
『記紀』以前の信仰と神々を載せた。道教、仏教の神々も同様である。
・竈神、三宝荒神について
本来の竈神は、火伏せの神サルタ彦大神。三宝荒神は、幸の神三神である久那斗《くなと》の大神、幸姫命、サルタ彦大神の三神である。後年、竈神は三宝荒神と同一とされ、三面憤怒の大里天（大国主命）、あるいは大物主（事代主命）の荒御魂とされた。
・御門と帝について
原文訓み下しでの御門と帝の表記は原文に従い、筆者によるところは帝とした。
・章立てについて
第一章は原文訓み下しとし、十七段に分け、それぞれに名称を付けた。

第二章は十三節に分け、「作者」、「執筆年代」、「執筆の動機と目的」等、本論文の目的とするところを記し本論とした。巻末に参考・引用文献を載せた。
・和歌の表記について
和歌は四字下げ別行とした。

はじめに

『竹取物語』は誰もが知る古典中の古典だが、大凡《おおよそ》一一〇〇年以上経った今もなお、執筆者不明、執筆年不明、作品の意味解釈、意図目的の不明等、総《すべ》て不明づくしの実に不思議な作品であるにもかかわらず、これほど琴線に触れ、魂に語りかける作品を、小生他に触れたことがない。

紫式部をして、「物語の出で來《き》はじめの祖《おや》」と言わしめた作品でありながらも、目にするは幼子のための童話『竹取物語』であり、もう一つは、通り一遍の民俗学的古典文学解釈による『竹取物語』があるのみである。

ここに記す『竹取物語と紀貫之』は、これまで探り得なかった、執筆者、執筆年代、作品の意味解釈、意図、目的等、その実を探ることを目的とするものである。

『竹取物語』は道教陰陽説〝今は昔〟と、翁とかぐや姫の出会いである仏法の縁起の法、子は天からの授かりもの、子は宝とみる縄文神道・幸の神信仰である幸《さい》の神三神（久那斗《くなと》の大神、幸姫命《さいひめのみこと》、サルタ彦大神）の核心に触れる場面から始まる。

『竹取物語』の解析には、出雲の太陽の神（天照大神）、龍神、幸《さい》の神信仰と、大名持命《おおなもち》、少名彦命による国生み、国創り、その後の二度の物部東征、及び天皇制律令国家建設と、藤原氏の専横を知る必要があり、加えて道教、儒教、仏教、特に真言密教と両部神道を知る必要がある。

此等の根拠は、神道と仏教は陰陽の関係にあり、胎蔵、金剛界曼荼羅同様、不二一対の存在からくるものである。

さらに伊雑宮の※補注一「竹取神事」、『風土記』逸文—丹後國※補注二「名具社《なぐのやしろ》」。※補注三「豊受大神」

等を合わせ重ね通してのみ、辛うじて読み解くことができる難解な〝怒りと祈りの物語〟であり、かつ歴史を重ねた歴史譬喩品《ひゆぼん》『竹取物語』である。

〝怒り〟とするは、『記紀』、『大宝律令』編纂に巣くう藤原氏の地獄閻魔をも恐れぬ極悪と、相乗り煩悩に走り荒廃する貴族社会に対する怒りであり、〝祈り〟とするは、全編を通じ、曼荼羅《まんだら》の諸行を見、至るところに仏法と真言宗の経典が秘められ、結論として護国鎮護の祈りである大護摩が、富士の煙として綴られているからである。

本論文の特徴は、出雲王家伝承による古代史と、出雲王国と宇佐豊國の信仰、道教と真言密教を軸に、経典、経文の中身に踏み込んでの分析と解釈にある。

それにより、これまで不明であった「かぐや姫のなした罪」、「翁《おきな》のなしたいささかなる功徳」、「天竺の聖」、「西の山寺」、「倉津麻呂」、「漢部内麻呂《あやべのうちまろ》」、「調石笠《つきのいわかさ》」、「晦日」、「一昨々年の二月の十日ごろ」、「五百日といふ辰の時」、「火鼠の皮衣」、「王慶《わうけい》」、「長者」、「富士」等の解明、比定にも至ることができた。

同様の視点からの分析、解釈による『竹取物語』研究が見当たらぬことから、本論文を提出することとした。以下、『竹取物語』の原文、訓《よ》み下し、小生なりの要点解析を記し、論文『竹取物語と紀貫之』とした。

なお、巻末に、参考資料※補注一「竹取神事」及び、『竹取物語』との類似性から、直接深い関わりがあると思われる『風土記』逸文―丹後國※補注二「名具社《なぐのやしろ》」、※補注三「豊受大神」を付記しておく。

執筆にあたり、原文は古谷知新・校訂『竹取物語・伊勢物語・土佐日記・枕艸子・落窪物語・狹衣物語』(國民文庫、一九一〇年)をもとに多少手を加え、訓み下しを行った。

解釈にあたっては、主に有栖川宮家伝来『竹取物語』を底本とされた『新潮日本古典集成　竹取物語』野口元大・校注(新潮社)を参考とさせていただいた。

なお、数ある古写本では、竹取の翁の名を「讃岐造」の他、「さるきの造」、「さかきの造」としているが、古代史、陰陽説から判断して、唯一矛盾がなく、『新撰姓氏録』（八一五年）からも実在した「讃岐造」とした。

古本サルキ、流布本サカキについて、その原因を群書類従本サヌキの転写時の字誤りとした田中大秀《たなかおおひで》の指摘に従う。

なおまた、古写本の多くは、「内匠寮《たくみつかさ》」は、「くもんつかさ」となっており、作者は意図して「くもんつかさの工匠《たくみ》」としたと判断し、第二章　第四節　十一「漢部内麻呂《あやべのうちまろ》（内匠寮《たくみづかさ》の士匠《たくみ》）はじめ六人の男《おのこ》」で、「くもんつかさ」正当性の解説をした。

さらに、五人の貴公子については、『日本書紀』持統天皇十年の記し等から、加納諸平筆『竹取物語考』によるところとした。当論文を繙《ひもと》かれるに先だち、大元出版の『魏志和国の都』勝友彦著、『古事記の編集室』斎木雲州著、『サルタ彦　大神と竜』谷戸貞彦著の一読を望む。

研究、執筆にあたり、巻末の参考引用文献をあわせ、諸先学による研究から、多大の示唆と恩恵を授かったことに加え、訓み下しの監修を頂いた先達に、心より謝意を表します。

第一章

『竹取物語』原文・訓み下し

一　かぐや姫、穢土《えど》に降ろされる

今は昔、《今は昔と同じ、》竹取の翁といふもの有けり。《竹取の翁という者がいたということだ。》野山にまじりて竹を取りつゝ、《野山に分け入り竹を取っては、》よろづのことに使ひけり。《色々のことに使っていた。》名をば、《名は》讃岐造《さぬきのみやつこ》と《と》なんいひける。《いった。》その竹の中に、《その竹林の中に、》もと光る竹なん一筋ありける。《根元の光る竹が一本あった。》あやしがりて寄りて見るに、《不思議に思い近寄って見ると、》筒の中光りたり。《筒の中が光っている。》それを見れば、《切って筒の中を見れば、》三寸ばかりなる人、《三寸ほどの人が、》いとうつくしうてゐたり。《実に可愛い様子で座っている。》翁いふやう、《翁が言うには、》「我朝ごと夕ごとに見る竹の中におはするにて知りぬ、《「私が毎朝毎夕見る竹の中においでになるのでわかりました、》子になり給ふべき人なんめり」《子におなりになるはずの人のようです」》とて、《と言って、》手にうち入れて家へ持ちて來ぬ。《手のひらに乗せて家に持ち帰った。》妻の嫗にあづけて養はす。《妻のおばあさんに預けて養育をさせる。》うつくしきことかぎりなし。《可愛いことこの上ない。》いとをさなければ籠に入れて養ふ。《大変幼いので籠に入れて養う。》竹取の翁、《竹取の翁が、》竹を取るに、《竹を取る際に、》この子を見つけて後に竹取るに、《この子を見つけて後に竹を取ると、》節を隔てよごとに、《節と節の間の空洞ごとに、》金ある竹を見つくることかさなりぬ。《黄金が入っている竹を見つけることがたび重なった。》かくて翁やうやう豊かになりゆく。《こうして翁の家はだんだん裕福になっていく。》この兒、《この稚児は、》養ふ程に、《育てるにつれ、》すくすくと大きになりまさる。《すくすくと大きくなっていく。》三月ばかりになる程に《三月ほど経つ頃には》よきほどなる人に《一人前の背丈の人に》

なりぬれば、《なってしまったので、》髪上げなど左右して、《髪上げの祝い等をあれこれと指図して、》髪上げさせ、裳着す。《髪を結い上げさせ、正装用の衣装を着せる。》帳のうちよりも《帳の中からは》出ださず、《出さず、》いつき養ふ。《大切に養育する。》この兒の容貌のけうらなる事、《この児の姿形の華やかで美しいことは、》世になく、《世間にたぐいがなく、》屋のうちは、《家の中は、》暗き所なく光り満ちたり。《暗いところがなく光明がみちあふれている。》翁、《翁が》心地悪しく苦しき時もこの子を見れば、《気分がすぐれず苦しい時もこの子を見れば、》苦しき事も《苦しいことも》やみぬ。《なくなってしまう。》腹立たしきことも慰みけり。《腹立たしいことも紛れ、気が晴ればれするのである。》翁、《翁が、》竹を取る事久しくなりぬ。《黄金の入った竹を取ることは長く続いた。》いきほひ猛の者に成にけり。《だから富豪勢力家の者となったのである。》この子いと大きに成ぬれば、《この子がすっかり大きくなったので、》名を、《名を、》御室戸齋部の秋田を《みむろどのいむべの秋田を》よびて、《招き、》つけさす。《つけさせた。》秋田、《秋田は、》なよ竹のかぐや姫とつけつ。《なよ竹（細くしなやかな竹）のかぐや姫とつけた。》

この程三日うちあげ遊ぶ。《この時（成人式と命名式）の三日間というもの、酒宴を開いた。》よろづの遊びをぞしける。《歌舞万般の遊戯をし遊宴を催した。》男女《男も女も》うけきらはず呼び集へて、《誰それ構わず呼び集めて、》いとかしこく遊ぶ。《たいそう盛大に歓びをして遊ぶ。》世界の男、《世の中の男は、》貴なるも賤しきも、《貴い人も賤しい人も、》いかで《何としても》このかぐや姫を得てしがな、《このかぐや姫を手に入れたい、》見てしがなと、《妻にしたいものだと、》音に聞きめでゝ、惑ふ。《噂を聞きあこがれて夢中になる。》その邊りの墻にも、《翁の家の周辺の垣にも、》家の《家の》門にも、《門にも、》をる人だにたはやすく、《家の使用人でさえ容易に》見るまじき物を、《見ることができないのに、》夜は安きいも寝ず、《夜は安らかに寝もせず、》闇の夜に《見えぬ闇夜に》

出て、《出てきては、》穴をくじり、《垣に穴をあけ、》垣間見、《こっそり覗き込む、》惑ひあへり。《誰も彼も夢中である。》さる時よりなん《その時より、求婚の》「よばひ」とは《ことを「夜這い」と》言ひける。《言うようになったということだ。》

二　五人の貴公子の求婚

人の音もせぬ所に《人の気配のない所にも》惑ひ歩けども、《夢中で探し歩いた男どもはいたが、》なにの験あるべくも見えず。《何の効果もありそうもなく思える。》家の人どもに物をだに言はむとて、《せめて使用人にでも声をかけようと》言ひかくれども、《話しかけても》ことゝもせず。《使用人さえ相手にしない。》あたりを《家のあたりを》離れぬ君達、《はなれぬ貴族達、》夜を明かし、《夜を明かし、》日を暮らす、《一日中そこにいる》多かり。《人が多い。》おろかなる人は、《熱意に欠ける人は、》「用なき歩きは、《「無用のかよいは、》よしなかりけり」とて、《つまらぬことだったなあ」と、》來ず成にけり。《諦めて来なくなったのである。》その中に、《そんな中に、》なほ言ひけるは、《依然として言い寄ったのは、》色好みといはるゝかぎり五人、《色好みと評判の五人だけ、》思ひやむ時なく、《恋慕の静まる時がなく、》夜晝來ける。《夜昼なくやって来る。》その名ども、《その者どもの名は、》石作御子・庫持皇子・右大臣阿倍御主人・大納言大伴御行・中納言石上麻呂足、《石作皇子（いしづくりのみこ）・庫持皇子（くらもちのみこ）・右大臣阿倍御主人（うだいじんあべのみうし）・大納言大伴御行（だいなごんおおとものみゆき）・中納言石上麻呂足（ちゅうなごんいそのかみのまろたり）、》此人々なりけり。《このひとびとであります。》世中に多かる人を《世間でいくらでもいる程度の女》

だに、《でさえ、》すこしも《少しでも》容貌よしと聞きては、《姿形が良いと噂に聞けば、》見まほしうする人どもなりければ、《我がものにしたがる人達であったものだから、》かぐや姫を《かぐや姫を》見まほしうて、《見たくて、》物も食はず思ひつゝ、《物も食わずに思い続け、》かの家に行きて、《かぐや姫の家に行って、》たゝずみ歩きけれど、《立ち止まっては歩き、立ち止まっては歩くが、》かひあるべくもあらず。《そのかいはあるはずもない。》文を書きてやれども、《恋文を書き送っても、》返事もせず。《かぐや姫は返事もしない。》わび歌など、《嘆きの和歌などを》書きて《書いて》おこすれども、《よこしても、》かひなしと思へど、《そのかいないと思っても、》霜月師走の降り凍り、《霜月(旧十一月)師走(旧十二月)の雪降り、水凍る極寒の中、》水無月の照りはたゝくにも障らず來たり。《水無月(旧六月)の暑さもかまわず障らずやって来る。》この人々、《この人々は、》ある時は竹取を呼び出でて《ある時は竹取の翁を呼び出して》「娘を吾にたべ」と、《「娘を私にどうぞ下さい」と、》ふし拜み、《伏して拝み、》手をすりのたまへど、《手をすり合わせておっしゃるが、》「おのが生さぬ子なれば、《私のもうけた子でないので、》心にも従はずなんある」《私の思い通りにならないでいます」》と言ひて、《と言って、》月日すぐす。《月日を過ごしている。》かゝれば、《このような様なので、》この人々、《この人々は、》家に歸りて物を思ひ、《家に帰って、物思い、》祈りをし、《お祈りをし、》願を立つ。《願いを立てる。》思ひやむべくもあらず。《が、恋情がおさまるはずはない。》「さりとも、《「だからといって、》つひに男あはせざらむやは」《最後まで男と結婚させないことがあろうか」》と思ひて、《と考え、》頼みをかけたり。《そこに望みをかけている。》あながちに《殊更に、》心ざし見えありく。《かぐや姫へのやむにやまれぬ心を見せるように歩き回る。》これを見つけて、《これ(かぐや姫を慕う様)を目にして、》翁、《翁は》かぐや姫に《かぐや姫に》

言ふやう、《言うに》「我子の佛、《「私の仏のように大切な子よ、》變化の人と申しながら、《仏の生まれ変わりの人とは申しますものの、》こゝら大きさまで《この大きさになるまで》養ひ奉つる《お育ていたしました》心ざし、《私の気持ちは、》おろかならず。《並々ではありません。》翁の申さんことは《翁が申し上げることを、》聞き給ひてむや」《聞いてくださるでしょうか」》と言へば、《と言うと、》かぐや姫《かぐや姫は、》「何事をか、《「どのようなことでも、》のたまはん事は、《お言葉のとおりに、》うけたまはらざらむ。《お受けいたさぬことがありましょうや。》變化のものにて侍りけん身とも知らず、《人の姿となった身の上をわきまえず、》親とこそ思ひたてまつれ」《ただただ親とばかり存じ上げておりますのに」》と言ふ。《と言う。》翁《翁》「うれしくも、のたまふ物かな」《「嬉しいことをおっしゃるものですね」》と言ふ。《と言う。》翁、《翁は、》「年七十に餘りぬ。《「歳は七十余歳になった。》今日とも明日とも知らず。《命のほどは今日とも明日とも知れない。》この世の人は、《この世の中の人は、》をとこは女にあふことをす、《男は女と結婚し、》女は男にあふことをす。《女は男と結婚する。》その後なん、《その後になって、》門ひろくもなり侍る。《一族が繁栄するのです。》いかでか、《どうして》さることなくてはおはせん」。《結婚せずにいらっしゃってよいものでしょうか」。》かぐや姫のいはく《かぐや姫の言うに、》「なんでふさることかし侍らん」《「何で結婚なんてするのでしょうか」》と言へば、《と言うと、》「變化の人といふとも、《翁は、「かぐや姫は変化の人と言っても、》女の身持ち給へり。《女の身でいらっしゃる。》翁のあらむ限りは、《私の生きている限りは、》かうてもいますがりなんかし。《今の独身のままでもおいでになれましょうよ。》この人々の年月を経て、《この人達が長い年月にわたって、》かうのみいましつゝ《いつもこのようにおいでになっては》のたまふことを、《おっしゃることを、》思ひ定めて、《よく考え判断して、》一人一人にあひたてまつり給ひね」《どなたかお一人と結婚なさいませ」》と言へば、《と言うので、》かぐや姫のいはく、《かぐや姫が言うに、》「よくもあらぬ容貌を、《「容貌が美しくもないのに、》深き心も知らで、《相手の深い心も確かめもせず結婚し、》あだ心つきなば、《相手が浮気心を起こしたなら、》後くやしき事もあるべきを、《後悔することになるでしょうに、》と思ふばかりなり。《と考えてばかりです。》世の《天下の》かしこき人なりとも、《貴き人であっても、》深き心ざしを知らでは、《深い愛情の心を確認せずには、》婚ひがたしと思ふ」《結婚するわけにはいかないと思うのです」》と言ふ。《と言う。》翁いはく、《翁が言うに、》「思ひのごとくものたまふかな。《「そのようにおっしゃると思っていました。》そもそも、《では一体、》いかやうなる《どのような》心ざしあらん人にか、《愛情がある人と、》あはむと思す。《結婚しようとお考えなのか。》かばかり心ざしおろかならぬ人々にこそあめれ」。《どの方もこれほどにも並大抵でない愛情の持ち主ではありませんか」。》かぐや姫のいはく、《かぐや姫の言うに、》「なにばかりの深きをか、《「どれほどのお心の深さかを》見んと言はむ。《見たいといいましょうか。》いさゝかのことなり。《ほんのちょっとしたことなのです。》人の心ざし《この人達の愛情は》等しかんなり。《等しいとうかがわれます。》いかでか、《とても、》中に劣り優りは知らむ。《その中で劣り優りはわかりますまい。》五人の中に、《五人の人の中に、》ゆかしき物を《私の見たい物を》見せ給へらむに、《見せてくださる御方に》御心ざし優りたりとて、《御愛情が優っているとして、》仕うまつらんと、《お仕え申しましょうと、》そのおはすらむ人々《そこにおいでの人々に》

申し給へ」《申してください」》と言ふ《と言う》。「よきことなり」《翁は、「結構なことです」》と承けつ《と承知した》。

三　五の難題

日暮るゝほど《日暮れ時に》、例の集まりぬ《例のように五人の公達は集まった》。あるは笛を吹き《ある人は笛を吹き》、あるは歌をうたひ《ある人は和歌をうたい》、あるは《ある人は》唱歌をし《唱歌をし》、あるいはうそぶき《ある人は口笛を吹き》、扇を鳴らしなどするに《ある者は扇を打って拍子をとるなどしていると》、翁《翁は》、出でていはく《五人の前に出ていわく》、「かたじけなく《「もったいなくも》、きたなげなる所に《むさ苦しい所に》、年月をへて《年月を経て》、物し《おいで》給ふこと《くださいますこと》、極まりたるかしこまり《この上なく恐縮に存じます》」と申す《と申し上げる》。「『翁の命《「『私の寿命は》、今日明日とも《今日明日とも》知らぬを《知れないのですから》、かくのたまふ君達にも《こう言ってくださる公達に》、よく思ひ定めて仕うまつれ』《よく考えて決め、お仕え申し上げよ』》と申すも《と姫に申すも》ことわりなり《ことわり（理）であります》。『いづれも《『どの方も》、劣り優りおはしまさねば《劣り優りはおられないので》、御心ざしの程は見ゆべし《見たい物を見せてくだされば御愛情の深さの程が分かるでしょう》。仕うまつらん事は《お仕え申すことは》、それになん定むべき』《その結果で決めましょう』》と言へば《とかぐや姫が言うので》、これ《それは》、よき事なり《実に良い考えです》。人の御恨みもあるまじ《お互いに恨みも残らないでしょう。》」と言ふ《と言う》。五人の《五人の》

人々も、《公達も、》「よきことなり」《「実に良いお考えです」》と言へば、《と言うと、》翁、《翁は、》入りて言ふ。《部屋に入ってかぐや姫に言う。》かぐや姫、《かぐや姫は、》「石作皇子《「石作の皇子》には、《には、》『天竺に佛の御石の鉢といふ物あり。《『インドに仏の石の鉢という物があります。》それをとりて賜へ』《それをとって私に下さい』》と言ふ。《と言います。》庫持皇子には、《庫持の皇子には、》『東の海に蓬萊といふ山あるなり。《『東の海に蓬萊という山があります。》それに白銀を根とし、《そこに白銀を根とし、》黄金を莖とし、《黄金を茎とし、》白珠を實として《真珠を実として》立てる木あり。《立っている樹があります。》それ一枝折りて賜はらん』《その樹の一枝を折り持ってきていただきたい』》と言ふ。《と言います。》いま一人には、《いま一人（阿倍御主人）には、》『唐土にある火鼠の皮衣を賜へ』。《『中国にある火鼠の皮衣（かわぎぬ）をください』》大伴の大納言には、《大伴の大納言には、》『龍の頸に五色に光る《『龍の頸に五色に輝く》珠あり、《珠があります、》それを取りて賜へ』《その珠を取ってきてください』》石上の中納言には、《石上の中納言には、》『燕の持たる子安貝、《『つばくらめが持っている子安の貝を、》一つ取りて賜へ』と言ふ」。《一つ取ってきてください』と言います」》翁、《翁、》「難き事にこそあんなれ。《「できそうもないことのようですね。》この國に《この国（日本）に》ある物にもあらず。《あるという物ではない。》かく難き事をば、《ことほど難しいことを、》いかに申さむ」《どのように申しましょうか」》と言ふ。《と言う。》かぐや姫、《かぐや姫が、》「何か、難からん」と言へば、《「何の難しいことがありましょうや」と言うので、》翁、《翁は、》「とまれ、かくまれ、申さむ」とて、《「ともかくにも、申し上げてみよう」と言って、》出でて、《いでて、》「かくなん。《「かような次第です。》聞こゆるやうに見せ給へ」《かぐや姫の申すようにお見せください」》と言へば、《と言えば、》皇子達・上達部、《皇子達、上達部は、》

聞きて、《それを聞いて、》「おいらかに、《「穏やかに、》『あたりよりだに、《『このあたりには、》な歩きそ』《来ないでくれ』》とやはのたまはぬ」《とおっしゃれないものか」》と《と》言《い》ひて、倦《うんざり》んじて皆《皆》歸《帰》りぬ。《った。》

四　仏の御石の鉢

なほ、この女見では、《だがしかし、かぐや姫を手に入れずには》世にあるまじき心地のしければ、《生きていけそうもない気持ちがして》「天竺にある物も、《「インドにある物であっても、》もて來ぬ物かは」《持って来ずにはおくものか」》と思ひめぐらして、《と考えをめぐらして、》石作皇子は、《石作皇子は、》心の支度ある人にて、《計算高い人にて、》「天竺に《「インドに》二つとなき鉢を、《二つとない鉢を、》百千萬里の程行きたりとも、《百千万里の道を行ったところで、》いかでか取るべき」《どのようにして手に入れられようか」》と思ひて、《と考えて、》かぐや姫のもとには、《かぐや姫のもとには、》「今日なん天竺へ石の鉢とりにまかる」《「今日、インドへ石の鉢を取りに出発します」》と聞かせて《と知らせて、》三年ばかり、《三年ほどの後、》大和國十市郡にある山寺に、《大和の国の十市の郡にある山寺（多村〔おほむら〕の倉橋にあった小倉山寺〔廃寺〕）に、》賓頭盧の前なる鉢の、《賓頭盧尊者の前にある鉢で、》ひた黒に墨つきたるを取りて、《真っ黒にすすみのついているのを盗んで、》錦の袋に入れて、《錦の箱に入れ、》造り花の枝につけて、《造花の枝を付けて、》かぐや姫の家に《かぐや姫の家に》もて來て見せければ、《持って来て見せると、》かぐや姫、《かぐや姫が、》あやしがりて見るに、《疑いの目で見ると、》鉢の中に文あり。《鉢の中に手紙がある。》

抜げて見れば、《拡げて見ると、》

海山の道に心をつくし果て《鉢を求め、筑紫国を出発し、天竺への海山に、精魂尽くし果て、》
みいしのはちの涙ながれき《はてなき旅を続け、鉢のために血の涙が流れたことでした》

かぐや姫、「光やある」と見るに、螢ばかりの光だになし。《かぐや姫が、「光があるか」と見ると、蛍ほどの光すらない。》

置く露の光をだにも宿さまし《仏の御石の鉢なら、せめて露ほどの光だけでもあればよいのに》
をぐら山にて何もとめけん《光がなく暗いと言われる小倉山で、何を求めていらっしゃったのですか》

とて返し出だす。《と返事して鉢を出して返す。》

鉢を門に捨てゝ、この歌の返しをす。《石作の皇子は鉢を門口に捨てて、この歌を返した。》

白山にあへば光の失するかと《白山のように光り輝くかぐや姫に会ったので鉢の光は失せているのかと》
はちを捨てても頼まるゝかな《恥(鉢)を捨てても、かぐや姫の情けを頼みにしています》

と詠みて入れたり。《と詠んで、歌を入れた。》

かぐや姫《かぐや姫は、》、返しもせずなりぬ《返歌もしなかった。》。耳にも聞き入れざりければ《皇子の言い訳に耳をかさなかったので、》、言ひわづらひて帰りぬ《言葉に窮して帰ってしまった。》。

かの鉢を捨て《あの偽の鉢を捨てたように、》ゝ又言ひけるよりぞ《また言い寄ったことがもとで、》、

面なき事をば《あつかましいことを》「はぢをすつ」《「恥を捨てる」》とはいひける《というのである。》。

五　蓬萊の珠の枝

庫持皇子は《庫持皇子は、》、心たばかりある人にて《策略に長けた人であるから、》、朝廷には《朝廷には、》、「筑紫國に《「筑紫国に、》、湯浴みにまからむ《病気療養のため、温泉に行く」》」とて《と、》、暇申して《暇を申し出て、》、かぐや姫の家には《かぐや姫の家には、》、「珠の枝とりになんまかる《「珠の枝をとりにまいります」》」と言はせて《と使いの者に言わせて、》、下り給ふに《お下りになるに、》、仕うまつるべき人々《お供すべき人々、》、みな難波まで御おくりを《みな難波まで御おくりを》しける《した。》。皇子《皇子は、》、「いと忍びて《「ごく内密に」》」とのたまはせて《とおっしゃり、》、人もあまた率ておはしまさず《お供の人も大勢は連れていらっしゃらない。》。近う仕うまつるかぎりして《お側の者だけを連れて》出で給ひぬ《ご出発になった。》。御送りの人々《御送りの人々は、》、見たてまつり送りて《お見送り申し上げて》京へ帰りぬ《京へ帰った。》。「おはしましぬ《「筑紫国へおいでになられ、おられます」》」と人には見え給ひて《と世間には見せかけられて、》、三日ばかりありて《皇子は三日ほどたって、》、

漕ぎ歸り給ひぬ。《難波へ漕いで帰られた。》かねて、《前もって、》事みな仰せたりければ、《為すべきことはすべてご命令されていたので、》その時一の工匠なりける鍛冶匠《当時の最高の鍛冶匠》六人を召しとりて、《六人を召し寄せて、》たはやすく人寄り來まじき家を作りて、《簡単には人が近寄れそうもない家を造って、》竈を三重にしこめて、《竈を何重にも囲い込んで、》匠らを入れ給ひつゝ、《匠達を中にお入れになり、》皇子も同じ所に籠り給ひて、《皇子も同じ所に籠もられまして、》知らせ給ひたるかぎり十六所を、《自領の土地全て十六ヶ所をはじめ、》かみにくどをあけて、《かみ(竈神)に煙出し用のくどをあけて、》珠の枝を作り給ふ。《珠の枝をお作りになる。》かぐや姫のたまふやうに《かぐや姫のおっしゃるよう、》違はず作り出でつ。《少しも違わず作りあげられた。》いとかしこくたばかりて、《まことに徹底した策略を凝らして、》難波に晦日にもて出でぬ。《難波に晦日にこっそり造った枝を持ち出した。》「船に乗りて歸り來にけり」《「庫持皇子、舟に乗り帰ってきた」》と殿に告げやりて、《と京の邸宅に連絡しておいて、》いといたく苦しがりたるさまして《大変苦しがっている様子をして》ゐ給へり。《座っておられる。》迎へに人多く参りたり。《お迎えに大勢の人が難波に参られた。》珠の枝をば長櫃に入れて、《珠の枝を長櫃に入れて、》物覆ひて、《錦の覆いをかけて、》持ちて参る。《持って参る。》いつか聞きけん、《いつ聞いたのか、》「庫持皇子は優曇華の花持ちて、上り給へり」と、《「世間では、庫持皇子は優曇華の花を持って、帰ってきた」と、》のゝしりけり。《騒いでいる。》これをかぐや姫聞きて、《これをかぐや姫が聞いて、》我は皇子に負けぬべしと、《私は皇子に負けてしまうと、》胸つぶれて《胸がつぶれる》思ひけり。《思いであった。》かゝる程に、《こうしているうちに、》門をたゝきて、《門をたたいて、》「庫持皇子おはしたり」と告ぐ。《お供が「庫持皇子のご到着です」と告げる。》

「旅の御姿ながらおはしたり」《「旅装束のままおいでになりました」》と言へば、《と言うので、》會ひたてまつる。《翁はお会い申し上げる。》皇子のたまはく、《皇子が仰るには、》「命を捨てゝ、《「命を捨てるほどの苦労をして、》かの珠の枝持ちて來る」、《例の珠の枝を持って来ました」、》とて、《と言って、》「かぐや姫に見せたてまつり給へ」《「かぐや姫にお見せ申し上げてくださいと」》と言へば、《と言うと、》翁、《翁は、》持ちて入りたり。《珠の枝を持って奥に入った。》この珠の枝に、《この珠の枝には、》文ぞつきたりける。《手紙が付けてあった。》

いたづらに身はなしつとも珠の枝を《危険に身が遭い破滅しようとも、かぐや姫の言う珠の枝を》

手をらでたゞに歸らざらまし《手折ることなしで帰ってくることは決してしなかったでしょう》

これを、《この歌を》あはれとも見でをるに、《見ても全く心打たれずにいると、》竹取の翁、《竹取の翁、》はしり入りていはく、《はしり入って、申す、》「この皇子に《「庫持皇子に》申し給ひし蓬萊の珠の枝を、《申しあげられた蓬萊の珠の枝を、》一つの所もあやしき處なく誤たず、《一つの間違いもなく、》持ておはしませり。《持っておいでになっています。》何をもちて、《何をもって、》とかく申すべき。《言い逃れできましょうや。》旅の御姿ながら、《旅の御姿のまま、》わが御家へも寄り給はずしておはしましたり。《ご自分の家へも寄られずにおこしになった。》はや《はやく》この皇子に婚ひ仕うまつり給へ」《この皇子と結婚なされてお仕いなされませ」》と言ふに、《と言うので、》物も言はで、《かぐや姫は何も言わず、》頰杖をつきて、《頰杖をついて、》いみじう嘆かしげに思ひたり。《ひどく嘆かわしそうに思い沈んでいる。》この皇子、《庫持皇子は、》「今さへ、何かと言ふべからず」《「今となってまで、何やかやと言い逃れはさせぬ」》

と言ふまゝに、《と言うやいなや、》縁に這ひ上り給ひぬ。《縁に這い上られた。》翁、《翁、》理に思ふに、《もっともだと考えるに、》「この國に見えぬ珠の枝なり。《「日本の国では見ることができぬ珠の枝である。》この度はいかでか辭び申さむ。《この度はどのようにお断り申せましょうや。》人様もよき人におはす」《人柄もよい人であられる」》など《などと》言ひゐたり。《かぐや姫に言って座っている。》かぐや姫の言ふやう、《かぐや姫の言うには、》「親の給ふことを、《「親のおっしゃることを、》ひたぶるに辭び申さん事の《ひたすらお断り申し上げることが》いとほしさに」と、《お気の毒なのであのように申しましたのに」と、》取り難き物を、《手に入れ難い物を、》かくあさましくて持て来たる事を《このように思いもよらず持って来たことを、》ねたく思ひ、《いまいましく思う、》翁は閨のうち、《翁は寝室の中を、》しつらひなどす。《しつらえなどをする。》翁、《翁、》皇子に申すやう、《皇子に申しあげるには、》「いかなる《「どのような》所にか、《所に、》この木はさぶらひけん。《この木はあったのでしょうか。》あやしく麗しく、《不思議なほどに麗しく、》めでたき物にも」《素晴らしいもので御座います」》と申す。《と申しあげる。》皇子答へてのたまはく、《皇子答えておっしゃるに、》「一昨々年の二月の十日ごろに、《「一昨々年の二月の十日ごろに、》難波より船に乗りて、《難波より船に乗って、》海の中に出でゝ、《大海のまっただ中に出でて、》行かん方も知らず覺えしかど、《行く方向も分からず心細い思いでしたが、》思ふこと成らでは、《願い思うことが成就できずに、》世の中に《この世の中に》生きて何かせん、《生きて何になろうか、》と思ひしかば、《と思ったので、》たゞ空しき風にまかせて歩く。《ただ当てにならぬ風のままに航行した。》『命死なば《『命が尽き死ねば》いかゞはせん、《それまでだ、》生きてあらむかぎりは、《生きている限りは、》かく歩きて、《このように航海を続け、》蓬萊といふらむ山に逢ふや』と、《いつかは蓬萊という山に逢うだろう』と、》浪に《海に》

漕ぎたゞよひありきて、《漕ぎ漂って、》わが國のうちを離れて、《日本を離れて、》歩きまかりしに、《航行をしておりましたところ、》ある時は、《ある時は、》浪荒れつゝ、《浪が荒れつつ、》海の底にも入りぬべく、《海の底にも沈みそうになり、》ある時は、《ある時は、》風につけて知らぬ國に吹き寄せられて、《風向きのまま知らぬ国に吹き寄せられて、》鬼のやうなるもの出で來て、《鬼のようなる者が出て来て、》殺さんとしき。《私を殺そうとしました。》ある時には、《ある時には、》來し方行末も知らず、《来た方向を失い、》海に《大海で》まぎれんとしき。《行方不明となるところでした。》ある時には糧尽きて、《ある時には食料が尽き、》草の根を食ひ物としき。《草の根を食い物としました。》ある時は、《ある時は、》言はん方なくむくつけげなるもの出で來て、《口では言い表せない不気味な妖怪が出てきて、》食ひかゝらんとしき。《食おうと襲ってきた。》ある時には、《ある時には、》海の貝をとりて命をつぐ。《海の貝を採って命をつないだ。》旅の空に助け給ふべき人もなき所に、《旅の空に助けてくださる人もいない所であるに、》いろいろの《いろいろの》病をして、《病気を患い、》行く方そらも覚えず。《行く方向さえも分からなくなった。》船の行くにまかせて海に漂ひて、《船の行くにまかせて海に漂いて、》五百日といふ《五百日目という日の》辰の時ばかりに、《辰の時刻に、》海の中にはるかに山見ゆ。《海上にはるかあるかなきかほどに山を見た。》船のうちをなんせめて見る。《船のうちからかろうじて見る。》海の上に漂よへる山、《近づいて見ると、海上に漂っているその山は、》いと大きにてあり。《大変大きい姿である。》その山のさま、《その山の様子は、》高く麗し。《高く麗わしい。》これや、《たぶんこれが、》わが求むる山ならんと思ひて、《私が求める山であろうと思えて、》さすがに恐ろしくおぼえて、《さすがに嬉しくも恐ろしくも思えて、》山の《山の》

めぐりをさしめぐらして《周りを漕ぎまわらして》、二、三日ばかり見歩くに《二、三日ほど見てまわったところ》、天人の装ひしたる女《天人の装いをした女》、山の中より出で來て《山の中より出て来て》、白銀の金鋺を持ちて《白銀のかなまりを持って》、水を汲みありく《あちこちと水を汲み歩いています》。これを見て《これを見て》、船より下りて《船から下りて》、「山の名を何とか申す《「山の名を何と申す」》」と問ふ《と問う》。女、答へていはく《女が答えて言うには》、「これは《「これは》蓬萊の山なり《蓬萊の山です》」と答ふ《と答えます》。これを聞くに《これを聞いて》、嬉しきことかぎりなし《嬉しいことかぎりなし》。この女《この女に》、「かく《「このように》のたまふは誰ぞ《仰るのは誰ですか」》」と問ふ《と問うと》、「わが名はうかんるり《「わが名はうかんるり」》」と言ひて《と言って》、ふと山の中に《スウーッと山の中に》入りぬ《入ってしまいます》。その山見るに《その山を見ると》、さらに登るべきやうなし《全く登れそうにない》。その山のそばひらを《その山の傍らを》巡れば《巡れば》、世の中になき花の木ども立てり《この世にはない花の木が多く立っている》。黄金・白銀・瑠璃色の水《黄金・白銀・瑠璃色の水が》、山より流れ《山より流れ》出でたり《出ている》。それには色々の珠の橋渡せり《その川には色々の珠で造った橋が渡してあります》。そのあたりに《その橋のあたりに》、照りかゝやく《照り輝く》木ども立てり《木がいくつも立っており》。その中に《その木の中に》、この取りて持ちてまうで來りしは《ここに取って持ち帰り持参しましたのは》、いと《はなはだ》悪かりしかども《劣っていたのですが》、「のたまひしに違はましかば《「かぐや姫の申された物に違いはない」》」とて《と思いまして》、この花を折りて《この花を折り》まうで《持ち帰って》

來るなり。《参ったのです。》山はかぎりなくおもしろし。《山はかぎりなく素晴らしい。》世にたとふべきにあらざりしかど、《この世では比較するものがないほどでしたが、》此枝を《この枝を》折りてしかば、《折り取ってしまいましたので、》さらに心もとなくて、《ことさらに気がせいて、》船に乗りて、《船に乗って、》追風吹きて、《追風が吹いて、》四百餘日になん、《四百余日で、》まうで來にし。《帰って参り来ました。》大願力にや、《仏の大願力によるのか、》難波より、《難波より、》昨日なん、《昨日、》都に《都に》まうで來つる。《もうで来ました。》さらに潮に濡れたる衣をだに脱ぎ替へなでなん、《さらに潮に濡れた衣すらも脱ぎ替えもせず、》こちまうで來つる」《こちらに来ました」》とのたまへば、《と仰ると、》翁聞きて、《翁はこれを聞いて、》うち嘆きて詠める、《感激に堪えず歌を詠んだ、》

くれ竹のよゝの竹とり野山にも《代々の竹取の者でも野山で》
さやはわびしきふしをのみ見し《これほど辛く苦しい目にばかりあったことがあろうか》

これを、皇子聞きて、《これを、皇子聞いて、》「こゝらの日ごろ思ひわび侍りつる心は、《「これほど長い間、辛い思いをしていました心は、》今日なん落ちゐぬる」《今日はじめて落ち着きました」》と《と》のたまひて、《言われて、》返し、《歌を返し、》

わが袂今日乾ければ侘しさの《潮と涙で濡れていた私の袂は、達成した今日は乾きましたので》
ちぐさの数も忘られぬべし《これまでの様々の艱難辛苦も、自然に忘れてしまうでしょう》

とのたまふ。《と仰る。》

かゝる程に、《そうこうしている間に、》男ども六人、《男（をのこ）ども六人、》連ねて庭に出で來たり。《連れだって庭に出て来た。》一人の男、《一人の男、》文挾みに文を《文挟みに文を》はさみて申す、《はさんで申すには、》「内匠寮司の匠、漢部内麻呂申さく、《「内匠寮司の匠（たくみづかさのたくみ）、漢部内麻呂（あやべのうちまろ）申し上げますのは、》珠の樹を作り仕うまつりし事、《珠の樹を作り、奉じましたことですが、》五穀を斷ちて、《五穀を断ちて己を正し、》千餘日に力を盡したること《千余日にもわたって努力したこと》少なからず。《並々ではありません。》しかるに祿いまだ給はらず。《しかるに禄（手当）をいまだに頂いておりません。》これを給ひて、《これを頂いて、》家子に給はせん」《家了（家族）に与える」》と言ひて、《と言って、》捧げたり。《文挟みを捧げている。》竹取の翁、《竹取の翁は、》「この匠が申すことは、《「この工匠どもが申すことは、》なに事ぞ」《何事だろうか」》と傾き《と首をかしげて》をり。《控えている。》皇子は、《皇子は、》我にもあらぬ氣色にて、《人心地がせぬ様子で、》肝消えゐ給へり。《不安に駆られて座っておられた。》これをかぐや姫《これをかぐや姫が》聞きて、《聞いて、》「この奉る文をとれ」《「この奉る文書をとれ」》と言ひて、《と言って、》見れば、《見ると、》文に申しけるやう、《書面で訴えた趣旨は、》「皇子の君、《「皇子の君は、》千日いやしき匠らともろともに同じ所に隠れゐたまひて、《千日の間身分のいやしい匠らと一緒に同じ所に隠れ居られて、》かしこき珠の枝を《立派な珠の枝を》作らせ給ひて、《作らせなさって、》官も賜はんとおほせ給ひき。《官職（つかさ）も下さろうと仰せられました。》これを此頃按ずるに、《これをこの頃は心配になって、》「御つかひとおはしますべきかぐや姫の要じ給べきなりけり」《「ご側室におなりになるはずのかぐや姫のご所望の品物だったのだ」》と、《と、》承りて、《承りまして、》

此宮より賜はらん」《この邸から頂戴いたしたい」》と申して、《と申して、》「賜はるべきなり」《「当然くださるべきものです」》と言ふを聞きて、《と言うのを聞いて》かぐや姫の、《かぐや姫の、》暮るゝまゝに《日が暮れるままに》思ひわびつる心地、《思い煩う気持ちは、》笑ひ栄えて、《この上なく笑えて、》翁を呼びとりて言ふやう、《翁を呼び寄せて言うには、》「まことに《「本当に》蓬萊の木かとこそ思ひつれ。《蓬萊の木かと思っていたが。》かくあさましき虚事にてありければ、《このようにとんでもない虚事(そらごと)であったのですから、》はや、《はやく》返し給へ」《お返ししてください」》と言へば、《と言うと、》「さだかに作らせたる物と聞きつれば、《「はっきりと、作らせた物と聞いたので、》返さむ事《お返しするのも》いとやすし」と、《至って簡単です」と、》うなづきてをりけり。《うなずいて控えていた。》かぐや姫の心ゆきはてゝ、《かぐや姫の心は晴れ晴れとして、》ありつる歌の返し、《先ほどの歌の返し、》

　まことかと聞きて見つれば言の葉を《真の珠の枝かと思いお話を聞いて、見てみましたが、言の葉で》
　　飾れる珠の枝にぞありける《飾りつけた偽の珠の枝で御座いましたよ》

と言ひて、《と言って、》珠の枝も返しつ。《返歌と共に珠の枝も返した。》
竹取の翁、《竹取の翁は、》さばかり語らひつるが、《あれほど意気投合していたのが、》さすがに覺えて眠りをり。《さすがに気まずくなったので眠ったふりをして座っている。》

皇子は、《皇子は、》立つもはした、《立っていても、》居るもはしたにて、《座っていても、》ゐ給へり。《身の置き場がない様子でおられなされた。》日の暮れぬれば、《ようやく日が暮れたので、》すべり出で給ひぬ。《闇に紛れてこっそりお出になられた。》かの愁訴せし工匠をば、《あの心配し訴えた工匠を、》かぐや姫《かぐや姫は》呼び据ゑて、《呼び座らせて、》「うれしき人どもなり」《「ありがたい人供ですよ」》と言ひて、《と言い、》祿いと多くとらせ給ふ。《ご褒美を大変多くおとらせなされた。》工匠ら《工匠らは》いみじく喜びて、《たいそう喜んで、》「思ひゐつるやうにもあるかな」《「思っていたとおりだったなあ」》と言ひて、《と言って、》帰る道にて、《帰る途中で、》庫持皇子、《庫持皇子が、》血の流るゝまで懲ぜさせ給ふ。《工匠らを、血の流れるまで懲らしめられる。》祿得しかひもなく、《禄を得たかいもなく、》皆とり捨てさせ給ふてければ、《皇子は皆とりあげなさったので、》逃げ失せにけり。《皆逃げ去ってしまった。》かくてこの皇子は、《こうしてこの皇子は、》「一生の恥、《「一生の恥、》これに過ぐるはあらじ。《これにまさるものはない。》女を得ずなりぬるのみにあらず、《女を我がものにできなかったばかりでなく、》天下の人の見、《天下の人の目、》思はん事の恥づかしきこと」《このことを思うことの恥ずかしいこと」》とのたまひて、《と仰って、》たゞ一所、《ただお一人で、》深き山へ入り給ひぬ。《深い山にお入りなさった。》宮司《御屋敷の宮司（みやづかさ）や、》、候ふ人々、《仕えている人々が、》みな手を分かちて、《みな手分けして、》求めたてまつれども、《お捜し申しましたが、》御死にもやしたまひけん、《お亡くなりにでもなったのか、》え見つけたてまつらずなりぬ。《お見つけできずにしまった。》皇子の御供にかくし給はんとて、《皇子が御供の人にお隠しになろうとして、》年ごろ《何年もの間》

見え給はざりけるなりけり。《お姿をお見せにならなかったのであります。》これをなん《これをだね》「たまさかる」とは言ひはじめける。《「たまさかる（邂逅）」と世間で言いはじめたのであった。》

六　火鼠《ひねずみ》の皮衣《かわぎぬ》

右大臣阿倍御主人は、《右大臣阿倍御主人は、》財ゆたかに、《財産家で、》家ひろき人にぞおはしける。《大きな家の人でおられます。》その年わたりける唐船の、《その年にわたって来た中国交易船の、》王慶《おうけい》といふ人のもとに《という人のもとに》文を書きて、《手紙を書いて、》「火鼠の皮といふなる物、《「火鼠の皮というそうな物を、》買ひておこせよ」《買ってよこしてくれ」》とて、《と言って、》仕うまつる人の中に《お仕えしている人の中から、》心たしかなるを選びて、《心のたしかなる人を選んで、》小野房守といふ人をつけて遣はす。《小野房守という人に手紙を持たせ遣わした。》もて到りて、《房守は手紙を持ってかの地に到り、》かの唐土にをる王慶に金をとらす。《かの中国にいる王慶に金を渡した。》王慶、《王慶、》文を披げて見て、《手紙を広げて見て、》返事《返事を》書く。《書く。》「火鼠の皮衣、《「火鼠の皮衣は、》此國になき物なり。《この国(中国)にはない物です。》音には聞けども、《噂には聞くが、》いまだ見ぬ《これまで目にしたことのない》物なり。《物です。》世にあるものならば、《もしこの世にあるものなら、》この國にも、《この国にも、》もてまうで來なまし。《持参しそうな物ですが。》いと難き交易なり。《これはとても難しいあきないである。》しかれども、《そうではあるが、》もし天竺にたまさかに持て渡りなば、《もし産地からインドに万が一にも渡来しているのであれば、》もし長者のあたりに《もしや長者で有徳(うとく)の方々の中に》とぶらひ求めむに。《尋ね求めたらあるやも知れない。》なき物ならば、《実在せぬ物なら、》使に添へて、《使いに託して、》金をば返したてまつらん」《金をお返しいたしましょう」》と言へり。《と手紙に言う。》

かの唐船來けり。《その中国船が博多に来た。》小野房守《小野房守は》まうで來て、《中国より帰朝して、》まう上る《京へ上る》といふ事《ということ》を聞きて、《を右大臣が耳にして、》歩み疾うする馬《疾足の馬》をもちて走らせ、《でもって遣いを走らせ、》迎へさせ給ふ時に、《お迎えをなさせられる時に、》馬に乗りて筑紫より、《房守はその馬に乗って筑紫より、》たゞ七日に上りまうで來たる。《たった七日間で上りもうで来た。》文を見るに、《手紙を見ると、》いはく、《次のように書いていた、》「火鼠の皮衣、《「火鼠の皮衣は、》からうじて、《やっと》人を出だして求め奉る。《人手を惜しまずに探し出したので、お届け申し上げます。》今の世にも、《今の世にも、》昔の世にも、《昔の世にも、》此皮は、《この皮は、》たはやすくなき物なりけり。《容易にあるものではなかったのです。》昔、《昔、》かしこき天竺の聖、《尊いインドの聖人が、》この國にもて渡りて侍りける、《中国に持って渡りておりましたものが、》西の山寺にありと聞き及びて朝廷に申して、《西の山寺にあると聞き及んで朝廷(おおやけ)に申請して、》からうじて買ひ取りて《何とか買い取って》奉る。《奉るのです。》値ひの金少なしと、《値いの金が少ないと、》国司、《国司、》使に申ししかば、《使に申したので、》王慶がもの加へて買ひたり。《王慶がお金を足して買いました。》いま《更に》金五十兩賜はるべし。《砂金五十両を頂きたい。》船の歸らむにつけて賜び送れ。《船の帰航するのに託して送ってください。》もし金賜はぬ物ならば、《もし金をくださらんのであれば、》皮衣の質返したべ」《質として送った皮衣をお返しください」》と言へることを見て、《と書いてあることを見て、》「なに仰す。《「何を気になさるか。》いま金少しに《いま金少々だけの》こそあなれ。《ことではないか。》嬉しくしておこせたるかな」《嬉しいことに計らってよこしてくれたことだ」》とて、《と仰って、》唐の方に向ひて、《中国の方に向いて、》ふし拜み給ふ。《ふして拝みなさる。》

この皮衣入れたる箱を見れば、《この皮衣を入れた箱を見れば、》種々の麗しき瑠璃《くさぐさの麗しき瑠璃》を色へてつくれり。《を色を取り合わせて作ってある。》皮衣を見れば、《皮衣を見ると、》紺青の色なり。《紺青の色である。》毛の末には、《毛の先端には、》金の光しさしたり。《金の光がさしている。》げに寶と見え、《まさに宝と見え、》麗しきこと並ぶべき物なし。《麗しいこと並ぶべき物がない。》火に焼けぬ事よりも、《火に焼けないことよりも、》けうらなること並びなし。《華麗なること並ぶものなし。》

「むべ、かぐや姫このもしがり給ふにこそありけれ」《「なるほど、だからかぐや姫は好ましがられたのだな」》とのたまうて、《と仰って、》「あなかしこ」《「ああ、ありがたい」》とて、《といって、》箱にいれ給ひて、《箱にお入れなさって、》ものゝ枝につけて、《何かの木の枝につけて、》御身の化粧いといたくして、《御身の化粧を念入りになさり、》「やがて泊りなんものぞ」《「このまま泊まることになろうよ」》と思して、《と考えて、》歌詠み加へて持ちていましたり。《歌を詠み皮衣に加えて持っておりました。》その歌は、《その歌は、》

限りなきおもひに焼けぬ皮衣《限りない恋の炎に己は焦がれていたのですが、炎にも焼けない皮衣を手に入れました》
袂かはきて今日こそは着め《今まで苦しい思いに濡らしていた私の袂は今日は乾いて、共寝頂けましょうよ》

と言へり。《とかいてある。》

家の門に持て到りて、《右大臣は家のかどに皮衣を持ちて到りて、》立てり。《立っている。》竹取出できて、《竹取は出てきて、》取り入れて、《皮衣を取り入れて、》かぐや姫に見す。《かぐや姫に見せる。》

かぐや姫の、《かぐや姫は、》皮衣を見ていはく、《皮衣を見て言うには、》「麗しき皮なんめり、《「見たところ美しい皮ですね、》わきて真の皮ならむとも知らず」。《しかし真の皮であるかは分かりません」。》

竹取答へていはく、《竹取答えて言うには、》「とまれかくまれ、《「とにもかくにも、》まづ請じ入れたてまつらむ。《まず大臣をお招き入れてさしあげましょう。》世の中に見えぬ《世間に類いなき》皮衣のさまなれば、《皮衣のようですから、》これをと思ひ給ひね。《これを真の皮衣と思いなされ。》人ないたくわびさせたてまつらせ給ひそ」《あまりあの人にひどくつらい思いをおさせしないでくださいよ」》と言ひて、《と言って、》呼びすゑたてまつれり。《右大臣を室内に呼びすえたてまつった。》かく呼びすゑて、《こうして請じ入れた以上は、》この度はかならず婚はむと、《この度はかならず結婚させようと、》嫗の心にも思ひをり。《嫗の心も同じ思いである。》この翁は、《この翁は、》かぐや姫のやもめなるを歎かしければ、《かぐや姫の独身でいることが嘆かわしかったので、》よき人に《身分ある人と》婚はせんと、《結婚させようと、》思ひはかれど、《思いを、はかるが、》切に「否」といふ事なれば、《熱心に「否」と言うので、》え強ひねば、《強制もできないのでいるので、》ことわりなり。《この期待も当然である。》かぐや姫、翁にいはく、《かぐや姫が、翁に言うには、》「この皮衣は、《「この皮衣は、》火に焼かんに、《火に焼いても》焼けずはこそ、《焼けなかったら、》真ならめと思ひて、《本物だと思って、》人の言ふことにも負けめ。《あの方の求婚に対しては我を折りましょう。》「世になき《あなたは「この世にまたとなき》物なれば、《物であれば、》それを真と疑ひなく思はん」《それを真実と疑うことなく本物と思おう」》とのたまふ。《と仰る。》猶これを焼きて試みん」《でも、やはりこれを焼いてみましょう」》と言ふ。《と言う。》翁、「それ、さも言はれたり」《翁は、「それは、もっともなお話ですね」》と言ひて、《と言って、》大臣に、《大臣に、》「かくなん申す」《「姫はこのように申しています」》と言ふ。《と言う。》大臣答へていはく、《大臣答えて言うには、》「この皮は、《「この皮は、》唐土にもなかりけるを、《中国にもなかったのを、》からうじて求め尋ねえたるなり。《かろうじて探し出し手に入れた物です。》

何の疑ひかあらむ」《何の疑いがありましょうや」》「さは申すとも、《翁は、「さように申しても、》はや焼きて見給へ」《はやく焼いてみてください」》と言へば、《と言えば、》火の中にうちくべて《皮衣を火の中にくべて》焼かせ給ふに、《お焼かせになったところ、》めらめらと焼けぬ。《めらめらと焼けてしまう。》「さればこそ。《「ほらご覧なさい。》異物の皮なりけり」《ちがう皮でしたねえ」》と言ふ。《とは言う。》大臣、《大臣は、》これを見給ひて、《これをご覧になって、》顔は草の葉の色にて居給へり。《顔は草の葉のように青覚め座っていらっしゃる。》かぐや姫は、《かぐや姫は、》「あな嬉し」と、《「あな嬉し」と、》喜びて《喜んで》ゐたり。《いる。》

かの詠み給ひける歌の返し、《大臣がお詠みになったかの歌の返歌を、》箱に入れて返す。《箱に入れて返す。》

　なごりなく燃ゆとしりせば皮衣《跡形なく燃えると分かっていたこの皮衣なら》

　思ひの外におきて見ましを《思い悩まず焼かずに見るだけにしたのに、惜しいことをしました》

とぞありける。《と返歌が書いてあった。》されば、《なので仕方なく、》帰りいましにけり。《大臣はお帰りになったのである。》世の人々、《世間の人々は、》「阿倍大臣、《「阿倍大臣が、》火鼠の皮衣《火鼠の皮衣を》もていまして、《持っていらっしゃって、》かぐや姫に棲み給ふとな。《かぐや姫と結婚なされるのだな。》こゝにやいます」《この邸宅にお住みなのですか」》など問ふ。《などと問う。》ある人の《ある人が》いはく、《言うには、》「皮衣は火にくべて焼きたりしかば、《皮衣は火にくべて焼いてみると、》めらめらと焼けにしかば、《めらめらと焼けたので、》かぐや姫、《かぐや姫は、》婚ひ給はず」《ご結婚なさらなかったのだ」》と言ひければ、《と言ったのであるが、》これを聞きてぞ、《これを聞いてから、》とげなきものをば、《やりとげられないものを、》「あへなし」《「あへなし（敢へ無し）」》

と言ひける。《と言うようになった。》

七　龍《たつ》の頸《くび》にある五色に光る珠

大伴御行の大納言は、《大伴御行の大納言は、》わが家にありとある人召し集めて、《わが家にいるありったけの人を召し集めて、》のたまはく、《仰るには、》「龍の頸に、《「龍の頸に、》五色にひかる珠あんなり。《五色の光る珠があるそうだ。》それ取りて奉りたらん人には、《それを取ってきた者には、》願はんことを叶へん」《願い事を何でも叶えてやろう」》とのたまふ。《と仰る。》男ども、《男(おのこ)ども、》仰の事を承はりて申さく、《おおせのことを承りて申し上げるに、》「仰の事はいとも尊し。《「仰せのことは大変にありがたい。》たゞし、この珠、《しかし、この珠は》たはやすくえ取らじを。《たやすくは取れますまい。》いはむや、《ましてや、》龍の頸の珠はいかゞ取らん」《龍の頸の珠はどのようにして取れましょうや」》と申しあへり。《と口々に申し合っている。》大納言のたまふ、《大納言が仰るには、》「君の使といはん者は、《「天の使いともあろう者は、》命を捨てゝも、《命を捨ててでも、》おのが君の仰せごとをば叶へんとこそ思ふべけれ。《自らの主君の仰せ事を叶えようと思うべきだ。》この國になき、《我が国にはない、》天竺・唐土の《インド・中国の》物にもあらず。《物でもない。》此國の海山より、《我が国の海山より、》龍は下り上る物なり。《龍は下り上る物である。》いかに思ひてか、《一体どういう考えで、》汝ら、《お前達、》難きものと申すべき」。《難しいと申すのか」》男ども申すやう、《おのこどもが申しあげるには、》「さらばいかゞはせむ。《「それならやむをえません。》難きもの《難しいこと》

なりとも、《であっても、》仰せごとに従ひて、《仰せごとに従って、》求めにまからむ」《探し求めにまいります」》と申すに、《と申し上げると、》大納言、《大納言は、》御腹ゐて、《ご機嫌が直り、》「汝らが君の使と、《「汝らは主君の家来として、》名を流しつ。《世間に知られている。》君の仰せごとをば、《主君のご命令に、》いかゞは背くべき」《どうして背いていいものか」》との賜ひて、《と仰って、》龍の頸の珠取りにとて、《龍の頸の珠を取りに、》出したて給ふ。《送り出される。》この人々の道の糧、《この人々の旅の費用、》食ひ物に、《即ち食料に、》殿内の絹・綿・《お邸にある絹・綿・》錢など、《銭など、》あるかぎりとり出でゝ、《全てをとり出して、》添へて遣はす。《持たせておやりになる。》「この人々ども歸るまで、《「この連中が帰るまで、》齋ひして、《潔斎して、》われはをらん。《われはおりましょう。》この珠取りえでは、《この珠を取るまでは、》家に歸り來な」《家に帰って来るな」》とのたまはせけり。《と仰せられた。》おのおの《各人》仰せ承はりて、《仰せを承って、》まかり出でぬ。《御前を退出した。》「『龍の頸の珠取りえずは、《「『龍の頸の珠を取るまでは、》歸り來な』《帰って来るな』》とのたまへば、《と仰っているので、》いづちもいづちも、《どちらでも構わず、》足の向きたらん方へいなんとす。《足の向いた方へ行ってしまおうとか。》かゝる術なき事を《家来達は手の打ちようがないことを》したまふこと」《なされる」》と、《と、》そしりあへり。《悪口を言いあっている。》給はせたる物、《与え物は、》おのおの《各人》分けつゝ取る。《分け分けして取る。》あるいは《ある者は》おのが家に籠りゐ、《自分の家に籠もり、》あるいはおのが行かまほしき所へ往ぬ。《ある者は、行きたい所に行ってしまう。》「親・君と申すとも、《「親、主君とは申しても、》かくつきなきことを仰せ給ふこと」《こんなご無理なことを仰せられることは」》と、《と、》事ゆかぬ物ゆゑ《らちのあかぬことゆえに、》大納言をそしりあひたり。《大納言の悪口を言い合った。》

「かぐや姫すゑんには、《「かぐや姫を住まわすには、》例のやうには見にくし」《これまでのようでは見苦しい」》との給ひて、《と大納言は仰って、》麗しき屋を造り給ひて、《立派な屋敷を造られまして、》漆を塗り、《漆を塗り、》蒔ゑして、《蒔絵（まきえ）をして、》壁し給ひて、《壁をお造りになり、》屋の上には絲を染めて色々に葺かせて、《屋根の上には絲を染めて色様々に葺かせて、》内の《屋内の》しつらひには、《しつらえは、》言ふべくもあらぬ綾織物に繪を描きて、《言葉で表せないほど立派な綾織物に絵を描いて、》間毎に張りたり。《柱の間ごとに全て張っている。》もとの妻どもは、《もとの妻どもとは離婚して、》かぐや姫をかならず婚はんと設けして、《かぐや姫との結婚を準備して、》ひとり明かし暮らし給ふ。《一人で暮らしなさる。》

遣はしし人は、《龍の頸の珠を取りに遣わした家来は、》夜晝待ち給ふに、《大納言が夜昼と待っておられるが、》年越ゆるまで音もせず。《年が越えるまで音沙汰がない。》心もとながりて、《待ち遠しくなって、》いと忍びて、《大変我慢をした大納言は、》たゞ舎人二人召繼として、《ただ舎人二人を召継ぎとして連れて、》やつれ給ひて、《粗末なお姿になられて、》難波の邊におはしまして、《難波の辺におられまして、》問ひ給ふ事は、《お尋ねになることには、》「大伴の大納言殿の人や、《「大伴の大納言の家来が、》船に乗りて、《船に乗って、》龍殺して、《龍を殺して、》そが頸の珠取れるとや聞く」《それの頸の珠を取ったとは聞いているか」》と問はするに、《と問わせなさるに、》船人答へていはく、《船人が答えて言うには、》「あやしきことかな」《「へんな話ですね」》笑ひて、《と笑って、》「さる業する船もなし」《「そのようになさる船はないです」》と答ふるに、《と答えると、》「をぢなき事する船人にもあるかな。《大納言は、「訳の分からぬことを言う船頭だなあ、》え知らでかく言ふ」《私が誰か知らないで、このようなことを言う」》と思して、《とお思いになって、》「わが《「私の》

弓の力は、《弓の力で、》龍あらばふと射殺して、《龍が現れればサッと射殺して、》頸の珠は取りてん。《頸の珠は取ってしまう。》遅く来る奴ばらを待たじ」《遅れて来る奴達を待つまい」》との給ひて、《と仰って、》船に乗りて海ごとに歩き賜ふに、《船に乗ってあちこちの海を航行なさるうちに、》いと遠くて、《たいそう遠い、》筑紫の方の海に漕ぎ出で給ひぬ。《筑紫の方の海にまで漕ぎ出でなさった。》いかゞしけん、《ところがどうしたことか、》疾き風吹きて、《疾風が吹いて、》世界暗がりて、《辺り全部が暗くなり、》船を吹もてありく。《船をあちこちに漂流させる。》いづれの方とも知らず、《どの方角とも分からず、》船を海中にまかり入ぬべく吹き廻して、《船を沈めてしまうほど吹き回して、》浪は船に打ちかけつゝ《浪は船に打ちかかっては》捲き入れ、《巻き込み、》雷は落ちかゝるやうにひらめく。《雷は落ちかかるようにひらめく。》かゝるに、《このような状態で、》大納言心惑ひて、《大納言は心が惑って、》「まだかゝるわびしき目見ず。《「これまでこんな辛い目に遭ったことがない。》いかならんとするぞ」《一体どうなるのだ」》との給ふ。《と仰る。》楫取答へて申す、《船頭が答えて申すには、》「こゝら《「幾度も》船に乗りてまかりありくに、《船に乗って航海していますが、》またかくわびしき目を見ず。《これまでこんな辛い目に遭ったことはありません。》御船《御船が》海の底に入らずは、《沈没しなければ、》雷落ちかゝりぬべし。《雷が落ちかかるに違いありません。》もし幸ひに神の救あらば、《幸いにも神の救いがあっても、》南海にふかれ《南海に吹かれ》おはしぬべし。《やられなさるでしょう。》うたてある主の御許に仕うまつりて、《困ったお方のみもとにお仕えして、》すゞろなる死にをすべかめるかな」《思いがけなく辛い死に様をするものだなあ」》と、《と、》楫取泣く。《船頭が泣く。》大納言これを聞きて、《大納言これを聞いて、》の給はく、《おっしゃるには、》「船に乗りては、《「船に乗っては、》楫取の申すこと《船頭の申すこと》

をこそ、《だけを、》高き山と頼め、《高き山のように揺るぎなき頼りとするものなのに、》などかく頼もしげなく申すぞ」《そのようにかくも頼りないことを申すのか」》と、《と、》青反吐を《青反吐を》つきての給ふ。《吐いて仰る。》楫取答へて申す、《船頭が答えて申し上げるには、》「神ならねば、《「私は神ではないので、》何わざを仕うまつらん。《何とも致しようがありません。》風吹き、《風吹き、》浪激しけれども、《波激しく、》雷さへ頂に落ちかゝるやうなるは、《雷までも頭上に落ちかかりそうなのは、》龍を殺さんと求め給へば、《龍を殺さんと探されていらっしゃるから、》あるなり。《こうなっているのです。》疾風も龍の吹かするなり。《疾風も龍が吹かせているのです。》はや神に祈り給へ」《はやく神にお祈りなさってくだされ」》と言ふ。《と言う。》「よき事なり」とて、《大納言は、「それはよいことだ」と仰って、》「楫取の御神、《「船頭の御神様、》聞こしめせ。《お聞きください。》をぢなく、《馬鹿馬鹿しく、》心をさなく、《未熟にも》龍を《龍を》殺さむと思ひけり。《殺すと思ったことでした。》いまより後は、《今後は、》毛の筋一筋をだに動かしたてまつらじ」《龍の毛の筋一本さえ動かし奉ることは御座いません」》と、《と、》寿詞をはなちて立ち居、《よごとを大声で唱えて、立ったり座ったり、》泣く泣くよばひ給ふこと、《泣く泣く神様に呼びかけなさることを、》千度ばかり申し給ふけにやあらん、《ちたびほどもお申しなされたせいであろうか、》やうやう雷鳴り止みぬ。《だんだんに雷鳴りは止んだ。》すこし光りて、《だがまだすこし光って、》風はなほ疾く吹く、《風はやはり疾く吹いている、》楫取の《船頭が》いはく、《言うには、》「これは龍のしわざにこそありけれ。《「やはりこれは龍のしわざであったのだ。》この吹く風は、《この吹く風は、》よき方の風なり。《良い方向の吹く風です。》あしき方の風にはあらず。《悪い方へ吹く逆風ではない。》よき方に赴きて吹くなり」《良い方に向かって吹いている」》といへども、《と言うが、》大納言は、《大納言は、》これを《これを》聞き入れ給はず。《聞き入れなさらない。》三、《三、》四日吹いて、《四日吹いて、》吹き返し寄せたり。《船を吹き返し陸に寄せた。》濱を見れば、《船頭が浜を見ると、》播磨の明石の《播磨の明石の》濱なりけり。《浜であった。》大納言、《大納言は、》南海の濱に吹きよせられたるにやあらんと思ひて、《南海の浜に吹き寄せられたのであろうかと思って、》いきづき伏し《あえぎ伏され》給へり。《なさっておられる。》船にある男ども國に告げたれども、《船中にいたおのこ達は国府に告げたが、》國の司まうでとぶらふにも、《播磨国の司が参上しお見舞いするにも、》え起き上がり給はで、《起き上がることがおできにならず、》船底に伏し給へり。《船底にお伏されなさっている。》松原に御莚しきて、《松原にみむしろを敷いて、》下ろしたてまつる。《船からお下ろし申し上げる。》その時にぞ、《やっとその時に、》南海にあらざりけりと思ひて、《南海ではなかったのだと思い、》からうじて《かろうじて》起き上がり給へるを見れば、《起き上がりなさったのを見ると、》風いと重き人にて、《大変重い風病患者の症状で、》腹いとふくれ、《腹は随分と膨れ、》こなたかなたの目には、《左右の目は、》杏を二つつけたるやうなり。《李を二つ付けたようである。》これを見たてまつりてぞ、《これを拝見して、》國の司もほほ笑みたる。《国の司もニヤニヤしている。》國に仰せ給ひて、《国府に命じなされて、》手輿つくらせ《たごしをお作らせ》給ひて、《なさって、》によふによふ擔はれ給ひて、《呻き呻きになはれなされて、》家に入り給ひぬるを、《家にお入りになるのを、》いかで聞きけん、《どのようにして聞きつけたのか、》遣はしゝ《派遣なさった》男ども参りて申すやう、《おのこども帰参して申し上げるには、》「龍の頸の珠をえ取らざりしかばなん、《「龍の頸の珠を取ることができなかったので、》殿へも《お邸にも》え参らざりし。《帰参できませんでした。》珠の取り難かりし事を知り給へればなん、《しかし、珠を取ることが困難とお知りになったので、》勘當あらじとて、《おとがめはあるまいと、》

参りつる」《帰参いたしました」》と申す。《と申し上げる。》大納言起きゐて宣はく、《大納言が起き上がり座って仰るには、》「汝らよくもて來ずなりぬ。《「汝らよくぞ持って来なかった。》龍は《龍は》鳴る神の類にこそありけれ。《鳴る神（雷）と同類であった。》それが珠を取らんとて、《その珠を取ろうとして、》そこらの人々、《大勢の人々が、》害せられなんとしけり。《まさに殺されようとしたのだ。》まして龍を捕へたらましかば、《まして龍を捕らえたりしたのなら、》又、《また、》こともなく、《簡単に》我は害せられなまし。《私は殺されていただろう。》よく捕へずなりにけり。《おまえ達も、よく捕らえずにいてくれたものだ。》かぐや姫てふ大盗人の奴が、《これは、かぐや姫というおおぬすびとの奴が、》人を殺さんと《人を殺さんと》するなりけり。《難題を出したのだった。》家のあたりだに、《もう、姫の家の辺りすらも、》今は通らじ。《通るまい。》男ども、《おのこどもも、》な歩きそ」《あの辺りを歩いてはならぬ」》とて、《と仰って、》家に少し残りたりける物どもは、《家に少し残っていた財産等は、》龍の珠を取らぬ者どもに賜びつ。《龍の珠を取らなかった者どもにお与えなさった。》これを聞きて、《これを聞いて、》離れ給ひしもとの上は、《離別なさった元奥方は、》腹を切りて笑ひ給ふ。《腹がはち切れるほどお笑いなさる。》絲を葺かせ造りし屋は、《絲を葺かせ造った屋根は、》鳶・烏の巣に、《鳶・烏が巣作りに、》みな喰ひもて往にけり。《みなくわえて持って行ってしまった。》世界の人の言ひけるは、《世間の人が言うには、》「大伴の大納言は、《「大伴の大納言は、》龍の頸の珠や取りておはしたる」《龍の頸の珠を取っておいでになったのか」》「いな、《「いや、》さもあらず。《そうではない。》御眼二つに杏のやうなる玉をぞ《二つの御目に李のようになった目玉を》添へていましたる」《付けていらっしゃった」》と言ひければ、《と言うと、》「あなたべがた」《「あなたべがた」》と言ひけるよりぞ、《と言ったことから、》

世にあはぬ事をば、《世間の道理にあわぬ、常識外れのことを、》「あなたへがと」《「あなたへがと」》とは言ひはじめける。《と言いはじめたのである。》

八　燕の持ちたる子安貝

中納言石上麻呂足の、《中納言石上麻呂足の、》家に使はるゝ男どものもとに、《家に使われている家来供のもとに、》「燕の巣くひたらば、告げよ」《「つばくらめが巣を作ったら、知らせよ」》とのたまふを、《と仰るのを、》承りて、《家来達は承って、》「何の料にかあらん」《「何にご用でしょうか」》と申す。《と申し上げる。》答へてのたまふやう、《中納言が答えて仰るには、》「燕の持たる子安の貝を取らむ料なり」《「燕の持っている子安の貝を取るためである」》とのたまふ。《と中納言は仰る。》男ども答へて申す、《家来達が答えて申し上げる、》「燕を《「燕を》あまた殺して見るだにも、《沢山殺して見る時でさえ、》腹になき物なり。《腹にはない物です。》たゞし、《ただし、》子産む時なん、《子を産む時は、》いかでか《どのようにして》出だすらん。《出すのでしょうか。》はららくると申す。《散り散りになってくると申す。》人だに見れば失せぬ」と申す。《人が見でもすると、なくなってしまう」と申し上げる。》また人の申すやう、《また他の人が申し上げるには、》「大炊寮の飯炊ぐ屋の棟に、《「おほひづかさの飯炊(いひかし)く屋の棟に、》つくのあなごとに、《つか柱の穴ごとに、》燕は巣を《燕は巣を》くひ侍る。《作っています。》それに、《そこへ、》まめならむ男どもを率てまかりて、《忠実な家来達を引き連れて行って、》あぐらを結ひ上げて《足場を結び高く作って》窺はせんに、《覗かせましたら、》そこらの燕、《沢山の燕のこと、》子産まざらむやは。《子を産まぬことはないでしょう。》さてこそ取らしめ給はめ」《その時にこそお取らせになったらよろしい」》

と申す《と申し上げる。》。中納言喜びたまひて《中納言はお喜びになって》、「をかしきことにもあるかな《「おもしろい話だな。》。最もえ知らざりけり《全然知らなかったな。》。興あること申したり」《いい話を聞かせてくれた」》とのたまひて《と仰って、》、まめなる男ども《まめなる家来達》廿人ばかりつかはして《二十人ばかりを遣わして、》、麻柱にあげ据ゑられたり《あななひに上らせて座らせなさった。》。殿より使ひまなく《中納言は、御殿より使者をひっきりなしに》たまはせて《遣わして、》、「子安の貝取りたるか」《「子安の貝を取ったか」》と問はせたまふ《とお問わせになる。》。燕も《燕も、》、人のあまた上りゐたるにおぢて《大勢の人が上っていることに怖じ気づいて、》、巣にも上り來ず《巣にも上がって来ない。》。かゝるよしの御返事を申したれば《このような次第のかえりごとを申し上げたところ、》、聞き給ひて《お聞きになられて、》、いかゞすべきと思し煩ふに《どうすればよいかと考え煩っていると、》、かの寮の官人《かの大炊寮の官人、》、倉津麻呂と申す翁《くらつまろと申す翁が、》、申すやう《申し上げるには、》、「子安貝取らんと思しめさば《「子安貝を取らんとお思いならば、》、たばかり申さん」《策を申し上げましょう」》とて《と言って、》、御前に参りたれば《御前に参上したので、》、中納言《中納言は、》、額を合せてむかひ給へり《額を合せるように対面なさった。》。倉津麻呂が申すやう《倉津麻呂が申すには、》、「この燕の子安貝は《「この燕の子安貝は、》、惡しくたばかりて取らせ給ふなり《まずい工夫でお取らせになっている。》。さてはえ取らせ給はじ《こんなではお取りになれますまい。》。麻柱におどろおどろしく二十人の人の上りて侍れば《あななひに、仰々しく二十人の人が上っておりますので、》、あれて寄りまうで來ず《燕は離れて寄り付かないのです。》。せさせ給ふべきやうは《なさるべき方法は、》、この麻柱を《この麻柱を》

こほちて、《壊して、》人みな退きて、《人は皆離れて、》まめならん人ひとりを《職務に忠実な人一人を、》粗籠に乗せ据ゑて、《あらこに乗せ座らせて、》綱をかまへて、《綱を準備しておき、》鳥の、《鳥が、》子産まむあひだに、《子を産む間に、》綱をつりあげさせて、《綱をつりあげさせて、》ふと子安貝を取らせ給はんなん、《ひょいと子安貝をお取らせになったら、》よかるべき」《よろしいでしょう」》と申す。《と申し上げる。》中納言のたまふよう、《中納言が仰るには、》「いとよき事なり」《「大変いいことである」》とて、《と言って、》麻柱をこぼちて、《麻柱をひっくり返して、》人みな帰りまうで來ぬ。《人みなは御殿に帰って来た。》中納言、《中納言が、》倉津麻呂にのたまはく、《倉津麻呂に仰るには、》「燕は、いかなる時にか《「燕は、どのような時に、》子産むと知りて、《子を産むと判断して、》人をば上ぐべき」《人を引き上げたらいいのか」》とのたまふ。《と仰る。》倉津麻呂申すやう、《倉津麻呂が言うには、》「燕子産まむとする時は、《「燕が子を産もうとする時は、》尾をさゝげて七度めぐりてなん、《尾をさし上げて七度回り、》産み落すめる。《産み落とすようです。》さて《さて》七度めぐらん折り、《七度回る時に、》引きあげて、《籠を引きあげて、》その折り、《その時に、》子安貝は取らせ給へ」《子安貝をお取らせなさいませ」》と申す。《と申し上げる。》中納言喜びたまひて、《中納言はお喜びになって、》よろづの人にも知らせ給はで、《多くの人にはお知らせにならないで、》みそかに寮にいまして、《ひそかに大炊寮に出かけられまして、》男どもの中に交じりて、《家来達の中に交じって、》夜を晝になして取らしめ給ふ。《夜昼なして、お取らせになる。》倉津麻呂かく《倉津麻呂がこのように》申すを、《申し上げたのを、》いといたく喜びのたまふ。《大変甚だしくお喜びになり、仰る。》「こゝに使はるゝ人にもなきに、《「私の邸で使われている人でもないのに、》願を叶ふることの《願いを叶えてくれるのは、》

うれしさ」《本当に嬉しい」》とのたまひて、《と仰って、》御衣ぬぎてかづけ給ひつ。《自分のおほんぞを脱いで褒美にお与えになった。》「さらに、夜さり、《「あらためて、夜がきたところ、》この寮にまうで來」《この大炊寮に出てきなさい」》とのたまひて、《と仰って、》つかはしつ。《家へお帰しになる。》日暮れぬれば、《日が暮れたので、》かの寮に《中納言は例の大炊寮に》おはして見たまふに、《いらっしゃって、ご覧になると、》まことに燕巣つくれり。《本当に燕が巣を作っている。》倉津麻呂申すやうに、《倉津麻呂が申し上げたように、》尾浮けて《尾を上に上げて》めぐるに、《回っているので、》粗籠に人をのぼせて吊り上げさせて、《あらこに家来をのせて、綱で吊り上げさせて、》燕の巣に手をさし入れさせて《燕の巣に手を差し入れさせて》探るに、《探らせたが、》「物もなし」と申すに、《「何物もありません」と申し上げるので、》中納言、《中納言は、》「悪しく探ればなきなり」《「探りようが悪いからないのだ」》と腹立ちて、《と腹を立てて、》「われぱかり覚えんに」とて、《「私だけがその感じが分かるだろうから」と言い、》「われ上りて探らむ」《「私が上って探ろう」》とのたまひて、《と仰って、》籠に乗りて吊られ上りて、《籠に乗り、吊り上げられて、》窺ひ給へるに、《巣の中を窺いなさると、》燕、《燕が、》尾をさゝげていたく《尾を上にあげて、ひどく》めぐるに合はせて、《ぐるぐると回っている、それに合わせて、》手をさゝげて探り給ふに、《手を差し出してお探りになると、》手に平める物さはる時に、《手に平たい物をさわった瞬間、》「われ、物握りたり。《「私は、何か握ったぞ。》今は下してよ。《もう下ろしてくれ。》翁、《翁よ、》し得たり」《してやったぞ」》との給ふ。《と仰る。》集まりてとく《家来達が集まって、早く》下ろさんとて、《下ろそうとして、》綱を引き過ぐして、《綱を引っ張り過ぎて、》綱絶ゆるすなはちに、《綱が切れるとそのまま、》八島の鼎の上に、《八島のかなえの上に、》

のけざまに落ち給へり。《あおむけにお落ちになった。》人々あさましがりて、《人々は驚き慌てて、》寄りて抱えたてまつれり。《傍に寄って抱きかかえ申し上げる。》御目は白眼にて臥し給へり。《中納言は御目は白眼の状態で倒れていらっしゃる。》人々、《家来達は、》御口に水をすくひて入れたてまつる。《水をすくって口に入れ飲ませてさし上げる。》からうじて生きいで給へるに、《かろうじて生き返られたので、》又、《また、》鼎の上より、《鼎の上から、》手取り足取りして、《手を取り足を取りして、》さげ下し《さげおろし》たてまつる。《申し上げる。》からうじて、《かろうじて、》「御心地はいかゞおぼさるゝ」《「ご気分は如何で御座いますか」》と問へば、《と問うと、》息の下にて、《かろうじて、虫の息の状態で、》「物はすこし覺ゆれど、《「意識は少しあるが、》腰なん動かれぬ。《腰が動かない。》されど子安貝を《しかし子安貝を》ふと握りもたれば、《さっと握り、そのまま持っているので、》嬉しく覚ゆるなり。《嬉しく思っているのだ。》まづ脂燭さして來。《まずしそく(明かり)をつけてこい。》この貝、《この貝の》顔見ん」と、《顔を見よう」と、》御髪もたげて、《御頭をもたげて、》御手をひろげ給へるに、《御手をひろげなさると、》燕のまりおける古糞を握り《燕の垂れておいた古糞を握って》給へるなりけり。《いらっしゃるのであった。》それを見たまひて、《中納言はそれをご覧になって、》「あな、かひなのわざや」《「ああ、かひ(貝)がないことだ」》との給ひけるよりぞ、《と仰しゃったことより、》思ふに違ふ事をば、《期待に反することを、》「かひなし」と言ひける。《「かひなし」と言うのである。》貝にもあらずと見給ひけるに、《貝ではないと、それをご覧になって、》御心地も《ご気分も》違ひて、《悪くなり、》唐櫃の蓋の入れられ給ふべくもあらず、《からびつの蓋をお入れ申すこともできないほどで、》御腰は折れにけり。《御腰は折れたままでいた。》中納言は、《中納言は、》

いたいけたるわざして《子供っぽいことをして、》止むことを、《決着がついたことを、》人に聞かせじとし給ひけれど、《人に聞かせまいとなさっていたが、》それを《それが》病にて、《病のもととなり、》いと弱くなり給ひにけり。《大変お弱りなさった。》貝をえ取らずなりにけるよりも、《貝を取ることができなくなったことよりも、》人の聞き《人が聞いて》笑はんことを、《笑うであろうことを、》日にそへて思ひ給ひければ、《日が経つにつれてだんだんお気になさるようになったので、》たゞに病み死ぬるよりも、《ただ普通に病気で死ぬよりも、》人聞き恥づかしくおぼえ給ふなりけり。《人聞きが恥ずかしいとお感じになるのであった。》これをかぐや姫聞きて、《これをかぐや姫が聞いて、》とぶらひに《お見舞いに》やる歌、《送る歌、》

　　年をへて浪たちよらぬ住の江の《年が経ってもお立ち寄りにもなりませんが、波が立ち寄る住之江の》
　　　松かひなしときくはまことか《待つ（松）貝（甲斐）がないという噂ですが、本当でしょうか》

とあるを、《と書いてあるのを、》よみて聞かす。《お側の者が読んで聞かせる。》いとよわき心に、《中納言は大変に心が弱っていたが、》頭もたげて、《頭をもたげて、》人に紙を《人に紙を》持たせて、《持たせて、》苦しき心ちに《苦しい気分をおして、》からうじて書き給ふ、《辛うじてお書きになる、》

　　かひはかくありけるものをわびはてゝ《貝はなかったけれども、かぐや姫の手紙を頂き、甲斐（貝）はこのことにありましたよ、思い煩う私の》

しぬる命をすくひやはせぬ《死にゆく命を、薬の匙（かい）ですくって（救）くださらないのですか》

と書きはつる、《と書き終わるや、》絶え入り給ひぬ。《命絶えられてしまわれた。》これを聞きて、《これを聞いて、》かぐや姫、《かぐや姫は、》すこしあはれと思しけり。《少しお気の毒にとお思いになった。》それよりなん、《そのことから、》すこしうれしき事をば、《少し嬉しいことを、》「かひあり」とは言ひける。《「かひ（甲斐）あり」と言うようになったのである。》

九　帝の心に掛かる

さて、かぐや姫、《話が変わって、かぐや姫の》容貌の世に似ずめでたきことを、《容貌が、この世に類なく美しいことを、》御門聞こしめして、《御門がお聞きあそばれて、》内侍《ないし》中臣房子にのたまふ、《中臣房子に仰るには、》「多くの人の身をいたづらになして婚はざんなる《「多くの人が身を滅ぼすまでに尽くしても結婚しないという》かぐや姫は、《かぐや姫は、》いかばかりの女ぞと、《どれほどの女か》まかりて、《出かけて、》見てまゐれ」《見届けてこい」》との給ふ。《とおっしゃる。》房子、《房子、》承りてまかれり。《仰せを承って退出した。》竹取の家に、《竹取の家では、》かしこまりて《恐縮して》請じ入れて、《内侍を招き入れて、》會へり。《お会いする。》嫗に《嫗に》内侍のたまふ、《内侍が仰る、》「仰せごとに、《「帝のお言葉に、》かぐや姫の容貌優におはすなり、《かぐや姫の容貌が優れていらっしゃるとのことだ、》よく見て《よく見て》参るべきよし、《参るように、》のたまはせつるになん、《仰せられたので、》参りつる」《参りました」》と言へば、《と言うと、》「さらば、《嫗は「それでは、》

かく申し侍らん」《姫にそのように申しましょう」》と言ひて、《と言って、》入りぬ。《姫のいる奥へ入った。》かぐや姫に、《かぐや姫に、》「はや、かの御使に《嫗は「はやく、あの御使者に》對面し給へ」《お会いしなさい」》と言へば、《と言うと、》かぐや姫、《かぐや姫は、》「よき容貌にもあらず。《「私はよい容貌ではありません。》いかでか見ゆべき」《どうして勅使にお目にかかれましょうや」》と言へば、《と言って、》「うたてもの給ふかな。《「いやな仰りようですね。》御門の御使をば、《御門の御使を、》いかでかおろかにせん」《どうして疎かにできましょうか」》と言へば、《と言うと、》かぐや姫の答ふるやう、《かぐや姫の答えるには、》「御門の召して《「御門が召すよう》のたまはんこと、《おっしゃることは、》かしこしとも思はず」《畏れ多いとも思いません」》と言ひて、《と言って、》さらに見ゆべくもあらず。《いっこうに内侍に会いそうにもない。》産める子のやうにあれど、《平素には自分が産んだ子のようにしているが、》いと心恥づかしげに、《こちらが気兼ねするほどに、》おろそかなるやうに言ひければ、《素っ気ない様で言うから、》心のまゝにもえ責めず。《嫗は心のままに無理強いもできない。》嫗、《嫗は、》内侍のもとに《内侍のいる所に》帰り出でて、《帰ってきて、》「口惜しく、《「残念なことに、》この幼き者は、《この幼い娘は、》強く侍る者にて、《強情者でございまして、》對面すまじき」《お会いしそうにもありません」》と申す。《と申し上げる。》内侍、《内侍は、》「必ず見たてまつりて参れと、《「必ずお会いして参れとの》仰せ事ありつるものを、《ご命令がありましたのに、》見たてまつらでは、《お会いできないままでは、》いかでか帰り参らむ。《どうして帰参いたせましょうか。》國王の仰せごとを、《國王の仰せごとを、》まさに世に《どうしてこの世に》

住み給はん人の、《住み生きる人が、》承り給はではありなんや。《お受けせずにすむものでしょうか、》いはれぬことなし給ひそ」と、《筋の立たぬことをなさってはなりません」と、》言葉恥づかしく言ひければ、《窘めるような言葉で言ったので、》これを聞きて、《これを聞いて、》ましてかぐや姫、《尚更にかぐや姫は、》聞くべくもあらず。《聞き入れるはずもない。》「國王の仰せごとを背かば、《「私が国王の仰せごとに背いたのであれば、》はや殺し給ひてよかし」《はやく殺してください」》と言ふ。《と言う。》この内侍、《この内侍は、》歸り參りて、《内裏に帰参して、》このよしを奏す。《このようすを奏上する。》御門、《御門は、》聞こしめして、《それをお聞きになって、》「多くの人殺してける《「それが多くの人を殺しのけた》心ぞかし」《心なんだね」》との給ひて、《とおっしゃって、》やみにけれど、《その時はすんだが、》なほ思しおはしまして、《依然お思いになっておいでで、》この女のたばかりにや負けむ、《御門はこの女の計略に負けてなろうか、》と思しめして、《とお思いになられて、》仰せ給ひ、《翁に仰せられる、》「汝が持ちて侍る《「汝が持っている》かぐや姫たてまつれ。《かぐや姫を献上せよ。》顔かたちよしと聞こしめして、《器量の良さをお聞きになって、》御使を賜びしかど、《お使いを遣わしたが》かひなく《その甲斐もなく、》見えずなりにけり。《対面せずになってしまった。》かくたいだいしくやは慣らはすべき」《このようにうまくゆかぬままにしておいてよいものか」》と仰せらる。《と仰る。》翁、《翁は、》かしこまりて御返事申すやう、《かしこまってお返事を申し上げるに、》「この女の童は、《「この娘子は、》たえて宮仕《まったく宮仕え》つかうまつるべくもあらず侍るを、《いたしそうにございませんので、それを》もてわづらひ侍り。《持て余し悩んでおります。》さりとも、《ではありますが、》まかりて、《退出いたしまして、》

仰せ給はん」と奏す。《御門の仰せを申しつけましょう」と奏上する。》これを聞こしめして、《これをお聞きになって、》仰せ給ふ、《御門が仰るには、》「などか、《「どうして、》翁の手におほしたてたらんものを、《翁が育てあげたものであるのに、》心にまかせざらむ。《心のままにならないのか。》この女もし《この女をもし》奉りたるものならば、《宮中に奉ることになれば、》翁に爵を、《翁に五位の位を》などか賜はせざらん」。《必ず賜わせるぞ」。》翁、喜びて、《翁は、喜んで、》家に歸りて《家に帰って》かぐや姫にかたらふやう、《かぐや姫に理解を求めるように言うには、》「かくなん御門の仰せ給へる。《「御門はこんなにも仰せられるのだよ。》なほやは《それでもやはり》仕うまつり給はぬ」《宮任えはなさらぬのか」》と言へば、《と言うと、》かぐや姫答へていはく、《かぐや姫が答えて言うには、》「もはら、《「全く、》さやうの《さような》宮仕へ、《宮仕えは、》仕うまつらじと思ふを、《致すまいと思っていますが、》しひて仕うまつらはせ給はゞ、《強いて宮仕えをおさせになるなら、》消え失せなんず。《消え失せてしまいたい気持ちです。》御官爵つかうまつりて、《あなた様が、みつかさかうぶり（官位）を賜るように宮任えをしておいて、》死ぬばかりなり」。《あとは死ぬだけです」。》翁、いらふるやう、《翁が答えて言うには、》「なし給ひそ。《「そのようなことをなさってはいけない。》官爵も、《官冠も、》わが子を《我が子を》見たてまつらでは、《見申し上げなくなっては、》何にかはせむ。《何になりましょう。》さはありとも、《そうであっても、》などか宮仕へを《なぜ宮仕えを》したまはざらむ。《なさらないのか。》死に給ふべきやうやあるべき」《どうして死になさる訳があるのですか」》と言ふ。《と言う。》

「なほ虚事かと、《かぐや姫は、「そうは言ってもやはり死ぬと言うのは虚事かとお思いなら、》仕うまつらせて、《宮仕えをさせなさって、》死なずやあると《死なずにいるかどうか》
見給へ。《ご覧なさい。》あまた《多く》の人の、《の人の、》心ざしおろかならざりしを、《並々ならぬ私への愛情を、》むなしくなしてこそあれ。《無駄にしてしまったのですよ。》
昨日今日、《それなのに、昨日今日、》御門ののたまはんことにつかん、《御門の仰ることに従うというのは、》人聞きやさし」《世間に顔向けができません」》と言へば、《と言うと、》
翁が、《翁が、》答へていはく、《答えて言うには、》「天下の事は、《「叙爵など天下のことは、》とありとも、かくありとも、《どうこうあろうとも、》御命の危さこそ、《御命の危さだけが、》
大きなる障りなれば、《大きな支障なのですから、》なほ、《やはり、》仕うまつるまじき事を、《お仕え申し上げそうもないということを、》参りて申さん」《参内して奏上しよう」》とて、《と言って、》参りて申すやう、《参内して申し上げるには、》
「仰せの事の畏さに、《「仰せのことのおそれおおさに、》かの童を、《かの娘を、》参らせむとて《入内(じゅだい)させようと》
仕うまつれば、《尽くしましたところ、》「宮仕へに出し立てば死ぬべし」《「もし宮仕えに差し出すならば、死ぬつもりです」》と申す。《と申します。》造麻呂が《あの娘は造麻呂の》
手に産ませたる子にもあらず。《手により産ませた子ではありません。》昔、《昔、》山にて見つけたる。《山で見つけた子なのです。》かゝれば、《こんなわけで、》心ばせも《心馳せも》
世の人に似ずぞ侍る」《世間の人には似ても似つかないのでございます」》と奏せさす。《と奏上する。》

十　御狩りのみゆき

御門仰せ給はく、《御門がおっしゃるには、》「造麻呂が家は、《「造麻呂の家は、》山本近かんなり。《御室山の麓に近いそうだね。》御狩行幸し給はんやうにて《狩りのみゆきをなさるふりをして、》見てんや」と、《かぐや姫を見てしまおうか」と、》のたまはす。《仰せあそばす。》造麻呂が申すやう、《造麻呂が申すには、》「いとよき事なり。《「大変結構なことです。》なにか《なにか、》心もなくて侍らんに、《かぐや姫がぼんやりしているような時に、》ふと行幸して御覧ぜむに、《急にみゆきしてご覧になるなら、》御覧ぜられなむ」《きっとご覧になれましょう」》と奏すれば、《と奏上すると、》御門、《御門は、》にはかに日を定めて、《にわかに日を決めて、》御狩に出で給うて、《御狩にご出発になり、》かぐや姫の家に入り給ひて見給ふに、《かぐや姫の家にお入りになって、ご覧になると、》光満ちて清らにて居たる人あり。《光が部屋に満ち、清らかに座っている人がいた。》これならんと思して近く寄らせ給ふに、《御門は、この人がかぐや姫だろうと思って近くにお寄りなされると、》逃げて入る、《逃げて奥に入る、》袖を捕へ給へば、《袖をつかまえなさると、》面をふたぎて候へど、《顔を袖でかくしていましたが、》はじめよく御覧じつれば、《はじめによくご覧になっていたので、》類なくめでたくおぼえさせ給ひて、《類なく素晴らしい女性だとお思いになって、》「許さじとす」、とて、《「放しはしないぞ」と仰り、》率て《連れて》おはしまさんとするに、《いらっしゃろうとすると、》かぐや姫答へて奏す、《かぐや姫は答えて奏上する、》「おのが身は、《「私の身は、》この國に生まれて《この国に生まれたもので》侍らばこそつかひ給はめ。《ございましたら、宮任えさせることもおできになるでしょうが。》いと率ておはしがたくや侍らん」《連れておいでになるのは、大変難しゅうございましょう」》

と奏す。《と奏上する。》御門、《御門は、》「などかさあらん。《「どうしてそのようなことがあろうか。》なほ率ておはしまさん」《やはり、連れていかせていただくつもりだ」》とて、《と仰って、》御輿を《御輿を》寄せ給ふに、《邸にお寄せになると、》このかぐや姫、《このかぐや姫は、》きと影になりぬ。《ぱっと光になり、姿を消してしまった。》はかなく、《儚く消えてしまった、》口惜しと思して、《残念だと思いになられ、》げにたゞ人にはあらざりけりと思して、《まさに普通の人ではなかった、とお思いになられて、》「さらば御供には率て行かじ。《「それならば御供と一緒に連れて行くまい。》もとの御かたちとなり給ひね。《せめてもとのお姿におなりください。》それを見てだに歸りなん」《せめてそのお姿を見て帰りたい」》と仰せらるれば、《と仰ると、》かぐや姫もとのかたちになりぬ。《かぐや姫はもとの姿になった。》御門、《御門は、》なほめでたく思しめさるゝこと、《期待外れになったが、やはり素晴らしい女とお思いになることを、》せき止めがたし。《とても止めることができない。》かく見せつる造麻呂を喜び給ふ。《このようにかぐや姫を見せた造麻呂を、御門は感謝の意をあらわされ官位を授ける。》さて《こうして、》仕うまつる百官の人々、饗いかめしうつかうまつる。《翁はお供の文武百官の全ての人に対し、饗宴を盛大に催した。》御門、《御門は、》かぐや姫を留めて《かぐや姫を残して》歸り給はんことを、《お帰りになることを、》あかず口惜しく思しけれど、《心残りで残念にお思いになられたが、》魂を留めたる心地して《魂をそこに残したままのお気持ちで》なん歸らせ給ひける。《お帰りになられたのである。》

十一　帝、かぐや姫と歌を交わす

御輿に《御輿に》たてまつりて後に、《お乗りあそばされた後に、》かぐや姫に、《かぐや姫に対して、》

帰るさの行幸《帰りの行幸は》もの憂く思ほえて《物憂く思われて》

そむきてとまるかぐや姫ゆゑ《振り返りとまってしまう、それも勅命に背くかぐや姫ゆえですよ、》

御返事を、《かぐや姫の御返事、》

葎はふ下にも年は経ぬる身の《葎に埋もれた見窄らしい家で過ごしてきた私が》

なにかは玉の台をも見む《今更玉の飾り輝く高殿を見てくらせましょう》

これを、《これを、》御門、《御門が、》御覧じて、《ご覧になり、》いとゞ《一層》帰り給はん空もなく思はさる。《お帰りなさる所もないお気持ちになられる。》御心は、《御心は、》さらに《まるで》立ち帰るべくも思されざりけれど、《帰ろうとお思いにならなかったのだが、》さりとて夜をあかし給ふべきにあらねば、《だからといってここで夜をお明かしになるわけにはいかないので、》帰らせ給ひぬ。《仕方なくお帰りになった。》常に仕うまつる人を見たまふに、《常日頃にお側にお仕えする女官達をご覧になると、》かぐや姫の傍に寄るべくだに《かぐや姫の傍に寄れそうでさえも》あらざりけり。《ないのであった。》こと人よりはけうらなり、《女官の中で人よりは綺麗だ》と思しける人の、《と思っていた方の、》かれに《かぐや姫に》

思しあはすれば、《比べてみると、》人にもあらず、《同じ人間とはとても思われない、》かぐや姫のみ御心にかゝりて、《かぐや姫のことのみが御心に掛かって、》たゞ獨り《まさしく独り身で》住みし給ふ。《暮らしていらっしゃる。》よしなく御方々にも渡り給はず。《理由もなく、后妃達の御局にもお渡りにならない。》かぐや姫の御もとにぞ、《かぐや姫の御もとにのみ、》御文を《御文を》書きて通はせ給ふ。《書いてお送りになる。》御返り、《御返事は、》さすがに憎からず聞え交はし給ひて、《さすがに情を込めてお交わしなさって、》おもしろき、《趣き深く、》木草につけても御歌をよみてつかはす。《四季折々の木草につけて、御門は御歌を詠んでおつかわしになる。》

十二　かぐや姫、月を見ては思い歎く

かやうにて、《このように、》御心を互ひに慰め給ふほどに、《お互いに御心を慰めあわれているうちに、》三年ばかりありて、《三年ばかりたって、》春のはじめより、《春のはじめのころから、》かぐや姫、《かぐや姫は、》月のおもしろう出でたるを見て、《月が趣きある様に出ているのを見て、》常よりも物思ひたるさまなり。《普段よりも物思いにふけっている様子である。》ある人の、《おつきの人が、》「月の顔見るは、《「月の顔を見るのは、》忌むこと」と、《不吉なことですよ」と、》制しけれども、《とめるのだが、》ともすれば、《ともすれば、》人間にも月を見ては、《人のいない隙にも、月を見ては、》いみじく泣き給ふ。《ひどくお泣きになる。》七月十五日の月に出でゐて、《七月十五日の満月を見に縁に出て座り、》切に《痛切に》物思へる氣色なり。《物思いに耽っている様子である。》近く使はるゝ人々、《かぐや姫のお側付きの女房達が、》竹取の翁に告げていはく、《竹取の翁に告げて言うには、》「かぐや姫、《「かぐや姫は、》

例も月をあはれがり給へども、《例によって月をしみじみとご覧になっていらっしゃいますが、》この頃となりては、《この頃になってからは、》たゞことにも《ただごとにも》侍らざんめり。《ない様子でございます。》いみじく思し歎く事あるべし。《ひどく思い歎かれることがあるにちがいありません。》よくよく見たてまつらせ給へ」《よくよく気をつけて見てさしあげてください」》と言ふを聞きて、《と言うのを聞いて、》かぐや姫に言ふやう、《翁がかぐや姫に言うには、》「なんでふ心地すれば、《「どのような気持ちがするので、》かく《こんなに》物を思ひたるさまにて、《思い込んだ様子で、》月を見たまふぞ。《月をご覧になるのですか。》うましき世に」《良いご時世に」》と言ふ。《と言う。》かぐや姫、《かぐや姫は、》「見れば、《「月を見れば、》世間心ぼそくあはれに侍る。《この世が心細くしみじみとした気分になるのです。》なんでふものをか《そのほかに、どうしてものを》歎き侍るべき」《歎くことなどございましょうか」》と言ふ。《と言う。》かぐや姫のある所に至りて見れば、《しかし他日、翁が、かぐや姫のいる部屋に入って見れば、》なほ《やはり、》もの思へる氣色なり。《物思いに耽っている様子である。》これを見て、《翁はこれを見て、》「あが佛、何事思ひ給ふぞ。《「私の大切なお方よ、何事を思い悩まれていらっしゃるのですか。》思すらんこと、《胸中思っていらっしゃることは、》何ごとぞ」《何事ですか」》と言へば、《と言うと、》「思ふこともなし。《「特別思い悩むことは何もございません。》物なん《何かしら》心細く覚ゆる」《心細く思うのです」》と言へば、《と言うと、》翁、《翁が、》「月な見給ひそ。《「それなら月を見なさるな。》これを見給へば、《これをご覧になると、》もの思す氣色は《もの思い悩む様子が》あるぞ」《ありますぞ」》と言へば、《と言うと、》「いかで月を見ではあらん」《かぐや姫は、「どうして月を見ないでいられましょうか」》とて、《と言って、》なほ、《やはり、》

月出づれば、《月が出れば、》出で居つゝ、《縁に出て座っては、》歎き思へり。《溜め息をついている。》夕闇には、《月のない夕闇には、》物思はぬ氣色なり。《物思いのない様子である。》月のほどに《月が出る頃に》なりぬれば、《なると、》なほ、《やはり、》時々《時々》は、うち歎き、《溜め息をついたり、》泣きなどす。《泣いたりする。》これを、《この様子を見て、》使ふ者ども、《侍女達は、》「なほ《「やはり》もの思すことあるべし」《お悩み事があるに違いない」》とさゝやけど、《とささやくが、》親をはじめて、《親をはじめとして、》何とも知らず。《誰も原因が何であるか知らない。》八月十五日ばかりの月に出で居て、《八月十五日も近い頃の月となって、縁に出て座り、》かぐや姫いといたく泣き給ふ。《かぐや姫はとてもひどくお泣きになる。》人目も《人目も》いまはつゝみ給はず泣き給ふ。《かまわずにお泣きになる。》これを見て、《これを見て、》親どもゝ《親達も》「何事ぞ」《「一体何事ですか」》と問ひ騒ぐ。《と騒ぎ尋ねる。》かぐや姫《かぐや姫が、》泣く泣く言ふやう、《泣く泣く言うには、》「さきざきも申さむと思ひしかども、《「前々より申し上げようと思っておりましたが、》かならず心惑ひし《かならず動揺》給はん物ぞと思ひて、《なさるものだと思って、》いまゝで過し侍りつるなり。《いままで言わずに過ごしてきたのでございます。》さのみやは、とて、《しかし、いつまでもそうはいかないと思い、》うち出で侍りぬるぞ。《打ち明けているのです。》おのが身は、《私の身は、》この國の人にもあらず、《この人間世界のものではございません、》月の都の人なり。《月の都の人なのです。》それをなん、《それなのに、》昔の契ありけるによりてなん、《前世の宿縁によって、》この世界にはまうで來りける。《この世界に参り来たのでございます、》いまは歸るべきになりにければ、《しかし、今はもう帰らねばならぬ時となりましたので、》この月の十五日に、《この月の十五日に、》かの故の國より、《かの故（もと）の国より、》

迎へに人々まうで來んず。《迎えに人々が参上しようとしております。》さらずまかりぬべければ、《避けることどうしようもなく、どうしてもお暇せねばならぬゆえに、》思し歎かんが悲しき事を、《貴方がたがお歎きになることが悲しいことですので、》この春より、《この春より、》思ひ歎き侍るなり」《私も思い歎いておりました」》と言ひて、《と言って、》いみじく泣くを、《ひどく泣くのを見て、》翁、《翁は、》「こは、なでふことのたまふぞ。《「これはまた、何ということを仰るのですか。》竹の中より見つけきこえたりしかど、《竹の中からあなたをお見つけしたのであるが、》菜種の大きさおはせしを、《芥子菜の種ほどの大きさでいらっしゃったのを、》わが丈《今では、私の身の丈が》立ち竝ぶまで養ひたてまつりたるわが子を、《並ぶほどまでに養いお育て申し上げた私の子を、》何人か迎へきこえん。《誰がお迎え申し上げましょうか。》まさに《絶対に》許さんや」《許せるものか」》と言ひて、《と言って、》「われこそ死なめ」とて、《「そんなことになると、私のほうこそ死んでしまいたい」と言って、》泣き《大声で泣き》のゝしること、《騒ぐこと、》いと堪へがたげなり。《とっても堪えきれない様子である。》かぐや姫のいはく、《かぐや姫が言うには、》「月の都の人にて、《「私には月の都に》父母あり。《父母がおります。》片時の間とて、《僅かな間と申して、》かの國よりまうで來しかども、《あの月の国よりやって来たのでしたが、》かく、この國には《このように、この人間世界では、》あまたの年を経ぬるになんありける。《多くの歳を経てしまったのでした。》かの國の父母のことも覺えず、《あの月の国の父母のことも覚えておりません、》こゝには、《この人間世界では、》かく久しく、《このように長い間》遊びきこえて、《滞在させていただき、》ならひ奉れり。《お親しみ申しております。》いみじからん心地もせず、《月に帰るのも嬉しい気持ちがせず、》

悲しくのみなんある。《ただ悲しいばかりです。》されどおのが心ならず、《しかし自分の心ではどうにもならぬまま、》まかりなむとする」《お暇しようとしているのです」》と言ひて、《と言って、》もろともにいみじう泣く。《翁や嫗と一緒にひどく泣く。》使はるゝ人々も、《使用人達も、》年ごろ慣らひて、《何年もの間慣れ親しんでいて、》立ち別れなんことを、《別れてしまうと思うと、》心ばへなど貴やかにうつくしかりつることを、《気立てなど上品で可憐であったことを》見慣らひて、《見慣れているので、》戀しからむことの堪へがたく、《別れたら恋しい気持ちが耐えられそうになく、》湯水飲まれず、《湯水ものどを通らない有様で、》同じ心に《翁、嫗と同じ気持ちで》歎しがりけり。《歎きあうのだった。》

十三　帝、竹取の翁に使いを出す

このことを御門聞こしめして、《このことを御門がお聞きあそばされて、》竹取が家に御使つかはさせ給ふ。《竹取の翁の家に、御使者を遣わされる。》御使に竹取《御使者の前に竹取の翁が》出で會ひて、《出て会い、》泣くことかぎりなし。《泣くことかぎりがない。》このことを歎くに、《このことを歎いて、》鬚も白く、《翁は鬚も白く、》腰も《腰も》かゞまり、《曲がり、》目もたゞれにけり。《目もただれてしまった。》翁、《翁は、》今年は五十ばかりなりけれども、《今年五十ばかりであったけれども、》もの思ふには、《かぐや姫と別れることを思い悩み、》片時になむ《瞬時に》老になりにけると見ゆ。《老衰してしまったかのように見える。》御使、《御使者は、》仰事とて《御門のお言葉として、》

翁にいはく、《翁に言うには、》「いと心苦しくもの思ふなるは、《「はなはだ気の毒にも、たいへん心を苦しめ悩んでいるのは、》まことか」《本当か」》と仰せ給ふ。《と仰る。》竹取《竹取の翁は、》泣く泣く申す。《泣く泣く申し上げる。》「この十五日になん、《「この十五日に、》月の都より、《月の都より、》かぐや姫の迎へにまうで來なる。《かぐや姫を迎えに参り来るとのことです。》尊く問はせ給ふ。《畏れ多くもおたずねくださいました。》この十五日には、《この十五日には、》人々賜はりて、《御家来衆を賜って、》月都の人まうで來ば、《月の都の人が参り来れば、》捕へさせん」《捕らえさせましょう」》と申す。《と申し上げる。》御使歸り參りて、《御使者は内裏に帰参して、》翁の有樣申して、《翁の様子を申し上げ、》奏しつる事ども《翁が奏上した言葉を》申すを、《申し上げるのを、》聞こしめして、《御門はお聞きになられて、》のたまふ、《仰る、》「一目見給ひし御心にだに《「一目ご覧になった私のお心にさえ》忘れ給はぬに、《忘れることがおできにならぬのだから、》明け暮れ見なれたるかぐや姫をやりては、《明け暮れ見慣れているかぐや姫を月の都にやっては、》いかゞ思ふべき」。《翁はどう思うだろうか」。》

十四　帝、六衛の兵二千を遣わす

かの十五日、《その十五日に、》司々に仰せて、《御門はつかさづかさに仰せて、》勅使には少將高野大国といふ人を指して、《勅使には少将高野大国という人を指名して、》六衛の府あはせて、《六衛の府(つかさ)をあわせて、》二千人の人を、《二千人の人を、》竹取が家に遣す。《竹取の翁の家に派遣される。》家にまかりて、《家に到着して、》築地の《翁の家の土塀の》

上に千人《上に千人》、屋の上に千人《建物の上に千人》、家の人々いと多かりけるに合はせて《翁の家の使用人が大変多かったことに合わせて千人》、空ける隙《空いている隙》も《も》なく守らす《ないほどに守らせる》。この守る人々も弓矢を帯してをり《この翁の家の使用人で守っている人々も、朝廷から遣わされた人々と同様に、弓矢を持って控えている》。母屋の内には《母屋の中では》、女どもを番にすゑて守らす《女どもを当番として嫗達を守らせる》。嫗《嫗》、塗籠の内《ぬりごめの内で》に、かぐや姫を《かぐや姫を》抱かへてをり《抱え座っている》。翁も《翁も》、塗籠の戸を鎖して《その塗籠の戸を鎖して》、戸口にをり《戸口に座っている》。翁のいはく《翁の言うには》、「かばかり守る《「これほどにまで厳重に守っている》所に《所だから》、天の人にも負けむや」《天人にも負けるはずがない」》と言ひて《と言って》、屋の上にをる人々にいはく《建物の上にいる人々に言う》、「つゆも《「ちょっとでも》、物、空に翔らば《何か、空に翔(かけ)らば》、ふと射殺し給へ」《ばっと射殺してくだされ」》。守る人々のいはく《守る人々が言うには》、「かばかりして守る所に《「これほどまでして守っている所に》、蝙蝠一つだにあらば《蝙蝠一匹でもいたら》、まづ射殺して《真っ先に射殺して》、外に曝んと思ひ侍る」《外にさらしてやろうと思っております」》と言ふ《と言う》。翁これを《翁これを》聞きて《聞いて》、頼もしがりおり《頼もしがっている》。これを聞きてかぐや姫は《これを聞いてかぐや姫が言う》、「鎖し籠めて《「私を塗籠に閉じ込めて》、守り戦ふ《守り戦う》べき下組みをしたりとも《準備をしても》、あの國の人を《あの月の国の人と》、え戦はぬなり《戦うことはできないのです》。弓矢して《弓矢をもってしても》射られじ。かく鎖し籠めてありとも《射ることはできないでしょう。このように鍵を閉めて閉じ込めてあっても》、かの國の人來ば《あの月の国の人が来たなら》、みな開き《みな開いて》

なむとす。《しまいましょう。》会ひ戦はんとすとも、《戦い合おうとしても、》かの國の人來なば、《あの国の人が来たならば、》猛き心つかふ人も、《勇猛心をふるう人も、》よも《まさか》あらじ」。《あるとは思えない」。》翁のいふやう《翁が言うには》「御迎へに來む人をば、《「お迎えに来る人を、》長き爪して、《長い爪で、》眼をつかみ《まなこを掴んで》潰さん。《潰してやる。》さが髪をとりて、《そいつの髪を掴んで、》かなぐり落とさむ。《引きずり落としてやる。》さが尻をかき出で丶、《そいつの尻をかき出して、》こゝらの公人に見せて、《これほどに多くの役人に見せて、》恥を見せん」《恥をかかせてやる」》と腹立ちをる。《と腹を立てて座っている。》かぐや姫いはく、《かぐや姫が言うには、》「聲高に、《「声高に、》なのたまひそ。《仰いますな。》屋の上にをる人どもの聞くに、《建物の上にいる人達が聞くと、》いとまさなし。《本当にみっともない。》いますかりつる《これまでの》心ざしどもを思ひも知らで、《多くの愛情をわきまえもせずに、》まかりなんずる事の口惜しう侍りけり。《お別れしようとしていることが残念でございます。》長き契の《長くおれる運命では》なかりければ、《なかったために、》程なくまかりぬべきなんめりと思ふが、《まもなくお暇しなければならぬのだと思い、》悲しく侍るなり。《悲しゅうございます。》親達の《親達の》かへりみを、《お世話を、》いさゝかだにつかうまつらで、《いささかも致しませんで、》まからん途もやすくもあるまじきに。《これでは月への道中も後ろ髪を引かれる思いでしょうから。》月頃も出でゐて、《このひと月ばかりの間、縁に座って、》今年ばかりの暇を申しつれど、《月の国の王に、今年一年だけのいとまを願ったけれど、》さらに許され《全く許され》ぬによりてなん、《ないのでで、》かく思ひ歎き侍る。《このように歎いているのです。》御心をのみ惑はして去り《ご両親様の御心ばかりを乱して去って》

なむことの、《しまうことが、》悲しく堪へがたく侍るなり。《悲しくて堪えがとうございます。》かの都の人は、《あの月の都の人は、》いとけうらに、《大変美しく、》老いを《歳を》せずなん。《とらないのです。》思ふ事もなく侍るなり。《また、物思いにとらわれることもないのです。》さる所へ罷らむずるも、《そのような所へ行きますのも、》いみじくも侍らず。《特に嬉しいとは存じません。》老い衰へ給へるさまを見たてまつらざらむこそ、《ご両親の老い衰えなさる様子を見て、お世話申し上げられないことが、》戀しからめ」《何よりも慕わしゅうございます」》と言ひて、《と言って、》翁、《翁は、》「胸痛き事、《「胸が痛むようなことを、》なし給ひそ。《仰いますな。》うるはしき姿したる使にも障らじ」《うるわしい姿をした使いが来ても障りはありません」》と、《と、》ねたみをり。《嫉んでいる。》

十五　月の王、天人を随え来迎

かゝる程に、《こうしているうちに、》宵うち過ぎて、《宵も過ぎて、》子の時ばかりに、《子の時(午前零時)頃になると、》家のあたり、《家の周辺が、》晝の明さ《昼の明るさ》にも過ぎて、《以上に、》光りたり。《光り輝いた。》望月の明さを十あはせたるばかりにて、《満月の明るさを十も合わせたほどの明るさで、》ある人の毛の孔《そこにいる人の毛穴》さへ見ゆるほどなり。《までも見えるほどである。》大空より人、《大空より、人が》雲に乗りて降り來て、《雲に乗って降りて来て、》土より五尺ばかり《地面から五尺(約百五十センチ)》上りたる程に、《ほど上に、》立ち列ねたり。《立ち並んだ。》これを見て、《これを見て、》内外なる人の心ども、《家の内や外にいる人達の心は、》

物におそはるゝやうにて、《何か物の怪におそわれているような気持ちになり、》会ひ戦はん心もなかりけり。《戦い合う心もなくなった。》からうじて《やっとのことで、》思ひ起して、《気力を振るい起こして、》弓矢を取り立てんとすれども、《弓矢を取り立てようとするが、》手に力もなくなりて、《手に力が入らなくなり、》萎えかがまりたり。《だらりと萎えちぢこまっている。》中に心さかしき者、《その中でも気丈夫な者が、》念じて射んとすれども、《ぐっと堪えて矢を射ようとするが、》外ざまにいきければ、《見当はずれの方へ飛んでいくので、》荒れも戦はで、《荒々しく戦うこともなく、》心地たゞ痴れに痴れて、《気持ちがただ痴れに痴れて、》まもりあへり。《皆じっと見つめるだけだった。》立てる人どもは、《空中に立っている天人達は、》装束の清らなること、《その衣装の素晴らしいこと、》ものにも似ず。《似たものさえもない。》飛ぶ車一つ具したり。《飛ぶ車を一つ持ってきている。》羅蓋さしたり。《その車には衣笠をさしかけている。》その中に王とおぼしき人、《その中に王と思われる人がおり、》家に、《家に向かい、》「造麻呂、まうで來」《「造麻呂、出て来い」》と言ふに、《と言うと、》猛く思ひつる造麻呂も、《猛り立っていた造麻呂も、》物に酔ひたる心地して、《何か物に酔ったような気分になって、》うつ伏しに伏せり。《うつ伏しにひれ伏している。》いはく、《天人の王が言うに、》「汝、をさなき人、《「汝、未熟者よ、》いさゝかなる功徳を翁つくりけるによりて、《僅かばかりの善行をおまえがなしたことによって、》汝が助けにとて、《汝の助けにしようと、》かた時のほどとて下しゝを、《片時ほどの間と思って、かぐや姫を下界にくだしたのだが、》そこらの年頃、《長い年月の間、》そこらの《あれだけ多くの》金給ひて、《黄金を賜って、》身を換へたるがごとなりにたり。《おまえは身を換へたように裕福になった。》

かぐや姫は、《かぐや姫は、》罪をつくり給へりければ、《罪をなされたので、》かく賤しきおのれがもとに、《このように身分の低いおまえの所に、》しばし《しばらく》おはしつるなり。《いらっしゃったのである。》罪の限り果てぬれば、《期限が過ぎ、罪障が消滅したので、》かく迎ふるを、《このように迎えるのだが、》翁は泣き歎く、《翁は泣いて歎く、》能はぬことなり。《泣くに能わぬことだ。》はや出したてまつれ」《はやく出したてまつれ」》と言ふ。《と言う。》翁、《翁が、》答へて申す、《答えて申し上げる、》「かぐや姫を《「かぐや姫を》養ひたてまつること、《養育し申し上げること、》廿餘年になりぬ。《二十余年になりました。》片時とのたまふに、《それを、片時と仰いましたので、》あやしく《訳が分からなく》なり侍りぬ。《なりました。》また異所に、《また別の所に、》かぐや姫と申す人ぞおはすらん」《かぐや姫と申す人がいらっしゃるのでしょう」》と言ふ。《と言う。》

「こゝにおはするかぐや姫は、《「ここにいらっしゃるかぐや姫は、》重き病をし給へば、《重き病にかかっているので、》えおはしますまじ」《とてもお出にならないでしょう」》と申せば、《と申し上げると、》その返事はなくて、《その返事はなくて、》屋の上に飛ぶ車を寄せて、《建物の上に飛ぶ車を寄せて、》「いざ、かぐや姫。《「さあ、かぐや姫。》穢き所に、《こんな穢れた所に、》いかでか久しくおはせん」《どうして、長くいらっしゃるのですか」》と言ふ。《と言う。》立て籠めたるところの戸、《かぐや姫を閉じ込めてあった塗籠の戸も、》すなはち、《即座に、》たゞ開きに開きぬ。《全てが開いてしまう。》格子どもゝ、《閉じてあった格子なども、》人はなくして開きぬ。《人が開けないのに自然に開いてしまう。》嫗抱きてゐたるかぐや姫、《嫗が抱いていたかぐや姫は、》外に出でぬ。《外に出てしまう。》え止むまじければ、《止めることができそうにないので、》たゞさし仰ぎて《ただそれを仰いで》

泣きをり。《泣いている。》竹取心惑ひて泣き伏せる所に寄りて、《竹取の翁が、心を惑わせ泣いている嫗の所に寄って、》かぐや姫言ふ、《かぐや姫が言う、》「こゝにも、《「わたくしも、》心にもあらで、《心ならずも、》かく罷るに、《帰っていきますので、》昇らんをだに見おくり給へ」《せめて、昇天するのを見送ってください」》と言へども、《と言うが、》「なにしに、悲しきに見おくりたてまつらん。《「見送りをしたって、悲しいだけで何になりましょうや。》われを、《私を、》いかにせよとて、《どうせよというつもりで、》棄てゝは昇り給ふぞ。《棄てて昇天なさるのですか。》具して率ておはせね」と、《一緒に連れていってください」と、》泣きて伏せれば、《泣いて伏しているので、》御心惑ひぬ。《かぐや姫の御心は乱れてしまう。》「文を書きおきてまからん。《かぐや姫は、「手紙を書き置きしてお暇しましょう。》戀しからむ《恋しい》折々、《時ごとに、》取り出でて見給へ」《取り出してご覧ください」》とて、《と言って、》うち泣きて書く言葉は、《泣いて書く言葉は、》「この國に《「私がこの人間の国に》生まれぬるとならば、《生まれたのであれば、》歎かせたてまつらぬほどまで侍るべきを、《ご両親様を歎かせたてまつらぬ時までお仕えすべきですが、》侍らで過ぎ別れぬる事、《そうできないので過ぎて、別れてしまうことは、》返すがへす本意なくこそ侍れ。《返すがえすも不本意に思われます。》脱ぎおく衣を形見と見給へ。《脱ぎおく私の衣装を形見としてご覧ください。》月の出でたらむ夜は、《月が出た夜は、》見おこせ給へ。《私の住む月を見おこしてください。》見捨てたてまつりて、《ご両親を見捨て申し上げるようなかたちで出ていくのは、》まかる空よりも落ちぬべき心地する」《空から落ちてしまう気がいたします」》と書き置く。《と書き置きをする》天人の中に持たせたる《天人の中の一人に、持たせてある》

箱あり。《箱がある。》天の羽衣入れり。《箱には天の羽衣が入れてあり。》またあるは、《また別の箱には、》不死の薬入れり。《不死の薬が入れてある。》一人の天人言ふ、《一人の天人が言う、》「壺なる御薬たてまつれ。《「壺の中のお薬をお飲みください。》穢き所の物きこしめしたれば、《穢い地上の物を召し上がっておいでになられたので、》御心地悪し《ご気分が悪い》からむものぞ」《ことでしょうよ」》とて、《と言って、》持て寄りたれば、《薬を持って寄ったところ、》いささか嘗め給ひて、《かぐや姫は、少しお嘗めになって、》すこし形見とて、《少しの薬を形見として、》脱ぎ置く衣に包まんとすれば、《脱いで残し置く衣装に包もうとすると、》ある天人包ませず。《ある天人がこれを包ませない。》御衣を《天の羽衣を》とり出でて着せんとす。《とり出してかぐや姫に着せようとする。》その時にかぐや姫、《その時にかぐや姫は、》「しばし待て」《「しばらく待て」》と言ふ。《と言う。》「衣着せつる人は、心異になるなりといふ。《そしてかぐや姫は、「天の羽衣を着た人は、人とは異なる心になるとのことです。》もの一言、《一言、》言ひ置くべきこと《言っておくべきことが》あり」《あります」》と言ひて、《と言って、》文書く。《手紙を書く。》天人、《天人は、》「遅し」と、《「遅い」と言って、》心もとながり給ふ、《いらいらなさる、》かぐや姫、《かぐや姫は、》「もの知らぬこと、なのたまひそ」とて、《「情理を解さぬこと、仰るな」と言って、》いみじう静かに、《はなはだ静粛に、》おほやけに御文《御門にお手紙を》たてまつり給ふ。《書き申し上げる。》あわてぬさまなり。《あわてず落ち着いた様子である。》「かくあまたの人を賜ひて《「このように多くの御家来をお遣わしくださり、》止めさせ給へど、《私をお止めなされましたが、》許さぬ迎へまうで來て、《拒みようのない迎えが参り来て、》とり率てまかりぬれば、《私を捕らえ連れてゆきますことゆえ、》口惜しく《残念で》

悲しきこと《悲しいことです》。宮仕へつかうまつらずなりぬるも《宮仕え申し上げられなくなってしまいましたのも》、かくわづらはしき身にて侍れば《このように煩わしい身の上ゆえのことです》。心得ず思しめされつらめども《納得のいかぬことととお思いになられたことでしょうが》、心強く《私が強情に》、承らずなりにしこと《お言葉を承らずご命令に従わなかったことにつき》、なめげなるものに思しめしとどめられぬるなん《無礼な奴めとお思い心におとどめなさっていることが》、心にとゞまり侍りぬる《今も心残りになっております》」とて《と書いて》、

今はとて天の羽衣きるをりぞ《今はこれまでと天の羽衣を着るこの時になり》　君をあはれと思ひいでける《心の君（帝）を思い出しているのです》

とて《と歌を加えて》、壺の薬そへて《その手紙に壺の薬を添えて》、頭中將呼びよせて《頭中将高野大国を呼びよせて》、奉らす《御門に献上させる》。

中將に天人とりて傳ふ《かぐや姫から天人が受け取って、中将高野大国に手渡す》。

十六　かぐや姫の昇天

中將とりつれば《中将は受け取ると》、ふと天の羽衣うち着せたてまつりつれば《天人がかぐや姫にさっと天の羽衣を着せてさしあげると》、翁をいとほし《翁を気の毒だ》、かなしと思しつることも失せぬ《不憫だと思っていたことも、かぐや姫から失せてしまった》。この衣着つる人は《この天の羽衣を着た人は》、もの思ひなくなりに《物思いが消滅して》ければ《しまうので》、車に乗りて《そのまま車に乗って》、百人ばかり天人具して《百人ばかりの天人を引き連れて》、昇りぬ《月の世界に昇ってしまった》。

十七　富士の煙

その後、《その後、》翁・嫗、《翁と嫗は、》血の涙を流して惑へど、《血の涙を流して思い乱れるけれど、》かひなし。《どうしようもない。》あの書き置きし文を《あのかぐや姫が書き置きした手紙を》讀み聞かせけれど、《周りの人が読み聞かせするが、》「なにせむにか命も惜しからむ。《「何をするために命を惜しむのか。》誰が爲にか。《誰のために命を惜しむのか。》何事も用なし」《何事も意味がないのだ」》とて、《と言って、》藥も食はず、《薬も飲まない、》やがて起きも上がらで、《そのまま起き上がることもなく、》病み臥せり。《病床に臥っている。》中將、《中将は、》人々《翁の家に派遣された人々を》引き具して歸り參りて、《引き連れ、内裏に帰参して、》かぐや姫を、《かぐや姫を、》え戰ひ止めずなりぬること、《戦い止めることができなかったことを、》細々と奏す。《こまごまと奏上する。》藥の壺に御文そへて參らす。《不死の薬が入った壺に、かぐや姫の手紙を添えて御門にさしあげる。》披げて御覧じて、《御門は手紙を広げてご覧になって、》いと《大変》いたくあはれがらせ給ひて、《しみじみとしたご気分になられて、》ものもきこしめさず。《何も召し上がられない。》御遊びなどもなかりけり。《音楽会などもなさらないのであった。》大臣上達部を召して、《大臣や上達部(かんだちめ)を召して、》「いづれの山か天に近き」《「どの山が天に近いか」》と問はせ給ふに、《と御門がお尋ねになると、》ある人奏す、《ある人が奏上する、》「駿河の國にあるなる山なん、《「駿河の国にあるといわれる山が、》この都も近く、《この都にも近く、》天も近く侍る」《天にも近うございます」》と奏す。《と奏上する。》これを聞かせ給ひて、《御門はこれをお聞きになって、》

逢ことも涙にうかぶ我身には《もう逢うこともなくなり、涙に浮かぶ私にとっては》　死なぬくすりも何にかはせむ《不死の薬も何の役に立とうぞ》

かの奉る不死の藥に《かぐや姫が、奉った不死の薬に》、御文《手紙》、壺具して《壺を添えて》、御使に賜はす《御使いにお渡しになる》。勅使には《勅使には》、調石笠といふ人を《調石笠（つきのいわかさ）という人を》召して《お呼びになって》、駿河の國にあんなる山の頂に持て着くべきよし《駿河の国にあるという山の頂に持ってゆく旨を》、仰せ給ふ《ご命令なさる》。嶺にて《山頂で》すべきやう教へさせ給ふ《なすべき用をお教えになる》。御文《お手紙と》、不死の藥の壺ならべて《不死の薬の壺をならべて》、火をつけて《火をつけて》燃やすべきよし《燃やすべきことを》、仰せ給ふ《ご命令になる》。そのよし承りて《その旨を承って》、士どもあまた具して《調石笠がつわものどもを大勢引き連れて》、山へ《山に》登りけるよりなん《登ったことから》、その山を《その山を》「富士の山」《「富士の山」》とは名づけゝる《と名づけたのである》。

その煙、いまだ雲のなかへたち上るとぞ《そして、御文と不死の薬を焼く煙は、いまだに雲の中へ立ち上っていると》、言ひ傳へたる《言い伝えている》。

第二章　本論

古典文学最大の謎である『竹取物語』を以下に解析する。

第一節　『竹取物語』の作者

一　作者の考察

『記紀』の欺瞞《ぎまん》を糾断告訴するため、※1撰善言司《せんぜんげんし》伊余部連馬飼《いよべのむらじうまかい》が記したと推察される『竹取物語』の原作だが、富士の煙、調石笠、密教経典・儀式等から、終盤の時代背景は嵯峨朝と察せられ、後年、他者の手が加えられ、大幅に改編されたと分かる。

紫式部は『竹取物語』につき、〃絵は巨勢《こせ》の相覧《あふみ》、手は紀の貫之書けり。〃と『源氏物語』「繪合」に記している。

※1　現世から黄泉国《よみのくに》に招かれた浦嶼子《うらしまこ》。嶼子は亀姫（豊姫）と夫婦となり、龍宮の宴に浸っているうち、両親への孝心が嶼子の記憶を呼び覚まし、現世に戻ることとなる。最後は玉手箱の煙で物語は括《くく》られる「浦嶼子」。

黄泉国から現世に参ったかぐや姫。姫は穢土の煩悩に浸っているうち、満月が姫の記憶を呼び覚まし、黄泉国に戻ることとなる。最後は富士の煙で物語は括られる『竹取物語』。嘗《かつ》て丹波国司だった伊余部馬飼作「浦嶼子」を、『竹取物語』に相対すると、神仙思想と陰（黄泉国）陽（現世）真逆の展開が見える。

『風土記』逸文―丹後國※補注二「名貝社《なぐのやしろ》」と、伊余部連馬飼《いよべのむらじうまかい》の手による「浦嶼子」は、終始道教世界に包まれているが、『竹取物語』は、出雲王国の信仰、真言密教、両部神道、道教、古代史……等が織り交ぜられ物語が展開されている。

大きなこの違いは、紀貫之の手が加わったことによるものと考察する。

八六六年、応天門の変で、嵌められ没落した伴氏に重ねた大納言大伴御行、火鼠の皮衣《かわぎぬ》の段で、空海の留学先、西安の青龍寺を「西の山寺」としたことなどから判断して、紀貫之による改編部は全体に及ぶとみていい。

紀貫之が新たに創作し、加えたと考えられる部分は、真言密教、両部神道が顔を出す「九　帝の心に掛かる」から以降であろう。

加えて本論文が明らかにした、執筆年代、執筆の動機、作品の意味解釈、意図、目的等から判断して、紀貫之の手とみてまず間違いなかろう。

二　撰善言司《せんぜんげんし》伊余部連馬飼《いよべのむらじうまかい》

六八九年、持統天皇の要請により、撰善言司《せんぜんげんし》を設置の勅令が発せられ、委員には事代主の末裔・伊余部馬飼や大学頭・調老人《つきのおきな》、志貴皇子《しきのみこ》、佐味宿那麻呂《さみのすくなまろ》、羽田斉《はたのむごえ》、大伴手拍《おおとものてうち》、巨勢多益須《こせのたやす》が指名された。

撰善言司は、皇族や貴族の修養目的のための教訓的な史書を作るべく、持統天皇が設けた官司であり、実話を変えてでも「善言」の説話集を作るのが仕事であった。

撰善言司は途中解散したが、かれらの書いた説話は、後で作られた『古事記』や『日本書紀』に入っている。

伊余部連馬飼《いよべのむらじうまかい》は「善言」の説話集である『記紀』の虚、実と、編纂の実体と暗部を告発すべく、道教を織り交ぜ『竹取物語』の原作を手掛けたと推察される。

五人の貴公子のほぼ実名表記と、煩悩表現から、作者の怒りを感じる。

また、豊姫の哀れに、かぐや姫をして作者が応えたものであり、さらに天武天皇の長男であり、次期天皇と期待されていた高市皇子の冤罪に関わった五人の貴公子と首謀者・持統天皇への批判もあろう。

三　紀氏

出雲王国の王大名持命と、副王少名彦命による国生み、国創りと、二度の物部東征のその実を熟知する天道根命《あまのみちねのみこと》を祖神とする武の名門紀氏。

また、紀氏は空海を支えた高弟真済《しんぜい》僧正（柿本紀僧正《かきのもとのきそうじょう》八〇〇～八六〇）をはじめ、益信《やくしん》（八二七～九〇六）他、数多くの真言宗僧侶を輩出しており、貫之も幼少の頃、真言宗豊山派総本山長谷寺（奈良県桜井市初瀬）の住僧浄真に師事していたとされる。

これらから殊の外空海に帰依し、真言密教を深く会得した氏族とみていい。

嘉祥三年（八五〇）文徳天皇《もんとくてんのう》は、真済《しんぜい》が擁立した惟喬《これたか》親王を次期天皇にと望むが俄《にわか》に崩御され、太政大臣藤原良房が娘明子の生後八ヶ月の乳児惟仁《これひと》親王（清和天皇）を強引にたて（八五八）覆した。惟喬《これたか》親王を望む文徳天皇突然の崩御は、藤原良房の毒牙に掛かってのものとみられている。

続き「応天門の変」（八六六）で、大納言伴善男《とものよしお》はあらぬ嫌疑が掛けられ、嫌疑不十分のなか断罪され、善男の従僕であった紀氏も連座で良房に滅ぼされる。

貫之（八六八？～九四五？）の就いた土佐国は、清廉潔白の肥後守紀夏井が、「応天門の変」での流刑の地である。

吉備真備、菅原道真一族の失権同様に排斥された紀氏。

藤原不比等に締めあげられ、消された紀氏柿本人麻呂同様、貫之もまた、生没年すらはっきりしない。平安とは名ばかり、人の世の浅ましさ、天皇との外戚となり、摂関政治で朝廷をも独占支配、天皇の後見役となり、無法の限りをつくす藤原氏の強欲と支配欲、貴族社会の醜悪と頽廃。この救われがたい現実に対し、貫之は仏法を以て彼らを裁断し、龍神、荒神、竈神、閻魔大王等の鉄槌を下し、大護摩を焚き天に祈りを届けている。

貫之は、自らの怒りと祈りを、伊余部馬飼原作と推察される告訴本『竹取物語』に、大幅に手を加え書き下ろしたものと結論する。

月の王である阿弥陀如来は、月読神及び大物主命の本地仏である。

その月の王の言葉〝「いざ、《「さあ、》かぐや姫。《かぐや姫。》穢き所に、《こんな穢れた所に、》いかでか久しくおはせん」《どうして、長くいらっしゃるのですか」》と言ふ。《と言う。》〟は、真に荒神大物主命の本地阿弥陀如来をして作者、紀貫之の怒りの代弁であろう。

第二節『竹取物語』執筆年代

一　執筆年代を考察する

五人の貴公子達のうち、石作皇子《いしつくりのみこ》、庫持皇子《くらもちのみこ》は名が伏せられていることから、その一族が権威・権力の座におり、一方、右大臣阿倍御主人《あべのみうし》、大伴御行《おおとものみゆき》、中納言石上麻呂足《いそのかみのまろたり》は実名からして、既に失脚没落等により、その力が及ばぬ状態となって以降の作とみていい。

石作皇子《いしつくりのみこ》に比定される多治比島《たじひのしま》は、宣化天皇の四世孫に当たる。島の玄孫《やしゃご》にあたる女《むすめ》多治比真宗《たじひのまむね》は、桓武天皇との間に葛原親王《かずらわらしんのう》（七八六～八五三年）をもうけたが、それ以降、多治比氏は官界では振るわなくなった。

このことから作は八五三年以降とみていい。

阿倍氏は強力な外戚関係を築き高位に座るが、七三二年、御主人の子広庭《ひろにわ》が斃《たお》れると没落に向かう。その後、安倍兄雄《あにお》（?～八〇八年）、安仁《やすひと》（七九三～八五九年）が一時期盛り返すも、歯止めは掛からず凋落していく。

このことから作は八五九年の安仁《やすひと》没後とみていい。

大伴御行海難のモデルと思われる菅原梶成《すがわらのかじなり》の遭難が八三九年、大伴氏の没落が決定的となったのが応天門の変からして、八六六年以降とみていい。

七〇一年「大宝律令」完成、七一八年「養老律令」制定、七一二年『古事記』、七二〇年『日本書紀』

撰上。

石上氏《いしのかみうじ》は石上麻呂足《いそのかみのまろたり》の孫宅嗣《やかつぐ》（七二九〜七八一年七月十九日）の没後は、公卿を出すことなく衰退したことから、作は七八一年以降とみていい。

庫持皇子《くらもちのみこ》については、八九一年に権勢を恣《ほしいまま》に振るった関白藤原基経が死去、長男藤原時平（八七一〜九〇九年）が昌泰二年（八九九）に左大臣になる間、藤原氏の権力基盤が空白状態となる中での『竹取物語』執筆とみて、作は八九一年以降、八九九年以前と考えられる。

富士の煙については貞観十七年（八七五）十一月の記録があるが、延喜五年（九〇五）四月十八日筆の『古今和歌集』序に、〃今は富士の山も煙たたずなり〃とあることから、九〇五年以前となる。

他方、かぐや姫（金剛界大日如来）と、月の王（阿弥陀如来）から神仏混合、両部神道が確認でき、空海以降とみる。

これら総括により『竹取物語』成立は、八九一〜八九九年の間と推察できる。

第三節　『竹取物語』執筆の動機と目的

一　撰善言司伊余部連馬飼の動機と目的

動機は、『記紀』編纂の首謀者達への怒りと、豊姫を翻弄し、殺害した者達への怒りであり、目的は虚実織り交ぜた『記紀』の告発と、首謀者、加害者達への容赦ない鉄槌である。

なお、『風土記』逸文—丹後國※補注二「名具社《なぐのやしろ》」には、丹後国に逃れた後も、歴史に翻弄されるうら若い豊姫の哀れが記されている。

二　紀貫之の動機と目的

出雲王国の王・大名持、福王・少名彦による国生み、国創りと、その後の歴史に関わり、天武、持統、文武天皇の強い意志のもと、藤原不比等主導により為された天皇制律令国家建設の実を知る紀氏は、「応天門の変」（八六六）の連座で、藤原良房により排斥の憂き目を見る。

「承和の変」（八四二）はじめ、次々と起こる冤罪事件で有力他氏を排斥粛清、天皇の外戚となり朝廷の全権を握った藤原良房は、摂関政治の基盤を確立してゆく。

更に藤原基経《もとつね》が勅を無視して天皇の力をも抑えるに至った阿衡《あこう》事件（八八七）。

これら藤原氏による他氏排斥粛清の嵐は、安和二年（九六九）の「安和の変」まで続いた。

班田制の崩壊と財源減少する中、律令の立て直しが繰り返されるが、藤原氏の不順によりならず、政は立たず治は乱れ、閉塞感漂い、疫病が蔓延、怨霊と末法思想が覆う世となる。

朝廷を我がものとし、天皇をも意のままにした不比等とその子、藤原四氏。

時代は下るが、藤原道長の頃には「天下の地は殆どが摂関家の領となり、公領は立錐の地もないほどだ」と藤原実資《さねすけ》の『小右記《しょうゆうき》』に記されるほどの状態となった。

国生みから藤原四氏の専横までの一部始終を知る貫之は怒り、裁断を仏法に、天罰を龍神、竈神（サルタ彦大神）、三宝荒神（幸の神三神）、閻魔大王等の鉄槌に委ね、真言密教を護国鎮護の拠とし、富士の祈りを空海の加持祈禱に重ね『竹取物語』を記したと想像に難くない。

以下、藤原氏の主な他氏排斥を載せておく。

七二九　長屋王の変　藤原四氏の策動で、次期天皇の有力候補である天武天皇の孫、長屋王と妃、子を自害さす。

七四〇　藤原広嗣《ふじわらのひろつぐ》の乱　藤原広嗣《ふじわらのひろつぐ》が、玄昉《げんぼう》、吉備真備《きびのまきび》の排除を企て挙兵したが失敗。

七五七　橘奈良麻呂の乱　藤原仲麻呂が橘奈良麻呂を排斥し、仲麻呂の専制体制が確立される。

七六四　恵美押《えみおし》（仲麻呂）の乱　道鏡排斥を企てたが失敗。

七七〇　道鏡左遷排斥　藤原百川らにより道鏡左遷される。

七八五　藤原種継暗殺事件で、大伴氏、佐伯氏を排斥。

八四二　承和の変　藤原良房により判健岑《とものこわみね》、橘逸勢《たちばなのはやなり》が排斥され、淳和天皇の皇太子恒貞《つねさだ》親王は廃され追放される。

八五八　藤原良房とは距離をおく文徳天皇の突然の崩御は、良房の毒牙によるものとも言われている。

八六六　応天門の変で、伴善男《よしお》、伴中庸、紀豊城《とよぎ》、伴秋実《あきざね》、伴清縄《きよつな》は遠流の刑、紀夏井《なつい》、伴河男《かわお》、伴夏影《なつかげ》、

八八八　伴冬満《ふゆみつ》、紀春道《はるみち》、伴亮吉《たかよし》、紀武城《たけぎ》、伴春範《はるのり》らは連座で流罪。
阿衡事件　藤原基経、天皇の力を抑えるに至り、橘　広相《たちばなのひろみ》を排斥。
九〇一　菅原道真は、藤原氏抑圧を目指す宇多天皇、醍醐天皇に応え、藤原氏による傀儡《かいらい》から天皇を守る
が、藤原時平の讒言《ざんげん》により太宰府に左遷され憤死。
九六九　安和の変　醍醐天皇の皇子源高明を排斥、藤原氏の摂関常置が確定。

第四節　『竹取物語』舞台の地

〝第五節一・一翁のなしたいささかなる功徳〟に、讃岐忌部の祖田置帆負命《たおきほおいのみこと》と豊姫の出会いの舞台は三豊市豊中町と記した。

他方、手置帆負命の裔讃岐造竹取の翁と、豊姫の変化《へんぐゑ》かぐや姫の出会いに始まる『竹取物語』の舞台は、御所飛鳥浄御原宮《あすかきよみはらのみや》、朝廷の薬草の御狩場である宇陀市阿騎野、御室の戸口をさす。

御室戸、山本は山の麓の意からして、御室山の周辺一帯となる。

第五節　登場人物と描写

翁、かぐや姫、世の男ども、五人の貴公子、帝、月の王……、これら登場人物の人となりが実に的確に書き記されている。

石作《いしつくりの》皇子《みこ》は、心の支度《したく》ある人にて……云々……。

庫持《くらもちの》皇子《みこ》は、心たばかりある人にて……云々……。

右大臣阿倍《あべの》御主人《みうし》は、財ゆたかに、家ひろき人にぞおはしける……云々……。と、石作皇子と庫持皇子は、仏眼でみると隅には置けぬ賤《いや》しい者ゆえ、簡単ではあるが冒頭で説明がなされており、実に卑《いや》しい歌が詠まれている。

武の名門大納言大伴《おおともの》御行《みゆき》と中納言石上《いそのかみの》麻呂足《まろたり》は、冒頭の説明は外されてはいるものの、共に哀れなほど愚かな者として記されている。

特筆すべきは、登場人物のうち、中納言石上麻呂足のみにみる死である。

続き五人の貴公子達の難問に対する取り組みと、結末の様を通し、各々の史実と※1身口意《しんくい》の三業《さんごう》が見事に綴られ、人物の内外面が描かれている。

※1　身口意の三業は、身による行為（身業《しんごう》）、心による行為（意業《いごう》）、言葉による行為（口業《くごう》）をいい、身口意は人間一切の活動をさす仏語。

一　翁《おきな》

名を讃岐造《さぬきのみやつこ》からして、翁は讃岐忌部の祖手置帆負命《たおきほおいのみこと》の裔であり、その多くが『竹取物語』の舞台とされる広陵町に移り住んだ。

讃岐国造である讃岐忌部氏は、毎年鉾竿八百本を朝廷に献納する竹取の讃岐国造であった。忌部氏は元々姫巫女《ひめみこ》に仕え、祭りの補佐をしていた氏族である。

翁の住まいは、〝造麻呂が家は、山本近かんなり〟から、御室山の麓に近い所となり、桜井・橿原両市にまたがる竹田の原と、『舞台は桜井市～「竹取物語」の源流～』で、桜井市自主研究グループ『かぐや姫探検隊』が分析・特定している。

一・一　翁のなしたいささかなる功徳

「汝、をさなき人、《「汝、未熟者よ、》いさゝかなる功徳を、《僅かばかりの善行を、》翁つくりけるによりて、《おまえがなしたことによって、》汝が助けにとて、《汝の助けにしようと、》かた時のほどとて下しゝを、《片時ほどの間と思って、かぐや姫を下界にくだしたのだが、》そこらの年頃、《長い年月の間、》そこらの《あれだけ多くの》金給ひて、《黄金を賜って、》身を換へたるがごとなりにたり。」《おまえは身を換へたように裕福になった。」》

翁のなした些《いささ》かなる功徳とは、第二次物部東征の折、讃岐忌部の祖手置帆負命は、父イニエ王（崇神）を都万国で、母豊玉姫を安芸で亡くした稚児豊姫を、子として、姫巫女として育て、ヤマトへ導き、仕え、祭りに励み、国造りに精進したことと、讃岐神社（祭神：大国魂命、若宇加能売命《わかうかのめのみこと》、大物主命、散吉大建命《さぬきおおたてのみこと》、散吉伊能城神《さぬきいのきのかみ》。奈良県葛城郡広陵町三吉）を建立するなど、大國魂命（大国主命）、大物主命（事代主命）と、讃岐國魂である大物主命と、若宇加能売命《わかうかのめのみこと》（豊姫）を代々篤《あつ》く祀り続けた史実に、かぐや姫を立派に育てた翁を重ねたものであり、月の王と大物主命の本地仏阿弥陀如来が、その功徳に応えたもの。

一例を記す。忌部神社の傍にある宇賀神社（祭神：豊受姫命。三豊市豊中町笠田笠岡）の由緒に、祭神笠縫神（豊姫）は古代天皇の隋神として活躍した手置帆負命の随従神で、大和の国より豊受大神を奉持して、笠岡の地に永住した……云々……とある。当社は、四国で唯一「どぶろく」造りが許された古社で、毎年三月に伊勢神宮へ献納される。嵯峨御所から菊花紋入りの幕などが寄進されている。

一・二　「昔の契ありけるによりてなん、この世界にはまうで來りける」

「昔の契ありけるによりてなん、この世界にはまうで來りける」とは、かぐや姫は、昔この世に身をおいていたことからの因と縁により、この世に参ったというのだ。香川県三豊市豊中町笠田竹田に讃岐忌部の本丸忌部神社（祭神：手置帆負命《たおきほおいのみこと》）があり、目と鼻の先の三豊市豊中町上高野（竹野）に豊姫神社がある。

第二次物部東征の折、月読神を祭る宇佐豊国軍が腰をおろした地である。

豊姫と讃岐忌部の関わりはこの地から始まった。讃岐忌部の祖手置帆負命は、親代わりとして豊姫を養育し、東征の豊姫を導いた。その関わりから、若宇加能売命《わかうかのめのみこと》（豊姫）を祭神として讃岐神社に祭った。この因と縁により、月の女神と呼ばれた豊姫は、かぐや姫に変化《へんげ》、讃岐造竹取の翁のもとに参ったというのだ。豊姫と、かぐや姫の「今は昔」の陰陽である。

二　かぐや姫

豊姫と垂仁天皇（イクメ大王）は、重要な関わりがある。

「出雲王家の伝承」の面からと、『記紀』、『旧事記《くじき》』、『風土記』等の面から記していく。

但し、フトニ大王（孝霊）、物部豊国連合軍の一員である田島間守《たじまもり》は、『竹取物語』とは関わりがないので説明から外した。

二・一　「出雲王家の伝承」からみる豊姫と垂仁天皇（イクメ大王）

「出雲王家の伝承」から、その関わりを記し、続き『記紀』、『旧事記』を見てみる。

第二次物部東征では、月読神を祭る宇佐豊国軍と、物部イクメ王（垂仁）の物部軍は連合を組み、二四八年、出雲王国、ヤマト磯城王国の攻略に動いた。途中、月の姫巫女豊玉姫が安芸国で斃《たお》れたため、未だ稚児の豊姫（三〜五歳）が姫巫女の後をとり、宇佐豊国軍は大三島を経て伊予国に渡り、四国北岸を通り三豊市豊中町上高野（竹野）の豊姫神社の地に座った。

これより豊姫は讃岐忌部氏手置帆負命と共に、善通寺、宇多津、坂出、高松、徳島を経てヤマトに進軍。

※1宇佐豊国軍が進軍した伊予、讃岐瀬戸内沿いに、豊姫（豊受大神）を祭る神社が、東に向け並んでおり、讃岐国造忌部の展開も東に向かって国造りがされている。忌部神社の近くに生目《いきめ》神社（三豊市豊中町笠田笠岡一九一）がある。生目は物部イクメ王（垂仁）のことである。

※1　愛姫（媛）は機織り姫の意であり、豊姫に由来する。大三島の井田八幡神社（祭神　姫大神）の例祭がお盆の八月十四日に行われる。布団屋根の太鼓台に似た御輿は豊姫と豊国軍の進軍を奉納神事としたものである。また、

石鎚山脈の支脈法皇山脈の豊受山直下に、登由宇氣比賣命を祀る豊受神社があり、二十年ごとに式年遷宮が行われている。境内端の風穴から、麓一帯を襲う強風やまじ風が発生するとの迷信から、風を鎮める神事が行われる。風神豊受姫命である。更に讃岐国に入ると、箕浦、豊浜、豊の社（山田神社）、豊田、姫竹明神（伊吹島）、豊中、豊姫神社、忌部神社、宇賀神社、雲氣神社、宇夫階神社《うぶしなじんじゃ》等、豊姫の痕跡が一気に増える。豊姫は、機織りの神、箕の神、笠縫の神である。

第二次物部東征で、物部軍と豊国軍の猛攻を受け、出雲王国と、ヤマト磯城王国は滅んだ。豊国軍は約八年以上の歳月を要し、物部軍に続きヤマトへ入った。当時、ヤマトの大きな勢力は、太陽の姫巫女サホ姫を共にするサホ彦（開化の御子）、道教星神を祭る物部、月の姫巫女豊姫を共にする豊国軍であった。

イクメ王はサホ彦軍と休戦し、東出雲王家登美家の血を引き太陽の神を祭るサホ姫を后としたことから、イクメ王の裏切りとみた豊姫、豊來入彦は連合から離脱、鳥見山を奇襲し、登美の霊畤《とみのれいじ》（祭場）を占領、登美家勢力の村々を襲い焼き払った。

豊姫は三輪山西北の笠縫村の桧原神社で月の神を祭り、若霊留女貴《わかひるめむち》と呼ばれ、信者は増え、月神信仰はヤマト以外にも広がり、豊來入彦の勢力は優勢となった。

イクメ王がサホ彦を撃ち滅ぼす計画を知ったサホ姫は、ホムツワケ御子を連れサホ彦の陣営に走った。その後サホ姫は、護衛と共に尾張家を頼って東国に逃れた。

さらに、サホ姫は丹波國海部家に誘われ、真名井神社で太陽の神を祭り広めた後、伊勢国、志摩国に移り伊雑宮《いざわのみや》の社家・伊沢登美命の協力を得、伊勢の五十鈴川畔に内宮を建て、太陽の神を祭った。

ヤマトでは、十三歳の豊姫を女王に仰ぐ条件で、再び物部軍は豊国軍と連合した。漸く大乱は収まり、二六六年、女王壹与（豊姫）は晋の洛陽に使節を送った。豊來入彦の息子八綱田《やつなた》が西軍の将軍となり、イクメ王軍と共にサホ彦軍を打ち破った。さらにイクメ王の命令で、ミチノウシ王の都和爾《わに》を攻め、ミチノウシ王は丹波に逃げた。

八綱田率いる豊国軍は追って丹波に攻め入ったが、その隙をイクメ王と手を組んだ賀茂家田田彦軍に突かれ、豊国軍のヤマトの領地は奪還され、ヤマトの豊国軍は北へ敗走。丹波攻めの豊來入彦は大王の座をイクメ王に奪われ、豊姫は笠縫村より豊国軍を追って丹波国へ避難した。この時の豊姫が、『風土記』逸文―丹後國※補注二「名具社《なぐのやしろ》」の豊宇賀能売命《とようかめのみこと》である。

その後豊姫は与謝郡伊根筒川庄の豪族日下部の息子浦嶼子《うらしまこ》と出会い、嶼子が豊姫を伊勢の椿大神社に送り届けた。豊姫は宇受売《うずめ》と名を変え隠れたが、イクメ王の刺客により殺害され、亡骸は桜井市の豊家山《ほのけやま》古墳に葬られた。古墳は木槨《もっかく》の放射性炭素測定から年代は三世紀中頃から四世紀前半とされている。副葬品は後漢代のもので、神仙、霊獣像が主文様の画文帯神獣鏡《がもんたいしんじゅうきょう》。

物部イクメ王に欺《だま》され、利用された揚げ句、暗殺された豊姫の短い生涯であった。

二・二　『記紀』、『旧事記』から豊姫と垂仁天皇の関わりを見てみる。

『古事記』に、かぐや姫と同名の垂仁天皇の妃※1迦具夜比売命が記されているが、『旧事記』、『日本書紀』にはその記述はないものの、変わって形姿醜《すがたみにく》き※2竹野媛《たかのひめ》が記されている。

また、二代目姫巫女である豊姫は、丹波竹野比売《たにはのたかのひめ》との説がある。

以下にそれらを記し、※3迦具夜比売命の系図を載せておく。

※1　旦波《たには》（丹波）の比古多々須美知《ひこたたすみち》の宇斯王《うしのおう》の女《むすめ》、氷羽州比売命《ひばすひめのみこと》を娶《めと》りて生みたまへる御子、印色之入日子命《いにしきのいりひこのみこと》。次に、大帯日子淤斯呂和気命《おおたらしひこおしろわけのみこと》。次に、大中津日子命《おおなかつひこのみこと》。次に、倭比売命《やまとひめのみこと》。次に、若木入日子命《わかきいりひこのみこと》（五柱）。亦、その

氷羽州比売命《ひばすひめのみこと》の弟《いろど》、沼羽田之毗売命《ぬばたのいりびめのみこと》を娶《めと》りて生みたまへる御子、沼帯別命《ぬたらしわけのみこと》。次に、伊賀帯日子命《いがたらしひこのみこと》（二柱）。亦、その沼羽田之毗売命《ぬばたのいりびめのみこと》の、阿耶美能伊理毗売命《あざみのいりびめのみこと》を娶《めと》りて生みたまへる御子、伊許婆夜和気命《いこばやわけのみこと》。次に、阿耶美都比売命《あざみつひめのみこと》（二柱）。亦、大筒木垂根王《おおつつきたりねのおう》の女《むすめ》、迦具夜比売命《かぐやひめのみこと》を娶《めと》りて生みたまへる御子、袁耶弁王《をざべのおう》（一柱）……（新潮日本古典集成『古事記』西宮一民　校注　新潮社版　一四一頁より引用）

※2　（垂仁天皇）十五年春二月《はるきさらぎ》の乙卯《きのとのう》の朔《ついたち》甲子《きのえねのひ》に、丹波《たには》の五《いつとり》の女《をみな》を喚《め》して、掖庭《うちつみや》に納《めしい》る。第一《あね》を日葉酢媛《ひばすひめのみこと》と日ふ。第二《つぎ》を渟葉田瓊入媛《ぬはたにいりひめ》と日ふ。第三《つぎ》を眞砥野媛《まとのひめ》と日ふ。第四《つぎ》を薊瓊入媛《あざみにいりひめ》と日ふ。第五《つぎ》を竹野媛《たかのひめ》と日ふ。秋八月《あきはつき》の壬午《みずのえうま》の朔《ついたち》に、日葉酢媛《ひばすひめのみこと》を立てて皇后《きさき》としたまふ。皇后《きさき》の弟《いろど》の三《みたり》の女《おみな》を以て妃《みめ》としたまふ。唯《ただ》し竹野媛《たかのひめ》のみは、形姿醜《かたちみにく》きに因《よ》りて、本土《もとのくに》に返《かへ》しつかはす。則《すなは》ち其《そ》の返《かへ》しつかはさるることを羞《は》ぢて、葛野《かづの》にして、自《みづか》ら輿《こし》より堕《お》ちて死《みまか》りぬ。……云々……（『日本書紀』巻第六　垂仁天王七年七月～二十三年九月　日本古典文学大系六十七　坂本太郎　家永三郎　井上光貞　大野晋　校注　岩波書店刊行　二六六頁より引用）

※2　『旧事紀』巻第十七　神皇本紀 中巻下 垂仁天皇には〝竹野媛《たかのひめ》は形姿醜《すがたみにくき》に因て本土《くに》に返されし則《とき》、其の返されしを羞じ、葛野の地に到り輿《みこし》より堕ち死り《まかれ》。……云々……〟とある。

また、『古事記』には開化天皇の后竹野比売《たかのひめ》が記されているものの、『日本書紀』、『旧事紀』の開化天皇の条にそれは見当たらぬが、垂仁天皇の条に形姿醜《すがたみにく》い竹野媛《たかのひめ》が記されている。

※3　迦具夜比売命の系図『古事記』より

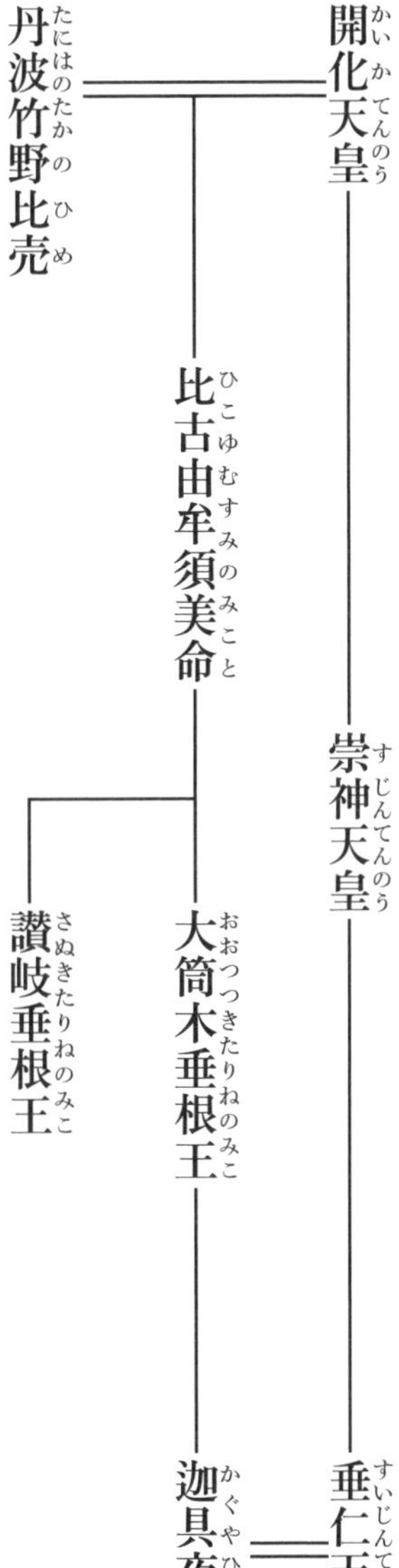

二・三『風土記』等から

『竹取物語』、※補注二「奈具社」、※補注三「豊受大神」には、二代目月の姫巫女豊姫が込められていることは論をまたない。かぐや姫の言葉※4と※5は、※2の垂仁天皇の条の形姿醜《すがたみにく》い竹野媛《たかのひめ》と、※補注二「奈具社」の「汝《いまし》は吾が児にあらず。暫《しまら》く仮《かり》に住めるのみ。早く出で去《ゆ》きね」と言われ、哭慟《なげ》き、哀吟《かな》しみ、歎き悲しむ天女は、イクメ王と阿波国和奈佐より来た海部一族の裔和奈佐《わなさ》の老等《おきなら》に裏切られた豊姫を重ねてのものであろう。また、※4の「世のかしこき人なりとも《天下の貴き人であっても、》、……云々……」の世のかしこき人とは、イクメ王（垂仁）をさし、文意は、物部豊国連合軍による第二次東征で、出雲王国、ヤマト磯城王国を滅亡させ女王となった月の女神豊姫だが、イクメ王は元々ヤマト王国支配のために月の姫巫女を騙し利用したのである。イクメ王の欺きにより、逃亡の身となり殺害された豊姫の心中を、かぐや姫の言葉としたものである。

※4　「よくもあらぬ容貌を、《「容貌が美しくもないのに、》深き心も知らで、あだ心つきなば、《相手の深い心も確かめもせず結婚し、相手が浮気心を起こしたなら、》後くやしき事も《後悔することに》

あるべきを、《なるでしょうに、》と思ふばかりなり。《と考えてばかりである。》世のかしこき人なりとも、《天下の貴き人であっても、》深き心ざしを知らでは、《深い愛情の心を確認せずには、》婚ひがたしと思ふ」《結婚するわけにはいかないと思うのです」》

※5　かぐや姫、《かぐや姫は、》「よき容貌にもあらず。《「私はよい容貌ではありません。》いかでか見ゆべき」《どうして勅使にお目にかかれましょうや」》と言へば、《と言って、》

これらを重ねるに、かぐや姫は、豊姫である豊受大神（月遍照大神《つきのあまねくてらすおおかみ》）、さらに『日本書紀』、『旧事記』の形姿醜《すがたみにく》い竹野媛《たかのひめ》、『古事記』の迦具夜比売命《かぐやひめのみこと》を一人格のかぐや姫として描いたものといえる。

かぐや姫答へて奏す、《かぐや姫は答えて奏上する、》「おのが身は、《「私の身は、》この國に生まれて侍らばこそ《この国に生まれていたものでございましたら、》つかひ給はめ。《宮仕えさせることもおできになるでしょうが。》いと率ておはしがたくや侍らん」《連れておいでになるのは、大変難しゅうございましょう」》

の文意は、あの世で生まれ、そのまま地上の竹筒の中に降ろされた姫は、この世の者ではなく変化《へんげ》の人なので、お仕えすることはできない、連れていくことは非常に困難ですよ。である。

豊姫の御霊の生まれ変わりが、そのまま現世の竹筒に降ろされたところから、物語は始まる。複数の人物、要素を紡ぎ合わせ、一人格とする手法は、帝、大伴御行、中臣房子、調岩笠《つきのいわかさ》、更に火鼠の皮衣等にもみられ、『竹取物語』の特徴の一つと言える。

また、嫗、《嫗は、》内侍のもとに帰り出でて、《内侍のいる所に帰ってきて、》「口惜しく、《「残念なことに、》この幼き者は、《この幼い娘は、》強く侍る者にて、《強情者でございまして、》

對面すまじき」《お会いしそうにもありません」》と申す。《と申し上げる。》から、豊姫は、よほどの確《しっか》り者であったと推察できる。

二・四　衆を惑わすかぐや姫

貴賤を問わず世の男は、かぐや姫を見たい、手に入れたいと噂に憧れて夢中になるが、邸《やしき》の召使共でさえ目にすることがなかなか叶わない。とある。

『三国志』「魏書」では、〝王となりてより以來、有見《み》る者少なし……〟とあり、憧れと見えない状況は、卑弥呼と同じようである。

また、伊勢神宮別宮の伊雑宮（祭神：天照坐皇大御神御魂。三重県志摩市磯部町上之郷三七四）御田植祭では、勇壮な男達が日、月が描かれたゴンバ団扇《うちわ》のついた忌竹《いみだけ》を奪い合う※補注一「竹取神事」がある。かぐや姫を手に入れたい、妻にしたいと夢中になる世の男どもは、忌竹を奪い合う男衆に重なる。

二・五　かぐや姫の犯した罪

かぐや姫は、《かぐや姫は、》罪《罪》をつくり給へりければ、《をなされたので、》かく賤しきおのれがもとに、《このように身分の低いおまえの所に、》しばしおはしつるなり。《しばらくいらっしゃったのである。》

かぐや姫の犯した罪について、「出雲王家の伝承」から推察する。

物部豊連合王国軍の第二次物部東征（第二次出雲戦争）で、十七代、七百年続いた出雲王国と、ヤマト磯城王国を滅ぼし、さらに三輪山に攻め入り登美《とみ》の靈畤《れいじ》を占領、次々と領地を奪い、女王となった豊姫。

豊姫は笠縫村に住み、毎月満月の夕方、月読神の礼拝を行い、春秋の満月には大祭を行った。そのため豊姫は月の女神と呼ばれる。

その後、豊來入彦王はサホ彦勢力をヤマトから駆逐、太陽の女神サホ姫（靈留女貴《ひるめむち》）も近江に逃げ尾張国丹羽郡に隠れた。太陽の神（天照大御神）は月の神（月読神）に駆逐されたのである。

出雲王国、ヤマト磯城王国を滅ぼし、大八島国と大王家を盗人し、数多《あまた》の人を殺した上に、天照大御神を駆逐した豊姫の罪に対する天罰として、涅槃浄土での豊姫の生まれ変わりかぐや姫は、月の宮から、前世で縁ある讃岐忌部氏の、その裔の住む穢土に降ろされたのである。

「かぐや姫てふ大盗人の奴が、《これは、かぐや姫というおおぬすびとの奴が、》人を殺さんとするなりけり《人を殺さんと難題を出したのだった》」は、歴史を語る大納言大伴御行の言葉であり、「多くの人を殺した心」も、それを知る帝の言葉である。

さらに、いつか聞きけん、《いつ聞いたのか、》「庫持皇子は優曇華の花持ちて、《「世間では、庫持皇子は優曇華の花持って、》上り給へり」と、《帰ってきた」と、》のゝしりけり。《騒いでいる。》これをかぐや姫聞きて、《これをかぐや姫が聞いて、》我は皇子に負けぬべしと、《私は皇子に負けてしまうと、》胸内つぶれて思ひけり。《胸がつぶれる思いであった。》

から、庫持皇子との知恵比べをもっての戦いが窺える。

皇統、王権、祭祀を握り、大八島国を支配することは、豊姫はじめ宇佐豊王国の欲するところであり、豊姫が奉じた天師道は天の御軍《みいくさ》の道の教え、革命の教えである。

五人の貴公子への難題は、清祓いの場で、出雲建《たける》を騙し討ちした倭建命の言葉「人が良すぎたな、戦いはいつも知恵比べだ」『古事記』と同じである。

二・六　かぐや姫の罪障消滅

月の王の言葉

罪の限果てぬれば、《期限が過ぎ、罪障が消滅したので、》かく迎ふるを、《このように迎えるのだが、》翁は泣き歎く、《翁は泣いて歎く、》……云々……。とある。

満月に向かい、深く瞑想し「入我我入」、「即身成仏」に至ったかぐや姫は、これまでのことごとすべてを悟ったことで「罪障消滅」となった。

月の王の言葉「罪障消滅」は、現実を須《すべから》く包含する大日如来の心、真言密教の実を示すものである。

満月に向かうかぐや姫に、月が語り、月の姫巫女、月の女神の記憶が呼び覚まされたのである。

二・七　かぐや姫の昇天

「壺なる御薬たてまつれ。穢き所の物きこしめしたれば、御心地悪しからむものぞ」とて、持て寄りたれば、いささか嘗め給ひて……」

この文は、月神である太陰星君は、不老不死の支配者西王母にもらった仙薬を飲み、月へ飛んで行ったという道教の伝説からのものであろう。

二・八　かぐや姫である豊姫は、金剛界大日如来

真言密教を教義に取り入れた両部神道では、天照大神は胎蔵界大日如来、豊姫は金剛界大日如来である。

そのため、阿弥陀如来である月の王は〝かぐや姫は、《かぐや姫は、》罪をつくり給へりければ、《罪をなされたので、》……云々……〟と、最高神である大日如来のかぐや姫に、敬語を使っている。

また、『旧事記』巻第四 神祇本記 上にも〝天照大神、詔して曰く。地食物姫神《くにつうけもちひめのかみ》は吾が分魂にして……汝、月誦神《つくよみのかみ》は宜しく此の神を祭るべしと……〟とあることから、月の王（月誦神《つくよみのかみ》）は地食物姫神（豊姫）の変化かぐや姫に対し敬語を使っている。

三　世の男ども

かぐや姫に心惹かれ、五蘊《ごうん》からの苦しみ（心身が思い通りにならない苦しみ）に己を焦がす世の男ども。これは三輪山笠縫村で、月読神を祭る若い豊姫が、よく衆の心を捉え、周辺国からも大勢が祭りに参加したことを喩えたもの。

四　近く使はる、人々（かぐや姫のお側付きの女房達）

五　五人の貴公子

帝と、五人の貴公子の御先祖は、垂仁天皇と五人の大夫である。

彼ら五人の貴公子は、壬申の乱の功臣で、天武天皇（大海人皇子）に取り立てられ出世した者達であり、天武～文武朝初期にかけて蠢《うごめ》いた中納言以上の朝廷の重臣達である。

持統天皇と五人の貴公子は、『記紀』で出雲王国による我が国建国の正史と出雲の神々の歴史を葬り、豊姫を消し去った者達であり、作者はかぐや姫をとおし彼らを痛烈に裁断したのである。

五人の貴公子のご先祖が、垂仁朝の中心人物であったことを『日本書紀』から記す。

※1（垂仁天皇）二十五年春二月《はるきさらぎ》の丁巳《ひのとのみ》の朔《ついたち》甲子《きのえねのひ》に、阿倍臣《あへのおみ》の遠祖《とほつおや》武渟川別《たけぬなかはわけ》・和珥臣《わにのおみ》の遠祖《とほつおや》彦國葺《ひこくにぶく》・中臣連《なかとみのむらじ》の遠祖《とほつおや》大鹿嶋《おほかしま》・物部連《もののべのむらじ》の遠祖《とほつおや》十千根《とをちね》・大伴連《おおとものむらじ》の遠祖《とほつおや》武日《たけひ》、五《いつとり》の大夫《まへつきみたち》に詔《みことのり》して日はく、「我《わ》が先皇《さきのみかど》御間城入彦《みまきいりびこ》五十《い》瓊殖天皇《にゑのすめらみこと》、惟叡《これさか》しくして聖《ひじり》と作《ましま》す。」……云々……。三月《やよひ》の丁亥《ひのとのゐ》の朔《ついたち》丙申《ひのえのさるのひ》に、天照大神《あまてらすおほみかみ》を豊耜入姫命《とよすきいりひめのみこと》より離《はな》ちまつりて、倭姫命《やまとひめのみこと》に託《つ》けたまふ。爰《ここ》に倭姫命《やまとひめのみこと》、大神《おほかみ》を鎮ね坐させむ處《ところ》を求めて、菟田《うだ》の筱幡《さきはた》に詣《いた》る。更に還《かへ》りて近江國《あふみのくに》に入りて、東《ひがしのかた》美濃《みの》をりて、伊勢國《いせのくに》に到《いた》る。時に天照大神《あまてらすおほみかみ》、倭姫命《やまとひめのみこと》に誨《をし》へて日《のたま》はく、「是《こ》の神風《かむかぜ》の伊勢國《いせのくに》は、常世《とこよ》の浪《なみ》の重浪《しきなみ》歸《よ》する國なり。是《こ》の國に居《を》らむと欲《おも》ふ」とのたまふ。故《かれ》、大神《おほかみ》の教《をしへ》の隋《まにま》に、其《そ》の祠《やしろ》を伊勢國《いせのくに》に立てたまふ。因りて齋宮《いはひのみや》を五十鈴《いすず》の川上《かはのほとり》に興《た》つ。是《こ》れ磯宮《いそのみや》（五十宮）と謂《い》ふ。則《すなは》ち天照大神《あまてらすおほみかみ》の始《はじ》めて天《あめ》より降《くだ》ります處《ところ》なり。一《ある》に云《い》はく、天皇《すめらみこと》、倭姫命《やまとひめのみこと》を以て御杖《みつゑ》として、天照大神《あまてらすおほみかみ》に貢奉《たてまつ》りたまふ。是《ここ》を以て、倭姫命《やまとひめのみこと》、天照神《あまてらすかみ》を以て、磯城《しき》の嚴橿《いつかし》の本《もと》に鎮《しづ》め坐《ま》せて祠《まつ》る。然《しかり》して後《のち》に、神《かみ》の誨《をしへ》の隋《まにま》に、丁巳《ひのとのみ》の年《とし》の冬十月《かむなづき》の甲子《きのえねのひ》を取《と》りて、伊勢國《いせのくに》の渡遇宮《わたらひのみや》に遷《うつ》しまつる。……云々……。とあり。

※1　皇大神宮（五十宮）儀式帳に倭姫命の大神奉祝の巡行の送駅使として五大夫の名をかかげる。

（『日本書紀』巻第六 垂仁天王二十五年三月～二十七年八月 日本古典文学大系六十七 坂本太郎 家永三郎 井上光貞 大野晋 校注　岩波書店刊行　二六八～二七〇頁より引用）

その後、天武朝に、出雲王王家が祭る伊雑宮（五十宮）から現在の伊勢（五十鈴宮）に移したとある。

この遷移は、※補注一伊雑宮での御田のゴンバ団扇に描かれた「太一」の帆を立て進む神通丸船出の絵が語る。

六　陰陽五行に怨みを込めた五の難題と、戒を破る帝と五人の貴公子

仏の御石の鉢、蓬莱の珠の枝、火鼠の皮衣、龍の頸の珠、燕の子安貝。

これら天竺、唐土、和国の架空の宝に懸けての五の難題には、道教の木、火、土、金、水の五行と神仙説に加え、虚と実の書『記紀』の告訴と、豊姫の怨みが込められ、各々今昔の歴史を込めての物語が展開され、五人の貴公子達は悉く酷い目にあう。

かぐや姫と五人の貴公子の因縁生起と、大盗人、人殺しのかぐや姫の言葉に欺された五人の貴公子の人となりや、各々の身口意の三業と結末が描かれ、当時の権力者達の実体をも暴き記している。

『日本書紀』持統天皇十年冬十月《ふゆかむなつき》の己巳《つちのとのみ》の朔《ついたちきのとのとりのひ》乙酉に、〝右大臣丹比眞人《たぢひのまひと》に輿《こし》・杖《つゑ》賜ふ。以《これをも》て到事《おいてまか》ることを哀《かなし》びたまふとなり。庚寅《かのえとらのひ》に、假《かり》に、正廣參位《しやうくわうさむのくらゐ》右大臣《みぎのおほまえつきみ》丹比眞人《たぢひのまひと》に、資人《つかひのひと》百二十人《ももあまりはたたり》賜ふ。正廣肆《しやうくわうし》大納言《おおきものまうすつかさ》阿倍朝臣御主人《あへのあそみみぬし》・大伴宿禰御行《おおとものすくねみゆき》には、並《ならび》に八十人《やそたり》。直廣壹《じきくわういち》石上朝臣麻呂《いそのかみのあそみまろ》・直廣貳《じきくわうに》藤原朝臣不比等《ふじわらのあそみふひと》には、並《ならび》に五十人《いそたり》。〟とあり、五人の貴公子に極めて重なることから、五人の貴公子の比定は、江戸期の国学者加納諸平著『竹取物語考』に拠るところとした。

六・一　石作皇子《いしつくりのみこ》　石作氏とは同祖の親縁関係とされる多治比真人嶋《たぢひのまひとしま》がモデルとされる。

推古天皇三十二年（六二四）～大宝元年七月二十一日（七〇一年八月二十一日）

仕えた天皇　天武、持統、文武

かぐや姫にもとめられたものは※1仏《ほとけ》の御石《みいし》の鉢《はち》

その結果は、鉢（恥・鉢）を棄つ…面なきこと

多治比真人嶋は、継体天皇の皇子國押楯《くにおしたて》（宣化）の四世孫だが、皇位継承の正当性から、國押楯（宣化）ではなくシキシマ皇子（欽明）であった。

そのため、仁賢天皇の御子を母に持つ欽明朝と、尾張草香《おわりのくさか》を母に持つ宣化、安閑朝の並立内乱状態であったとの説がある。

多治比真人嶋は『記紀』に、宣化、安閑の正当性をねじ込み、自らを皇統とした。

作者は多治比真人嶋の皇統を否定するため、連である石作氏に皇子を当てたのである。

また、石作氏の祖は天火明命六世の子孫とされ、豊姫を散々欺し裏切った物部である。

真実真理を光が語る正史を仏の御石の鉢、『記紀』を偽の鉢としたもの。

真の光に加え、月の姫巫女豊玉姫、豊姫の、光の欠片《かけら》もない『記紀』を差し出して、恥もなく正史と言い張る役どころの石作皇子《みこ》。

口では騙せても、光は騙せん。平気な顔でなおも嘘の上塗りをする石作皇子《みこ》である。

※1　仏の御石の鉢は、五行が説くところは土行。その実は万物を生成保護するところの信と思い。石作皇子に仏《ほとけ》の御石《みいし》の鉢《はち》を当てるのは、土行の名に値せぬばかりか、十善戒の尊者である賓頭盧尊者の鉢と知って盗人した揚げ句、事がばれるや尊者の鉢をも捨て、なおもかぐや姫に迫る厚かましさ。

石作氏は、計算高く、心根暗く、信も徳もない大恥目であり、多治比真人嶋同様との意を込めてのもの。

垂仁天皇の后日葉酢媛《ひばすひめのみこと》は、垂仁三十二年七月己卯（六日）に薨じた。

その折、石作氏の祖が石棺を献上したところ、石作大連公《いしつくりのおおむらじのきみ》の姓が与えられた。

これが石棺の始まりとされる。

天武朝～文武朝における石作氏の一族には、遣唐大使、押使、渤海使等が出ており、天竺へも渡海できる立場にあったにもかかわらず、計算高い石作御子は盗人の道を選んだ。

奈良の小倉山の、今は廃《な》き粟原寺《おおばらでら》に行き、十善を重んずる賓頭盧《びんづる》の前にある竈《かまど》の煤《すす》で黒くなった鉢を盗人して、仏の御石の鉢だと欺《だま》すが、かぐや姫に見抜かれた。

石作皇子は、《石作皇子は、》心の支度ある人にて、《計算高い人にて、》「天竺に二となき鉢を、《「インドに二つとない鉢を、》百千萬里の程行きたりとも、《百千万里の道を行ったところで、》いかで取るべき」《どのようにして手に入れられようか」》と思ひて、《と考えて、》かぐや姫のもとには、《かぐや姫のもとには、》「今日なん天竺へ石の鉢とりにまかる」《「今日、インドへ石の鉢を取りに出発します」》と聞かせて《と知らせて、》三年ばかり、《三年ほどの後、》大和國十市郡にある山寺に、《大和の国の十市の郡にある山寺（小倉山寺）に、》賓頭盧の前なる鉢の、《賓頭盧尊者の前にある鉢で、》ひた黒に墨つきたるを取りて、《真っ黒にすすずみのついてるのを盗んで、》……

置く露の光をだにも宿さまし《仏の御石の鉢なら、せめて露ほどの光だけでもあればよいのに》※2をぐら山にて何もとめけん《光がなく暗い小倉山で、何を求めていらっしゃったのですか》

※2　をぐら山は多武峰村大字倉橋の上にある倉橋山の峰の山である小倉山。

そこに中臣氏が建立した粟原寺《おおばらでら》があった。当地の大地主神は大歳（幸の神）である。中臣鎌足と中大兄皇子が密談した多武峰には、藤原不比等の別邸があり、特別な闇地《やみのち》である。

をぐら山は、月の姫巫女豊玉姫（卑弥呼）が葬られている宇佐神宮小椋山を掛けての唄で、豊姫の変化《へんぐゑ》であるかぐや姫の単刀直入な言葉は、月の姫巫女親子二代の以心伝心、すべてお見通しからのもの。

目端がきき盗人猛々《ぬすっとたけだけ》しい石作皇子は、竈神（サルタ彦大神）の罰が当たったものであり、石作りに対する部としての誇りは微塵もなく、計算高く作り出される石品も信じるに値しない我楽多ばかり。口で欺す石作氏の人格に対する酷評である。

……とて返し出だす。《なので鉢を出して返す。》鉢を門に捨てゝ、《石作の皇子は鉢を門口に捨てて、》この歌の返しをす。《この歌を返した。》

白山にあへば光の失するかと《白山のように光り輝くかぐや姫に会ったので鉢の光は失せているのかと》
はちを捨ても頼まるゝかな《恥（鉢）を捨てても、かぐや姫の情けを頼みにしています》

と詠みて入れたり。《と詠んで、歌を入れた。》

かぐや姫、返しもせずなりぬ。《かぐや姫は、返歌もせなんだ。》耳にも聞き入れざりければ、《皇子の言い訳に耳をかさなかったので、》言ひわづらひて帰りぬ。《言葉に窮して帰ってしまった。》

かの鉢を捨てゝ又言ひけるよりぞ、《あの偽の鉢を捨てても、また言い寄ったことがもとで、》面なき事をば、《厚かましいことを、》「はぢを捨つ」《「はぢを捨つ」》とは言ひける。《と言うのであった。》

恥を恥とも思わぬ石作皇子は、鉢を棄ててなおも言い寄る。

日本三名山の白山に水源を持つ九頭竜川。水神、龍神、豊穣の神として生命を繋ぐ親神様白山。雄略天皇二十一年（四七七）、男大迹王《おおとののみこ》（後の継体天皇）が越前国の日野、足羽、黒龍の三大河川の治水工事を行った。北国無双の暴れ川九頭竜川の守護と、国家鎮護、産業興隆を祈願され、黒龍大神、白龍大神の御霊を高尾郷黒龍村毛谷の杜に創祀された、これが九頭龍信仰の興りである。

九頭龍は最も高い神格を有する諸龍の王である（『ウィキペディア』引用加工加筆）。

また、白山神社（祭神：菊理媛尊（白山比咩大神）、伊邪那岐命、伊邪那美命。新潟市中央区一番堀通町一―一）の祭神、菊理媛尊、白山比咩大神は黄泉神《よもつかみ》からして、月の女神豊姫であろう。

白山神社本殿には古くから八幡大神（豊玉姫）が祀られており、豊姫の母神豊玉姫であるところも掛けてのもの。恥の上塗りも何のその、事を知ってか知らでか、出雲王国の守護神九頭龍（黒龍大神、白龍大神）凄む白山を引き合いに出して、なおも白山比咩大神に比してかぐや姫の気を引こうとする石作皇子だが、結果は九頭龍の大罰当《おおばちあ》たりめの石作皇子である。これ十善戒を犯してのもの、因果応報である。白山で偉業をなした男大迹王《おおとののみこ》に対し、石作皇子に重ねられ様の多治比真人嶋は、恐らく宣化の皇位継承を、あの、こうのと恥気もなく構えたのであろう。

恥を恥とも思わぬ石作皇子をして、多治比真人嶋の正体を後世に伝えるもの。

小倉山に続き、白山でも豊姫と母神豊玉姫の登場である。

六・二　庫持皇子《くらもちのみこ》　モデルは藤原不比等とされる。

斉明天皇五年（六五九）～養老四年八月三日（七二〇年九月九日）

仕えた天皇　天武、持統、文武、元明、元正

かぐや姫にもとめられたものは※1蓬莱の珠の枝

その結果は、たま（魂・珠）さかなる…自失・失踪

作者がまず糾弾したかったのが、虚・実の書『記紀』と、それを書かせた時の右大臣・藤原不比等と持統天皇、さらに中納言石上麻呂足であった。

中臣鎌足の次男である不比等は祖神を高天原一の武人武甕槌《たけみかづち》と偽り、国譲りを藤原氏による手柄として、さらに蘇我氏を悪に仕立て、鎌足を乙巳《いっし》の変の英雄とし、『記紀』に書かせた。武甕槌は事代主から四代目（事代主《ことしろぬし》・日方奇日方《ひかたくしひかた》・建飯勝《たけいいかつ》・武甕槌《たけみかづち》）。

庫持皇子は皇子からして、天智天皇の御落胤、母は車持与志古娘《くるまもちのよしこのいらつめ》と当時は周知されていたのであろう。

蓬萊の珠の枝の偽物を作らされた金匠は、漢部《あやべ》内麻呂の名で登場する。

これは『古事記』を書かされた綾部《あやべ》柿本人麻呂のことである。

幼少期、綾部姓であった人麿は、柿本家の養子となり柿本姓となった。

『古事記』編纂後、証拠隠滅のため、人麻呂は高貴な女性との密会を捏《でっ》ち上げられ、監禁の後、上総《かずさ》国に流刑となった。

人麻呂は不比等に乞食同然に扱われ、編纂を強要利用しつくされた揚げ句消されたのである。

この段には、藤原不比等糾弾の思いが込められている。

※1　蓬萊の珠の枝は、蓬萊山にあると言われる不老不死の実（真珠）の付いた枝のこと。

蓬萊の珠の枝「……その上の台観皆金玉、其の上の禽獣皆純縞《きんじゅうみなじゅんかん》、珠玕《しゅかん》の樹皆厳叢生し、華実皆滋味有り。之を食ひて皆老いず死なず、居る所の人皆仙聖の種なり」（『列子』湯問《とうもん》）

蓬萊の珠の枝は、五行では木行に当たり、葉が幹を覆い、成長する様を表す。

蓬萊の島を目指した秦の始皇帝をも欺す大嘘つき、心たばかりある徐福に重ねての庫持皇子である。

庫持皇子の航海話は、蓬萊の島をめざした徐福を彷彿とさせる。

神仙思想の虜となった秦始皇帝に付け込んだ徐福同様、不比等は道教の虜となった天武、持統天皇が押し進める天皇制律令国家建設に付け入り、外からは見えぬよう三重にしこみ完全秘匿の下で律令を工作、藤原氏専横の基盤蔭位《おんい》の制を構え、これにより太政官、神祇官を領掌し、朝廷を牛耳り藤原王国を、また同じく『記紀』を編纂し出雲王国と磯城王朝を正史より葬り、神道をほぼ今ある形に改竄し、大嘗祭はじめ宮中祭祀を大掛かりに変更して天皇を権威化、忌部氏を排斥し中臣氏独占の基盤を造った特別腹黒い人物だったことは、周知の事実である。

天武朝以前の大嘗祭での築山は、御柱を立てる古標山《しめのやま》であったが、以後は神仙説の蓬莱山に見立てた標山に差し替えた。

天皇家を、豪華絢爛、万世一系と記す『記紀』は、天皇家、藤原不比等にとっては蓬莱の珠の枝である。偽の蓬莱の珠の枝を庫持皇子に当てたのは、このためである。

〝庫持皇子《くらもちのみこ》は心たばかりある人にて……難波に晦日にもて出でぬ。《難波に晦日にこっそり造った枝を持ち出した。》〟

〝……いとかしこくたばかりて、《まことに徹底した策略を凝らして、》……〟

とあり、月の神が隠れ、闇夜となる晦日について、道教『易内戒』に「竈神は毎月の晦日に天に昇り、人の罪、悪行を司命の神に報告すると、司命の神は罪の大小で三百日か、三日の命を縮める」とある。竈神が留守をする晦日に、庫持皇子の徹底したこの悪巧みと、この性根。続き、

「一昨々年の二月の十日ごろに、難波より船に乗りて……」とは、地獄第三殿宗帝王の誕辰日を祭る旧暦二月八日。

「舟の行くにまかせて海に漂ひて、五百日といふ辰の時ばかりに……」とは、地獄の閻魔第十殿転輪王の誕辰日を祭る旧暦四月十七日の辰の刻であり、辰の刻とは、出雲王国の守護神龍神が構える七～九時をさ

す。

竈神、天の司、地獄閻魔大王、出雲王国の守護神龍神をも恐れぬ言語道断の庫持皇子の業の深さ。特に、庫持皇子にのみ閻魔大王を込めており、地獄に落ちろと言わんばかりの書きよう、これは明らかに意図してのもの。

また、「……『庫持皇子は※2優曇華《うどんぐえ》の花持ちて、上《のぼ》り給へり』と、のゝしりけり。これをかぐや姫聞きて、我は皇子に負けぬべしと、胸内つぶれて思ひけり」

とは、蓬萊の珠の枝を知った上での世間の言葉、どうせ庫持皇子のことと、世間は陰陽真逆の優曇華の花を当てた。

しかし陰の世界、黄泉の世界から来たかぐや姫は、蓬萊の珠の枝は陰陽対を為す優曇華の花であったから、負けたと思ったのである。

※2　無花果の樹。三千年に一度だけ花が咲く樹といわれ、また如来が出現し、転輪王が出現すれば花が咲くともいわれ、さらに、花なくして実を結ぶともいわれる。経典の中では仏に会うこと、仏法を聞くことなど、稀有なことの譬喩とする（『広説佛教語大辞典』中村 元著 東京書籍より引用）。

『大般若経』に「如来に会うて妙法を聞くを得るは、希有なること優曇華の如し」と説かれている。

作者は、策略に長けた庫持皇子には、道教の蓬萊の珠の枝を、仏教の悪魔国の優曇華《うどんげ》の花に陰陽対比させ、陰も陽もあるよ、裏も表もあるよと人格を表現し、欺し掠《かす》めた諸行の様を、姫の難題「蓬萊の珠の枝」に重ね暴露している。

「庫持皇子《くらもちのみこ》は心たばかりある人にて……いとかしこくたばかりて《まことに徹底した策略を凝らして》」とある庫持皇子を、

翁は〝「……人様もよき人におはす」など言ひゐたり。《人柄もよい人であられる」などとかぐや姫に言って座っている。》〟と、両文これまた陰陽真逆を申す。

しかし金を払わぬ庫持皇子は、匠達の訴えにより偽物と暴露され、一生の恥をかき、世間に顔も出せず、姿を消す羽目となった。

国の寳である匠にすら、金を払わず使い潰す不比等の極悪強欲は、天下に報知された。

蓬萊の珠の枝の偽物を作るに当たり、

〝たはやすく人寄り來まじき家を作りて、《簡単には人が近寄れそうもない家を造って、》竈を三重にしこめて、《竈を何重にも囲い込んで、》匠らを《匠達を》入れ給ひつゝ、《中にお入れになり、》皇子も同じ所に籠り給ひて、《皇子も同じ所に籠もられまして、》知らせ給ひたるかぎり十六所を、《自領の土地全て十六ヶ所をはじめ、》かみにくどをあけて、《かみ(竈神)に煙出し用のくどをあけて、》珠の枝を作り給ふ。《珠の枝をお作りになる。》……〟」

とは、竈神に悪事を覗かれ、天の司に報告されぬよう、竈を幾重にも囲い込んだ上に、自領の土地全て十六ヶ所をはじめとして、かみ《竈神》に煙出し用のくどをあけ、煙ですべての竈神の目を封じ偽物を作ったのである。徹底した完全秘匿の構えである。

また、「内匠寮司の匠、《「内匠寮司の匠(たくみづかさのたくみ)、》漢部内麻呂申さく、《漢部内麻呂(あやべのうちまろ)申し上げますのは、》珠の樹を作り《珠の樹を作り、》

仕うまつりし事《奉しましたことですが、》、五穀を斷ちて《五穀を断ちて己を正し、》、千餘日に《千余日にもわたって》力を盡したる《努力した》こと《こと》少なからず《並々ではありません。》。……《……」》」

とは、「出雲族柿本人麻呂の心中から、偽の蓬萊の珠の枝を造るに、五穀豊穣の神大国主命に申し訳ない、そのために五穀を断ち己を正した」と小生解釈した。

「歸る道にて《「帰る途中で、》、庫持皇子《庫持皇子が、》、血の流るゝまで懲ぜさせ給ふ《工匠らを、血の流るるまで懲らしめられる。》。祿得しかひもなく《禄を得たかいもなく、》、皆とり捨てさせ給ふてければ《皇子は皆とりあげなさったので、》、逃げ失せにけり《皆逃げ去ってしまった」》」

とある。帰路の途中、庫持皇子に襲われた匠達は、偽物作りに関わったがために、大罰が当たった。「内匠寮《たくみつかさ》」につき、古写本の多くは公文書を扱う「くもんつかさ」となっていることから、内匠寮司の匠《たくみづかさのたくみ》、漢部内麻呂《あやべのうちまろ》とは、天武、持統朝に活躍した学問の神、歌聖であり『古事記』編纂の実の中心人物であったと目される「くもんつかさの匠」紀氏柿本人麻呂を含む六人をモデルとしたのは、藤原氏圧政の中での苦肉の表現であろう。

六八一年、天武天皇は「帝紀及上古諸事」編纂の詔勅を出した。『帝紀』では前もって天皇を神格化して書くことが決められていた。天皇の要請に応え、編纂に取り組んだものの、各氏族の思惑が入り交じり、調整がつかず中断、棚上げされた。中断されていた編纂を確認したいとの持統天皇に応えたところ、求めるものとは違うと指摘され、大恥をかいた不比等。

中臣鎌足と中大兄皇子の密談した多武峰には、藤原不比等の別邸があり、不比等に呼び出された人麻呂は『古事記』編纂を押しつけられる。完全秘匿とした明日香小治田《おはりだ》の宮跡で、人麻呂は監禁され稗田阿礼と名を変え、哀れな状態で『古事記』編纂を強いられた。

役目が終われば証拠隠滅、抹殺されるであろうことも合わせ、人麻呂は歌に残している。

そのため、人麻呂達は不比等に締め上げられ雲散霧散、出雲国石見国の江ノ川の河口の渡津の村に監禁された後、上総国石川地区（市原市）に流された。
※3自傷の歌から、水死刑にて消されたのであろう。
この段は『古事記』を「蓬萊の珠の枝」に、「柿本人麻呂」を「漢部内麻呂《あやべのうちまろ》」に置き換えてのこととみれば、この段の展開と結びつく。

人麻呂から離れた『古事記』は、太安万侶により序文が書き加えられ※4僅か四ヶ月で今ある『古事記』となる。

※3　柿本朝臣人麻呂の、石見の國にあれて臨死らむとせし時、自ら傷みて作れる歌一首

鴨山（島根県の鴨山）の　磐根し纏《ま》ける吾をかも　知らにと妹が　待ちつつあらむ

柿本朝臣人麻呂の、死りし時、妻依羅の娘子の作れる歌二首

今日今日と　わが待つ君は石川の　貝に（谷に）交りて　ありといはずやも

直に逢ふは　逢ひかつましじ石川に　雲立ち渡れ　見つつ思ばむ

丹比真人（石作皇子に比定）の柿本朝臣人麿が意《こころ》に擬《なぞ》へて報《こた》ふる歌一首

荒波に寄りくる玉を枕に置き吾ここにありと誰《たれ》か告げけむ

（『万葉集』上巻　武田祐吉校注 角川文庫　九十四頁より引用加工）

※4　和銅四年九月十八日（七一一年十一月三日）、元明天皇から『古事記』を編纂するよう命じられ、七一二年三

月九日、天皇に『古事記』を献上した。天才ゆえに、荒波に翻弄された人麻呂の哀れである。

……かくてこの皇子は、《こうしてこの皇子は、》「一生の恥、《「一生の恥、》これに過ぐるはあらじ。《これにまさるものはない。》女を得ずなりぬる《女を我がものにできなかった》のみにあらず、《ばかりでなく、》天下の人の見、《天下の人の目、》思はん事の恥づかしきこと」《このことを思うことの恥ずかしいこと」》とのたまひて、《と仰って、》たゞ一所、《ただお一人で、》深き山へ入り給ひぬ。《深い山にお入りなさった。》宮司、候ふ人々、《御屋敷のみやづかさや、仕えている人々が、》みな手を分かちて、《みな手分けして、》求め《お捜し》たてまつれども、《申しましたが、》御死にもやしたまひけん、《お亡くなりにでもなったのか、》え見つけたてまつらずなりぬ。《お見つけできずにしまった。》皇子の御供にかくし給はんとて、《皇子が御供の人にお隠しになろうとして、》年ごろ見え給はざりけるなりけり。《何年もの間お姿をお見せにならなかったのであります。》

これをなん《これをだね》「たまさかる」《「たまさかる（邂逅）」》とは言ひはじめける。《と世間で言いはじめたのであった。》

とあり、庫持皇子こと藤原不比等は、我身と藤原氏の独占栄耀栄華のため、『記紀』、『律令』の編纂はおろか、天皇をも道具として利用。

後世まで、世間に顔出しできぬほどの悪行をなした庫持皇子。

これ因果の法による悪因苦果、天は天下の目をして庫持皇子に勝る恥はないと永遠に断罪する。庫持皇子と見なされる藤原不比等は、養老四年（七二〇）八月三日、疱瘡《ほうそう》で逝く。天平九年（七三七）朝廷を牛耳っていた不比等の四子（藤原四子政権の武智麻呂・房前・宇合・麻呂）が天然痘を患い、相次いで死去したことも合わせ、これ藤原不比等と四子は、龍神、地獄の閻魔大王と、竃神、三寶荒神（幸の神三神）の逆鱗に触れ大罰が当たったのである。

六・三　右大臣阿倍御主人《あべのみうし》

舒明天皇七年（六三五）～大宝三年四月一日（七〇三年五月二日）
仕えた天皇、天武、持統、文武
かぐや姫にもとめられたものは※1火鼠の皮衣《かわぎぬ》
その結果は、あへ（敢へ・阿倍）なし…と（利・遂）げなきもの

出雲王富家《とびけ》の親戚を自負し、物部と対峙、北陸の地を拓いた大彦命を御祖神とする阿倍氏は、出雲王国の信仰である太陽の女神、幸の神三神、龍神を殊の外大切にし、東国に強力な阿倍王国（※2日本国）を築き、唐と独自の交易を行っていた。

※1　「神異記《しんいき》に云ふ、火鼠、其の毛を取り織りて布と為す。もし汗《けがれ》れば火をもちて之を焼き、更に清潔ならしむ」と『和名抄《わみょうしょう》』にあり。鼠の神は大国主命の眷族、火の神、火伏せの神はサルタ彦大神、皮衣の神は少名彦であり豊姫でもある。

火鼠の皮衣は、これら荒神の御神徳を合わせ重ねたもので、「西の山寺」とは西安の真言宗青龍寺をさす。火にくべても燃えぬとは、火伏せの神サルタ彦大神、及び神仙説によるものであり、五行で言うところの火鼠の皮衣は、炎のような灼熱の性質を表す火行。

※2　『旧唐書』倭国の条に、「日本國は倭国の別種なり……」とある。
この「日本國」は、関東以北にあった大彦命を祖とする阿倍王国のことであり、そのため、「日本國」の祭は倭国とは全く違っている。安倍総理は日の本の国作りを貫いたその末裔と思われる。

余談だが、阿倍王国の文化ともいえる「こけし」について、自説を付け加えておく。

こけしの定説は、子供の間引きである子消しとされているが、こけしは、子供の間引きの「子消し」ではなく、仮初めの子である「虚仮子」が真である。〝こけ〟は仏教用語の虚仮（仮初め）、〝し〟は子で、阿倍王国の信仰幸の神三神の御神徳である子孫繁栄を意味する。

「世間虚仮《せけんはこけにして》、唯仏是真《唯仏のみこれ真なり》」は、聖徳太子の言葉として伝えられている。


しかし、『記紀』での大彦命は、崇神天皇の勅により北陸道を平らげた四道将軍の一角として描かれ、史実とは違う。この捏造は、恐らく財を絡めた右大臣阿倍御主人の要請からと思われる。『竹取物語』の作者は、財を以て煩悩に奔《はし》る右大臣阿倍御主人を断罪している。

阿倍氏は、磯城王朝第八代クニクル大王（孝元）の御子大彦命《おおびこのみこと》を祖とする皇別氏族である。第二十八代宣化天皇《せんかてんのう》の大夫（議政官）であった阿倍大麻呂《あべのおおまろ》は、大伴金村《おおとものかなむら》、物部麁鹿火《もののべのあらかび》、蘇我稲目《そがのいなめ》に次ぐ重臣であった。

不比等の子である藤原武智麻呂《ふじわらのむちまろ》の夫人・藤原良継の夫人古美奈《こみな》等有力者の夫人を出している。阿部御主人は、財ゆたかに、家ひろき人にぞおはしける……云々。とあるように、阿倍氏の繁栄が窺える。なお、四神、十二支獣人の壁画で有名な、奈良県高市郡明日香村の阿倍山にあるキトラ古墳の被葬者は、阿倍御主人と言われている。

この段では、遣唐使阿倍仲麻呂（六九八～七七〇年）をモチーフ《造形要素》としデフォルメ《変形》、※3『金烏玉兎《きんうぎょくと》集《しゅう》』を鳩摩羅什、不空三蔵の釈本に重ね、火鼠の皮衣とし、阿倍御主人による財と権力に物言わせての物語としている。

※3　藤原不比等の推薦により元正天皇の勅命を受けて、唐の玄宗から『金烏玉兎集』を借り受けて持ち帰るために

遣唐使に命じられ、西安に留学した阿倍仲麻呂が、玄宗に重用されて朝衡《ちょうこう》という唐名を名乗り唐において昇進を重ねていたことから、日本では天皇の勅命を捨てたという噂が流れ、逆臣であるとして所領が没収された（出典：ウィキペディア 引用加工）。

〝……仕うまつる人の中に心たしかなるを選びて、《お仕えしている人の中から、心のたしかなる人を選んで、》小野房守といふ人をつけて遣はす。《小野房守という人に手紙を持たせ遣わした。》……〟

小野房守のモデルは、遣隋使小野妹子の裔であり、遣唐副使の小野篁《おののたかむら》であろう。右大臣阿倍御主人は、小野房守を火鼠の皮衣購入の任につける。これは、心たしかなる遣唐副使の小野篁を、火鼠の皮衣購入に関わった小野房守に重ねたもの。

〝……昔、《昔、》かしこき天竺の聖、《尊いインドの聖人が、》この國にもて渡りて侍りける、《中国に持って渡りておりましたものが、》西の山寺にありと《西の山寺にあると》聞きおよびて、《聞き及んで、》朝廷に申して、《朝廷（おおやけ）に申請して、》からうじて買ひ取りて奉る。《なんとか買い取って奉るのです。》……〟

「昔、かしこき天竺の聖」とは、訳聖鳩摩羅什と不空三蔵を指し、「この國にもて渡りて侍りける」《「中国に持って渡りておりましたものが」》とは、持ってきた多くの釈典で、「西の山寺」は西安の真言宗青龍寺である。

天竺より持ってきた多くの釈典を、〝火鼠の皮衣〟としたもの。

探し求めた火鼠の皮衣が、青龍寺にあるとの連絡を受け、小野房守を遣わし、朝廷を通じて用意した大金でもって皮衣を購入するが、偽物を掴まされる。

結果、皮衣はメラメラと燃え、右大臣阿倍御主人の計画はあえなく失敗する。

燃え上がる火は、穢れ、煩悩を焼き尽くす浄化の炎迦楼羅焔《かるらえん》であり、煩悩の極みである財と権力をも迦楼羅焔《かるらえん》は焼き尽くす喩えである。

迦楼羅焔《かるらえん》は、明王の光背をいい、ガルダである迦楼羅をさす。

迦楼羅は、仏法守護、衆生救済の神、烏天狗ことサルタ彦大神の化身である。

右大臣阿倍御主人は、サルタ彦大神、大国主命、少名彦命、豊姫、さらに青龍寺の青き龍神の大罰が当たったのである。

この罰、閻魔大王の補佐小野篁による阿倍御主人《あべのみうし》への減免を込めてのことか、篁の横に閻魔大王の姿が窺える。

煩悩の極みである金力権力を以てしても、天罰によりやり遂げられなくなるとの教え。「あへなし」は、財と権力に大胡座《おおあぐら》をかいた阿倍氏が、公金をも用いての私的交易で、あえなく没落したことを語るものか。これは因縁正起とサルタ彦大神、大国主命、少名彦命、龍神、迦楼羅《かるら》等による天罰の結末を諭《さと》すもの。『竹取物語』を受けて阿倍氏を推察するなら、唐との私的交易で繁栄するも、仁和元年（八八五）に禁止令が発せられ、あえなく没落したことを重ねたものと思われる。

六・四　大納言大伴《おおともの》御行《みゆき》　道臣の裔

大化二年（六四六）～大宝元年一月十五日（七〇一年二月二十七日）

仕えた天皇　天武、持統、文武

かぐや姫にもとめられたものは※1龍の頸の珠

その結果は、あなたへ（堪へ・食べ）がたい…世にはあはぬこと出雲王家の親戚である大伴氏の祖・日臣《ひのおみ》（道臣《みちのおみ》）は、大国主命の娘高照姫と御子五十猛《いそたけ》を丹波国へ導いた。五十猛の御子海村雲《あまのむらくも》は、ヤマトを開拓した東出雲王家の登美家と協力して、初代ヤマトの大王となり海《あま》王朝を立てるが、大伴氏はそれ以降も終始大王を支え続けた名氏族である。実の位と実名で物語に登場した大納言大伴御幸を、龍の頸の珠取りに当てたのは、大伴御幸に対する『竹取物語』作者の呆れる怒りが窺える。

『古事記』の八岐大蛇退治と、神武東征軍の将軍話を容認したのが、出雲王家の親戚大伴御幸だったからであろう。

そのため『竹取物語』では、出雲王国の守護神である龍神の逆鱗に触れ、完膚無きまでに打ちのめされ、なおも天罰をくらう姿、馬鹿にも程があると大伴御幸は描かれている。

※1　『荘子』雑篇に、「それ千金の珠は必ず九重の淵にして驪龍《りりょう》（黒龍）の頷《あぎと》（あご）の下にあり」とある。

青、黄・赤、白、黒の五色に光る珠。黒龍は、出雲王国、ヤマト王国の守護神である龍神と、大龍神豊姫をさす。

龍の頸の珠は、何事も思いが叶う宝珠であり、神仙説が説くところの仙薬でもある。

五行が説くところは金属のように冷徹、堅固、確実な性質を表す金行。

この段は、出雲王家と親戚の大伴御行が、出雲王国の守護神龍神を撃とうとして、逆鱗に触れた話である。龍の頸の珠を取ろうして叶わなかった大伴御行は、龍神が守護する出雲王国を乗っ取ろうとして叶わなかった徐福に重なる。

他方『記紀』の大伴氏は、神武東征《くみ》における将軍且つ参謀である道臣天忍日命《みちのおみあまのおしひのみこと》を祖とする軍事の名門中の名門とされ、ヤマト奪取に与した中心的氏族とされている。

『記紀』と律令は、出雲王国の守護神である龍神を射殺《いごろ》し、頸の珠を奪うもの。

それに気づかず、『記紀』編纂に勇み協力した大納言大伴御行に見る今は昔である。

大納言大伴御行は、かぐや姫の難題に応じ、頸の珠を取らんと出航したが、龍神が巻き起こす※2風神・雷神・鳴雷に曝《さら》され、耐え難く死ぬほどの目に遭い、七転八倒の揚げ句、龍神に命乞いし、大反省した。辛うじて帰ることができたものの、風神豊姫の罰が当たり風病を患い、眼は李《すもも》のように腫れあがり、実に哀れな姿となる。

大伴御行の海難は、遣唐使に随行した医師※3菅原梶成《すがわらのかじなり》の海難を下地としたものと思われる。

李の如く腫れあがった目は、しっかりした真理眼を持たぬ大納言大伴御行の哀れを、目に重ねたものであり、そのために死ぬほどの目に、李のようになるほどの目に遭ったことを語る。

龍の頸の珠を取るなんて、ここは控えた方がいいよ！　という場面で「李下に冠を正さず」を勇んで犯した大納言は、李のような酷い目になったもの。

そのため、大納言大伴御行はようやく気づき、まさに太陽信仰の出雲王国、ヤマト磯城王朝の守護神龍神を討ち、出雲王国、ヤマト王国を取れとは、豊姫の変化《へんぐゑ》かぐや姫はとんでもない奴だ！　と怒り心頭。

※2『日本書紀』に、天武天皇が始めた風鎮めの祭りがある。「天武天皇が美濃王《みののおうきみ》と佐伯廣足を派遣して瀧田の立野に風神を祀らせた」とある。瀧田大社（祭神：天御柱命、國御柱命、志那都比古神、志那都比売神　生駒郡三郷町立野一―二九―一）である。天武、持統天皇に協力した大伴御行だが、天武天皇が祀った風神（豊姫）に死ぬほどの目に遭わされるとは皮肉なもの。

※3　医術上の不明点を解決することを目的に、朝廷に命じられて遣唐知乗船事として遣唐使の随行者に加えられ、承和五年（八三八）に唐へ渡る。翌承和六年（八三九）夏に帰国の途に就くが、帰路暴風に遭い南海に漂流して、見知らぬ島に漂着する。梶成は全員が助かることを仏神に祈願し、遣唐准判官・良岑長松《よしみねのながまつ》と協力して壊れた船の材木を拾集、新たに船を仕立て上げ、梶成は第二船に乗船して出航し、承和七年（八四〇）四月、大隅国に帰着した。

また南海の島で現地の人々と戦った……云々（『ウィキペディア』より引用）。

〃……龍は鳴る神の類にこそありけれ。《龍は鳴る神（雷）と同類であった。》それが珠を取らんとて、《その珠を取ろうとして、》そこらの人々、《大勢の人々が、》害せられなんとしけり。《まさに殺されようとしたのだ。》まして龍を捕へたらましかば、《まして龍を捕らえたりしたのなら、》又、《また、》こともなく、《簡単に》我はよく捕へずになりにけり。《私はおまえ達も、よく捕らえずにいてくれたものだ。》かぐや姫てふ大盗人の奴が、《これは、かぐや姫というおおぬすびとの》人を殺さんとするなりけり。《人を殺さんと難題を出したのだった。》家のあたりだに、《もう、姫の家の辺りすらも、》今は通らじ。《通るまい。》男ども、《おのこどもも、》な歩きそ」、とて、《あの辺りを歩いてはならぬ」と仰って、》……〃

龍神は風神、雷神、鳴る神、稲妻の類い。雷・雷鳴・暴風雨で耐え難い目に遭った。とは、出雲王国の守護神である龍神と大龍神、大雷神、風神である豊姫による大罰が当たったもの。大納言大伴御行の言葉、「かぐや姫てふ大盗人《おおぬすっと》の奴が、人を殺さんとするなりけり」と、帝の言葉、「多くの人殺してける心ぞかし」は、第二次物部東征では大勢の人を殺し、出雲王国を滅ぼし、ヤマト王国を攻め取った大盗人、月の女神豊姫を知る大伴氏と帝の言葉である。

〃……これを聞きて、《これを聞いて、》離れ給ひしもとの上は、《離別なさった元奥方は、》腹を切りて笑ひ給ふ。《腹がはち切れるほどお笑いなさる。》絲を葺かせ造りし屋は、《絲を葺かせ造った屋根は、》鳶・烏の巣に、《鳶・烏が巣作りに、》みな喰ひもて往にけり。《みなくわえて持って行ってしまった。》……〃

とは、世の人々はおろか、国司、家来、元奥方にまで大笑いされた上に、こともあろうに主人の裏をかく家来達にまで、全財産を散財する始末。馬鹿にも程がある描かれ方。

その上、絲を葺かせ造った屋根は、鳶・烏が巣作りに、みなくわえて持って行ってしまった。これは、鳶《とび》・烏《からす》に転じたガルダこと、大梵天幸の神三神に持って行かれたとの喩えであり、大伴氏の没落は、龍神と幸の神三神の大罰が当たってのもの。

鳶はヤマトを開拓した東出雲王家の登美家、烏は太陽神の随獣、且つ烏天狗ことサルタ彦大神、風神は、大龍神、大雷神である豊姫を意味し、出雲王国の神々と、豊姫による大罰としている。

〝……世にあはぬ事をば、《世間の道理にあわぬ、常識外れのことを、》「あなたへがと」《「あなたへがと」》とは言ひはじめける。《と言いはじめたのである。》……〟

とは、世間の道理にあわぬ、常識外れのことをして、自ら没落した大納言大伴御行。

この結末は、出雲王国の守護神である龍神と荒神（幸の神三神）に対しては、武も権威も空であり、何の役にも立たないことを諭している。

馬鹿にも程がある大納言大伴御行をして、五一二年、百済の賄賂の罠に掛かり、任那の四県を騙し奪われた大伴金村のやらかした呆れる大馬鹿に続き、五二七年に起きた磐井の乱の鎮圧に失敗、更に八六六年の応天門の変で、藤原良房に嵌められた伴氏の没落と、諸国に広がる莫大な宅地資財の没官処分を重ねたものである。これ因果の法に因るところ。

六・五　中納言石上《いそのかみの》麻《ま》呂《ろ》足《たり》

舒明天皇十二年（六四〇）～霊亀三年三月三日（七一七年四月二十二日）

仕えた天皇　天武、持統、文武
かぐや姫にもとめられたものは※1燕の持ちたる子安貝
その結果は、かひ（甲斐・貝）なし…思うに違ふ

※1　燕は福をもたらす鳥、子安貝は生殖を司る安産の象徴、且つ親鳥が雛鳥に与える薬。
子安貝は、生命力、子孫繁栄の御守り符とされる女陰に似る宝貝で、出雲王国幸の神三神（久那斗《くなと》の大神、幸姫命《さいひめのみこと》、サルタ彦大神）の化身としての譬喩であり、出雲王国、ヤマト王国繁栄の宝をさす。
子安貝は命の源泉であり、五行が説くところは胎内と霊性を兼ね備える水行。

この段で注目すべきは、登場人物のうち、物部イクメ大王の直系子孫である石上麻呂足《いそのかみのまろたり》のみが転落し、落命することとである。

以下、出雲王家伝承と記録を参考に、自論を記す。

燕の持ちたる子安貝とは、出雲王国、ヤマト王国の繁栄の陀羅尼（エッセンス）である久那斗《くなと》の大神、幸姫命《さいひめのみこと》、サルタ彦大神の幸の神三神の信仰をさす。

燕の持ちたる子安貝を取る行為は、出雲王国、ヤマト王国攻略をいう。

〝七度めぐらん《七度回る》……子安貝は給へ《子安貝をなさいませ》〟とは、ヤマト磯城王国第八代大王誕生の時に攻め取れとのこと。この時（一六五年）、物部の指導者イッセによる第一次物部東征が行われ、イッセは紀國名草村の戸畔《とべ》率いる兵の毒矢で斃れている。戸畔の後は、紀國を紀氏が治めた。

続き、二四八年からの第二次物部東征で、物部王国、豊王国連合軍は、出雲王国、ヤマト磯城王国を攻め滅ぼし、豊姫は女王となるが、豊来入彦率いる豊国軍はイクメ王の罠に嵌まり、ヤマトより追い出され、豊姫は豊国軍を追って丹波国へ逃げ、続き伊勢椿大神社に身を隠すが、イクメ王の刺客により殺害された

ことは既に記した。

イニエ王（崇神）、イクメ王（垂仁）からの、燕の持ちたる子安貝を取る話に乗せられた豊王国。欺された上に散々道具にされ殺された豊姫。

豊姫の変化《へんぐゑ》かぐや姫は、その史実をそのまま石上麻呂足にぶっつけた。この段の土台はここにある。

「燕をあまた殺して……云々」とは、あまたの燕は出雲族を表し、大勢殺したイクメ大王の史実を喩えての言葉である。麻呂足《まろたり》は、大炊寮《おほひづかさ》の飯炊《いひかし》く屋《や》の棟にある、燕の巣の子安貝を取ろうと籠に乗り昇り、子安貝と思い掴むが、降ろされる折、綱を引き過ぎて途切れ、※2八島《やしま》の鼎《かなえ》にのけざまに転落。龍神凄む八島の鼎は頗る鳴動し、石上麻呂足は致命傷を負う。

なお、石上麻呂足の転落は、地獄に落とされたことをさす。

※2　初代出雲王八島士之身神《やしまじぬみのかみ》の称から、日本列島を八島国と呼ぶようになった。大炊寮の飯炊く屋は、神仏への食事を司ることから、八島の鼎は社稷の象徴、その鳴動は王朝終焉の兆しとされる。

八島の鼎のある大炊寮には、竈神三寶荒神（幸の神三神）が祀られており、麻呂足は子安貝を取るに、竈神の頭越しに事をなされ、掴んだ物は子安貝ではなく、燕の古糞であった。

燕の古糞とは、徐福勢力が出雲国に上陸し、居座った石見の一角である。

そこには物部神社（祭神：宇摩志麻遅命　島根県大田市川合町川合）がある。

竈神三寶荒神の頭越しに、燕の持ちたる子安貝を取ろうとした麻呂足は、三寶荒神（幸の神三神）の大罰が当たり、また出雲王国、ヤマト磯城王国の守護神である龍神が凄む籠が暴れ、震い落とされ、初代出雲王八島士之身神《やしまじぬみのかみ》の化身である八島の鼎に仰け様に落ち、八島の鼎は鳴動。麻呂足はその時の怪我がもとで逝くこととなる。これ因果の法によるところのもの。八島の鼎の鳴動は、実質三代未満で終わったヤマト物部王朝終焉を意味し、繁栄の標し燕の子安貝とは陰陽の対。幸の神三神、龍神、竈神三寶荒神（幸の神三神）、初代出雲王八島士之身神の怒りが、物部王朝と石上麻呂足を撃ったのである。

かぐや姫の罠とは知らず大怪我した石上麻呂足は、豊姫が思ったと同様に、馬鹿げたことをして名を汚したと、恥悔いながら絶命するが、死の間際においてなお、かぐや姫に心を寄せる麻呂足の文、

〃かひはかくありけるものをわびはて丶《貝は無かったけれども、かぐや姫の手紙を頂き、甲斐(貝)はこのようにありましたよ、思い煩う私の》

しぬる命をすくひやはせぬ《死にゆく私を、薬の匙(かい)ですくって(救)くださらないのですか》

と書きはつる、《と書き終わるや、》

絶え入り給ひぬ。《命絶えられてしまわれた。》これを聞きて、《これを聞いて、》かぐや姫、《かぐや姫は、》すこしあはれと思しけり。《少しお気の毒にとお思いになった。》

それよりなん、《そのことから、》すこしうれしき事をば、《少し嬉しいことを、》「かひあり」《「かひ(甲斐)あり」》とは言ひける。《と言うようになったのである。》〃

から、かぐや姫の手紙をもらい、貝はなかったけれども、手紙を頂き甲斐はありましたよ、私の命を救ってくださらぬのですか、との麻呂足の命乞いを見て、少しあわれと思うが、策が上手くいき、騙した甲斐があったと嬉しくなった豊姫の心中を変化《へんぐゑ》かぐや姫が語るものである。

〃私の命を救って下さらぬのですか、との麻呂足の命乞い〃は、刺客に殺害される折の豊姫の命乞いを、石上麻呂足に重ね、怨みと復讐を当てたものである。

イクメ王への恨みを、石上麻呂足に当て晴らした月の女神豊姫の変化かぐや姫である。

同様のことが『旧事記』巻第四 神祇本記 上に〃天照大神、詔して曰く。地食物姫神《くにつうけもちひめのかみ》は吾が分魂にし

て邪妖神《よこしま》にあらず、悪神に中るるを以て（依）且《しばら》くの怨《あだ》を返す理《ことわり》にして、其の気魅《きばけごと》を為すなり〟と記されている。悪神とはイクメ大王を指す。

罰当たりの中納言石上麻呂足、悪因悪果、これ因果の法に因るところの結末。

東征は紀元一〇〇年頃の第一次物部東征と、紀元二五〇年頃の第二次物部東征の二回行われた。神武東征は、それをまとめて一回の話に改竄したものである。

第二次物部東征では、物部王国、豊王国連合軍が出雲王国、ヤマト磯城王朝を滅ぼし、イクメ王が物部政権を樹立したが、政権は実質三代（イクメ〔垂仁〕、オシロワケ〔景行〕、ワカタラシ〔成務〕）未満の短命で終わった。

『記紀』では、物部氏が天皇の祖となるが、「出雲王家の伝承」では、ヤマト初代大王は海村雲《あまのむらくも》であり、物部氏は天皇の祖ではないとされる。

『記紀』編纂時、左大臣は石上麻呂、右大臣は藤原不比等であった。

右大臣藤原不比等は、左大臣石上麻呂に媚び、『記紀』では徐福の名と実体を伏せ、物部氏を天皇の祖と仕立て、物部氏による万世一系としたのである。

「出雲王家の伝承」では、徐福の手下穂日《ほひ》と武夷鳥《たけひらとり》により大国主命、事代主命は殺害されたとある。出雲王国を取ろうとした徐福、物部の恩を仇で返す手口である。

権謀術数、裏切りと貶めの連続により、ヤマトの大王となった物部イクメ大王。

五人の貴公子のこの段では、建国捏造神話『記紀』の糾弾と、イクメ大王と、大王に関わる大夫に対する豊姫の怒り怨み復讐が綴られ、悉く神々の鉄槌を下している。

このようにこれら五人の貴公子の物語は、大凡《おおよそ》、今（天武、持統、文武朝）と昔（出雲王国の時代～垂仁朝）における史実を練り込んだ、陰陽五行今は昔の譬喩《ひゆ》品として綴られている。

七　中臣房子

宮十二司の筆頭内侍司《ないしのつかさ》の女官中臣房子は、手練手管の限りを尽くし、平城天皇の尚侍《ないしのかみ》（内侍の司の長官）となり、権威をかさに横柄を重ねた藤原薬子《やすこ》（?～八一〇）と、文徳天皇即位後、外戚として権威権力を得、藤原氏の摂関政治の基礎を確立した藤原良房（八〇三～八七二）を重ねてのものか。

忌部氏と中臣氏は祭祀を掌《つかさど》る氏族で、神代～大化の改新までは同位同格であったが、それ以後、忌部氏は外され、中臣氏が祭祀を牛耳る立場となった。

忌部氏は復権をかけ、忌部《いんべ》を齋部《いんべ》と改め、大同二年（八〇七）に齋部広成は『古語拾遺《こごじゅうい》』を記し、朝廷にはたらきかけ訴訟に至るが、一時の功はあったものの、凋落に歯止めはかからず没落する。御室戸齋《みむろどのいん》部《べ》の秋田はその流れであり、「命名式の三日間、男という男を集へ、酒宴をして遊ぶ」と、「帝から官位を授かり、お供の文部百官全ての人に饗宴を盛大に催した」とは、復権をかけた齋部氏の一時の功を、稔りの秋に重ねてのもの。

次の、宮十二司の筆頭内侍司《ないしのつかさ》の女官中臣房子の忌部氏に対する権柄さと言葉遣い、

〃國王の仰ごとを、《国王の仰せごとを、》まさに世に住み給はん人の、《どうしてこの世に住み生きる人が、》承り給はではありなんや。《お受けせずにすむものでしょうか、》いはれぬことなし給ひそ」と、《筋の立たぬことをなさってはなりません」と、》言葉恥づかしく言ひければ、《窘めるような言葉で言ったので、》……〃

からは、天皇と朝議を栖に驕る藤原氏に対し、没落した忌部氏が表されている。

これ諸行無常、諸法無我の教えを諭《さと》している。

「承和の変」（八四二）で伴健岑《とものこわみね》、橘逸勢《たちばなのはやなり》を、「応天門の変」（八六六）で伴善男《とものよしお》、紀豊城《きのとよしろ》を、阿衡事件（八八七）では橘広相《たちばなのひろみ》を、九〇一年には菅原道真を太宰府へ左遷させるなど、藤原氏による他氏排斥の実を、我が身を以て知る貫之は、憤りと軽蔑の意を込め、敬語が値せぬ書き様としている。天皇の外戚となり律令を私物化し、他氏排斥で天皇までをも含めての朝廷支配に至るに及んだ藤原四子。

帝の権威権力をかさに着た房子の脅し文句から、この上ない驕りが一目瞭然の段である。

八　帝　垂仁天皇と天武、持統、文武……嵯峨天皇

帝について記す。

かぐや姫と同名の迦具夜比売《かぐやひめ》。

〝かぐや姫、「よき容貌にもあらず」《かぐや姫は、「私はよい容貌ではありません」》……〟云々と、〝形姿《かたち》醜《みにく》き竹野媛《たかのひめ》。〟

これらから垂仁天皇が、蓬莱の珠の枝、仙薬龍の頸の珠から天武天皇が、『記紀』編纂と五人の貴公子から持統天皇が、中納言石上麻呂足から文武天皇が覗え、富士《あまたのつわもの》の煙からは嵯峨天皇と空海が覗える。

登場する現世の帝は、大凡、天武、持統、文武……嵯峨天皇を一人格、一帝として綴られている。

八・一　第十一代　垂仁天皇

筑紫国物部王国イクメ王（垂仁）は亡き父イニエ（崇神）の意志を継ぎ、宇佐豊王国と連合し、ヤマト王国攻略に動く。

連合軍の女王は宇佐豊王国の月の姫巫女豊玉姫、『三国志』「魏書」の卑弥呼である。

両軍は二手に分かれ、出雲王国と、吉備に遠征しているフトニ大王（孝霊）、ヤマト王国を討つことにした。

瀬戸内侵攻途中、安芸国厳島で豊玉姫が斃《たお》れ、代わり稚児の豊姫が後をとった。これが、『三国志』「魏書」が記すところの二四八年卑弥呼の死と、宗女台与（豊姫）である。

先にヤマト入りしたイクメ王の後、豊国軍が入った。

出雲王国、ヤマト磯城王国を滅亡させた物部豊国連合軍だが、イクメ王が仕掛けた罠に掛かり、豊国軍はヤマトから追い出される形となった。

豊姫は豊国軍の後を追って丹波国に逃げ、続き伊勢国椿大神社《つばきおおかみやしろ》に称を鈿女《うずめ》（宇佐女）と変え隠れたが、イクメ大王の刺客により豊姫は殺害された。

『古事記』編集者は、暗殺された豊姫を、イクメ大王（垂仁）のお妃として差し込んだのが、『日本書紀』の竹野姫と重なるかぐや姫と同名の迦具夜比売命である。

恐らく、柿本人麻呂、太安万侶は共に山辺赤人《やまべのあかひと》（天狗）と名乗り、人麻呂は『古事記』に豊姫の怨霊加具夜比売をイクメ大王（垂仁）のお妃として、安万侶は竹野姫の名で『日本書紀』に差し込んだのであろう。

迦具夜比売命は、イクメ大王が暗殺した豊姫を垂仁天皇の妃として、恨みと怨を込め書き加えた怨霊の妃なのである。

殺害された豊姫の代弁として、かぐや姫は次のように表現している。

〃……まゐりて申すやう、《参内して申し上げるには、》「仰せの事の畏さに、《「仰せのことのおそれおおさに、》かの童を、《かの娘を、》参らせむとて《入内(じゅだい)させようと》仕うまつれば、《尽くしましたところ、》「宮仕へに出し立てば死ぬべし」《「もし宮仕えに差し出すならば、死ぬつもりです」》と申す。《と申します。》……〃

女王となり、宮に仕えたがため、豊姫はイクメ王に欺され殺害されたことからの言葉である。垂仁天皇がなした罪は、数多《あまた》の出雲族を殺害し、龍神が守護する出雲王国、ヤマト磯城王国を滅ぼし、太陽の女神を祭るサホ姫巫女を豊来入彦軍に追放させ、豊姫を暗殺したことである。物部イクメ王の権謀術数は、倭建命《やまとたけるのみこと》を見る如くである。

時は景行天皇の御代に下るが、その一例を『古事記』から載せておく。出雲建命《いずもたけるのみこと》に誘われた倭建命《やまとたけるのみこと》は、供に斐伊川《ひいがわ》に入り身を清めるが、友情の証として倭建命《やまとたけるのみこと》は劔《つるぎ》を交換し、腕試しと言って出雲建命《いずもたけるのみこと》を騙し討ちにする。その折の倭建命《やまとたけるのみこと》の御歌、

〃やつめさす《出雲國の》　出雲建が《いずもたけるが》　佩ける大刀《腰におびた太刀は》　つづらさは巻き《葛を多く巻き立派だが》　さみなしにあはれ《中身が無いとは大笑いだ》〃

須佐之男命が身を清められた場にもかかわらず、倭建命が大笑いしながら、「出雲建よ、人が良すぎたな、戦いはいつも知恵比べだ」と言っているような歌であるが、死ぬに死ねぬと皇位継承に悩み苦しんだ垂仁天皇は、唯一の解決策は不老不死と考え、多時摩毛理《たじまもり》をその仙薬を探し求める任に就ける。多時摩毛理は、常世国から不老不死の果実非時香木実《ときじくのかくのこのみ》（橘の実）を持ち帰るが、既に帝は崩御されて

おり、多時摩毛理は号泣しそのまま死んだ。と『記紀』は記す。

不老不死の仙薬を求め続けた垂仁天皇と多時摩毛理《たじまもり》は、蓬萊山を目指し出航した徐福と、同年斃れた秦始皇帝と重なる。

そのため、垂仁天皇の御陵は蓬萊山に重ね宝来山古墳と称す。

出雲を蛇、祟り神とした垂仁天皇は、皇位継承で、不老不死の薬に頼らねばならぬほどの苦悩に沈み崩御された。これ天罰、龍神と、幸の神三神の大罰が当たったのである。

これは、『記紀』編集者が、出雲王国を滅亡させ、豊姫を暗殺したイクメ大王に対し、怨霊を込めて天罰としたものである。

八・二　第四十代　天武天皇　？～六八六（在位　六七三～六八六）

道教を軸とする天皇専制律令国家を目指し、建設に取り組んだ天武天皇。

天皇はこれまでの歴史、制度、信仰を見直し、新たな国を作ろうとした。

律令体制の基盤確立のため、人材登用の詔を発し、官職、昇進の規範を定め、律令と官僚組織の改革に取り組んだ。法官、兵政官等の重要政務は天皇直属とし、主要政務は皇族をつけた皇親政治を行い、古代天皇専制の頂点をなした。

この下で、※1国史編纂、※2国號変更、藤原京の新都構想、飛鳥浄御原律令《あすかきよみはらりつりょう》の制定、※3八色《やくさ》の姓《かばね》、冠位制の拡充、神祇の統合、皇位継承の宝器・皇室の象徴を三種の神器（※4八咫鏡《やたのかがみ》、天叢雲剣《あまのむらくものつるぎ》（草薙剣）、八咫瓊勾玉《やさかにのまがたま》）に変更、大嘗祭を大規模化し、大王を天皇と號を変え、天皇を権威化していき、天孫による中央集権国家、天皇専制律令国家建設に邁進、結果徹底した出雲払拭となった。

また、皇位継承の宝器・皇室の象徴を、十種神宝から三種の神器に変え、十種神宝を物部の宗廟石上神宮に返還、物部切り離しに努めた。

天皇は、五十鈴川の辺りに伊勢神宮（五十鈴宮）を建立、その御魂を伊勢神宮（伊雑宮（五十宮））から遷移した。

垂仁天皇同様、不老不死の仙薬に取り憑かれ、道教に毒された天武天皇の御陵は、道教方位盤八角五段の檜隈《ひのくまの》大内《おおうちの》陵《みささぎ》（奈良県高市郡明日香村）である。

八角形は道教による天下八方の支配者を表すものと考えられ、五段は古代インド思想の五大（地水火風空）を表す供養塔である。

天皇は道半ばで崩御されるが、持統天皇と孫の文武天皇に、律令と国史編纂は引き継がれた。

道教を奉じる豊姫への執着と、蓬萊の珠の枝、仙薬龍の頸の珠から、天武天皇が覗える。

※1　『記紀』の編纂は中断され、棚上げされたが、持統朝に藤原不比等の主唱により編纂された。
不比等は、『旧事本紀大成経』第七十巻憲法本紀の十七条五憲法（通蒙憲法、家政憲法、神職憲法、儒士憲法、釈氏憲法）のうち、改竄《かいざん》した通蒙憲法のみを『日本書紀』に記し、他の四憲法からの頸木《くびき》束縛《そくばく》を外すため四憲法を葬り去った。

これにより、神職、釈氏、儒士、政家は道徳的規範束縛から放たれ、藤原氏による朝廷と祭祠の独占支配、摂関政治へと向かうこととなる。

※2　関東以北に広がる大彦の子孫である阿倍氏による阿倍王国が、「日本国」として随に親書を渡していることが『旧唐書』にある。国號変更は、敵対する阿倍王国から、国號「日本国」を盗用したものである。これにより朝廷は、日本国（阿倍王国）を名目上の版図とし、東夷征伐に動き実効支配を進めていった。

※3　『日本書紀』天武天皇　下　十三年（六八四）冬十月の己卯の朔《ついたち》に、詔して曰はく、「更諸氏の姓を改めて、八色の姓を作りて、天下の萬姓を混す」とあり、八種の姓をもうけ、氏姓制から律令制官僚制の新しい身分秩序の制

度を確立し、天皇を中心とする律令国家の基盤整備に努められた。
※4　鏡、剣は道教の祭具、八咫鏡は内行花文鏡である。

八・三　第四十二代　持統天皇　六四五年〜七〇三年一月十三日　天武天皇の后

（在位 六九〇年二月十四日〜六九七年八月二十二日）


持統天皇は先帝の意思を継ぎ、新しい日本を造り上げた女帝である。

天武天皇の描いた数々の偉業のほとんどを、天武天皇死後、持統天皇が実現した。

不比等は、遣唐使であった鎌足の息子・定恵《じょうえ》の話を聞き、国史の必要性を女帝に進言した。

不比等は正史を編纂しようとしたが、持統天皇の頑なな要求を呑んで、「善言」の説話『記紀』編纂となり、歴史を捏造改竄することとした。

真に断罪されるべきは、持統天皇と、それにあやかった藤原不比等であり、加え捏造に加担した他四人の貴公子達である。

『日本書紀』に、大海人皇子と「ともに謀を定め」たとあるように、大海皇子と共に壬申の乱を企て、我が子草壁皇子・孫軽皇子に皇位を継がせるため、高市皇子を葬り、大津皇子を自害させた継体持統の野心家、持統天皇である。

持統天皇は天武天皇とともに合葬され、遺骨は銀の骨壺に収められた。

一二三五年に盗掘に遭い、骨壺は奪われ、遺骨は路頭に棄てられていたという。

崩御の五〇〇年後、天武天皇と引き離され、打ち捨てられた持統天皇の哀れ。

野心、煩悩に趨《はし》ったことへの天罰か。

『記紀』による歴史の捏造改竄については、『古事記の編集室─安万侶と人麿たち─』（斎木雲州著 大元出版）に詳しく書かれている。

八・四　第四十二代　文武天皇　天武天皇、持統天皇の孫

天武天皇十二年（六八三）～慶雲四年六月十五日（七〇七年七月十八日）

在位 文武天皇元年八月一日（六九七年八月二十二日）～慶雲四年六月十五日（七〇七年七月十八日）

律令と『記紀』編纂をすすめ、律令体制の充実に努めた文武天皇。

大宝元年八月三日（七〇一年九月九日）、大宝律令が完成、翌年公布された。

律令制作責任者は天武天皇の皇子 刑部《おさかべ》親王《しんのう》、編纂作業は藤原不比等である。

大宝律令には皇位継承を隠れ蓑として、藤原氏に都合のいい蔭位《おんい》制（一族内で高位高官の子孫が二十一歳になると位階を授けられる制度）が設けられている。

※1大宝律令編纂により、藤原氏隆盛の基盤を創り、編纂の実質責任者であった不比等は、国政の中心的立場となり、後に養老律令等を撰修した。

慶雲二年（七〇五）、中納言が置かれたことから、中納言石上麻呂足をして帝は文武天皇が覗える。

※1　唐の律令を参考とし、日本にあわせた法典である大宝律令は、総裁は刑部親王だが、実質トップの藤原不比等のもと、渡来した唐人薩弘恪《さつこうかく》、田辺史《たなべのふひと》を含めた者達により編纂された。

大宝律令制定により、天皇中心の政治の仕組みが整えられ、天皇制律令国家の道を歩みはじめる。

八・五　第五十二代　嵯峨天皇　桓武天皇の第二皇子

（延暦五年九月七日（七八六年十月三日）～承和九年七月十五日（八四二年八月二十四日））

在位大同四年四月一日（八〇九年五月十八日）～弘仁十四年四月十六日（八二三年五月二十九日）

嵯峨天皇は、大同五年（八一〇）に起きた薬子《くすこ》の変では、坂上田村麻呂を頭に据え、数多《あまた》の兵《つわもの》をして鎮めた。嵯峨天皇方についた空海は、鎮護国家と勝利のために、大護摩を焚き大祈祷を行った。富士《あまたのつわもの》の煙から、帝は嵯峨天皇が覗える。

八・六　帝と天武・持統・文武朝の五人の貴公子の犯した罪

天武天皇、持統天皇、文武天皇と五人の貴公子は、『記紀』の編纂と、『記紀』に合わせての神社の由緒、縁起、神祇の差し込み、差し替え、創作御神楽の作成などを謀《はか》り、『記紀』を正当化するため、帝の右腕となり押し進めた者達、またはそれに関わった者達であり、五人の貴公子は、「今は昔」垂仁朝の五《いつとり》の大夫《まへつきみたち》の裔である。

『記紀』が記すその実は、大名持、少名彦と出雲国の歴史と信仰を葬り、天照大御神の系譜を物部とし、天皇制律令国家の正当性の裏付けとするものである。

そのため不比等は勅を後ろ盾に、『記紀』神話に合わせた神祇を各社にはめ込み、由緒、縁起、伝承、神楽、祭りを被せていった。

「出雲王家の伝承」から、存在せぬ神武、終生筑紫国物部の王だったイニエ王（崇神）が分かる。

神武天皇の諱《いみな》は始馭天下之天皇《はつくにしらすすめらみこと》（紀）、崇神天皇は御肇国天皇《はつくにしらすすめらみこと》（紀）であり、共に〝はつくにしらすすめらみこと〟である。

同じ諱としたのは、編集者が『記紀』を通しその捏造を報知するためにとった術《すべ》である。

『記紀』工作に手を染めた藤原不比等達。

天皇制律令国家建設のため、出雲王国を歴史から葬り去り、道教に合わせ、天孫が天地開闢《かいびゃく》、国創りを為したとする偽史を立てる画策が覗え、結果、天武、持統、文武、藤原不比等とその子、孫達には、ことごとく出雲の守護神である龍神と荒神（幸の神三神）等による鉄槌が下ることとなる。

八・七　帝に掛かる祟り

・出雲王家伝承では、イクメ王はヤマトの大王となったが、しっかりした基盤は築けず、僅か三代未満で物部王朝は滅んだ。

『記紀』では、出雲を祟り神とした垂仁天皇は、后沙本毘売《さほびめ》、日葉酢媛命《ひばすひめのみこと》に先だたれ、皇位継承で内憂外患、死ぬに死ねぬ状況の中、不老不死の薬のみがその手立てと考え、勅を発し求めたが祈り叶わず崩御。

・天武・持統天皇は、天皇専制律令国家建設で出雲王国、ヤマト磯城王国と、それら王国の神々と信仰を排除抹殺したため、子、孫に至るまで、龍神、荒神（幸の神三神）の鉄槌が下ることとなる。

天武天皇は道教の不老不死の仙薬（雲母《きらら》、水銀《みずかね》、硫黄石等）により四十三歳で崩御。

天武天皇の皇子、大津皇子は謀反の嫌疑で自害、妃山辺皇女は殉死。

持統天皇による排除と言われる。

天武天皇の長男高市皇子は、高貴薬「鉛白」（水に溶け味が甘い猛毒）により毒殺、三十五歳。

持統天皇による排除と言われる。

高市皇子の長男長屋王は、藤原氏が仕組んだ冤罪で自尽。

持統天皇の皇太子草壁皇子は二十八歳で薨去。

持統天皇の孫、文武天皇は二十五歳で崩御。

天武天皇の皇子であり、『日本書紀』編纂の総裁舎人親王《とねりのしんのう》は、長屋王の祟りを恐れていたことは周知の事実。天平七年（七三五）十一月天然痘に倒れ薨去した。

天皇は不老不死の仙薬の乱用で命を縮めたばかりか、皇后をはじめ、子、孫、曾孫までもが同様に身体を蝕み、次々と斃れていった。真に怨霊、祟りに怯える世であった。

九　御室戸齋部《みむろどのいんべ》の秋田

忌部を齋部と改めたのは延暦二十二年（八〇三）。御室に居す朝廷の齋事を司る齋部を秋田とするは、一時の稔りの秋田、冬目前の忌部氏を重ねてのもの。戸は出入口、古代日本の律令制による戸籍をさす。

十　賓頭盧《びんずる》

釈迦の弟子、十六羅漢の第一尊者である。十善を尊重し博識の賓頭盧尊者は、食堂の竈の傍に座っており、食事の鉢が置かれている。そのため鉢は、竈の煤がこびり付き黒くなっている。

十一　漢部内麻呂《あやべのうちまろ》はじめ六人の男《おのこ》

漢部は古代の渡来人東漢氏《やまとのあやうじ》の下の部民で、学芸、技術の専門職漢人《あやひと》に統括管理されていた。『竹取物語』古写本の多くは、内匠寮《たくみつかさ》は公文書管理組織の「くもんつかさ」となっており、『古事記』編纂の中心人物は紀氏柿本人麻呂はじめ六人の男と繋がる。

人麻呂は、空海の高弟真済《しんぜい》とは又従兄弟に当たる学問の神、歌聖である。

人麻呂の母は漢部《あやべ》であり、語部の家、漢部の内の麻呂（漢部家の男子）とは柿本人麻呂となる。

天武十年（六八三）『記紀』に先立ち『旧辞・帝紀』の編纂が始まる。委員十二名の内、皇族以外は以下に記した豪族六名である。

これら豪族の下の士匠《たくみ》六名が編集に当たった。これが六人の男《おのこ》であろう。

豪族六名は次のとおり。安曇連稲敷（海部氏の子孫、海部王朝）、難波連大形（出雲系大彦の子孫、磯城王朝）、忌部首子人（物部王朝時代の宮廷祭祀を司った古代氏族）、上毛野君三千（宇佐家ホムタ大王の親族、応神王朝）、平群臣小首（武内宿祢の子孫、平群王朝）、中臣連大嶋（宮廷祭祀を司る、忌部氏の競合相手）（『古事記の編集室』斎木雲州著 大元出版 引用要約）

旧出雲王家の向家に次の伝承がある。以下『古事記の編集室』（斎木雲州著 大元出版一六二頁）から引用する。

〃太安万侶が監禁されていた太屋敷と呼ばれる建物があった。

七一七年頃に、密使の使いが大社町の向家を訪れ、こっそり会いたい旨を伝えた。使いと一緒に太屋敷の近くに行き話を聞いた、と向家では伝承されている。

その時不思議にも、安万侶は自分の名を山辺赤人《やまべのあかひと》と名乗った。

彼は自分と柿本人麿が、古事記と日本書紀を書いた、と話した。

出雲の歴史は書かない予定だったが、自分が書くことを主張して書くことになった、と話した。

つまり、出雲王国を出雲神話に変えて出雲国造は隠したが、古事記に十七代にわたる出雲王名が書かれたことを、話した。向家の当主は出雲人を代表してお礼の言葉を述べた。

また赤人はそのうちに、カズサの国に行く予定だ、とも言った。

向家では後で国庁役人に確かめたら、オウの屋敷には太安万侶が住んでいた、と教えられた。〃

『日本書紀』を編纂した太安万侶も、人麻呂同様、幽閉され、上総国《かずさのくに》に流されたのであろう。
『記紀』を「出雲王家の伝承」に照らせば、偽書を書かされる中、命を懸け真実を込めようと苦心した人麻呂の思いが伝わる。以下、話を柿本人麻呂に戻す。

天武天皇の要請で『旧辞・帝紀』の編纂は着手されるが、豪族間の利害調整がつかず編集は中断された。

天皇崩御の後、内容は持統天皇の知るところとなり、異を指摘され、持統天皇の強い要請で「善言」の説話集『記紀』が編集されることとなった。不比等の資人とされた人麻呂は、明日香小治田の宮跡に完全隔離され、稗田阿礼《ひえだのあれ》の名で『古事記』編纂にあたった。偽書編纂を強要された人麻呂は、後世の賢人に真実を見抜いてもらうため、敢えて虚、実を分かり易いものとした。編纂後、不比等はかつて恥をかかされたことを根に、あらぬ嫌疑をかけ人麻呂を歴史から葬り、太安万侶が序文の作成に当たった。

和銅五年（七一二）の撰上まで二十年を要した『古事記』が、安万侶は僅か四ヶ月で記したと『日本書紀』にあるのはそのためであり、人麻呂の名を伏せ、四ヶ月を真ならしめるため、語部稗田阿礼を登場させたのである。因みに『続日本紀』和銅元年（七〇八）四月二十日の項に、「従四位下柿本朝臣佐留《猨》卒」とある。稗田で育った猿女君氏《さるめのきみし》と目される人麻呂は、藤原氏に柿本臣猿《かきのもとのおみさる》（佐留《さる》）と貶められた。一方、稗田阿礼とは、稗田生まれで、天鈿女命《あめのうずめのみこと》（豊姫）の後裔である猿女君氏に、神事に奉る幣帛をさす阿礼としたものから、稗田阿礼は柿本人麻呂と目される。

かぐや姫と漢部内麻呂《あやべのうちまろ》と六人の男《おのこ》の物語は、この史実をデフォルメしたものである。

生没年、経歴不明とされる人麻呂だが、生誕の地戸田柿本神社（祭神：柿本人麻呂　島根県益田市戸田町一八五六）と、出雲王家の記録から、六四七年生まれ～七二四年死去、享年七十七歳であった。

十二　小野房守

小野房守は地獄閻魔の補佐とされる平安時代闇の英雄、小野篁《たかむら》（八〇二〜八五三）がモデル。『野馬台詩《やまたいし》』によると、篁はかぐや姫と同じく竹から生まれたという。

遣隋使小野妹子の裔、遣唐副使の小野篁を小野房守に当てたもの。

承和三年（八三六）の遣唐使船団には、遣唐副使の小野篁と、真言請益僧真済《しんごんしょうやくそうしんぜい》の名が記されている。

十三　天竺の聖

〝昔、かしこき天竺の聖、この國にもて渡りて侍りける《昔、尊いインドの聖人が、中国に持って渡りておりましたものが》〟にある天竺の聖とは、天竺より長安に来て、仏典約三百巻を漢訳し、仏教普及に貢献した訳聖鳩摩羅什《くまらじゅう》（三四四〜四一三年）と、密教を唐に定着させた訳経僧不空三蔵《やっきょうそうふくうさんぞう》（七〇五〜七七四年）をさす。

真言宗の重要経典『理趣経』、宿曜道《すくようどう》の所依《しょえ》の教典『宿曜経《しゅくようきょう》』等は不空の翻訳。

鳩摩羅什が訳出した主な経典と著書は、訳典『坐禅三昧経《ざぜんざんまいきょう》』三巻、『仏説阿弥陀経』一巻、『摩訶般若波羅蜜経《まかはんにゃはらみつきょう》』二十七巻（三十巻）、『妙法蓮華経』八巻、『維摩経《ゆいまぎょう》』三巻、『大智度論《だいちどろん》』十巻、『中論』四巻、著書『大乗大義章《だいじょうだいぎしょう》』。

十四　王慶《わうけい》

菅原道真が記した『菅家文草《かんけぶんそう》』に、唐商人王訥《おうとつ》の名がある。在唐中の僧中瓘《ちゆうかん》が寛平六年（八九四）三月に王納らに託した書状を、道真は検討し、遣唐使停止を審議要請し、建議、決定された。仏典購入が大きな目的であった遣唐使。

仏典を火鼠の皮衣に重ねての購入に託された唐商人王慶と、僧中瓘により書状が託された王納である。王慶は王納をヒントにして貫之が描いたものであろう。

十五　長者

長者は、古代インドマガダ国の首都王舎城《おうしやじよう》の竹林精舎で、釈迦の説法を聞き帰依した有徳の豪商スダッタである。

彼はコーサラ国首都舎衛城《しやえいじよう》の林苑で、地に黄金を敷き詰めて土地を買い仏陀に寄進、そこに建てられたのが「祇園精舎」で、その守り神が須佐之男と習合した牛頭天王《ごずてんのう》である。

十六　倉津麻呂

飯米、雑穀を収納、分配する役所である大炊寮《おほひづかさ》の官人である倉津麻呂は、第三代安寧天皇《あんねいてんのう》の第三皇子磯城津彦命《しきつひこのみこと》を祖とする十市氏と思われる。

十市氏は中原氏を賜り、平安時代より大炊寮の頭として世襲した官人である。

十七　高野大国《たかののおおくに》

天皇側近第一の職である近衛の少将。無能にもかかわらず、外戚から中納言にまで上がり、桓武天皇、嵯峨天皇に仕えた高野家麻呂（桓武天皇の従兄弟兄弟 七三四～八〇四）を、近衛の少将高野大国にあてたもの、大国は本姓の和《やまと》から引いたもの。少将、中将の混在は、高野大国の無能、虚の官位に当てた表現。『新潮日本古典集成 竹取物語』（野口元大校注新潮社　一九七頁）より引用加筆。

十八　天人

仏を讃え、天楽・天華・天香を奉じる浄土の飛天。

十九　月の王

「雲に乗りて降り來て、土より五尺ばかり上りたる程に、立ち列ねたり」とは、阿弥陀仏来迎図の厭離穢土《おんりえど》のようであり、月の王（月読神）の本地仏阿弥陀如来である。

二十　調石笠《つきのいわかさ》

調《つき》氏は百済系渡来氏族で、物語では月氏として掛けている。月氏はヒンドゥークシ山脈のカシュミールの仏国土である月氏国《げっしこく》の月氏族。紀元前一三〇年頃、前漢の武帝が月氏国に派遣した張騫《ちょうけん》により、仏教伝播のルートとなるシルクロードが切り開かれた。また、撰善言司であった調忌寸老人《つきのいみきおきな》を重ねてのもの。

石神は久那斗《くなと》の大神、大国主命を指し、祓具の笠は護り神サルタ彦大神と、月の女神笠縫の神豊姫さす。

調石笠のモデルは、石笠の神となり、護国鎮守の神となった坂上田村麻呂である。

調氏、坂上氏の祖は、五世紀に半島より渡来してきた漢の霊帝の曾孫《ひまご》である阿知使主《あちのおみ》。調石笠の氏名《うじな》は調氏より、実体である石笠は坂上田村麻呂とするもの。

二十一　富士《あまたのつわもの》

富士《あまたのつわもの》は、出雲王家富《とび》の士《さきもり》の意を内に秘め、石笠富士に重ねたもの。

第六節　他

一　竹

古来より、清浄、生命力の象徴である竹には、神霊が宿るとされ、日本人の生活、文化、信仰に深く関わってきた。

『竹取物語』では、かぐや姫降臨の依代《よりしろ》、竹林は聖域、神籬《ひもろぎ》として描かれている。

二　竹の中の光り輝くかぐや姫

神は竹筒に宿るとされ、月の女神豊姫の変化《へんぐゑ》かぐや姫が竹に降臨したもの。

三　仏の御石の鉢

仏の御石の鉢は、釈迦成道の時、四天王（持国天、増長天、広目天、多聞天）が鉢を奉ると、釈迦は鉢を重ねて押し、一つの鉢とし、終生これを用いたという。甚だ光沢があり真実真理を光が語るとされ、正史を仏の御石の鉢、『古事記』を偽の鉢に当てたもの。

四　大和國十市郡にある山寺

六九四年～七一五年にかけ、中臣氏により倉橋の小倉山に建立された粟原寺《おおばらでら》。（『舞台は桜井市～「竹取物語」の源流～』桜井市自主研究グループ『かぐや姫探検隊』十五頁参考）

五　白山

白山は、水神、龍神、豊穣の神として生命を繋ぐ親神様。水神、龍神、保食神である豊姫こと菊理姫を指す。

六　不老不死の薬

道教に傾倒、不老不死の薬を求めた垂仁天皇と天武、持統、文武天皇。

仏教では、生き続けたいという望みは渇愛の中の有愛であり、苦の根源の象徴をさす。

蓬莱の珠の枝、龍の頸の珠は、道教神仙説の仙薬を盛り込んだものである。

月の世界の人は大変美しく、不老不死であり、悩み事もない、とのかぐや姫の言葉から、不老不死の仙薬は、涅槃寂静、極楽浄土の月黄泉世界へ誘う毒薬を指している。

かぐや姫から頂いたのは、不老不死の世界である死の世界、涅槃浄土に誘う毒薬である。

七　蓬萊の珠の枝

『記紀』は天皇家を、万世一系・豪華絢爛・不老不死とする蓬萊の珠の枝であり、実質の編集責任者は不比等であった。

蓬萊は東海中にある理想郷とされる神仙郷で、仙人が住む不老不死の地とされ、蓬萊の珠の枝は、その霊山に生える樹の一枝で、根は白銀、茎は黄金、果実は不老不死の白珠（真珠）とされる。

天武朝までの古式大嘗祭で設けられる標山は建御柱であったが、持統天皇以降は、蓬萊山に見立てた標山が設けられた。天武、持統天皇への、不比等の進言と思われる。

そのため、作者は蓬萊の珠の枝を庫持皇子にあてたのであろう。

八　優曇華《うどんげ》の花

優曇華の花は如来、転輪王出世の得難い霊花。

悪魔の国と化した中で転輪王の出現となり、その時優曇華の花が咲くとされる。

道教の蓬萊の珠の枝を探しに出た庫持皇子が、仏教の優曇華の花を持ち帰ったとの噂を耳にしたかぐや姫は、負けたと思い悩む。この一文から、道教の蓬萊の珠の枝は、仏教の優曇華の花とは陰陽対の同体と分かる。

九　火鼠《ひねずみ》の皮衣《かわぎぬ》

鳩摩羅什《くまらじゅう》、不空三蔵が天竺より西安に持ってきた仏典を、『金烏玉兎集《きんうぎょくとしゅう》』に重ね、実に得難い火鼠の皮衣としたものである。仏の教えは、火にくべても燃え失せることはない。恐らく火鼠の皮衣は、西安に近いウズベキスタンから産する石綿の繊維である火鼠毛をヒントにしたものであろう。

十　西の山寺

西安の真言宗青龍寺で、空海は僧恵果《けいか》に密教を学ぶ。

十一　龍の頸の珠

龍は権力の象徴、珠はあらゆる望みを叶えてくれる如意宝珠で、龍の頸の珠は、全てを手に入れたい人間の究極の欲望を表す。伊勢神宮御正殿（内宮、外宮）周囲を廻る高欄上の稜ある五色（青、黄、赤、白、黒）の座玉は、五智如来の宝珠、龍の頸の珠として据えられた物。なお元伊勢である籠神社本殿にも五色の座玉が据えられている。また、龍の頸の珠は道教の仙薬でもあり、「正倉院宝物」の「種々薬帳」に記されている「五色龍歯《ごしきりゅうし》」と思われ、波状の稜と石薬が伝えられている。「五色龍歯」は、その実ナウマン象の臼歯の化石で、龍の歯とされ、削《けず》り磨耗り潰し鎮痛剤として用いられていた。

十二　燕の子安貝

燕の子安貝は、福と、子孫繁栄、一族繁栄、国の繁栄をもたらす源泉である幸《さい》の神三神の御神徳をさす。貝殻が燕の巣から見つかることがあり、ヒナがはき出したペリットの中からも見つかっている。貝は、ヒナの守り神、親鳥が運ぶ薬師の子安貝である。

十三　籠

出雲王国の守護神幸《さい》の神の眷族である龍神を喩えたもの。

十四　八島の鼎

日本列島を八島国と呼ぶのは初代出雲王八島士之身神《やしまじぬみのかみ》の称によるもの。鼎は煮炊きの礼器。八島の鼎は社稷の象徴、その大鳴は王朝滅亡の兆しを表す。

十五　山本

山本は御室山の麓をいう。

十六　御狩

朝廷の薬草の御狩場である宇陀市阿騎野。

十七　月宮

煩悩を滅した苦の存在しない覚りの境地、涅槃寂静の界である月黄泉宮。

十八　富士

富士は富《あまた》の士《つわもの》の意であるが、東出雲王家の富《とび》の士《さきもり》でもある石笠。

十九　富士の煙

不死の薬の壺に御文を添えての大護摩の煙をさす。

※　富士と物部の祖徐福…不老不死の仙薬を探し求めた方士徐福の伝説が日本各地にある。

『史記・秦始皇本紀』によると、始皇帝は不死の仙薬を探せと、神仙方術家の徐福を日本へ向かわせた。

その数、童男童女三千人、大船八十五隻とある。日本への二度の渡航で、最初は大山を蓬萊山とみて出雲王国に上陸。

二度目は兵士、技術者、童男童女五千人で佐賀に上陸した、この勢力が物部である。

彼ら物部と、月の神を祭る豊国の連合軍により、出雲王国は滅ぼされ、ヤマト磯城王朝は駆逐された。

連合軍の女王が豊姫であり、その変化《へんげ》がかぐや姫である。

徐福親子の一部の集団は秀麗な富士山を蓬萊山とみて上陸し、山麓に定住した。

富士を不死とせず、数多の兵としたのは、神仙説と方士徐福排除から。

第七節　用語の特徴

一　三の多用

『竹取物語』では頗る《すこぶ》三が多用されている。古代インドでは三は神聖な数字で且つ多数を、三十三は無限を意味し、三の多用は、仏教を基底に置いたことからのもの。

・「三寸ばかりなる人」とは、生まれたばかりの神聖な姫巫女を喩えての表現。

・「三月ほどで妙齢の娘になった」とは、忌部氏は多くの月日をかけ、豊姫を立派な姫巫女に養育したことを指す。

・「三日に渡り盛大な祝宴をした」とは、十三歳の成人、女王豊姫誕生の祝いの喩え。かぐや姫の髪上げ、命名式は、この時の祝宴に重ねてのもので、「今は昔」陰陽の祝宴である。

・「三年ばかりありて」とは、清い歳月が幾年か経って。

・「三重にしこめて」とは、幾重にも囲って完全秘匿。

二　仏教用語の多用

『竹取物語』は、仏典用語、文章を多用しており、以下その一部を記しておく。

・稚児・鉢・仏の石の鉢・唐土《もろこし》・天竺・人間・わが子の仏・賓頭盧《びんずる》。

・変化《へんぐゑ》（神仏が仮に人間の姿となってこの世に生まれるものの意）・世界（大千世界）。
・優曇華《うどんげ》の花（得難い霊花、悪魔国の花）・大願力（阿弥陀如来の功力《くりき》）・功徳。
・世間《この世》・穢き所（穢土）・あが仏（仏は最も大切な尊ぶべきもの）・身を換へたるが（転生の意）。
・昔の契り（前世の宿縁）・長者（仏教教団を外護した福徳兼ね備えた富豪）。
・八月十五日は、あの世へ送り返すとともに、生の喜びと祖先への感恩感謝の日、盂蘭盆会。
・天羽衣は、密教でいう法衣、仏の教えに心を染めることを意味する。仏典には、これを着ると彼岸の者となるとあり、天羽衣を纏ったかぐや姫は※1涅槃寂静の月の宮に去ったことから、天羽衣は涅槃における死装束でもある。
・紫雲に乗りお迎えに来た阿弥陀如来と天人達。
・雲に乗りて降り来て、土より五尺ばかり上りたるほどに、立ちつらねたり。とあるは阿弥陀仏来迎図における厭離穢土の様を記している。
・大炊寮《おほいづかさ》の飯炊《いいかし》く屋《や》には八島の鼎《かなえ》があり、竈神三宝荒神が祀られている。
・「相手の深い志」とは、五人の貴公子の腹の底（煩悩）をさす。
第二次物部東征で、イクメ大王に利用しつくされ、殺害された豊姫の言葉である。

※1　「天上界は人の楽土ではなく、孝も愛情も自然も存在せぬ「思ひの無い世界」であり、永遠の世界の純粋理性の光に照らせば愛憎はじめ一切の執着は迷妄であり、解脱されなければならぬ絆でしかないのであった」

『新潮日本古典集成　竹取物語』（野口元大 校注　新潮社 一一一頁）より引用加筆

三　出雲王国の信仰と神々に関わる語

出雲王国の信仰と神々に関わる語が多用されているので、一部を載せておく。

・「火鼠の皮衣」とは、火の神、火伏せの神はサルタ彦大神、鼠は大国主命の眷族、皮衣の神は少名彦命、豊姫をさす。

・「八島の鼎の上に」とは、初代出雲士八島士之身神《やしまじぬみのかみ》の化身の上に。

・「此國の海山より、龍は下り上る物なり」とは、出雲王国の守護神龍神且つ、龍神豊姫の変化《へんぐゑ》かぐや姫の降臨と昇天を重ねたもの。

・「燕の持ちたる子安貝」とは、子孫繁栄、国家繁栄を約束する幸の神三神の御神徳。

四　道教の神々に関わる語

・「竈を三重にしこめて」とは、竈神を幾重にも囲い込んで封じ。

・「かみにくどをあけて」とは、祀られている竈神に煙出し用のくどをあけて。

・「晦日にもて出でぬ」とは、竈神が留守をする晦日に、こっそり造った枝を持ち出した。

・「一昨々年の二月の十日ごろに」とは、地獄第三殿宗帝王の誕辰日を祭る旧暦二月八日。

・「五百日といふ」とは、地獄の閻魔第十殿転輪王の誕辰日を祭る旧暦四月十七日。

・「辰の刻」とは、一日のうち、龍神が構える午前七時〜九時。

五　陰陽の多用

物語中、陰陽説が古代史を絡め盛り込まれているので、一部を載せておく。

・「今は昔」とは、今は作者紀貫之が身近に知る天武朝〜嵯峨朝を、昔は垂仁朝の世を指し、陽である今（光）に、陰である昔（影）を重ねての意で、複素共有の如く、今と昔を陰陽の対として綴っており、「当に今は昔なのだ、今は昔と同じなのだ」の意。

・昔、竹取の国造であった讃岐忌部の祖手置帆負命と、『竹取物語』の翁の陰陽。

・「昔の契ありけるによりてなん、この世界にはまうで来りける。」から、豊姫と、かぐや姫の「今は昔」の陰陽。

・「昔の契」と、翁との「今の契」の陰陽。

・豊姫と古代讃岐忌部の『竹取物語』と、かぐや姫と翁の『竹取物語』の陰陽。

・豊姫と関わった讃岐国造忌部氏の栄枯盛衰と、かぐや姫と関わった竹取の翁の栄枯盛衰の陰陽。

・かぐや姫が降臨した春（陽）に対し、昇天した秋（陰）の陰陽。

・垂仁天皇の御代の姿醜い竹野姫こと、お妃の迦具夜比売命に対し、光輝き、けうらなかぐや姫の陰陽。

・涅槃浄土の垂仁天皇と、密嚴浄土の帝の陰陽。

天武〜文武朝の五人の貴公子達は、垂仁朝の五《いつとり》の大夫《まへつきみたち》の裔であり、天皇制律令国家建設の神柱である『記紀』編纂を押し進めた者達である。

涅槃浄土の垂仁朝における五《いつとり》の大夫《まへつきみたち》に対し、密嚴仏国の天武〜文武朝の五人の貴公子達の陰陽。

・和珥臣《わにのおみ》の遠祖《とほつおや》　彦國葺《ひこくにぶく》　に対し　石作皇子（多治比真人嶋《たぢひのまひとしま》）
・中臣連《なかとみのむらじ》の遠祖《とほつおや》　大鹿嶋《おほかしま》　に対し　庫持皇子（藤原不比等）
・阿倍臣《あへのおみ》の遠祖《とほつおや》　武渟川別《たけぬなかはわけ》　に対し　右大臣阿倍御主人《あべのみうし》
・大伴連《おおとものむらじ》の遠祖《とほつおや》　武日《たけひ》　に対し　大納言大伴御行《おおとものみゆき》
・物部連《もののべのむらじ》の遠祖《とほつおや》　十千根《とをちね》　に対し　中納言石上《いそのかみの》麻呂足《まろたり》

かぐや姫が求めた架空の寳に対し、五人の貴公子達が手にした陰陽対をなすこの世の品々。
・光ある仏の御石の鉢と、闇世界の小倉山、その山寺で盗んだ竈の煤が付いた鉢との陰陽。
・道教の理想郷蓬萊にある珠の枝に対し、仏教にいう悪魔国の優曇華の花の陰陽。
※『うつぼ物語』に云う。蓬萊の不死の薬と並んで、悪魔国の優曇華とみえる。
・翁は庫持皇子を、人柄もよい人であられると評すが、世間は真逆の評価、この陰陽。
・燃えぬ火鼠の皮衣に対し、西安の青龍寺に有ったとされる燃える偽の皮衣の陰陽。
・堅硬な龍の頸の珠に対し、柔軟な李のような眼の陰陽。
・籠で昇る中納言石上麻呂足と、籠から落ちる麻呂足の陰陽。
・子孫繁栄の宝である燕の子安貝に対し、燕の古糞と落命の陰陽。
・籠に護られ育ったかぐや姫に対し、籠が暴れ震い落とされ逝った石上麻呂足の陰陽。
・物部イクメ王の罠に嵌められ殺された豊姫、罠を仕掛け物部石上麻呂足を葬ったかぐや姫の陰陽。
・年老いた育ての親讃岐造麻呂（忌部氏）と、名付けの親御室戸齋部の秋田（齋部氏）に対し、宮十二司の筆頭内侍司の女官中臣房子（中臣氏）と、朝廷の中枢に坐る庫持皇子（藤原氏）との陰陽。
・光の影となり姿を消し、また元の姿に戻ったかぐや姫にみる、色即是空、空即是色の陰陽対の妙。

・月の女神かぐや姫に対し、月の王の陰陽。
・大変美しく不老不死で悩みのない月の人と、穢れと四諦に満ちた地上の人の陰陽。
・涅槃寂聴浄土国の月の世界と、現世は浄土、慈しみあう仏の世界である現世密嚴仏国との陰陽。
・この国の王である帝と、涅槃浄土である月の王との陰陽。
・罰により、天より穢土に降ろされたかぐや姫と、罪障消滅により、天に昇るかぐや姫の陰陽。
・脱ぎおく衣と、うち着てゆく天の羽衣の陰陽。
・入我我入、有余涅槃の境地のかぐや姫と、不老不死の薬を嘗め入滅、無余涅槃のかぐや姫の陰陽。
・不死の薬をいささか嘗め、死に逝くかぐや姫と、薬を食らわず病み臥す翁、薬を焼き祓う帝の陰陽。
・「なにせむにか命も惜しからむ。誰が爲にか。何事も用なし」…豊姫への讃岐忌部氏の献身と諸行無常に対し、かぐや姫への翁の献身と、諸行無常にみる今は昔の陰陽。
・富士の頂の外護摩と、帝の心中での内護摩の陰陽。
・『竹取物語』にみる胎蔵と金剛界曼荼羅の陰陽の展開。

『竹取物語』は、神仙説と陰陽五行に基づき展開され、その真ん中にあるのは出雲王国、ヤマト磯城王国の信仰と神々、そして道教と真言密教の神々である。

それらは幸の神三神、龍神、雷神、風神、火の神、竈神、三宝荒神、閻魔大王、ガルダ等である。

第八節　説いた教え

出会いの縁起に始まり、至る所、神々と教義経典が織りなされ綴られている『竹取物語』。一沙弥山世界のこの世で、縁起縁滅、因果の法はもとより、諸々の仏法を織り交ぜ、真言密教の視点から諭した、歴史譬喩品としての面がある。以下にその一部を記しておく。

一　因果律の法（原因結果の法）

・犯した罪（因）により、罰（果）として穢土の現世に降ろされたかぐや姫。
・五人の貴公子の煩悩にみる因果律の法。

二　善因楽果、悪因苦果の果報の教え

いささかなる功徳（善因）により、翁は富める者となった（楽果）。
五人の貴公子が犯した罪（悪因）と、それぞれが受けた罰（苦果）。

三　縁起、縁滅の法

因と縁により万物が生じ起こるという仏法の根本理念である縁起（因縁生起）と縁滅の法。

・かぐや姫と翁の出会いによる縁起と、昇天による縁滅。
・五人の貴公子と帝にみる、かぐや姫との因縁生起と縁起縁滅。
・庫持皇子と漢部内麻呂はじめ六人の男の因縁生起と縁起縁滅。

四　三法印《さんぽういん》の教え（※1諸行無常《しょぎょうむじょう》、諸法無我《しょほうむが》、涅槃寂静《ねはんじゃくじょう》の三法）

・竹取の翁、五人の貴公子、帝、かぐや姫にみる三法印《さんぽういん》の教え。

※1　諸行無常とは、絶えず変化・消滅していて相続き、不変のものはないという考え方。
諸法無我とは、すべてのものは「因縁」によって生じるので、永遠に不変なものは存在せず、他との関係から独立したものは存在しないという考え（『図解ブッダの教え』田上太秀 監修 株式会社西東社　一三二頁より引用）。

涅槃寂静は、煩悩消滅した涅槃の境地は安らかであるという意味。

五　苦諦《くたい》（人生は苦である）、集諦《じったい》（苦の原因は煩悩にある）、滅諦《めったい》（煩悩を制す）、道諦《どうたい》（その実践法）の教え

・総ての登場人物に、苦諦《くたい》、集諦《じったい》を、かぐや姫と帝に、滅諦、道諦の様を見る。

六　四苦と八苦（生苦《しょうく》、老苦《ろうく》、病苦《びょうく》、死苦《しく》の四苦に、愛別離苦《あいべつりく》、怨憎会苦《おんぞうえく》、求不得苦《ぐふとくく》、五蘊盛苦《ごうんじょうく》を合わせた八苦）の教え

・世の男どもから帝、かぐや姫に至るまで、物語は四苦と八苦の展開である。
四苦…生苦《しょうく》（生存の苦しみ）、老苦《ろうく》（老いることの苦しみ）、病苦《びょうく》（病にかかることの苦しみ）、

死苦《しく》（死ぬことの苦しみ）
八苦…愛別離苦《あいべつりく》（愛しい人と離別する苦しみ）、怨憎会苦《おんぞうえく》（恨み憎しみある人と会う苦しみ）、
求不得苦《ぐふとくく》（求めても手に入らない苦しみ）、※2五蘊盛苦《ごうんじょうく》（心身が思い通りにならない苦しみ）

※2　五蘊《ごうん》とは、人間を構成する五の蘊《うん》（色蘊《しきうん》＝肉体、行蘊《ぎょううん》＝心の働き、受蘊《じゅうん》＝感受作用、識蘊《しきうん》＝認識作用、想蘊《そううん》＝観念作用）をいい、五蘊盛苦《ごうんじょうく》は五蘊《ごうん》が苦を産むという教え。

七　十善戒《じゅうぜんかい》（真言密教における戒）

・かぐや姫から帝に至るまで十善戒《じゅうぜんかい》を犯し、その罰を受けている。
不殺生《ふせっしょう》（殺さぬ）、不偸盗《ふちゅうとう》（盗みせぬ）、不邪婬《ふじゃいん》（不義をせぬ）、
不妄語《ふもうご》（嘘をいわぬ）、不綺語《ふきご》（たわむれいわぬ）、不悪口《ふあっく》（悪く罵らぬ）、
不両舌《ふりょうぜつ》（なかごといわぬ）、不慳貪《ふけんどん》（物惜しみせぬ）、不瞋恚《ふしんに》（腹立てぬ）、
不邪見《ふじゃけん》（邪心おこさぬ）（『弘法大師眞言宗日用勤行集』より引用）

八　三つの根本的欲望（欲愛《よくあい》、有愛《うあい》、無有愛《むうあい》）である渇愛が原因となり、苦が生じるという教え

・三つの根本的欲望により苦しむ五人の貴公子達、翁、帝、登場人物達。

九　三業（身業《しんごう》、口業《くごう》、意業《いごう》）と、三密（身密《しんみつ》、口密《くみつ》、意密《いみつ》）の教え

・五人の貴公子の三業と、自業自得の結末と、満月に向かい、即身成仏に至るかぐや姫の様。

第九節　説かれた教典

不比等に始まる藤原氏の摂関政治への策謀と悪行を、目の当たりにしてきた紀氏。貫之は大所高所から判断し、「これで国が立ち行くというのかっ！」と心中雄叫びをあげ、真言密教を拠とし、仏法をもって裁断、方除を龍神、幸の神三神、竈神、閻魔大王等神々の鉄槌に求め、大護摩に祈りを添え『竹取物語』を綴った。

物語中、説かれた教典を列挙しておく。

一　※1『金光明経』

悪を許さず善政を行え、正しい法で国を護る護国の経典。

『金光明経』は、『竹取物語』執筆の動機となった経典であろう。

※1　『金光明経』は、天武天皇五年（六七六）、全国に向かって説くようにとされた護国の経典。特に「正論品第十一」では、国が栄えるにはどのようにすれば良いのか、どのような法をなおざりにすれば国が衰えるのか。国王は国の興隆、繁栄を願うべきと説かれている。

持統天皇、藤原不比等がすすんで『金光明経』の檄に触れた。

二 『大日経』

胎蔵界を代表する経典である『大日経』は、大日如来の偉大な力の中に、この世の全てが摂取受容されており、現象の全ては大日如来の現れとして捉え、その本質は本来清浄であり、真実の世界であるとするもの。

『大日経』では、凡夫の心に仏のこころがあると説く。

「※2こゝには、かく久しく遊びきこえて、《この人間世界では、このように長い間滞在させていただき、》慣らひたてまつれり」《お親しみ申しております」》

※2　この一文は、かぐや姫は煩悩の内に覚りを認める『理趣経』の心境となり、彼ら凡夫の心に仏のこころを見、全てを受容する『大日経』の境地に至ったというもの。かぐや姫が持っていた良くない心同様、人間皆が持つ「妄信」がなければ菩提心（悟りを求める心）はあり得ない、との教えを内包している。

三 『理趣経』

『金剛頂経』とは近い経典である『理趣経』は、「一切皆清浄なり」と説く。人生の真実に目覚めさせ、永遠の幸せを体得させようとの意図で説かれた教典であり、快楽、安楽は仏の境地であり、積極的に求めることは是とする教え。かぐや姫の降臨、かぐや姫を求める五人の貴公子と帝、かぐや姫の帝への思いなど、『竹取物語』には、幸の神信仰の世界観と価値観が内包されている。

幸の神信仰は、『理趣経』世界である。

四『金剛頂経』

月輪の世界である金剛界曼荼羅には、『金剛頂経』の世界が描かれ展開されており、即身成仏への道が説かれている。満月に向かい瞑想したかぐや姫は、「入我我入」、覚りの境地、密教の最終目的「即身成仏」に至った。

五『般若心経』

一切皆空を説く経典。

〝……御輿を寄せ給ふに、《御輿を邸にお寄せになると、》このかぐや姫、《このかぐや姫は、》きと影になりぬ。《ぱっと光の影になり、姿を消してしまった。》
はかなく、《儚く消えてしまった、》口惜しと思して、《残念だとお思いになられ、》げにたゞ人にはあらざりけりと思して、《まさに普通の人ではなかった、とお思いになられて、》
「さらば御供には率て行かじ。《「それならば、御供と一緒に連れて行くまい。》もとの御かたちとなり給ひね。《せめてもとのお姿におなりください。》
それを見てだに帰りなむ」《せめてそのお姿を見て帰りたい」》と仰せらるれば、《と仰ると、》かぐや姫もとのかたちになりぬ。《かぐや姫はもとの姿になった。》……〟

と記してあり、かぐや姫の誕生と昇天、光の影となり姿を消し、また元の姿に戻ったかぐや姫に、

『般若心経』に説く「色不異空《色は空に異ならず》 空不異色《空は色に異ならず》 色即是空《あらゆるものは空である》 空即是色《空はあらゆるものである》」、「是諸法空相《世の総ての本質は空の姿》」をみる。

六　浄土三部経（『無量寿経』『観無量寿経』『阿弥陀経』）

・『無量寿経』には、浄土はどのような境地なのか、浄土に生まれるための実践が説かれている。

「かの都の人は、いとけうらに、老をせずなん。思ふ事もなく侍るなり」

・『観無量寿経』では、穢土に絶望し浄土に生まれ変わろうとする願いに応えてくれ、観想法を以て浄土、阿弥陀仏を観る方法が説かれている。

「いざ、かぐや姫。穢き所に、いかでか久しくおはせん」は、『観無量寿経』の説くところに重なる。

・『阿弥陀経』では、美しい極楽浄土と阿弥陀仏など聖者の徳が説かれ、一心念仏によっての道があると説く。

かぐや姫の語る極楽浄土の人については、『無量寿経』『阿弥陀経』の説くところ。

また、御来光の中、紫雲に乗りこの世に来迎した天人達は、地上五尺の空に立ち並ぶ、その様は『観無量寿経』による厭離穢土《おんりえど》を描いたものであり、天人達降臨の描写は阿弥陀仏来迎図そのもの。阿弥陀如来は、大物主命と月読神の本地仏である。

七　『法華経』観世音菩薩普門品《かんぜおんぼさつふもんぼん》第二十五　偈《げ》（観音経）

『観音経』は、七難を去り、願い事を叶えてくれる経典。

内侍中臣房子の高圧的要請に対し、かぐや姫の返答「帝の召してのたまふこと、かしこしとも思はず」……「国王の仰せごとを背かば、はや殺し給ひてよかし」は、ありとあらゆる難（七難）に対する観音力の効を背景としての返答である。『弘法大師 眞言宗日用勤行集』に、『法華経』からは「観世音菩薩普門品第二十五偈《げ》」のみが記されている。

八 『仁王経』

護国三部経のひとつ。密教に基づき行われる修法に仁王経法がある。「薬子《くすこ》の変」の弘仁元年（八一〇）に、空海がこの法を修したとされ、その時に始まるとされる。富士の煙に、『金光明経』『仁王経』の読経が響く。

第十節　仏法によるお裁き

十善戒を破った諸々の、罪と罰を以下に記す。

・かぐや姫…罪＝不殺生《ふせっしょう》、不妄語《ふもうご》、不邪見《ふじゃけん》、不綺語《ふきご》
　罰＝愛別離苦《あいべつりく》、怨憎会苦《おんぞうえく》、求不得苦《ぐふとくく》、五蘊盛苦《ごうんじょうく》、生苦《しょうく》、死苦《しく》

・翁　媼…罪＝不妄語《ふもうご》、不惡口《ふあっく》、不綺語《ふきご》、不邪見《ふじゃけん》、不慳貪《ふけんどん》
　罰＝五蘊盛苦《ごうんじょうく》、愛別離苦《あいべつりく》、老苦《ろうく》、病苦《びょうく》、怨憎会苦《おんぞうえく》

・世の男ども…罪＝不邪婬《ふじゃいん》
　罰＝求不得苦《ぐふとくく》

・石作皇子…罪＝不邪淫《ふじゃいん》、不妄語《ふもうご》、不偸盗《ふちゅうとう》、不邪見《ふじゃけん》、不兩舌《ふりょうぜつ》、不綺語《ふきご》
　罰＝愛別離苦《あいべつりく》　求不得苦《ぐふとくく》

・庫持皇子…罪＝不邪淫《ふじゃいん》、不妄語《ふもうご》、不偸盗《ふちゅうとう》、不邪見《ふじゃけん》、不綺語《ふきご》、不慳貪《ふけんどん》、不瞋恚《ふしんに》
　罰＝愛別離苦《あいべつりく》、求不得苦《ぐふとくく》、怨憎会苦《おんぞうえく》

・阿倍御主人…罪＝不邪淫《ふじゃいん》、不邪見《ふじゃけん》
　罰＝愛別離苦《あいべつりく》、求不得苦《ぐふとくく》

・大伴御行…罪＝不邪淫《ふじゃいん》、不瞋恚《ふしんに》、不惡口《ふあっく》、不綺語《ふきご》
　罰＝求不得苦《ぐふとくく》、五蘊盛苦《ごうんじょうく》、病苦《びょうく》

・石上麻呂足…罪＝不邪淫《ふじゃいん》
　罰＝愛別離苦《あいべつりく》、求不得苦《ぐふとくく》、病苦《びょうく》、五蘊盛苦《ごうんじょうく》、死苦《しく》

・帝…罪＝不殺生《ふせっしょう》、不偸盗戒《ふちゅうとうかい》、不邪見《ふじゃけん》
　罰＝愛別離苦《あいべつりく》、求不得苦《ぐふとくく》、五蘊盛苦《ごうんじょうく》

・高野大国《たかののおおくに》…罪＝不兩舌《ふりょうぜつ》
　罰＝五蘊盛苦《ごうんじょうく》

第十一節　神々の鉄槌

五人の貴公子の結末にみる共通点を以下に記す。
・石作皇子は、粟原寺《おおばらでら》の賓頭盧尊者と竈神、九頭龍の大罰が当たり失敗、「はぢを捨つ」。
・庫持皇子は、竈神、閻魔大王の大罰が当たり失敗し自失・失踪。
・右大臣阿倍御主人は、西安の青龍寺の龍神、火伏せの神サルタ彦大神、大国主命、皮衣の神少名彦、豊姫の大罰が当たり、あえなく失敗、大損、没落。
・大納言大伴御行は、龍神、雷神、風神等の大罰が当たり、耐えがたい目に遭い失敗、没落。
・中納言石上麻呂足は、大炊寮の竈神と、初代出雲王八島士之身神の大罰が当たり、鼎に落ち落命。
このように五人全員が、神々の鉄槌が下っての結末である。

第十二節　粗筋と解釈

空海が悟りへの心の深化を表した「秘密曼荼羅十住心論」は、本能のままに生きる心から、悟りの実現に至るまでを十段階に表したものである。物語の展開に、悟りへの心の深化が顔を覗かせる。

一　かぐや姫の生い立ち

竹取の翁は竹林で根元が光る竹を見つけた。竹筒の中が光っており、切ってみると三寸ほどのまことに美しい人が座っていた。これは、前世で犯した罪により、穢土（地上）に降ろされたかぐや姫を表したものである。

涅槃寂静の月の宮から見れば、この世は穢土。しかし翁は幸の神信仰の〝児は天からの授かりもの〟、〝児は寶〟と歓び、手の内に入れて持ち帰り、妻の媼に預け、籠に入れて養った。籠に入れて養ったとは、出雲王国の守護神である龍神の庇護の下で育ったことをさす。

この後も、黄金《砂金》ある竹を見つけることが重なり、翁はたちまち豊かになっていく。とは、貧しかった忌部氏だが、豊姫との御縁で隆盛を極めたことの譬喩であり、縁起の法を語る。

豊姫と関わる以前の忌部氏同様、竹取の翁は貧しい者であったが、多少の善行を積んでいたので、王はかぐや姫を降臨させた上に、黄金も授けた。

多少の善行とは、讃岐忌部は稚児の豊姫を育て、姫巫女として養育し、豊姫が葬られた後も、讃岐神社（祭神：大國魂命、若宇加能売命（豊姫）、大物主命、散吉大建命《さぬきおおたてのみこと》、散吉伊能城神《さぬきいのきのみこと》。奈良県葛城郡広陵町三吉）を建立し、讃岐の国魂大国主命と大物主命（事代主命）、讃岐國とは特別関わりある月の姫巫女豊姫（若宇加能売命）を代々篤く祀ってきたことであり、月の王がそれに応えたもの。ここでは、因縁生起、善因楽果の果報の因果応報を説き、諸行無常、諸法無我を説法している。

二　つまどひ

この世の者とは思えぬ美しい姫を、世の男どもは言うに及ばず、姫に心奪われ盲目となった庫持皇子はじめ時轟く五人の貴公子達からの求婚に対し、

〝「よくもあらぬ容貌を、深き心も知らで、あだ心つきなば、《美人でもないのに、相手の深い心も知らず結婚し、相手が浮気心を起こしたなら、》後くやしき事もあるべきを、と思ふばかりなり。《後悔することになるでしょうに、と考えてばかりである。》世のかしこき人なりとも、深き心ざしを知らでば、婚ひがたしと思ふ」と言ふ。《天下の貴き人であっても、深い愛情の心を確認せずには、結婚するわけにはいかないと思うのです」と言う。》〟

かぐや姫のこの言葉は、輿入れできるものと誘いに乗り出向いたが、垂仁天皇に断られ自害した醜い竹野媛《たかのひめ》と、『風土記』逸文―丹後国※補注二「名具社《なぐのやしろ》」の「……早く出で去《ゆ》きね」と追い出される豊宇賀能《とようかめ》売命《のみこと》（豊姫）を重ねてのもの。

つまどひの段では、契りを結ぼうと誘う方々の心底（煩悩）を記し、四苦八苦の求不得苦《ぐふとくく》（求めても手に入らない苦しみ）、五蘊盛苦《ごうんじょうく》（心身が思い通りにならない苦しみ）等の教えを記している。

三　かぐや姫が五人の貴公子に求めたものと、貴公子それぞれの悪業と結末

かぐや姫は、貴公子達に対し、結婚の条件として、それぞれに架空の難題を出すが、煩悩の虜となった彼らは引き受け、あの手この手を以て騙す者、また挑み尽くす者達であったが、誰一人としてその意は叶わなかった。大納言大伴御行と中納言石上麻呂足を除き、他皆大嘘つきの騙しとなり、詐欺師、盗人、暴力団となる始末。揚げ句の果ては五人全員に掛かる諸行諸々の悪果。

ここでは貴賤にかかわらず、煩悩が人の冷静な判断力を奪い、悪を為すその罪と罰を語る。

且つ、『大日経』第一章「住心品」には、人間皆が持つ「良くない心」である「妄心」がなければ、悟りを求める心（菩提心）はあり得ないと説かれており、かぐや姫、翁、帝に重ね被せている。

十善戒を破り悪を為す五人の貴公子の展開と内容は、彼らのモデルが犯した歴史上の事実を下地として、五人の貴公子の諸行に重ねたものである。

因果律の法、悪因苦果の果報の教え、縁起・縁滅の法、三法印《さんぽういん》の教え（諸行無常、諸法無我《しょほうむが》、涅槃寂静《ねはんじゃくじょう》の三法）、苦諦《くたい》・集諦《じったい》の教え、四苦・八苦の教え、十善戒《じゅうぜんかい》の教え、渇愛（欲愛、有愛《うあい》、無有愛《むうあい》）が原因で苦が生じるという教え、三業（身業、口業、意業）の教えなど、多くの仏法と罪と罰が込められており、神々の鉄槌を以て彼らを悉く打ち砕いている。

四　帝御狩のみゆき

帝は中臣房子を讃岐造に遣わすが、地上界で最高位の帝といえども、世の男ども、五人の貴公子と違わ

ず煩悩の虜となり、狩りに行くついでにと、不意をついて姫の家に入ると、光に満ちて清らかに座っている人を見た。初めて見たかぐや姫を類なく美しく思い、姫を腕に包むと御輿を寄せて連れて帰ろうとしたが、一瞬のうちに姿（色）を影（空）と化した。清く美しく光に満ちた豊姫の存在を、初めて知った帝である。

神道の清明心と、「色即是空　空即是色」を以て、『般若心経』の空の教えが説かれている。

かぐや姫に心を寄せ、宮に誘う帝とは、金剛界大日如来である豊姫を、天照大御神と陰陽対を為す天《あめの》日《ひ》陰《かげ》比咩《ひめ》大神、月遍照大御神として、正史と祭祀の頂点に据えようと試みたが、叶わなかった天武、持統、文武天皇の喩えである。

五　かぐや姫、月を見ては物思いにふける

月を見ては、《月を見ては、》いみじく泣き給ふ。《ひどくお泣きになる。》とは、かぐや姫のこの涙は、豊姫の過酷な運命の記憶が甦ったことからのもの。

「七月十五日の月に出で居て、せちにもの思へる景色なり」とは、満月になると、かぐや姫は自然と「※1三密加持」、「※2入我我入《にゅうががにゅう》」の境地に誘われる。

※1　「三密加持」とは、身密、口密、意密を三密といい、修行者が三密を駆使して、仏や菩薩、神々と融合一体化する修行法をいう。

※2　「入我我入」とは、修行者が仏や菩薩、神々と融合一体化した状態で、密教が目指す悟りの状態をいう。

真言宗の修行に「月輪観《げちりんかん》」がある。月輪観掛け軸の白い満月を前に座禅を組み、深く瞑想し、自心が清浄な満月と等しいと実感するよう修行をする。

月輪観をさらに深め、大日如来の聖宇宙に心を広げてゆく瞑想に「阿字観」がある。
まず、阿字観本尊の掛け軸を掛け、その前で座禅を組み月輪観を行う。梵字の阿に精神を集中させ心と合一されるよう瞑想する。観法を通して無我の境地を目指す。全てを許し、受け入れる心を手に入れる。というものである（『空海と密教』監修 島田裕巳 宝島社一二五頁より引用加筆）。

〝……月出づれば、《月が出れば、》出で居つゝ、《縁に出て座っては、》歎き思へり。《溜め息をついている。》夕闇には、《月のない夕闇には、》物思はぬ氣色なり。《物思いのない様子である。》月のほどになりぬれば、《月が出る頃になると、》なほ、《やはり、》時々《時々》は、うち歎き、《溜め息をついたり、》泣きなどす。《泣いたりする。》……〟

は、※3三密瑜伽のかぐや姫を記す場面であり、溜め息は瑜伽の呼吸をさす。ここでは、瞑想するかぐや姫が三密加持、入我我入《にゅうががにゅう》へと、即身成仏に至る様が描かれている。

※3　「三密瑜伽」とは、呼吸をもととした身体技法であるヨーガをいう。

六　八月の満月（八月十五日の月は最も明るい中秋の名月　御盆）

六・一　かぐや姫の罪障消滅により、月よりのお迎え

入我我入となり、即身成仏したかぐや姫は、翁に「長き契りのなかりければ、ほどなくまかりぬべきなめりと思ひ、悲しくはべるなり（長く身をおくことができぬ運命のため、ここを出ていかねばならない）」「月の都の人にて父母（イニエ王 豊玉姫）あり……」と話す。

別天地である地上の方達が、これほどにも情け深く、優しい存在だと思い知らされたかぐや姫は、現世の幸せを知り、月に戻りたくないと嘆くが、罪障消滅で月のお迎えが来て連れ戻されると嘆き告白する。

〃……月の都の人にて、《私には月の都に》父母あり。《父母がおります。》片時の間とて、《僅かな間と申して、》かの國よりまうで來しかども、《あの月の国よりやって来たのでしたが、》かく、《このように、》

この國にはあまたの年をへぬるになんありける。《この人間世界では、多くの歳を経てしまったのでした。》かの國の父母のことも覺えず、《あの月の国の父母のことも覚えておりません、》

※1こゝには、《この人間世界では、》かく久しく、《このように長い間》遊びきこえて、《滞在させていただき、》ならひ奉れり。《お親しみ申しております。》いみじからん《月に帰るのも嬉しい》

心地もせず、《気持ちがせず、》悲しくのみなんある。《ただ悲しいばかりです。》されどおのが心ならず、《しかし自分の心ではどうにもならぬまま、》まかりなむとする……〃《お暇しようとしているのです》

※1　手、心、身をも煩わした翁・媼、近く使はるゝ人々《かぐや姫のお側付きの女房達》、一目見ようと日夜通った多くの世の男達、財力、命までをも懸けてくださった貴公子達、最後には、地上の王である帝までもに慕われたかぐや姫であった。これまでの間に関わった全ての者達に愛され慈しまれ、幸せな時を過ごし参ったことに気づき感謝する。かぐや姫はこれら地上での経緯から、煩悩の内に真の覚りを見、一切みな清浄なり（真言密教の奥義理趣経と大日経）と正覚し、※1・1即身成仏の※1・2密嚴浄土、現世こそ浄土であると気づき、涅槃浄土の月に帰りたくないと嘆く。これ真言密教の浄土観が秘められている。

※1・1　「即身成仏」…密教では、あの世ではなくこの世で幸せになることを重視する考え。

※1・2　密嚴浄土とは、大日如来がいる清浄な国土を言い、密嚴國とも言う。真言宗は、この穢れた国土が密厳仏国と説く。

翁は、姫を戻すまいと帝の御使に事を話すと、帝は阻止しようと六衛の兵二千を起てた。しかし御来光により兵は忽ち無力と化す。

紫雲に乗り迎えに来た天人達は、地面から五尺ほどの虚空に立ち並んだ。煩悩に執着し、これまでの御恩を仇で返す翁を、王（阿弥陀如来）は「汝、をさなき人云々」と厳しく断じ、「さあ、かぐや姫、こんな汚（穢）れた所に、どうして、長くいらっしゃるのですか」と言う。

〝……いはく、《天人の王が言うに、》「汝、をさなき人、《「汝、未熟者よ、》いさゝかなる功徳を、《僅かばかりの善行を、》翁つくりけるによりて、《おまえがなしたことによって、》汝が助けにとて、《汝の助けにしようと、》かた時のほどとて下しゝを、《片時ほどの間と思って、かぐや姫を下界にくだしたのだが、》そこらの年頃、《長い年月の間、》そこらの金給ひて、《あれだけ多くの黄金を賜って、》身を換へたるがごとなりにたり。《おまえは身を換へたように裕福になった。》〟

これは、観世音菩薩が善行を積んだ者に救いの手をさしのべる、『法華経』観世音菩薩普門品第二十五の説くところであり、月の王である阿弥陀如来の脇侍観世音菩薩による救いの手である。

芥川龍之介作『蜘蛛の糸』に出てくる観世音菩薩の救いの手も同じである。

先にも記したが、「いささかなる功徳」とは、豊姫を育て、月の姫巫女として養育し祭を支え、その裔は広陵町に移り住み、讃岐神社を建立し、讃岐の国魂である大国主、大物主と豊姫の御魂を代々篤く祀ってきたことをさす。

かぐや姫は翁に書き置きし、形見として着物を脱ぎ置き、歌を添えた御文と不老不死の薬を帝のお使者

頭中将《とうのちゅうじょう》をして帝に渡し、月宮に戻ってしまう。その折の帝への手紙、

〝かくあまたの人を賜ひて止めさせ給へど、《このように多くの御家来をお遣わしくださり、私をお止めなされましたが、》許さぬ迎へまうで來て、《拒みようのない迎えが参り来て、》とり率てまかりぬれば、《私を捕らえ連れてゆきますことゆえ、》口惜しく悲しきこと。《残念で悲しいことです。》……〟

から、天の摂理である死は絶対、帝の力も死に対しては無力、如何ともし難い。

帝は豊姫を、宮廷祭祀と『記紀』に組み入れようとしたが、五人の貴公子の煩悩と持統天皇の「善言」の要求により叶わぬものとなった。

ここでは「死苦《しく》」の教えと、『大日経』、『金剛頂経』、『理趣経』、『般若心経』、『阿弥陀経』、『法華経』観世音菩薩普門品《かんぜおんぼさつふもんぼん》第二十五　偈《げ》が込めて紡がれ物語が展開されている。

六・二　かぐや姫から翁への手紙……入我我入、悟りを得たかぐや姫の手紙

〝「……月の出でたらむ夜は、見おこせ給へ。《月が出た夜は、私の住む月を見おこしてください。》見捨てたてまつりて、《ご両親を見捨て申し上げるようなかたちで出ていくのは、》まかる空よりも落ちぬべき心地する」と書き置く。《空から落ちてしまう気がいたします」と書き置きをする》……〟

この文意は、満月に向かい瞑想《（月輪観、阿字観に通ずる観法）》してください、観法を通じ入我我入《にゅうがが にゅう》、事を覚り総てをお許しくださいと願い、孝行をせぬまま両親を捨てて出ていく親不孝を詫び、その罪を閻魔大王がお裁き、罰として再びこ

の地上に落とされはしないかと畏れるかぐや姫、というもの。

ここでは、儒教の孝が扱われており、「落ちる」は、地獄、奈落に落ちるの意に通ずる。

生涯、生身の地獄に身をおかざるを得なかった豊姫の恐怖が、この言葉に秘められている。

六・三　かぐや姫から帝への手紙

今はとて天の羽衣きるをりぞ《今はこれまでと天の羽衣を着るこの時になり》　君をあはれと思ひいでける《心の君（帝）を思い出しているのです》

とは、天の羽衣を着るに及び、君への思いが育まれていることに気づき感じ入っています。という帝への告白文。

七　気付き悟った翁と帝

翁の言葉

〝……あの書き置きし文を讀み聞かせけれど、《あのかぐや姫が書き置きした手紙を周りの人が読み聞かせするが、》「なにせむにか命も惜しからむ。《「何をするために命を惜しむのか。》
誰が爲にか。《誰のために命を惜しむのか。》何事も用なし」《何事も意味がないのだ」》とて、《と言って、》藥も食はず、《薬も飲まない、》やがて《そのまま》起きも上がらで、《起き上がることもなく、》
病み臥せり。《病床に臥せっている。》……〟

と、帝の歌、

〝披げて御覧じて、《御門は手紙を披げてご覧になって、》いとあはれがらせ給ひて、《大変しみじみとしたご気分になられて、》

ものもきこしめさず。《何も召し上がられない。》御遊びなどもなかりけり。《音楽会などもなさらないのであった。》……云々……

逢ことも涙にうかぶ我身には《もう逢うこともなくなり、涙に浮かぶ私にとっては》　死なぬくすりも何にかはせむ《不死の薬も何の役に立とうぞ》〟

翁の言葉と、帝の歌の文意は同じ、かぐや姫に対する尽きぬ思いが込められている。これは仏法で説くところの、無明から生じる渇愛の中の無有愛である。

無有愛とは、生きることに意味を見出せず、自ら命を絶とうとする欲求をいう。

翁の言葉は、幼い月の姫巫女豊姫に尽くし、国造として命を惜しまず、捧げ尽くした忌部氏のその史実にみる「諸行無常」、「諸法無我」、「涅槃寂静」の「三法印」と「空」からの言葉である。

帝の歌は、道教・神仙思想に固持し、天皇制律令国家建設に奔走した天武、持統、文武天皇だったが、結局のところ、翁と同様「三法印」、「空」に気づき悟った嵯峨天皇の歌である。

八　富士の煙

永遠の愛別離苦《あいべつりく》　求不得苦《ぐふとくく》の帝であったが、代を重ねるうち、心静まり煩悩から少し解放され有余涅槃の境に入り、不老不死の薬の壺に御文（祈り）を添えて、天に最も近い富士の頂で焼くようにと※1調石笠に※2勅《みことのり》した。

有余涅槃の境に入った帝は、空海最大の庇護者である嵯峨天皇をモデルとしたもの。病弱だった平城天皇《へいぜいてんのう》から皇位を禅譲された嵯峨天皇であったが、健康は譲位後まもなく回復したことにより、藤原薬子の煩悩により嵯峨天皇と平城上皇の「二所の朝廷」となった。分裂状態となった朝廷は、薬子《くすこ》の変（八一〇年）へと向かう。

嵯峨天皇は、坂上田村麻呂（七五八～八一一年）を頭に据え、数多《あまた》（富）の兵《つわもの》（士）を繰り出し変を鎮めた。空海は嵯峨天皇方につき鎮護国家のための大護摩を焚き大祈祷を行ったとある。

※1　調石笠は、富士（石笠）に昇（登）った月（調《つき》）を掛けてのもの。
調石笠のモデルは、五世紀に半島より渡来した漢の霊帝の曽孫《ひまご》阿知使主《あちのおみ》を祖とし、刈田麻呂を父君とする護国守護、王城鎮護の神、坂上田村麻呂である。
富士は神仙説の蓬萊山ではなく、護国守護、王城鎮護の石笠であり、田村麻呂は鎧兜《よろいかぶと》に身を包み、将軍塚（京都市東山区華頂山上）に今尚石笠として起立《た》ち続けている。

※2　道教に毒され、不老不死の仙薬で身を損ね崩御された天武天皇と一族。服していた不老不死の薬だが、実は地獄へ誘う毒薬であったことから、天皇、親王は次々と斃《たお》れ、皇位は続かず、天下泰平為らず、疫災・天災・人災起こり、五穀豊穣為らず民は苦しんだ。すすんで道教の虜となり、不老不死の薬に斃れた天武、持統、文武天皇。他方、健康を回復したために国が乱れ、変を起こした薬子と平城上皇。不死の薬と薬子は要らぬを掛けての勅であり、御文を焚くとは、何事も道教中心でやってきたこれまでを猛省し、国家鎮護、天下泰平、五穀豊穣、民の幸せを祈り、護国の経典『金光明経』、『仁王経』に

誓いをたてる御文を添えての大護摩をさす。

嵯峨天皇は、天武天皇が押し進めた道教の組織的道を閉ざし、『弘仁格』、『弘仁式』を編纂して律令制を改め整えるとともに、真言密教を真ん中に据え、社稷整備に努めたことにより、天下泰平の世が長く続き、空海、小野篁等多くの人材が輩出され、平安文化が華開いた。

〝……嶺《山頂》にてすべきやう《でなすべき用を》教へさせ給ふ《お教えになる》。

とは、護摩を焚く作法と手順を調石笠《つきのいわかさ》に教授し、護国守護、鎮護国家の石笠となることを勅した意。

御文《お手紙と》、不死の薬の壺ならべて《不死の薬の壺をならべて》、火をつけて燃やすべきよし《火をつけて燃やすべきことを》、仰せ給ふ《ご命令になる》。そのよし承りて《その旨を承って》、士どもあまた具して《調石笠がつわものどもを大勢引き連れて》、山へ登りけるよりなん《山に登ったことから》、その山を《その山を》「富士の山」《「富士の山」》とは名づけゝる《と名づけたのである》。

※3その煙《そして、御文と不死の薬を焼く煙は》、いまだ雲のなかへたち上るとぞ《いまだに雲の中へ立ち上っていると》、言ひ傳へたる《言い伝えている》。〟

とは、富士の頂で御文と不死の薬の壺を並べ、火をつけて外護摩を焚き、かぐや姫への思いと、煩悩の極みである不死の薬の壺を焼き払い、富士《あまたのつわもの》と共に、国家鎮護、天下泰平、民の幸せを祈り、一方、天皇は自らを護摩壇とし、仏と一体となった智慧の火である智火を以て、心中の煩悩、業を、観法（密教の瞑想）を以て焼き払う内護摩をなした。

今なお、護摩は焚き続けられ、煙は立ち昇っていると言い伝えている。

『竹取物語』は胎蔵曼荼羅と金剛界曼荼羅を記し展開するものであり、最後に「両部不二」を富士に掛け、真言密教・護国鎮護の祈りで物語を括るものである。

※3　富士の煙は煩悩を焼き払い、心を浄化する護摩の迦楼羅焔《かるらえん》の煙。護摩は供物（不死の薬の壺）を神仏に届け、祈願（御文）を聞き届けてもらうもの。貞観十七年（八七五）十一月に富士の煙の記録が残る。

明呪の女王卑弥呼（豊玉姫、豊姫）にみる女性の霊的な存在の出現、女尊（女神）の出現は、真言密教の特徴の一つである。

『竹取物語』は幼いかぐや姫（月の女神豊姫の生まれ変わり）が降臨するところの神道から始まり、陰陽五行、神仙思想等を練り込み、因果応報、縁起縁滅の法、諸行無常、諸法無我、『般若経』、『大日経』、『金剛頂経』、『理趣経』、『金光明教』『仁王経』等の仏法と経典の断片を鏤《ちりば》め、育ての親への御恩返し等、儒教の孝心を加味するなど、神道・道教・儒教・仏教の法を以て、我が国古代史の実を基に、神仏習合、本地垂迹の物語として記した、両部曼荼羅の歴史譬喩品であり、護国鎮護の祈りの筆である。

第十三節　両部曼荼羅の展開

金剛界の月の神が、胎蔵界に天降り、太陽の神を駆逐し、一時胎蔵界を支配した月の女神豊姫。その史実をかぐや姫の罪として、讃岐国造のもとに降ろされることから物語は始まる。胎蔵界を支配とは、豊姫がヤマトの女王となり、月の女神として人心を掴んだ史実に、世の男どもはじめ、高位高官から帝に至るまで、かぐや姫の虜となったことを重ねたものである。胎蔵界、金剛界での物語として、四部に分け記しておく。

一　かぐや姫の降臨から帝の心に掛かるの間

胎蔵における物語が展開されている。

二　帝御狩のみゆきから歌を交わす間

かぐや姫の光と影の変化《へんぐゑ》から、密嚴浄土と涅槃浄土のやり取りがなされていることが覗える。

三　満月から翁への告白の間

満月の沈黙の語りに、本来の月の姫巫女豊姫にもどる様が描かれ、運命に翻弄された豊姫の深い悲しみが表れている。

この間、かぐや姫の心中では、「三密加持」、「入我我入《にゅうががにゅう》」、「即身成仏」が展開され、悟りの境地に至る様が綴られている。

四　月の王の来迎から、かぐや姫の昇天までの間

金剛界における物語が展開されており、かぐや姫を昇天させまいとする生界、胎蔵と、させようとする死界、金剛界の葛藤が繰り広げられている。

「入我我入」により悟りの境地に至ったかぐや姫は、罪障消滅となり涅槃に誘われ昇天する。

五　富士の煙から終わりまでの間

胎蔵界の物語で終始する。

かぐや姫の昇天により、翁は諸行無常、諸法無我を悟り、大物主の本地仏阿弥陀如来に帰依し、帝も悟りを得、富士の頂で御文と不老不死の薬の壺を並べ、火をつけて外護摩を焚き煩悩を焼き払う勅を発し、帝は自らを護摩壇とし、仏と一体となった智火を以て心中の煩悩を、観法（密教の瞑想）を以て業を焼き払う内護摩をなす。

今なお護摩は焚き続けられ、煙は立ち上っていると言い伝えている。

『竹取物語』は胎蔵と金剛界を記し展開するものであり、最後に「両部不二」を富士に掛け、真言密教を国家鎮護のより大きな石笠として括っている。

相矛盾する胎蔵と金剛界を陰陽を以て並立させ、かつ結びつきを「両部不二」として並立一体化し完成させた上に、両部神道に昇華せしめたのは天才空海。

その陰陽両部を以て伊余部馬養著と思しき告発本『竹取物語』に手を加え、怒りと祈りの『竹取物語』とした奇才紀貫之。

怒れる貫之は、仏法を以て裁き、出雲王国の信仰・幸の神、龍神と、地獄閻魔大王等の神々による鉄槌で打ち砕き、護国鎮護ならしめる祈りで括っている。

第十四節　終わりに

筆者紀貫之は、真言密教の大きな世界観である『大日経』、『金剛頂経』、『理趣経』の価値観世界を以て、伊余部馬養作と思われる道教中心であったであろう、虚実織り交ぜた『記紀』の告発本『竹取物語』原作に手を加えている。

天皇制律令国家建設の要である律令と国史編修に巣くう不比等と、良房ら藤原四子による他氏排斥。天皇をも含めての朝廷支配と傀儡化、更にそれに追随する貴公子達。まさに朝議を後ろ盾に、無法をつくす藤原氏に対する怨念渦巻く世であった。

律令と『記紀』に合わせ、至る所で押し進められる改革・捏造・改竄の辻褄合わせ。

この救われ難い現実に対し、護国の経典『金光明経』が、義憤の貫之をして言わしめた筆が『竹取物語』と言える。物語は、罪あるかぐや姫を軸に、胎蔵、金剛界に、出雲、宇佐豊国の信仰に、道教、儒教と、多くの仏法、仏典を覗かせ、紡ぎ織りなされている。

胎蔵界の穢れの中で、終始生きた豊姫。運命とはいえ、余りにも過酷な現実の中を、精一杯生きた幼い月の姫巫女豊姫に作者は涙し、光輝くかぐや姫として登場させ、怒りを込め『竹取物語』を綴ったものと思わずにはいられない。

『竹取物語』は史実を内に込めた物語であり、彼らへの難題は、豊姫の復讐に他ならない。

かぐや姫の難題に乗った五人の貴公子は、一様に十善戒を破り、神々の鉄槌が下ることとなる。

作者は、お裁きを仏法に委ね、神々の鉄槌で五人の貴公子を悉く断罪している。

その後、物語は帝とのやり取り、物思いにふけるかぐや姫へと進む。

月を見ては物思いにふけ、入我我入、即身成仏の境地に至ったかぐや姫は、等正覚《とうしょうがく》、罪障消滅となり月に戻る。

翁、帝は悲しみの後に解脱、最後は護国鎮護祈りの護摩の煙で物語は括られる。『竹取物語』は貫之の言うに言えぬ怒りの爆発であり、歴史を内に秘めた真言密教護国鎮護の祈りの記しと言える。日の神、月の神、龍神、幸の神三神の信奉者である空海〝……松の光（松の皮は龍の鱗紋）を世に廣く弘めたまえる宗旨をば真言宗とぞ名付けたる　上根下根の隔てなく下根に示す易行には　偏に光明真言を宿障何時か消はてて　不轉肉身成佛の誓は龍華の開くまで　仰げばいよいよ高野山……〟「弘法大師誕生和讃」。

殊の外空海に帰依した紀氏。『竹取物語』の洗練された切れ味は、無念の念を念としてもなお余りある紀氏貫之の怒りと英智、無情と祈りの諸刃によるものである。

貫之のその念が、「善言」の説話『竹取物語』の体裁を守りながらも、抑えようのない怒りと祈りをその水面下に込め、綴ったものと小生結論する。

拝

参考資料

補注一　**「竹取神事」**

伊雑宮のお田植え祭に、男衆が団扇のついた忌竹《いみだけ》を奪い合う「竹取神事」があり、かぐや姫を娶りたい男衆に重なる。ゴンバウチワという大団扇に、鶴亀、松竹梅、高坏《たかつき》等が高砂の島台にあしらわれ、日月の作り物が描かれている。

下部ゴンバウチワには八咫鏡が納められ、御供米が積まれ、「※1太一」の文字の五色の帆を立てて出航する御船「神通丸」の絵図が描かれている。

『日本書紀』巻第六　垂仁天皇二十五年三月～二十七年八月に、

〝然《しかり》して後《のち》に、神《かみ》の誨《をしへ》の隋《まにま》に、丁巳《ひのとのみ》の年《とし》の冬十月《かむなづき》の甲子《きのえねのひ》を取《と》りて、伊勢國《いせのくに》の渡遇宮《わたらひのみや》に遷《うつ》しまつる。……云々……。〟(『日本書紀』巻第六　日本古典文学大系六十七　坂本太郎　家永三郎　井上光貞　大野晋　校注　岩波書店刊行　二七〇頁より引用)

とあることから、伊雑宮（五十宮）から現在の伊勢神宮（五十鈴宮）の地に遷移されたと記されている。

八咫鏡、草薙剣、八咫勾玉を三種の神器と定めたのは天武天皇からして、竹取神事は天武天皇によるものであろう。

※1　太一は天帝、大日如来、天照大御神、月遍照大御神、北斗七星、北極星の意。「御田」の起源は、倭姫の巡幸の際、七匹の鮫が野川を遡上し、倭姫に伊雑宮の鎮座地を示したという「七本鮫」伝承に基づく。毎年この日には七匹の鮫（海神）が伊雑宮に参詣するとされる。

七匹の鮫はヤマト磯城王朝の七人の大王、アメノムラクモ、ヌナカワミミ、タマテノミ、スキトモ、カエシネ、クニオシヒト、フトニである。

補注二「名具社《なぐのやしろ》」

丹後《たんはのみちのしり》の国の風土記に曰《い》はく、丹後の国丹波《たには》の郡《こほり》。郡家《こほりのみやけ》の西北《いぬゐ》の隅の方に比治《ひぢ》の里あり。この里の比治山の頂《いただき》に井あり。その名を真奈井《まなゐ》といふ。今はすでに沼となれり。この井に天女《あまつおとめ》八人《やたり》降り来て水浴《みかはあ》みき。時に老夫婦《おきなとおみなと》あり。その名を和奈佐《わなさ》の老夫《おきな》、和奈佐の老婦《おみな》といふ。この老等《おきなら》、この井に至りて、竊《ひそ》かに天女一人《ひとり》の衣裳《きもの》を取り蔵《かく》しき。やがて衣裳ある者は皆天《あめ》に飛び上がりき。ただ、衣裳なき女娘《おとめ》一人留《とど》まりて、即ち身《み》は水に隠して、独り懐愧《は》ぢ居りき。ここに、老夫《おきな》、天女に謂《い》ひけらく、「吾《あ》は児《こ》なし。請ふらくは、天女娘《あまつおとめ》、汝《いまし》、児と為《な》りませ」といひき。即ち相副《たぐ》へて宅《いへ》に住《ゆ》き、即ち相住むこと十余歳《とをせあまり》なりき。ここに、天女、善く酒を醸《か》み為《つく》りき。一坏《ひとつき》飲めば、よく万《よろづ》の病除《い》ゆ。その一坏の直《あたひ》の財《たから》は車に積みて送りき。時に、その家豊かに、土形《ひぢかた》富めりき。故《かれ》、土形《ひぢかた》の里といひき。此《こ》を中間《なかつよ》より今時《いま》に至りて、すなはち比治の里といふ。後、老夫婦等《おきなおみなら》、天女に謂ひけらく、「汝《いまし》は吾が児にあらず。暫《しまら》く仮《かり》に住めるのみ。早く出で去《ゆ》きね」といひき。ここに、天女、天を仰ぎて哭慟《なげ》き、地《つち》に俯《うつぶ》して哀吟《かな》しみ、やがて老夫等《おきなら》に謂ひけらく、「妾《あ》は私意《わがこころ》から來つるにあらず。こは老夫等が願へるなり。何ぞ猒悪《いと》ふ心を発《おこ》して、忽《たちまち》に出だし去《す》つる痛きことを在《おも》ふや」といひき。老夫《おきな》、ますます発瞋《いか》りて去《ゆ》かむことを願《もと》む。天女、涙を流して、微《すこ》しく門《かど》の外《と》に退《しりぞ》き、郷人《さとびと》に謂ひけらく、「久しく人間《ひとのよ》に沈みて天《あめ》に還ることを得ず。復《また》、親故《したしきもの》もなく、居らむ由《すべ》を知らず。吾《あれ》、いかにせむ、いかにせむ」といひて、涙を拭《のご》ひて嗟嘆《なげ》き、天《あめ》を仰ぎて歌ひしく、

天の原　ふりさけ見れば　霞立ち　家路まどひて　行方知らずも

遂に退き去《ゆ》きて粗塩の村に至り、即ち村人等《たち》に謂ひけらく、「老夫老婦《おきなおみな》の意《こころ》を思へば、我が心、荒塩に異なることなし」といへり。よりて比治の里の荒塩の村といふ。また、丹波《たには》の里の哭木《なきき》の村に至り、槻《つき》の木に拠《よ》りて哭《な》きき。故《かれ》、哭木の村といふ。また、竹野《たかの》の郡船木《こほりふなき》の里の奈具《なぐ》の村に至り。即ち村人等に謂ひけらく、「ここにして、我が心なぐしくなりぬ。古言《ふること》に、平善《たひらけ》きをば、奈具志《なぐし》と云ふ」といひて、すなはちこの村に留まり居りき。こは、いはゆる竹野の郡の奈具の社《やしろ》に坐《いま》す豊宇賀能売命《とようかめのみこと》なり（『風土記』逸文—丹後國『日本古典文学大系2』秋本吉郎 校注 岩波書店 四六六頁より引用）。

補注三　豊受大神

豊受大神は月遍照大神《つきのあまねくてらすおおかみ》、月光御神、月魂《つきのみたま》、豊月誦大神《とよつきよみのおおかみ》であると、『旧事記』巻第二十三天皇本紀《あめのすめらみことのもとつふみ》中巻下第二十一代雄略天皇、第二十二代清寧《せいねい》天皇で、次の記載がある。

〝十一年（註 丁未）、五月辛亥朔《かのといのついたち》、壬子《みずのえのねのひ》（二日）、天照皇大神、日本姫命に託って（註 垂仁皇女、当時四七〇歳くらい）、大狭々命に告《おしえたま》う（註 雄略六十八歳）。月遍照大神《つきのあまねくてらすおおかみ》は、天上《たかあまはら》の吾が御食神《みけがみ》なり。須臾《すゆ》も此の神は離《はなさ》れん（註 御食《け》は御気が神学上正しい。天祖天譲日地譲月地の狭霧の神名に由る）。異居《あだしくににおこるとき》則は、諸神等も其の威を無《なくした》る故に、天孫の尊に添えて徃古《そのむかし》、天降ら令《しめ》しなり。今地国《あめのしたのくに》於て又、吾と彼《かのみはしらがみ》は一所に在て、天皇の宗宮《みけど》を堅めて、諸《これ》天神と天孫比《とも》に天皇と天下の民を堅《まも》らん。我が日遍照神《ひのあまねくてらしますかみ》は又六合に在《まします》と雖も、彼の月遍照神《つきのあまねくてらしますかみ》は以て八極に無《むなし》き則《とき》は、天地に堅《ひと》無く、而之《これ》の月光御神、有在《いますと》雖も今、星太照神《ほのあますめみま》又、不在《ありまさ》有ざること有ること無し。……云々……。吾（日本姫命《やまとひめのみこと》）は恒《つねに》皇太神を見《みまつる》に、日魂《ひのみたま》として直ちに降《あまくだ》りて、跡を垂れ玉えり。天に日《ひ》、在《とどまる》限りは、地大神も在《とどまりま》す。天孫大神は暁星に魂を遺し、豊受大神は月魂《つきのみたま》として、直に降ります。〟

参考引用文献

『鷦鷯伝《ささきでん》 先代旧事本紀大成経《さきつみよのふるごとのもとつふみおおいになるつねのり》』宮東齋臣《みやとうさいしん》著　東洋書院
『香川縣神社誌　下巻』香川縣神職會編纂
『道教の神々』窪　徳忠 著　講談社学術文庫
『現代に息づく陰陽五行』稲田義行 著　日本実業出版社
『図解ブッダの教え』田上太秀 監修　西東社
『現代語訳 大乗仏典・6 密教経典・他』中村 元著 東京書籍
『弘法大師　眞言宗日用勤行集』永田文昌堂編集部　永田文昌堂
『空海と密教』島田裕巳 監修　宝島社
『日本古典文学大系67 日本書紀 上』坂本太郎 家永三郎 井上光貞 大野晋 校注　岩波書店
『日本古典文学大系2 風土記』秋本吉郎 校注　岩波書店
『研究資料日本古典文学①物語文学 第一巻』竹取物語　関根賢司編集　明治書院
『竹取物語・伊勢物語・土佐日記・枕艸子・落窪物語・狭衣物語』國民文庫　古谷知新　校訂
『舞台は桜井市～「竹取物語」の源流～』桜井市自主研究グループ『かぐや姫探検隊』
『新潮日本古典集成　竹取物語』野口元大 校注　新潮社
『新潮日本古典集成　古事記』西宮一民 校注　新潮社
『マンダラと生きる』正木 晃著　NHK出版
『万葉集』上巻　武田祐吉　校注　角川文庫
『魏志和国の都』勝　友彦著　大元出版
『古事記の編集室』斎木雲州著　大元出版
『サルタ彦　大神と竜』谷戸貞彦著　大元出版
ウィキペディア

著者プロフィール

西山 寛賛（にしやま ひろよし）

生年	昭和24年	
出身県	香川県	
学歴	麗澤高等学校卒業	
	穴吹情報ビジネス専門学校　情報処理本科卒業	
職歴	（有）西山商店	
	Sys-INNテレコ　代表取締役	
在住	香川県	
既刊著書	『日本は終った』勁草書房発売	1993年
	『加麻良考』	2015年
	『加麻良考　史料』	2016年
	『加麻良の総体』	2018年
	『神祇の古代史　加麻良考　御神室山ご案内　巻壱』	2020年
	『神祇の古代史　加麻良考　御神室山ご案内　巻弐』	2020年
	『神祇の古代史　加麻良考　御神室山ご案内　巻参』	2020年
	『祭り　神輿　山車・太鼓台（簡易版）　巻壱』	2017年
	『祭り　神輿　山車・太鼓台（簡易版）　巻弐』	2017年
	『宮中新嘗祭供御米献穀田　記録』	2018年
	『高屋遺跡調査資料　2016.4』	2016年
	『三豊市　紫雲出山　竜王社　調査報告書』	2017年

竹取物語と紀貫之

2021年4月15日　初版第1刷発行

著　者　西山 寛賛
発行者　瓜谷 綱延
発行所　株式会社文芸社
〒160-0022　東京都新宿区新宿1－10－1
電話　03-5369-3060（代表）
03-5369-2299（販売）

印刷所　株式会社フクイン

ISBN978-4-286-22421-3